ABC de la

Astrología

ABC de la
Astrología

Luis Trujillo

LIBSA

© 2009, Editorial LIBSA
C/ San Rafael, 4
28108 Alcobendas (Madrid)
Tel.: (34) 91 657 25 80
Fax: (34) 91 657 25 83
e-mail: libsa@libsa.es
www.libsa.es

Textos: Luis Trujillo
Edición: Ros Loureiro

ISBN: 978-84-662-1925-9

Impreso en España/*Printed in Spain*

CONTENIDO

INTRODUCCIÓN

La Astrología es una ciencia milenaria que en cierto modo está basada en el sentimiento religioso del hombre primitivo. Tanto el Sol como la Luna han sido venerados como dioses por diferentes culturas. La Astrología, en sus albores, bien podría haber sido considerada como la religión de la naturaleza. Los primeros indicios del conocimiento astrológico provienen de las culturas mesopotámicas. La civilización caldea −3000 A. C.− fue seguramente la primera que se cercioró de que el orden del Cielo afecta en cierta medida a lo que acontece en la Tierra y sus habitantes fueron los primeros en registrar el paralelismo entre los ciclos astronómicos y los ritmos de la vida. Las ciudades caldeas tenían una torre o pirámide de varios pisos orientada según los cuatro puntos cardinales, que claramente era utilizada a modo de observatorio astronómico.

A partir de la llanura mesopotámica, la Astrología se propaga en todas direcciones. China, la India, Egipto y Grecia son la cuencas de recepción de esta sabiduría. Sin duda la cultura helénica es la que más ha influido en el pensamiento occidental. Los sólidos cimientos filosóficos griegos recogen con gusto la Astrología, a la que incorporan cada uno de los elementos de su cultura. Hoy en día, usamos los nombres de los dioses romanos −íntimamente ligados a Grecia− para referirnos a los diferentes planetas. Esta relación dios-planeta provenía ya de los tiempos de Caldea, pero la gran diversidad de divinidades con las que contaba la mitología griega permitió asignar un dios propio a cada uno de los planetas. Para la Astrología occidental es evidente el aporte helénico a través de sus mitos y de su visión filosófica y psicológica de la vida. Posiblemente, lo único que nos quede de los antiguos astrólogos de Caldea sean los símbolos que a modo de ideograma nos revelan el significado de cada signo astrológico o de cada planeta.

LA ASTROLOGÍA COMO CIENCIA Y ARTE INTERPRETATIVO

Al igual que el niño pequeño hace suyo el entorno y poco a poco va reconociendo el medio que le rodea, el ser humano, en los albores de la humanidad, procedió de forma similar. A las cosas y a los elementos que formaban parte del ambiente, les asignó un cierto valor, una utilidad, un poder, un don o un miedo. De esta manera, cuando el ser humano realizó su primera toma de conciencia con la naturaleza y el firmamento, a la par debieron surgir los primeros sentimientos y emociones que necesitaban algún tipo de explicación.

El firmamento representaba posiblemente el espacio menos perturbado por los accidentes de la naturaleza y por la acción del hombre, simbolizando así una pureza distante, intocable y perfecta como no había otra. Todo cuanto acontecía en el firmamento era ideal, constante, pausado y cíclico. De esta manera, la bóveda celeste se convirtió en el primer reloj de la humanidad, dando pie a la consecuente aparición del calendario y de las diferentes estaciones. Gracias a estas primeras y sencillas efemérides, el hombre primitivo pudo predecir con cierta exactitud cuándo se iban a producir tan importantes eventos como el desbordamiento de los ríos, el acercamiento de la época de los hielos, o la ausencia total de lluvias, lo que le enseñó a anticiparse a tales eventos y a protegerse de las inclemencias.

Además del mundo exterior, claramente manifiesto y cien por cien comprobable por todos, hay algo más que atañe al ser humano. Quizá en esta era del progreso, la vida interior, la psicología y los estados de ánimo hayan quedado relegados a un segundo término. Pero cuando el hombre se tenía que defender del ataque de los depredadores confiando tan sólo en sus propias fuerzas, era evidente que el estado psicológico y anímico de la persona cobraba una importancia primordial. Un momento de debilidad interior podría ser tan peligroso como una época de carencia alimentaria. También el hombre antiguo aprendió a leer en la gran bóveda celeste los signos que marcaban la llegada de ciertos estados humorales, de la preponderancia de un estado psicológico que debía ser tenido en cuenta a la hora de luchar por la propia supervivencia. Por ejemplo, el efecto que aparentemente podría generar una Luna llena saliendo por el Este, nada tenía que ver con el efecto producido por el despuntar del planeta rojo, Marte.

En la antigüedad, se aprendió a interpretar el reloj celeste sin diferenciar entre vida interior y accidentes del medio físico. Tras miles de años de experiencia, el hombre pudo al fin llegar a conocer cómo la naturaleza de los sueños, de los deseos y de los gustos se iba alternando al compás de los movimientos estelares. Si nos asomamos al apasionante mundo de la psicología, podremos comprobar cómo a cada una de las estaciones del año se le tiene asignado un tipo concreto de ensoñación, que también está ligada a un cierto tipo de miedo. Por ejemplo, nadie dudará de que el miedo principal al invierno radica en la posible escasez de reservas de combustible o de alimentos, y que por tanto una ensoñación ideal girará entorno a una gran hoguera, y a la alegría que se despierta ante un buen asado. O, que el agua, el verdor, la brisa y el frescor de la tierra húmeda de una cueva, serán un auténtico ensueño en la plenitud del verano; mientras que el fuego de los incendios, junto a la escasez del preciado líquido, representarán el papel principal de una obra cuyo título podría ser: « las pesadillas de una noche de verano».

Para el hombre antiguo, que apenas diferenciaba entre lo natural y lo sobrenatural, la sincronicidad entre los movimientos celestes —salida de planetas, cometas, fases de la Luna, presencia de constelaciones etc.— y los diferentes acontecimientos que marcaban su vida —ya sean fenómenos atmosféricos o físicos, o bien psicológicos como mitos miedos y demás— forma la base sobre la que funda toda su ciencia.

La Astrología está basada en el movimiento de los astros, es decir, es un tipo de medida del tiempo realizada con un «reloj de 10 agujas» –cada una se correspondería con el movimiento de un planeta y según éste tardara más o menos en dar una vuelta alrededor del Sol, se encargaría de marcar los años, los siglos, los milenios o las eras–. La sincronicidad nos habla de la «casualidad» de que ciertos fenómenos ambientales o ciertos estados psíquicos queden relacionados con otras señales registradas en el firmamento por el simple hecho de coincidir en el mismo lapso de tiempo. Además, el que dicha «casualidad» se tienda a repetir con una cierta asiduidad da opción a hacer de ello una ciencia.

El tema natal o carta astral de un individuo es el mapa del firmamento congelado en el preciso instante del nacimiento. Tendremos un fondo con las doce constelaciones del Zodíaco y a los diez planetas –ocho del sistema solar, excluida la Tierra, más el Sol y la Luna– salpicados sobre dicho telón. ¿Por qué dar tanta importancia al nacimiento y no por ejemplo a la concepción? Con la primera respiración el recién nacido se independiza de la madre y se impregna del ambiente que lo rodea. Además de la natural expectación que causa un alumbramiento sobre el clan o la familia, predominarán en el ambiente un cierto tipo de ensoñaciones, mitos y miedos según la estación del año en que nos encontremos. Con lo sensibles y receptivos que son los recién nacidos, ¿no es lógico pensar que el neonato se empape de la nueva energía con la que se va a encontrar? Por ejemplo, resulta obvio que el calor es fundamental en invierno; imaginemos que el parto se produce cuando esta estación está en su máximo apogeo, ¿no percibirá el recién nacido cómo todos los presentes adoran –subconscientemente y cada uno a su manera– al Fuego que les calienta?

La primera experiencia con la que el ser humano se encuentra cuando llega a este mundo en pleno invierno, es muy diferente a la que se enfrentaría en mitad del verano. Así, a partir del nacimiento, los diferentes mitos, ensoñaciones y miedos determinados por cada mes o signo astrológico irán entrando de forma secuencial en la vida del recién nacido. Este orden quedará plasmado en el sistema nervioso del bebé, lo que en un futuro determinará gran parte del comportamiento del adulto.

Es importante que entendamos que la base de la ciencia astrológica nunca ha pretendido manejar el mundo mágico, ni tampoco hacer una religión de algo tan fácilmente comprobable. No hay que olvidar que se trata de la primera ciencia que no separó en ningún momento el mundo sobrenatural de los fenómenos físicamente explicables. Hoy en día, el mundo científico ha usurpado esta última parte, relegando a la Astrología al ámbito de la psicología y del esoterismo. Pero, para una mejor y más completa asimilación de lo que realmente es la Astrología, es primordial aprender a ver la vida en todas sus manifestaciones a través del prisma que nos ofrece esta maravillosa ciencia.

LA SIMBOLOGÍA

Toda ciencia necesita unos modelos que expliquen con la máxima precisión posible los resultados obtenidos por la experimentación. Muchas veces se tiende a olvidar que estos modelos no son más que simples representaciones ideales, creadas para que se ajusten a los datos obtenidos. En verdad no son más que un esquema, un cuento que hace de puente entre el desconocido mundo de « la realidad» y los conceptos formados por nuestra mente. Por ejemplo, el modelo atómico de Bohr nos ayuda a explicar cómo debe de ser la naturaleza de los compuestos químicos, pero si nos creemos que ésa es la realidad absoluta, quedaremos ante los ojos de un futuro historiador a la misma altura que el hombre antiguo, que se creía los mitos de la creación a pies juntillas. En lo que concierne a la Astrología, son los diferentes mitos de la humanidad los que nos sirven de modelos, es decir, son el puente entre nuestra particular forma de pensar y las experiencias que vivimos.

El ser humano desde siempre ha creado cuentos y mitos en los que intrincaba sus deseos, sus sueños y sus miedos entre los elementos de la realidad y de la naturaleza. Estos mitos son de una riqueza simbólica increíble, y lo que representa cada uno de los elementos y personajes de la narración sirve para explicar el funcionamiento y el desarrollo de una parte concreta de la realidad. Es decir, cada personaje simboliza un rol o porción de la naturaleza concreto. Por ejemplo, no cabe la menor duda de que la mera presencia de un arco iris es sinónimo de esperanza, de fin de un periodo de oscuridad y miedo, es la luz que nos recuerda que las tinieblas no perdurarán para siempre. El mágico fenómeno del arco iris resulta idóneo para que dichas sensaciones y sentimientos sean proyectados sobre él.

Lo que representan algunos planetas o constelaciones resulta bastante obvio ante una observación realizada a primera vista. Por ejemplo, la Luna siempre ha sido la causante de los movimientos de las mareas y de las aguas. El agua es la sustancia que alberga la vida, al igual que las mujeres embarazadas, por tanto es de esperar que simbolice a la Madre. El Sol, por otra parte, es el que da calor a la Tierra. Otorga la suficiente energía como para que se puedan mantener unas condiciones favorables para la vida. Su función es por tanto claramente masculina, ya que se preocupa de aprovisionar y de mantener bien abastecido de energía al clan, y por eso el Sol representa el principio del Padre. Y así podríamos seguir con cada uno de los planetas que componen nuestro sistema solar, ya que cada uno posee cierto significado y simbolismo.

Vemos pues, cómo la Astrología ha sido capaz de extraer, por medio de la observación, el mecanismo que gobierna la dinámica de los mitos: cuándo éstos cobran mayor relevancia, cómo y sobre quién operan en mayor o menor medida, etc. Al igual que la mecánica celeste propuesta por Newton describe el movimiento de toda partícula en el Universo, la Astrología se encarga, entre otras cosas, de definir la dinámica y la alternancia de los mitos, de los sueños, de los deseos y de los miedos que gobiernan el comportamiento de los seres humanos.

ELEMENTOS DE ASTROLOGÍA I

EXPLICACIÓN DE LOS GRÁFICOS, SÍMBOLOS Y SIGNOS UTILIZADOS

La carta astral es el elemento gráfico base sobre el que el astrólogo fundamenta todo su trabajo. Dicho gráfico consiste en un plano circular en cuyo centro se sitúa a la Tierra, y sobre el cual se proyectan las doce constelaciones del Zodíaco, así como la posición relativa de los diez planetas –ya que se toman al Sol y a la Luna como tales–. Para tener una visión global más representativa podemos imaginar al universo como si de una naranja se tratara. En la zona más o menos ecuatorial de la misma y sobre la cascara de la naranja, se distribuirán a modo de cinturón las doce constelaciones que configuran el Zodiaco: los doce signo astrológicos. En el interior de la naranja, más o menos en la posición en la que se encuentran las pepitas, estarán distribuidos los diez planetas. Primero encontraremos a los planetas exteriores –Plutón, Neptuno y Urano– y más próximos al centro estarán planetas más cercanos, tales como Marte o Venus. Pues bien, si ahora que hemos dibujado el cinturón zodiacal sobre el ecuador de la cáscara de la naranja, y que tenemos a los diez planetas dando vueltas por el interior de la naranja a modo de pepitas, realizamos un corte justo por la línea del cinturón, entonces obtendremos una visión del interior de la media naranja. En el borde, es decir, sobre el grosor de la piel, estarán representados los doce signos –Aries, Tauro, Géminis…– Imaginaremos, para más comodidad, que la naranja tiene justamente doce gajos de igual grosor y que cada uno corresponde a un signo. Las pepitas, es decir, los diez planetas –con el Sol y la Luna como tales– estarán repartidos por los doce gajos, esto es, cada signo contendrá en su interior más o menos pepitas –planetas– dependiendo de la posición que determine su viaje de traslación por el sistema solar. En el centro justo de la naranja se sitúa a la Tierra. Los planetas se interpondrán entre ésta y los signos representados sobre la cáscara, marcando su posición relativa según en el gajo –signo zodiacal–, en el que se encuentren.

De esta manera se puede congelar un momento preciso en la historia del universo y plasmarlo sobre un gráfico –**figura 1**–. Los planetas por los doce signos establecerán una serie de relaciones geométricas entre ellos según sus posiciones relativas. Por ejemplo, y volviendo al símil de la naranja, al hacer un corte a la naranja es posible que dentro de la misma línea nos topemos al mismo tiempo con dos pepitas, una más próxima al centro y otra próxima a la piel. Esta relación de planetas es lo que en la carta astral figura como una conjunción y significa que dos planetas

Figura 1: *Gráfico que representa las 12 constelaciones.*
En el centro se sitúa la Tierra.

están ocupando el mismo grado de la circunferencia. Otros planetas pueden estar formando otro tipo de aspectos, por ejemplo estar enfrentados, esto es, que se encuentren sobre la misma línea de corte pero ambas pepitas quedarán cada una a un lado del centro de la naranja; esta relación planetaria se denomina oposición. Hay diferentes tipos de posiciones relativas entre los planetas representados en la carta astral, que dependen del ángulo que formen entre sí y a los que más adelante haremos referencia.

Dentro de los símbolos astrológicos, además de los que hacen referencia a los doce signos están los de los diez planetas –**figura 2**–. También su presencia data de tiempos remotos y han sido encontrados en los primeros indicios de la escritura de la humanidad. El significado esotérico que estos signos contienen puede ser claramente entendido si partimos de la base de que la materia ha sido representada desde siempre por una cruz, que la media luna o el semicírculo, representan el

Figura 2: *Símbolos de los 12 signos astrológicos (izda.) y de los planetas (dcha.).*

alma, y que el círculo siempre ha representado la parte más elevada del ser humano, es decir, el espíritu.

En el gráfico astral figuran, por una parte, los doce signos astrológicos –Aries, Tauro etc.–, ocupando cada uno de ellos 30º de los 360º que tiene la carta. Por otro, las posiciones que sobre los doce signos ocupan los diez planetas– cada uno representado con su símbolo–. También encontraremos unas líneas de diferente grosor y trazado que unirán a dos o más planetas entre sí. Esto es lo que se conoce como los Aspectos, que no son otra cosa que relaciones geométricas entre los planetas. Según el ángulo que formen entre ellos –0º, 60º, 90º, 120º, 150º, o 180º– se marcarán con un tipo de trazo determinado –**figura 3**–.

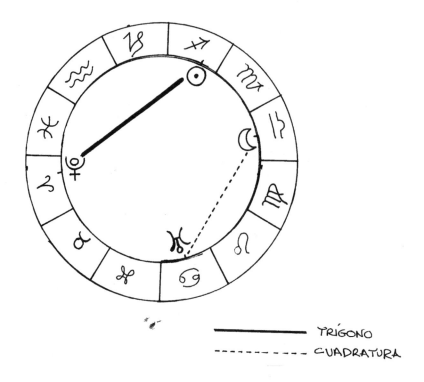

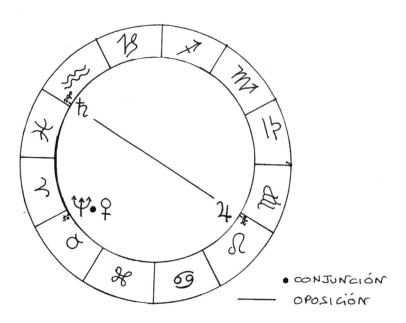

Figura 3: *Aspectos planetarios según el ángulo que forman entre sí los planetas.*

Para saber en qué signo se encontraba cada planeta el día en que nacimos, es decir, para hacer una carta natal, deberemos consultar en un libro de efemérides astrológicas las posiciones exactas de los planetas para ese día. Hay que tener en cuenta que dichas efemérides pueden estar hechas para el mediodía o para la medianoche, lo cual precisará el adecuado ajuste que normalmente viene explicado en las mismas efemérides. De todas formas, hoy en día hay un buen número de programas astrológicos para el ordenador que realizan estos cálculos de forma maravillosa y muy práctica.

Para completar el gráfico que tenemos entre manos, sólo nos falta por explicar el concepto de las Casas astrológicas y del Ascendente. En el preciso instante del nacimiento, el Sol, al igual que cualquier otro planeta, se encuentra en un grado concreto de un signo. Pero según la hora en que un individuo nace, el Sol estará sobre nuestras cabezas —en el caso de un nacimiento diurno— o bien se encontrará luciendo en las antípodas —caso de un nacimiento nocturno—. En Astrología esto es crucial y debe ser contemplado y tenido en cuenta a la hora de realizar una carta astral. Debido al movimiento de rotación terrestre, un observador desde la Tierra puede percibir cómo las constelaciones del Zodíaco van moviéndose y tardan veinticuatro horas en volver al mismo punto, pudiendo constatar que cada dos horas un nuevo signo aparece por el horizonte Este. El Ascendente es pues el signo que despunta por el Este en el momento de un nacimiento. Cuando amanece, el Sol está emergiendo por el horizonte Este, y por tanto, de telón de fondo tendremos el signo zodiacal que corresponda según el mes del año en el que nos encontremos.

Es preciso utilizar unas tablas de Casas para saber cuál es el Ascendente que corresponde a dicha hora de nacimiento. Para usar dichas tablas es preciso conocer el tiempo sideral que viene marcado en las efemérides —habrá que fijarse bien si corresponden al mediodía o a la medianoche—. Al tiempo sideral se le suman las horas y minutos del nacimiento, que serán diferentes según el tipo de efemérides. Por ejemplo, en la carta de alguien nacido a las ocho de la tarde, se le suman al tiempo sideral ocho horas si las efemérides corresponden al mediodía, pero habrá que sumarle veinte horas si las efemérides son nocturnas —realizadas a las cero horas.

Después de esto hay que hacer correcciones según la hora de adelanto que marque el gobierno respecto a la hora solar para dicho año, lo que también figura en detalladas tablas que registran la fecha exacta en que se adelantó o retrasó la hora ese año. Esa hora o dos de adelanto hay que restarlas al resultado anterior: el obtenido de sumar la hora de nacimiento y el tiempo sideral.

La última corrección es de orden geográfico, tiene en cuenta las coordenadas exactas del lugar de nacimiento. De momento nos fijaremos sólo en la longitud, es decir, enlos grados que separan nuestro lugar de nacimiento del meridiano de Greenwich. Por cada grado de diferencia habrá que sumar aproximadamente cuatro minutos si se ha nacido al Este del meridiano de Greenwich, o bien restarlo si la longitud es al Oeste de dicho meridiano. Una vez que por cada grado de diferencia en la longitud hemos sumado o restado aproximadamente 4 minutos, entonces ya habremos obtenido un número concreto de horas, minutos y segundos. Pues bien, si buscamos en las tablas de Casas que vienen ajustadas para cada latitud –se suele mirar la que más se aproxime a la latitud del lugar de nacimiento– el resultado de nuestros cálculos, encontraremos el grado exacto de nuestro signo Ascendente particular. También, además del Ascendente, obtendremos el grado de las Casas. Por ejemplo, puede aparecer como Ascendente el grado 4 de Piscis –ocupando la Casa I el signo de Piscis– y luego la Casa II en 6º de Aries y la III en 12º de Tauro, y así sucesivamente.

Una vez determinados y marcados estos puntos sobre el gráfico astral, realizaremos las doce divisiones que marcan dichos puntos –**figura 4**–. Esto es, desde el Ascendente haremos una línea que pasará por el centro del círculo y que llegará hasta el Descendente, es decir el grado 4 de Virgo. Así haremos con cada uno de los puntos marcados. Por ejemplo, el grado marcado por la Casa 10, que se conoce por Medio Cielo, nos estará indicando también el comienzo de la casa IV o *Imun Coeli,* al unir en una sola línea que atraviese el gráfico por el centro y que pase por el grado exacto del Medio Cielo. La **figura 4** muestra claramente cómo quedaría la división de las Casas y los signos.

POSICIONES PLANETARIAS

A cada uno de los diez planetas de la Astrología –ocho que forman parte del sistema solar, excluida la Tierra, más el Sol y la Luna– le corresponden ciertas experiencias de la vida que armonizan de mejor o de peor manera con los diferentes signos y Casas astrológicas. Cuando la energía propia de un planeta es claramente afín a un signo, se dice que dicho planeta es *el regente* de ese signo. Por ejemplo, Marte en Aries se encuentra en su propio domicilio. Tanto el signo como el planeta simbolizan una clara faceta de la vida.

Cuando la energía de un planeta respecto a un signo es claramente opuesta, es decir, representa la otra cara de la misma moneda, se dice que el planeta sobre ese signo está en *el exilio.* Venus, por ejemplo, que se encarga de simbolizar la belleza, está desterrada o en el exilio respecto al signo de Aries, que simboliza la lucha junto con Marte, dios de la guerra. Es decir, cuando dos energías son mutuamente excluyentes, entonces habrá una relación de exilio.

La caída es otra posición relativa entre planetas y signos basada en la falta de armonía. No es tan grave como el exilio, pero la energía del planeta en caída está condenada siempre a decrecer. Digamos que la caída es algo semejante al cuarto menguante de la Luna, que vaticina la desaparición de las bendiciones lunares.

Por último, destacaremos otra ubicación relativa entre signos, planetas y por consiguiente también Casas. *La exaltación* entra dentro de los armónicos y, aunque no es tan propicia como el domicilio o la regencia, sí que resulta bastante evidente y

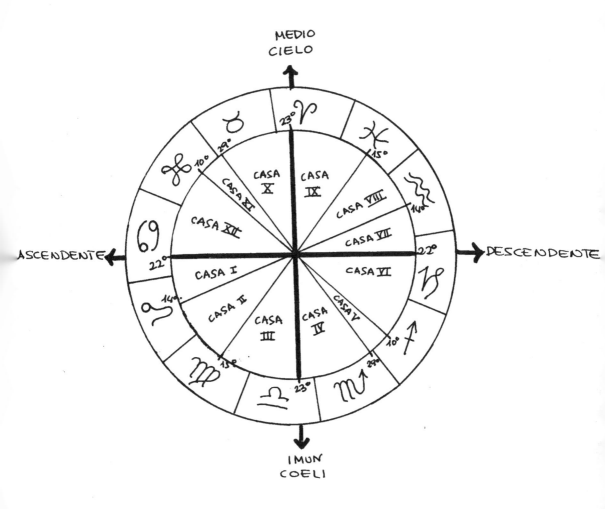

Figura 4: *División de las Casas astrológicas a partir de un Ascendente determinado.*

significativa. En este caso, el planeta que esté exaltado en un signo o en una Casa, manifestará su energía con una fuerza inminente que, aunque todavía no es plena, resulta evidente que pronto alcanzará su grado máximo. Se podría decir que es como el cuarto creciente de las fases lunares que tanta influencia ejerce sobre todos.

Cuando más adelante estudiemos los signos uno a uno se hará mención a las regencias, pero aun así adelantaremos una tabla en la que figuran los signos, las

Casas y los planetas con sus posiciones relativas. Hay que decir que al respecto hay multitud de opiniones divergentes, ya que la aparición de nuevos planetas como Plutón casi a mediados del pasado siglo XX, obligó a los astrólogos a revisar todas estas relaciones. Es posible que en otros textos figuren de forma distinta, pero tan sólo diferirán en pequeños matices, es decir, caídas y exaltaciones sobre signos de gran afinidad.

SIGNOS	REGENTE	EXALTADO	CAÍDA	EXILIO	CASA
Aries	Marte	Sol	Saturno	Venus	I
Tauro	Venus	Júpiter	Mercurio	Plutón	II
Géminis	Mercurio	Plutón		Júpiter	III
Cáncer	Luna	Venus	Marte	Saturno	IV
Leo	Sol		Neptuno	Urano	V
Virgo	Mercurio	Urano	Luna	Neptuno	VI
Libra	Venus	Saturno	Sol	Marte	VII
Escorpio	Plutón	Mercurio	Júpiter	Venus	VIII
Sagitario	Júpiter		Plutón	Mercurio	IX
Capricor.	Saturno	Marte	Venus	Luna	X
Acuario	Urano	Neptuno		Sol	XI
Piscis	Neptuno	Luna	Urano	Mercurio	XII

LOS PLANETAS DE LA PERSONALIDAD: EL SOL Y LA LUNA

Sin duda alguna, el **Sol** es el planeta –así considerado en Astrología– más importante de una carta astral. Cuando se dice que una persona pertenece a tal signo, quiere decir que en el momento de su nacimiento el Sol –visto desde la óptica terrestre claro está– transitaba sobre el telón de fondo de la constelación de dicho signo. Es decir, una persona Acuario tiene el Sol sobre el signo del Aguador.

El Sol es el corazón del sistema Solar, es el encargado de aportar la energía, la luz y el calor imprescindibles para que la vida pueda desarrollarse. Si imaginamos que el sistema solar es una esfera, el Sol representará el centro o la individualidad, la personalidad consciente que uno tiene de sí mismo. El Sol es también la necesidad de autorrealizarse manifestando la energía propia ante los demás. Cuando luce el Sol de una persona, la experiencia individual se convierte en un todo, acapara el universo por completo, y es difícil que reconozca la presencia de cualquier otra luz.

El Sol representa también la serenidad, la necesidad de ser tal y como uno es sin competir, de disfrutar de la diversidad de colores y de magnitudes. La envidia es el elemento más destructivo que puede acompañar a la energía solar. Cuando uno no se expresa tal como es, sino que lo hace en la medida en que lo hacen los demás, entonces la personalidad se transforma en mera apariencia, en un personaje más de la gran parodia que asola a esta sociedad.

Si nos remontamos a los mitos de la antigüedad que están representados por el Sol, nos encontraremos con una serie de personajes o arquetipos entre los que destaca el papel del *héroe*. Al igual que el astro rey, el héroe está dispuesto a consumir hasta la última gota de su materia para transformarla en pura energía, de manera que permita a los demás contemplar, aprovechar, disfrutar y ampararse bajo su torrente de luz y calor. Según el signo astrológico que el Sol ocupe tendremos un tipo de héroe u otro. Es decir, las causas y los nobles valores que motivarán y guiarán los actos de nuestro «protector» vendrán determinadas por el elemento al que pertenezcamos y a la naturaleza mutable, cardinal o fija de nuestro signo. Ellos marcarán el tipo y el estilo a través del cual intentamos expresar nuestra vida de una forma creativa. No hay que olvidar que el Sol también representa la sanación, por lo tanto no habrá que entender al héroe como a alguien que se mortifica por el bien de los demás. La alegría, la ilusión, el amor y el placer de ser uno mismo deberán estar presentes en todo momento para asegurar que, lo que se está manifestando realmente, sea la energía solar pura. Jamás el esfuerzo de llegar a ser uno mismo deberá desplazar a lo que es en esencia la energía del Sol, es decir, el placer y la satisfacción de sentirse vivo.

No cabe la menor duda de que al tratarse de un principio masculino, las cualidades solares normalmente suelen resultar más evidentes en los hombres que en las mujeres, por lo menos así ocurre durante la segunda mitad de la vida. La postura del patriarca que con su amor condicional intenta dirigir y guiar a los que forman su clan, es uno de los más claros ejemplos de la manifestación de la energía del Sol. Para no caer en el lado oscuro de esta figura y contrarrestar defectos tales como la arrogancia, el despotismo o la tiranía, es preciso encontrar un equilibrio.

Cómo energía compensatoria a la solar nos encontramos con la de la Luna, que regula los posibles efectos de una postura unilateral –la del Sol– que podría derivar en la vanidad, el orgullo, el exceso de dramatismo o la incesante búsqueda del aplauso. La Luna se encarga de pesar en el otro platillo de la balanza de la personalidad, es decir, en el de la intimidad.

Desde siempre el Sol y la Luna han simbolizado a los eternos antónimos que nunca paran de perseguirse y de buscarse, que se aman tanto como se rechazan, pero que nada serían el uno sin el otro. Por eso nunca se deben de considerar sus efectos por separado. Son las dos caras de la moneda de la personalidad, cuyas presencias se excluyen mutuamente.

 La **Luna** es el planeta –o luminar, pero nunca contemplado como satélite– que se encarga de simbolizar el subconsciente, la femineidad, lo receptivo. Si el Sol se encargaba de definir la propia esencia personal, la Luna representa la necesidad de zambullirse y hundirse en la experiencia. La Luna pone en marcha a la vida, moviliza los fluidos vitales que nos gobiernan y nos arroja desnudos al más inmediato de los presentes. El Sol se preocupa de la imagen que podamos dar a los demás, le importa en exceso la opinión pública, mientras que la Luna se centra exclusivamente en la vida psíquica del individuo, en enraizarse adecuadamente en la experiencia concreta para extraer de ella todo cuanto sea posible y obtener así la satisfacción de sentirse pleno de vitalidad. No es extraño, por tanto, que la Luna en muchos casos determine los hábitos de la persona, la rutina, la forma en que mantiene su hogar, cómo se toma las relaciones con los demás, la popularidad y todas esas pequeñas cosas que juntas acaban por definir la estela que va dejando a su paso y que queda impresa en los demás.

Al contrario que el Sol, que intenta definir al máximo su expresión, la Luna refleja el mundo de lo indefinido, de lo inconcreto, de lo extremadamente móvil y cambiante. No es de extrañar que se encargue de simbolizar el tipo de miedos que nos asolan en la infancia, o que surgen cuando perdemos nuestras propias referencias, –representadas por el Sol–, que marcan el norte necesario para no perderse en la gran marea de la vida. El Sol busca comprender el misterio de la vida con el único fin de poder contribuir de alguna manera a definir parte de dicha corriente. La Luna libera a la mente del despotismo de la razón, la deja suelta para que dancen en ella libremente los sueños, las imágenes reprimidas y las sensaciones más diversas. Otorga el control al subconsciente, a lo absurdo, al instinto que en todo momento sabe a la perfección cuáles son las necesidades materiales y sentimentales de la persona. La Luna no quiere saber nada del pensar, se limita a sentir la experiencia tal y como viene.

El signo sobre el que se encuentre la diosa de la noche se encargará de definir la forma del molde con el que se va recogiendo la experiencia de la vida; determinará el tamaño, aspecto y la movilidad de la red con la cual pescamos en el mar de los acontecimientos. La Luna en Leo, por ejemplo, intentará capturar a toda costa el aplauso y la admiración de los demás para vencer así sus miedos y sus inquietudes. Para poder sentirse segura, la persona con la Luna en Leo necesita la aceptación social. Instintivamente se verá conducida a realizar actos ante los demás tan claramente definidos y generosos –energía pura de Leo– que no dejarán lugar a más respuesta que el agradecimiento y la felicitación, que es en definitiva de lo que esta persona se nutre.

Así como el Sol se manifiesta plenamente en una etapa de la vida más madura, la Luna es la encargada de simbolizar la infancia del individuo. La familia, el hogar y la herencia, esas cosas tan importantes para la vida de un niño, también entran en el gran saco del simbolismo lunar. En los momentos de gran necesidad, la Luna obtiene un mayor papel en nuestras vidas ya que nos ofrece el apoyo, la protección, el alimento y los cuidados que sólo ella nos puede procurar. Además, su presencia aparta a los patrones solares y los consecuentes esfuerzos que conllevan; entonces la persona es más moldeable, se deja formar y definir por los hábitos y las influencias ajenas, aunque inevitablemente, y todo hay que decirlo, se convierta en una lunática. Los aspectos menos favorables cuando predomina la Luna sobre el Sol son los siguientes: la imaginación propia de la Luna se puede convertir en un espíritu soñador sumamente indefinido o fantasioso; la receptividad puede derivar en susceptibilidad; la indecisión llega a paralizar por completo la vida del individuo, se puede caer en una gran inquietud, en un estado de miedo sin causa aparente o simplemente sufrir remordimientos por todo. En definitiva, el individuo gobernado plenamente por la Luna se convierte en un neurótico, que malinterpreta la realidad por falta de un patrón de referencia con el que poder comparar su propio comportamiento y el de los demás.

Si el Sol se encargaba de simbolizar al patriarca, la Luna es la pura imagen de la gran madre arquetípica a la que en otras épocas tanto se veneró. Representa el amor incondicional que toda madre ofrece a su hijo; es una figura protectora, tierna y sensible que todo lo perdona y que siempre consuela a sus retoños. Posee la sabiduría de la vida instintiva, lo sabe todo acerca de la vida, de lo que conviene y lo que no. Su energía es tan fértil que todo cuanto la rodea crece y se desarrolla sin más. Pero como todo en esta vida, la madre tiene también su lado oscuro. Lo que se malcría bajo un excesivo amparo de protección materno, puede caer fácilmente en la dependencia, en el desvalimiento y la parálisis. La madre, si se excede, puede resultar tan sumamente magnética que puede llegar a acaparar, e incluso a manejar, la vida de sus propios hijos.

Otros atributos que se le asignan a la **energía Lunar** son la forma en que cuidamos de nosotros mismos y de lo que queremos, la vida contemplativa, las tendencias artísticas, la imaginación y la fantasía, la sensibilidad, el pasado, la mujer, el amor maternal, no romántico, la familia, el hogar y la alimentación entre otras.

Como parte de la **energía Solar** encontraremos: la vitalidad, los nobles sentimientos, la lealtad, la confianza, la generosidad, la influencia personal, la autoridad, el poder de realización, el entusiasmo, la alegría, el hombre, la protección paterna y el orgullo, entre otras.

Hay por supuesto un sinfín de posibilidades diferentes que, como más adelante veremos, variarán según los signos, los aspectos y las Casas astrológicas donde se encuentren dichos planetas. Pero siempre que se quiera conocer cualquier aspecto personal que coincida con algunos de los atributos que corresponden a cada planeta, será imprescindible revisar cuidadosamente tanto la posición de dicho planeta –sobre signos y Casas– como los aspectos, así como las Casas que regente.

MERCURIO: EL PLANETA REGULADOR DE LA EXPERIENCIA

En los textos antiguos de Astrología, se suele mentar a este planeta como el encargado de representar al intelecto. El habla y el lenguaje, máxima expresión de la mente humana, han sido desde siempre los dominios de **Mercurio**, del que siempre se ha dicho que dota a sus hijos de una inigualable locuacidad. Pero quizá sea más correcto decir que Mercurio representa algo más que el simple entendimiento intelectual; la percepción está en juego y eso es algo mucho más complejo que el lenguaje. En los antiguos mitos de Grecia y Roma, nos encontramos con que Mercurio se pasaba el día mediando entre los dioses. Era su mensajero, el encargado de realizar la difícil conexión entre las divinas genialidades y la ardua realidad. Juguetón, ladrón y caprichoso, este joven dios se divirtió enredando y molestando a las grandes eminencias del Olimpo. Adoptó múltiples facetas de la vida, practicó todo tipo de oficios, aprendió numerosas lenguas y en definitiva probó superficialmente de todas las esencias de la vida, pero sin llegar a participar plenamente de ninguna. De manera similar opera este pequeño planeta sobre nosotros, recogiendo las experiencias tal y como nos vienen con el fin de poder ordenarlas y asimilarlas adecuadamente. Las conexiones entre las ideas, los recuerdos, las sensaciones, los sentimientos y las emociones, así como los esquemas mentales que configuran nuestra mente, son los dominios propios de Mercurio, quien nos invita continuamente a comunicarnos con los demás para mantener la mente despejada.

Es importante ver a Mercurio como el mediador entre nuestra esencia solar y el mundo de lo real. Al igual que los antiguos dioses, sin este mediador seríamos incapaces de expresarnos, y tampoco podríamos alimentar y mantener vivo a nuestro ser, que se nutre de cierto tipo de energías que se encuentran en el exterior, y que tan sólo el Mensajero de los dioses es capaz de servirnos en bandeja.

El signo en el cual Mercurio se encuentre en la carta natal de un individuo, representa la forma personal de asimilar, percibir, categorizar y organizar todo tipo de experiencia, sensación o emoción; lo que marcará claramente su forma de expresión y manifestación. Sin Mercurio, el Sol no podría manifestarse. Esto quizá esté representado por la pequeña distancia en grados que puede llegar a separar a estos dos planetas, que al no ser nunca superior a 28°, jamás forma malos aspectos entre ellos (ver **Aspectos** en *Elementos* III). La única excepción que debemos contemplar es que, cuando la distancia que separa a ambos planetas es menor de 3° se considera que Mercurio está **combusto**, es decir, su energía se manifestará de forma negativa, predominando el carácter pernicioso de dicho planeta. En dicho caso provocará sobre el nativo una gran inquietud, inestabilidad, y profundas crisis nerviosas. Habrá también falta de honestidad y tendencia a la mentira y a la charlatanería, estados propios de las enfermedades mentales y de la decepción.

Otros atributos que suelen acompañar a la **energía de Mercurio** son los siguientes: la facilidad para aprender, la rapidez mental, la facilidad de expresión, gran adaptabilidad al medio, faceta social del individuo, los viajes cortos, la vida cotidiana y la rutina, y también el diálogo interior que todos mantenemos con nosotros mismos. En caso de estar en una posición desfavorable entonces dichos atributos se transformarán en malas intenciones, mentiras y calumnias, hipocresía, charlatanería, astucias para aprovecharse de los demás, etc. Todos esto puede derivar en nerviosismo y enfermedades mentales.

Desde luego, existen un sinfín de posibilidades distintas que, como más adelante estudiaremos, variarán según los signos, los aspectos y las Casas astrológicas donde se encuentren estos planetas. Pero siempre que pretendamos conocer cualquier aspecto personal que coincida con algunas de las cualidades que corresponden a cada planeta, será imprescindible revisar cuidadosamente tanto la posición del planeta −sobre signos y Casas− como los aspectos y también las Casas sobre las que regente.

LOS PLANETAS DE LA INTERACCIÓN ENTRE INDIVIDUOS: MARTE Y VENUS

Esta pareja planetaria también se encarga de representar, al igual que el Sol y la Luna, los dos polos opuestos que aparecen en todas las cosas, es decir, el Yin y el Yang de la filosofía oriental, el masculino y el femenino. Pero mientras que en el caso concreto de los dos luminares, Sol y Luna, lo que se pone en juego es el sentimiento y la creatividad o, lo que es lo mismo, sentir o hacer sentir a los demás, ahora, para el caso de Marte y Venus, lo importante es el afecto, esto es, ser querido, ser admitido y armonizar con los demás −faceta que se encarga de remarcar el planeta del amor, Venus−, o por el contrario, cortar de raíz con los afectos y entregarse de pleno a la lucha, arrebatar lo que a uno le venga en gana lanzándose a la conquista violenta y directa con el fin de afirmar una vez más la individualidad personal −faceta que corresponde a Marte−. En otras palabras **Venus** representa la necesidad de ser deseado mientras que **Marte** representa al deseo en sí mismo que se impone ante la presencia de los demás.

Lo que es común a ambos planetas es la necesidad de entablar relaciones personales. De nada servirán las hazañas y conquistas de Marte si no van seguidas de cierto reconocimiento, por lo menos personal. El amor de Venus necesita también de la imagen de un amante −aunque éste sea ideal, soñado o platónico− donde arraigarse y poder verter los afectos.

Queda claro que estos dos planetas simbolizan la energía de los amantes: el amor y el odio. Por tanto, según la disposición en que estos se encuentren en una carta astral, nos estarán diciendo el tipo sentimental al que se pertenece. Los malos aspectos entre estos dos planetas dificultan las relaciones con el sexo opuesto. Por supuesto que no son los únicos patrones en los que deberemos fijarnos. El Sol y la Luna también son importantes a la hora de valorar este tipo de relaciones, pero éstos vienen a simbolizar más bien los patrones que se nos dieron cuando éramos niños, es decir, cómo se llevaban nuestros padres entre sí.

También es de esperar que estos dos planetas se encarguen de representar, además de su esencia amorosa o guerrera, una serie de complementos que resultan bastante significativos a la hora de estudiar un tema natal. Por ejemplo:

Marte, más directo y sencillo, nos señala la manera en que llevamos a cabo nuestras realizaciones más directas. Es la forma de ir tras los deseos la que está comprendida dentro de la posición astral del planeta rojo. El signo en el que se encuentre y los aspectos planetarios se encargarán de filtrar, dar color y forma a dicha energía. Así un Marte en Aries nos indica que la persona es apasionada cuando persigue sus deseos, que es directa, fogosa, agresiva, impulsiva y entusiasta. El lugar donde aparezca Marte en el tema natal indica cómo y dónde se debe enfrentar ese ámbito de la vida con entusiasmo, pues Marte representa al motor que nos pone en marcha una y otra vez.

Venus, por su parte, nos enseña según el signo, los aspectos y la posición que ocupe dentro de una carta natal, la manera en que podemos alcanzar de forma más natural el sentimiento de paz, bienestar y satisfacción personal. Para ello es necesario que sepamos complacer a los demás y complacernos a nosotros mismos. Venus se preocupa de poner nuestra mejor cara, de ofrecer lo mejor de nosotros mismos con el fin de contribuir a la mejora de la belleza y de la armonía mundial. Venus es el planeta encargado de simbolizar la capacidad artística de una persona, la delicadeza, el gusto por la estética, el adorno y, en general, la forma de crear atractivo personal haciendo el uso debido, equilibrado y preciso de lo material para cautivar así la atención ajena.

Pero, como todo en esta vida, también Venus y Marte tienen una sombra, un aspecto mísero y ruin que inevitablemente les acompaña.

En el caso de Marte, la brutalidad, la falta de ternura y comprensión, el exceso de rabia ciega que empuja a la persona a operar de forma despiadada, la desconsideración y la rudeza, son claros ejemplos de las peores facetas que normalmente se aprecian en el caso de que dicho planeta se vea afligido por un mal aspecto, o que sufra los efectos de un mal tránsito.

En el caso concreto de Venus, la pereza es uno de los peores atributos que lo suelen acompañar; pero quizá sea aún peor la envidia que se despierta al comprobar que otros están físicamente mejor dotados que nosotros mismos. La envidia por lo bello, por el dinero y los bienes materiales, son problemas que vienen acompañando a la energía venusina.

También, al igual que Afrodita se desnudó sin pudor en el mito de Paris para condicionar su opinión a la hora de que éste eligiera a la más bella, el planeta del amor dispone la manera que tenemos de seducir a los demás, usando malas artes con tal de obtener los máximos privilegios. Así como la moral y el honor están bajo buen recaudo al amparo de Marte, en el caso de Venus los valores éticos quedan relegados a una dudosa posición susceptible de ser manipulada al antojo y beneficio exclusivamente personal. Pero, ya hemos dicho que hay innumerables posibilidades diferentes, que serán vistas más adelante y que variarán según los signos, los aspectos y las Casas astrológicas donde se encuentren estos planetas. Por eso, siempre que se quiera conocer cualquier aspecto personal que coincida con algunos de los atributos que corresponden a cada planeta, será imprescindible estudiar minuciosamente tanto la posición de dicho planeta –sobre signos y Casas–, los aspectos así como las Casas sobre las que regente.

LOS PLANETAS DE LA INSERCIÓN SOCIAL: JÚPITER Y SATURNO

Todos los planetas estudiados hasta el momento parten de la esencia pura del individuo –el Sol–, siguiendo por la relación psicológica que todo ser tiene consigo mismo –la Luna–, continuando con el encargado de regular, modular y relacionar la esencia personal con el mundo exterior –Mercurio–, para seguir con el planeta del buen gusto, el que recibe y selecciona la experiencia desde un punto de vista afectivo, bello, sensual y placentero, que conecta la esencia del individuo con energías afines a él a través del amor –Venus–; y por último nos encontramos con el planeta cuya misión es la de defender las murallas de la propia individualidad y que permite a la persona adentrarse en el medio adverso para modificarlo en beneficio propio –Marte–. Esta última pareja planetaria es la encargada de representar cómo un individuo se relaciona íntimamente con otros, pero siempre de tú a tú, sin dejar que interfiera el entorno.

Si damos un paso más, entraremos en el plano de la conciencia social, es decir, aquel en el que se traspasan los límites de la individualidad para poder expandirlos, para reconocer el toque divino que mora en el interior de todo ser y que desea manifestarse a toda costa. Como todo en esta vida, las puertas del mundo personal deben de ser traspasadas en ambos sentidos de un modo equilibrado. Por una parte es necesario reunir el suficiente entusiasmo, júbilo, optimismo y confianza como para atrevernos a abandonar la vida íntima, individual e intransferible a cambio de un papel escénico dentro de la gran obra de la vida que llamamos mundo social. La única manera de reconocer plenamente nuestra esencia es adoptar el papel de uno de los viejos personajes sociales que permanecen invariables a lo largo de la historia. Es inevitable tener la sensación de que algo de nosotros mismos se muere para dar vida a ese rol social que nos ha tocado, por eso, además del optimismo y de las ganas de formar parte de la gran parodia de la vida, es menester mirar por uno mismo, es decir, negociar y valorar nuestros esfuerzos y contribuciones de tal manera que el saldo resultante mire siempre a nuestro favor. Las dos caras de la moneda social las encontramos representadas en la pareja planetaria de **Júpiter** y **Saturno**.

El primero se encarga de romper los límites, de expandir de forma afortunada, feliz, gloriosa y despreocupada los atributos personales. **Júpiter** nos ayuda a reconocer de forma jubilosa que todos somos hermanos, que juntos es más fácil y sencillo mantener vivo el espíritu, algo imprescindible para no perder la esperanza, que nos permite desarrollarnos plenamente. Para ello es necesario suavizar, limar y solucionar las asperezas de la vida de la forma más sencilla posible con el único fin de disfrutar plenamente de ella, de sentirse a gusto y ser feliz. Júpiter busca el hedonismo y el placer, pues sabe bien que el bienestar procura la serena alegría que da pie a la faceta más creativa del ser humano. Cuando las principales necesidades están cubiertas, el individuo se relaja, se desenmascara y exterioriza lo que con tanto recelo guarda en su interior y en las profundidades de su ser. Expresarnos honesta y despreocupadamente quizá sea la única manera mediante la cual podremos tomar conciencia de que todos, absolutamente todos, compartimos los mismos miedos, adoramos a los mismos dioses y por tanto somos hijos del mismo Padre. Si damos forma concreta a nuestros sentimientos –al igual que Dios creó el mundo– entonces podremos darlos a conocer y al mismo tiempo comprenderlos con claridad. Júpiter nos invita a que le imitemos y mostremos ante los demás, sin miedos ni complejos, lo mejor de nosotros mismos.

Claro está que no somos dioses, que tenemos un cuerpo que nos liga íntimamente al mundo material, que tenemos un montón de necesidades que cubrir, que el tiempo apremia y que es limitado al igual que el dinero. El encargado de hacer hincapié en todo ello es el viejo **Saturno**. No es que sea importante unirse, sino que es casi obligatoriamente necesario, pues la sociedad es la mejor estrategia para ahorrar y aprovechar al máximo los recursos. Una óptima organización social permite un mayor **estatus** para todos, pero ello conlleva una jerarquía, una administración y un control, con la consiguiente aparición de castas y diferentes niveles de clases sociales. En definitiva, la participación colectiva caprichosa, libre, independiente y espontánea a la que nos incita el jubiloso Júpiter de poco provecho servirá si no hay una estructura que la sujete, que la aproveche y la canalice. Justamente Saturno vela por el valor de lo razonable, de lo concreto y de lo práctico. Pero la otra cara de la moneda no resulta tan agradable, pues las normas sociales y naturales a las que todos nos vemos sometidos interfieren con la divina expansión de nuestro Yo personal, creando una serie de frustraciones, miedos, enfermedades, complejos, bloqueos y sentimientos de fracaso que deprimen y hunden al ser humano. Si como ejemplo atendemos al orden natural impuesto por la vida para todos los seres del universo, encontraremos en primer plano la premisa de que tanto el tiempo, como el espacio, la materia y la energía, son limitados. Por lo tanto debemos asumir desde el primer momento que nosotros también lo somos, y que si queremos hacer algo que perdure en el tiempo y que se expanda en el espacio deberemos adoptar una estrategia, tendremos que optar por un método concreto que llevar a cabo con disciplina, tesón, regularidad y rigor. Eso es Saturno, y todo lo demás, la sombra que arroja sobre la psique, es tan sólo el fruto del esfuerzo que este planeta nos obliga a hacer para mantener bien atado al generoso, optimista y poco previsor Júpiter, que nunca para de tentar a sus hijos.

Es curioso ver que hoy en día y tal como están las cosas en el primer mundo, parece ser que lo que prima son los valores de Saturno; aquellas personas que han establecido una buena estrategia de vida, que no han perdido el tiempo con la filantropía ni con estúpidos ideales de fraternidad, igualdad y unión, son los que se están llevando el gato al agua, y que, peor aún, están definiendo cómo debe de ser el modelo de persona socialmente bien reconocida. Pero si de algo sirve Júpiter, es para cultivar el espíritu, pues del conocimiento y de la filosofía se puede sacar algo concreto y útil. Si atendemos a la vieja mitología, Júpiter rescató a su padre de las manos de los Titanes y le ayudó a recuperar el trono del cielo. Saturno, temeroso de la energía de su hijo, lo desterró. Esta falta de agradecimiento fue lo que impulsó a Júpiter a luchar contra su propio padre, al que ganó sin el menor problema. Quizá si hubiera que apostar por alguna de las dos energías, resultaría más interesante confiar en el júbilo de Júpiter que quedarse prisionero de los miedos de Saturno. Es posible que en estos tiempos de acérrimo individualismo, de tan atroz materialismo, la balanza esté seriamente descompensada hacia el platillo de Saturno, lo que podría desatar el furioso rayo del omnipotente Júpiter.

 **Saturno** se ha ganado una mala fama a lo largo de la historia de la humanidad, por simbolizar y representar todo aquello que limita nuestra faceta divina. También porque nos obliga a hundirnos y a profundizar en la experiencia terrenal y en la vida práctica, lo que suele acarrear grandes dosis de sufrimiento, esfuerzo, dolor y sentimientos de incapacidad e impotencia. Saturno nos hace tomar conciencia de la muerte, de la imposibilidad de volver a vivir una situación y del implacable paso del tiempo. Es por tanto el que se ocupa de representar la angustia vital que tanto oprime al ser humano y que tan complejamente se manifiesta inconscientemente a través del lado más oscuro de la personalidad. La tendencia natural es la de reprimir aquellas facetas de nosotros mismos que no son de nuestro agrado, pero lo que realmente estamos haciendo con dicha actitud es acumular y alimentar el pantano de los sentimientos oscuros que moran en nuestro subconsciente. Si no dejamos que algo de nosotros mismos se exprese y salga a la luz, entonces acabaremos por pro-

yectarlo en los demás, veremos a nuestros vecinos, hermanos o pareja como monstruos que nos quieren devorar. Lo más curioso es que con el tiempo, nuestro comportamiento, en gran parte inconsciente, frente a los demás acabará por actuar a modo de sacacorchos y lo único que conseguiremos encontrar en aquellas relaciones más intensas será nuestra propia sombra –miedos, envidias e iras– que nos es devuelta para que de alguna manera trabajemos con ella. Saturno es sin duda la representación de dicho fenómeno, y por eso, según el signo y la Casa astrológica en la que se encuentre en un tema natal, indica la forma y la parte de la experiencia en la que vamos a tener que vérnoslas con lo peor de nosotros mismos. Lejos de ser un aguafiestas, Saturno nos invita una vez más a que saquemos partido de esta vida, que la aprovechemos. Si nos atrevemos a cargar y a reconocer lo que llevamos dentro, daremos un paso de gigante desde el punto de vista de la evolución personal.

La **posición de Saturno** marca, como una cicatriz en el cuerpo, la parte de la personalidad que ha sido más dañada y a la que generalmente se le asocia una serie de experiencias. Por ejemplo, Saturno en la Casa XI nos estará indicando que la persona tiende a proyectar su sombra sobre los amigos, con los que siempre estará rompiendo. Es más, las causas por las que se determina poner fin a cada relación por separado suelen coincidir, ser del mismo tipo o tener un mismo denominador común. Y si vamos un poco más allá, esta persona con su comportamiento siempre atrae hacia sí un tipo muy concreto de amistades que se prestan a escenificar una y otra vez la misma representación de la vida que acaba invariablemente por poner fin a la amistad.

Había un caso concreto de una persona con esta posición que atraía hacia sí amistades sumamente celosas, mientras que a él le encantaba flirtear con sus respectivas mujeres. El resultado era siempre el mismo, la ruptura amistosa. ¿Qué hacer con este tipo de situaciones que se nos repiten? Saturno nos invita a usar la razón de forma fría, simplificada, tanto sentimental como emocionalmente. De esa manera podremos tomar conciencia de nosotros mismos, de lo que generamos y de lo que nos es devuelto. Por supuesto que no es algo grato, pues con Saturno todo es dolor y esfuerzo, pero como todo lo que el planeta del anillo realiza, será de gran utilidad, nos permitirá alcanzar personalmente cotas más altas y obtendremos un mayor prestigio, además de la satisfacción del trabajo bien hecho.

Las cualidades más destacadas de **Júpiter** son: liberalidad, generosidad, buen juicio, honestidad, franqueza sin igual, jovialidad, virtud y fe religiosa, respeto a la autoridad y a las normas, y una sabiduría serena de la vida. En caso de estar mal aspectado, es decir, que haya otros planetas interfiriendo negativamente, se mostrarán las peores facetas de Júpiter que son: gusto por el juego y el riesgo, arrogancia, orgullo, falta de respeto hacia los demás, hipocresía, exageración desmedida, excesos en abundancia, vagancia y vida fácil a costa de los demás.

Las cualidades más destacadas de **Saturno** son: método, sobriedad y reserva, circunspección, perseverancia, paciencia, prudencia, sentido del deber, meditación, o gran precisión y exactitud. En el caso de estar mal aspectado encontraremos estos defectos: avaricia, pesimismo, egoísmo, frialdad, tristeza, soledad, obstrucción, bloqueos emocionales e impaciencia. Repetimos de nuevo que siempre que se quiera conocer cualquier aspecto personal que coincida con algunos de los atributos que corresponden a cada planeta, será imprescindible revisar tanto la posición de dicho planeta –sobre signos y Casas– como los aspectos y las Casas sobre las que regente.

LOS PLANETAS TRANSPERSONALES: URANO, NEPTUNO Y PLUTÓN

La forma en que un individuo se relaciona e inserta en la sociedad es algo que forma parte de él, de su personalidad y de su más pura esencia. Pero como todo debe tener su opuesto complementario que permita mantener la dialéctica de la vida, al igual que el Yin tiene al Yang, y que el femenino dispone de un masculino, la persona también cuenta con la colectividad, la cual se comporta frente al individuo como un ser que contara con vida propia. Esto es lo que se ha llamado inconsciente colectivo y que no es más que el depósito de las imágenes arquetípicas que todos compartimos y que evolucionan de forma tan extremadamente lenta que escapan a la escala de tiempo individual. Lo que los tres planetas transpersonales representan son las peculiaridades de la colectividad y de cómo afectan al individuo.

Saturno, el último de los planetas personales, es el responsable de echar el cierre, de convencernos de que más allá de nosotros mismos se encuentra el abismo y que es sumamente peligroso aventurarse en él. Por supuesto que si nos dejamos llevar por la gran corriente, rápidamente perderemos la conciencia de nosotros mismos, pero no nos queda más remedio que aceptar que estamos sujetos a las turbulencias que dicho flujo genere, y mejor será saber algo acerca del momento que nos ha tocado vivir, de la fase en que se encuentra la conciencia colectiva de la humanidad. Rara vez los planetas transpersonales marcan la personalidad del individuo, a no ser que se encuentren en puntos vitales de la carta natal como el Ascendente o el Medio Cielo, o que formen aspectos directos con el Sol y la Luna.

El primero de los planetas transpersonales es **Urano,** encargado de representar a la mente divina, y el que nos recuerda que antes o después deberemos desapegarnos del excesivo materialismo que tanto ata. Urano nos invita a tomar un cambio de actitud mental que nos haga más libres, que nos ayude a despertar del embrujo al que nos tiene sometidos la riqueza material. En numerosas ocasiones, esta forma de liberar puede resultar sumamente dolorosa, ya que tendemos a poner gran carga emocional sobre los objetos queridos, y desprendernos de ella conlleva gran sufrimiento y dolor.

El efecto que suele provocar **Urano** sobre la vida personal suele ir enmascarado por los caprichos del destino pero, si vamos un poco más allá, comprobaremos que es el propio individuo el que inconscientemente atrae hacia sí cierto tipo de experiencias y personas típicamente uranianas que nos incitarán a liberarnos de nuestras cadenas de forma espectacular. **Urano** tarda aproximadamente 84 años en recorrer su órbita alrededor del Sol, coincidiendo la mitad de su ciclo con una de las crisis personales más profundas, que suele rondar la edad de los 42 años. Para las mujeres puede coincidir con la menopausia, para los hombres representa una segunda y última oportunidad de revivir la juventud perdida. En definitiva, es el gran *crack* que suele poner fin a las parejas sentimentales que no han conseguido asentarse plenamente.

El descubrimiento relativamente cercano de este planeta –año 1781– resultó sincrónico con tres revoluciones que liberaron al hombre, de algún modo, de la esclavitud de la materia. Dos de estas revoluciones –**Urano** representa siempre el inconformismo social– fueron de orden político. Tanto la Revolución francesa como la Guerra de secesión en América del Norte, abogaban por la libertad, la igualdad, los derechos y la liberación del individuo. La otra revolución fue de orden económico y dio pie a la era industrial.

Las cualidades que se atribuyen a **Urano** son las siguientes: amistad, sinceridad, mundo afectivo a través de los ideales, el bien común como causa, libertad, progreso, sentido humanitario, intuición mental, creatividad e invención. En caso de estar mal aspectado se la atribuirán lo siguientes defectos: excentricidad, rebelión, falta de control, contradicción, neurosis, ataques violentos, deshumanización y falta de decisión.

Neptuno es el planeta exterior responsable de representar el sentimentalismo colectivo. La expresión de la energía de dicho planeta se puede apreciar perfectamente cuando un sustancial grupo de personas comparte un sentimiento único. Se puede entender esto de otra manera; Neptuno se encarga de disolver los límites de la personalidad, lo que permite participar y disfrutar de las mareas sentimentales que unifican a los seres humanos cuando éstos comparten una misma emoción. De esta manera, y gracias al dios de los mares, podemos alejarnos, aunque tan sólo sea por unos instantes, de nuestra conciencia individual; requisito imprescindible para poder mantener una mente lo suficientemente sana. Dejar de ser nosotros mismos es la única manera de purificar el subconsciente, de alejar los fantasmas que nos acosan y librarnos de compulsivas obsesiones.

Puede que en los tiempos que corren, la sociedad necesite más que nunca liberar el subconsciente y compartir algo plenamente con los demás. Aunque no sea más que con un partido de fútbol, las personas necesitamos sentir que formamos parte de una gran familia, que no estamos solas en esta vida. Un perfecto desconocido puede convertirse en un momento dado en nuestro hermano gracias a la energía de Neptuno; compartir un sentimiento o una emoción común nos ayuda a salvar las diferencias que nos separan y convierten en auténticos desconocidos. Tras haber vivido una experiencia unificadora, la persona tiene la sensación de que vuelve al mundo totalmente renovada, de haber lavado su pasado, por lo que se trata de un auténtico renacimiento.

Astrológicamente, Neptuno representa la vida mística y religiosa. La moda también es un factor unificador que representa en cierta manera una forma de compartir gustos, afinidades, ideales y sentimientos. Ir en contra de las corrientes sociales es una manera de afirmar la personalidad, de reforzar los límites que definen al individuo. Neptuno nos invita a abandonar el sentimiento de importancia personal y a zambullirnos de pleno en la experiencia compartida. El problema aparece cuando el individuo se considera más cultivado que el resto de la población y no encuentra afinidad con los arquetipos compartidos socialmente para la fusión. Es habitual que la persona ilustrada caiga en el error de considerar los gustos sociales un tanto groseros, toscos, poco elevados y nada refinados. Esto supone una gran barrera a la hora de sintonizar con los demás No es de extrañar que el individuo refinado tenga la sensación de contaminarse al participar de las fiestas populares, al vivir una emoción tan primaria que se opone frontalmente a los valores intelectuales.

Tomar conciencia de la energía de Neptuno es algo que, por la educación que hemos recibido y por las costumbres sociales que predominan, no suele ser del todo agradable, pues implica disfrutar de la disolución de los cimientos que sostienen nuestra personalidad. Por lo tanto es una energía que se tiende en parte a reprimir o incluso a negar. El ejemplo del ferviente hincha de un equipo de fútbol nos puede resultar de mucha ayuda, ya que, normalmente, el individuo medio que asiste cada fin de semana para disfrutar de un partido puede convertirse en un momento dado en un auténtico fanático y llegar a cometer increíbles atrocidades por defender el honor y los colores de su equipo. El porqué de tal actitud se puede comprender en el momento en que se mira desde la óptica de Neptuno; su equipo no es más que un pretexto para sintonizar con miles de personas, para sentirse hermanado, para disolver y abandonar la personalidad individual que la vida cotidiana, el trabajo y la rutina le obligan a mantener. En tal caso su equipo se convierte en la salvación que le permite olvidarse de sí mismo y no está dispuesto a renunciar a ello. Es más, en los momentos límites, podría incluso llegar a comportarse al igual que un fanático religioso que es capaz de sacrificarlo todo por su dios.

Pero hay casos aún peores, hoy en día la incomunicación es cada vez mayor. Puede que el paso de Neptuno por Acuario nos obligue a sentirnos unidos y a conectar con la gran masa por medio de las telecomunicaciones e Internet. Aún así, no es pequeño el número de personas que se mantienen en el más absoluto de los aislamientos sentimentales, no comparten nada ni conectan con nadie. En dicho caso Neptuno nos obliga a salir y abandonar nuestro cascarón a base de calamidades de lo más variopinto. Por ejemplo, las pérdidas y los robos son acontecimientos que suelen atraerse cuando Neptuno transita por la Casa II. Las averías, las inundaciones y problemas domésticos de lo más escandaloso pertenecen también al saco de los acontecimientos que Neptuno arroja sobre los pobres mortales para que se vayan haciendo a la idea de que hay que desapegarse de lo material a favor de la vida espiritual. Nos obliga a aprender a poner buena cara ante aquellas pérdidas que de algún modo nos hieren y rompen la fuerte coraza con que nos queremos proteger, porque así nos lo han enseñado. En numerosos casos, obliga al individuo a abandonar su guarida para poder poner remedio al desaguisado, dándole la oportunidad de encontrarse con otras personas en situaciones semejantes con las que sintonizar, bien en la cola de la comisaría a la hora de poner la denuncia o cuando se acude a la fontanería pidiendo, literalmente, socorro.

Otros atributos que se conceden a Neptuno son: genialidad, facultades psíquicas, facilidad para ser médium, vida mística, sueños, imaginación y fantasía, inspiración artística, dones de curanderos y psicoterapeutas. Los defectos propios de un Neptuno mal aspectado son: la depravación, lujuria, toxicomanías, vicio, los miedos, pesadillas, presentimientos siniestros, autoindulgencia, catástrofes de todo tipo ligadas a la contaminación, a las infecciones y a los líquidos en general.

Los dominios de **Plutón** se encuentran en las profundidades más remotas. Mitológicamente, Plutón era el dios de los muertos, de los infiernos y el guardián de los tesoros de la Tierra. No es de extrañar que simbólicamente este planeta represente la fuerza de la energía vital y el deseo de estar vivos. Plutón nos conecta con aquello de nosotros mismos que es más poderoso pero al mismo tiempo ingobernable. Su modo de actuación se basa en la conmoción; con ella se traspasan los límites, lo que hace saltar los resortes de la supervivencia, poniendo de manifiesto nuestras ganas de vivir. Puede que ésa sea la única manera de que consigamos acceso a fuerzas y recursos que hasta el momento ignorábamos, y, por tanto, no habíamos explotado.

No es raro pues, que el más lejano y exterior de los planetas del sistema solar entre a formar parte de la conciencia del individuo a edades ya bastante avanzadas. Las crisis que la vida nos va deparando, nos ayudan a profundizar en nuestro ser, hasta que, por fin, se realiza la apertura que permite emerger al dios de los infiernos que todos llevamos en nuestro interior más remoto.

Entre las facetas de la vida que Plutón representa, podemos ver cómo este planeta se haya presente, en mayor o menor medida, en todo acto creativo. Se suele decir que cuando alguien está creando no puede ser respetuoso más que consigo mismo. El acto creativo no se anda con remilgos, tiene que ser apabullante, decidido y prepotente, por lo menos en cierto grado. Pues eso es justamente lo que Plutón nos invita a hacer: a excretar sin pudor todo cuanto hay en nuestro interior, como la única manera de tomar contacto pleno con nosotros mismos. Pero ojo, con este planeta todo resulta siempre bastante peligroso: la exteriorización conlleva gran gasto energético y puede acabar por autodestruirnos si no se controla la energía plutoniana.

El dios de los infiernos se abastece del cambio continuo, del renuevo constante que exige la vida para seguir adelante y, en definitiva, es el que gobierna la entrada y la salida de almas en esta vida. Plutón nos invita a jugar al monstruo de las mil caras, probar sus efectos y a escoger aquella que más nos convenga en cada ocasión. Eso sí, nunca lo hace de forma manifiesta, pues no hay que olvidar que este es el dios de lo oculto y lo invisible.

A grandes rasgos Plutón simboliza la regeneración y la renovación con el consiguiente incremento de la vitalidad y el vigor. Para ello es imprescindible la destrucción; hay que hacer sitio para lo que está por venir. Simboliza también al aniquilador que se encarga de destruir nuestro pasado, de romper los lazos emocionales que nos atan a lo caduco e inservible. Es de esperar que la actuación de este planeta resulte siempre traumática y dolorosa, inherente a todo crecimiento. Para ello estorba todo sentimentalismo, piedad y respeto. Aquello que no es capaz de mantenerse vivo por sí solo, caerá bajo el dominio de Plutón y será engullido; la muerte es la materia prima de la vida. No es de extrañar que también represente al más viejo de los misterios de la humanidad, a lo incognoscible, al más allá. ¿Que es lo que pasa entre la muerte y el renacimiento? Ésa es la gran pregunta que ha dado pie a la religión, a la filosofía y al pensamiento superior y que, sin duda, jamás llegará a ser contestada acertadamente.

Otras cualidades que se pueden atribuir a Plutón son: fuerte deseo de independencia, dominio sobre las fuerzas de la naturaleza, espíritu investigador, mentalidad vanguardista, valentía, gran control sobre uno mismo y frente al riesgo. Los defectos en caso de estar mal aspectado serán: brutalidad, rebeldía, vandalismo, destrucción, espíritu instigador, histrionismo.

Pero son muchas las posibilidades que podemos encontrar, que varían según los signos, los aspectos y las Casas astrológicas donde se encuentre el planeta que nos ocupa. Y siempre que pretendamos conocer un aspecto personal que coincida con algunos de los atributos que definen a cada planeta, será necesario revisar con cuidado tanto la posición del planeta —sobre signos y Casas— como los aspectos y también las Casas que regente.

ELEMENTOS DE ASTROLOGÍA II

DUALIDAD DE LOS DOCE SIGNOS DEL ZODÍACO: SIGNOS MAGNÉTICOS Y SIGNOS ELÉCTRICOS

Para poder estudiar más fácilmente el Zodíaco y asimilar mejor lo que representan sus doce signos, es importante ir diferenciándolos por medio de sencillos esquemas que nos permitan ir sacando conclusiones, con el fin de determinar cada uno de los signos por separado.

Desde tiempos remotos la humanidad se ha valido de la escisión de las partes para poder estudiarlas y comprenderlas por separado. Polarizar las cosas a partiendo de un criterio nos permite poder hablar con mayor propiedad y conocimiento de causa. Si nos basamos en la ley de los opuestos, encontraremos separadas las energías que son complementarias, es decir, el día y la noche, la luz y la oscuridad… En Astrología se pueden estudiar los signos englobándolos en dos grandes grupos como veremos a continuación..

Una de las divisiones posibles de los signos del Zodíaco se basa principalmente en lo que se ha llamado naturaleza electromagnética de los signos. Sin ir tan lejos, podríamos usar el arquetipo de signos masculinos y signos femeninos. Pero antes es necesario dejar bien claro qué es lo que se entiende por masculino y femenino. En cualquier cultura, o en casi todas las civilizaciones, el masculino representa lo activo y lo femenino lo pasivo o receptivo; es el Yang y el Yin de los orientales. Lo masculino tiende a invadir, a imponer su energía sobre el medio, mientras que lo femenino actúa justo al revés, es decir, su energía se encarga de seleccionar y de incorporar a su ser parte del medio que la rodea. Como signos masculinos o **eléctricos** nos encontramos con Aries, Géminis, Leo, Libra, Sagitario y Acuario. Y como signos femeninos o **magnéticos** tenemos a Tauro, Cáncer, Virgo, Escorpio, Capricornio y Piscis.

Los signos eléctricos son enérgicos, influyen sobre el medio estimulándolo, aportando recursos, imprimiendo sobre él un esquema o modelo determinado. Mientras que los signos magnéticos, por lo general, serenan el ambiente al incorporar a ellos mismos parte de la energía reinante, generando por tanto cierto orden y alimentando algo concreto en su actuación. Los signos masculinos se centran en sacar de sí mismos; son por lo tanto creativos, ya que expulsan al mundo parte de su propia esencia divina. Lo dan todo pero no se lo dan a nadie concreto, siendo ésta, desde el punto de vista magnético, una actitud sumamente egoísta al centrarse exclusivamente en su propia realización. Los signos femeninos se preocupan de recoger y acumular todo cuanto pueda resultar aprovechable para cederlo a aquellos que se encuentran bajo su amparo; lo cual, desde el punto de vista eléctrico o masculino, es un comportamiento egoísta, ya que su creatividad es vertida sobre sí mismo, sobre aquello que siente que debe cuidar y que es de su pertenencia.

Está claro que cuando se juzga desde el punto de vista de un extremo al otro, el resultado es siempre el mismo: la descalificación. Ése es el gran problema de la dualidad, que no tiene otra salida posible que la comunión de cada parte con su opuesto. Otras dualidades que ya hemos visto son las parejas astrales, es decir los planetas que se encargan de simbolizar las energías opuestas o complementarias. Más adelante, cuando se estudien los elementos, encontraremos nuevos ejemplos de complementarios, aunque un tanto más complejos.

NATURALEZA DINÁMICA DE LOS SIGNOS: CARDINAL, FIJO Y MUTABLE

Los caracteres opuestos o complementarios tienden a secuenciarse en el tiempo; al día le sigue la noche, al igual que la risa muchas veces conduce al llanto. La visión de las energías enfrentadas se centra en exceso sobre una misma línea cuyos extremos nunca dejan de mirarse, pero la vida es en general más compleja y diversa.

En Astrología, la triplicidad del Zodíaco da lo que se suele conocer como naturaleza dinámica de los signos. En un primer lugar están los signos **Cardinales** que son: Aries, Capricornio, Libra y Cáncer. Otro grupo es el de los signos **Fijos** que se compone de los signos: Tauro, Leo, Escorpio y Acuario. Por último están los signos de naturaleza **Mutable,** que son: Géminis, Virgo, Sagitario y Piscis. Ninguna de estas tres naturalezas por separado se opone a ninguna de las otras dos. En todo caso las particularidades de cada una de ellas se pueden contemplar como la síntesis de las otras dos, como veremos a continuación.

La naturaleza Cardinal tiende a operar de una forma bastante impulsiva sobre el mundo; la decisión personal se entrega con ímpetu y va tras la conquista de aquello que no cesa de alimentar su deseo. Los signos que pertenecen a este grupo rara vez reparan en las consecuencias que pueden desencadenar sus actos, ya que proyectan toda su atención en una sola dirección. Lo curioso de esta naturaleza es que cuando parece haber alcanzado cierto nivel de conquista, suele abandonar por completo la causa por la que tanto ha luchado. Probablemente, cuando llega el momento de poner orden en los territorios que se han conquistado, el nativo de naturaleza cardinal se desencanta; que la vida exija un alto nivel de organización, resulta altamente tedioso para él. En dicha situación, la tendencia general es dejar que las aguas sigan su curso de forma natural, y así, el nativo cardinal, puede dedicarse a indagar y a rebuscar nuevas experiencias en el gran saco de la vida, que es en realidad lo que más le gusta.

Los signos de naturaleza Fija son mucho más sosegados que los cardinales. Lo que tienta a los nativos de estos signos es la estabilidad, el sentido de permanencia, perdurar y sentirse inmutables a pesar de las contrariedades de la vida. Profundizar en una sola dirección hasta tener el pleno convencimiento de estar tocando fondo es la dinámica general de los signos Fijos. Ante todo, desean producir algo concreto y en gran cantidad, y por eso les gusta explotar al máximo los recursos de que disponen. El gran problema de esta naturaleza es el esfuerzo que conlleva querer mantener una postura determinada e independiente de las circunstancias que rodean al individuo. Si la naturaleza cardinal era de alguna manera un tanto ambiciosa, lo que prima en el caso de los signos fijos es el conservadurismo y el inmovilismo. Su modo de operar es lento y pesado, precisa de gran estabilidad en su entorno para poder seguir adelante con su dinámica sin que nada le interrumpa. Dar salida a los múltiples productos que la naturaleza fija genera —cosa que depende principalmente del signo que se trate en cuestión— es una de las principales preocupaciones que limitan a esta naturaleza. Acaparar también tiene un límite y la transformación es algo que no entra dentro de los planes de los signos fijos, aunque todos tienen obligatoriamente que mirar en esa dirección.

Por último nos encontramos con la naturaleza Mutable. Lo más peculiar de esta naturaleza —que resalta a primera vista— es la gran flexibilidad, la capacidad de adaptación, el gusto por el movimiento y la expresión espontánea. El equilibrio es algo inherente en esta naturaleza, y pocas veces los nativos de signos mutables se alejan demasiado del punto que centra su personalidad. Por decirlo de otra manera, los signos mutables tienden a andar con un pie en cada vía, lo que les da la oportunidad de elegir en un momento preciso la que mejor les convenga. En ellos la atención está extrovertida; dan gran importancia a los acontecimientos externos, ya que de ellos depende la postura que el nativo de esta naturaleza adopte en cada momento. Aprovechar la coyuntura para emplear el mínimo esfuerzo personal y la máxima satisfacción es uno de los errores que muchas veces suele llevar a estos signos a un comportamiento que ante los ojos de los demás resulta de poco fiar. Más que el oportunismo, es el cambio de chaqueta lo que más marca el comportamiento del Mutable, lo que muchas veces le conduce a una actitud un tanto esquizoide, ya que falta cierto peso interior que sujete a la personalidad.

LOS CUATRO ELEMENTOS DE LA ASTROLOGÍA

Hemos visto el Zodíaco en dos grupos de signos opuestos: eléctricos y magnéticos. Aplicando el mismo criterio sobre cada uno de estos grupos por separado, se pueden obtener cuatro divisiones: los cuatro elementos. Estudiados desde la antigüedad, se encargan de representar las cualidades básicas que vienen a definir el temperamento de las personas que pertenecen a cada elemento.

A dichos temperamentos se les puede asociar un tipo de expectativas, de miedos, de complejos y de sueños diferentes. Dentro de cada elemento existen tres signos astrológicos de distinta naturaleza: Cardinal, Fijo o Mutable. Son las tres modalidades del elemento según la intensidad con que se manifieste.

El Cardinal de un elemento está ligado siempre a la presencia sutil de dicho elemento. Por ejemplo, el Cardinal de Agua –Cáncer– queda definido por los sueños, los deseos subconscientes, los miedos... que aparecen cuando el Agua entra en escena. En este caso no es importante su cantidad, sino las nuevas cualidades que el Agua aporta con su presencia. Haciendo uso de la imaginación, rápidamente podemos entrever lo maravilloso que puede resultar encontrar un pequeño manantial a modo de oasis en medio del desierto; la sensibilidad se agudiza ante la presencia del elemento primordial, los miedos ante su carencia nos hacen recordar cuán necesitados estamos del Agua que representa a los sentimientos y la vida instintiva del ser humano.

Si vamos más allá y observamos ahora al signo Fijo de dicho elemento, nos enfrentaremos a las emociones que nos deparará la plenitud del Agua, no es la cualidad sino la cantidad lo que nos abrumará. Está suficientemente claro cómo nos sentimos ante la presencia de una gran masa de agua; los grandes misterios que esconden los océanos, el tremendo potencial de su fuerza y el gran camino que representa hacia lo desconocido. Estos miedos, misterios y sortilegios son la base del temperamento que representa al audaz Escorpio –signo Fijo de Agua.

El último ejemplo nos lo dará el signo Mutable del elemento Agua, es decir Piscis. La naturaleza Mutable nos habla de la transformación de un elemento en otro. Por eso, al buscar de algún modo símbolos que puedan encarnar a dicho tipo personal, es preciso intentar visualizar a la bruma. Cómo ésta surge de los grandes lagos y el ámbito mágico que genera a su paso sugiere la más alta expresión de la sensibilidad; el agua que todo lo acaricia y que se mueve por el aire como si de un aroma se tratara. No es de extrañar que Piscis represente a la vida mística, que las brumosas imágenes nos trasladen directamente a mundos de fantasía; el agua se ha vuelto respirable y entra en el cuerpo de todas las personas que se encuentren bajo su influjo provocándoles un estado de sobrecogimiento similar.

Una vez que hemos visto cómo la presencia, la plenitud o la transformación actúan dividiendo cada elemento en tres signos, vamos a proceder a estudiar a cada elemento por separado para ver las motivaciones, los miedos y los sueños que comparten todas las personas que pertenezcan a uno u otro tipo. No hay que olvidar que el signo solar al que se pertenece es importante a la hora de valorar el elemento al que se pertenece. Pero hay casos en los que en una carta astral el Sol es el único planeta que se encuentra sobre un elemento concreto, existiendo así una sobrecarga del resto de los planetas sobre otro elemento diferente. En dicho caso, la persona tendrá los rasgos de este último.

LOS SIGNOS DE TIERRA

La Tierra pertenece al grupo de los elementos magnéticos, es decir, de los receptivos, introvertidos, pasivos, sentimentales, sensuales, estables y subjetivos. La Tierra representa a la energía receptiva en su forma más simple y sencilla. La persona de Tierra otorga gran importancia a aquellas cosas o fenómenos que se pueden ver, oír, tocar, oler y degustar. Es por tanto un tipo de persona que se basa fundamentalmente en la sensación que le ofrecen sus sentidos. El rigor de la razón es fundamental para este elemento, pues sin un claro criterio de selección y un método preciso, no se sabría qué hacer con tantos datos registrados. Desde siempre se ha dicho que las personas de este elemento son tremendamente realistas –ya que no creen en nada que no se pueda demostrar–, organizadas –única manera posible de dejar vía libre a la nueva información–, y que buscan la estabilidad material y el disfrute sensual de la vida.

Las personas de Tierra están bien establecidas en este mundo y, si no lo están, luchan desaforadamente por conseguirlo. Normalmente se sienten felices con su cuerpo, el cual dominan y conocen a la perfección, y suelen disfrutar, por lo general, de bastante buena salud. Los deseos que envuelven a estas personas son siempre bastante sensatos y de una posible realización. Digamos que nunca esperan que el mañana les depare algo nuevo que les pueda sorprender, pues en general tienen la sensación de que yan ha visto todo cuanto hay que ver, y por tanto saben bien a lo que se puede aspirar en esta vida.

Su forma de proceder es lenta, se van planteando pequeñas metas a modo de estímulo que regularmente van conquistando, con lo que suelen lograr bastante buenos resultados, lo que mantiene su ánimo en niveles simplemente aceptables. Quizá ahí sea donde justamente este elemento pinche. Tan materialista y realista es su apreciación de la vida, que no encuentra el menor significado a la misma. Para el tipo sensorial la conexión entre las experiencias no va más allá de la casualidad, de la coincidencia o de la mera suerte.

Las peores facetas de las personas que pertenecen a este grupo derivan de la excesiva importancia que otorgan a aquello que les dictan sus sentidos. La intuición está claramente atrofiada y con ella la confianza en el amor y en la vida. Los miedos y las aprensiones asedian a la gente de Tierra, que por lo general vive rodeada de una penumbra gris que no permite que se liberen los temores irracionales. Los esfuerzos y las pesadas rutinas por las que sienten predilección, atrapan a estas personas en un círculo vicioso que las bloquea continuamente y les impide sacar a la luz y disfrutar de la creatividad.

Adentrándonos en los sueños y en las nostalgias que forman parte de la vida de este tipo de personas, predominará una especie de añoranza espiritual. Esto se suele manifestar por medio de la «creencia», generando un mundo mágico que marcha de forma paralela al mundo cotidiano. Superticiones y actitudes de respeto ante ciertos hechos materiales, todo muy propio del paganismo, brujas, duendes y leyendas que siguen muy arraigadas aún en la vida de los hijos de la Tierra.

La vida sentimental de la gente de Tierra tiene cierto peso específico. En cierto modo es difícil que el individuo terrenal no «posea» a las personas que quiere. Los lazos emocionales que les unen son muy fuertes, ya que no dejan nunca de tener un componente práctico. Para muchos, resulta obvio que un hijo representará la seguridad y la estabilidad de un padre en la ancianidad, que una mujer o pareja es ante todo una gran compañía, además de una de las mejores fuente de placer que se pueden conseguir en esta vida. Y que incluso, en los peores casos, la mujer será vista como una fuente de servicios y el hombre como una forma el abastecimiento económico y la resolución de los problemas prácticos. Perder cualquier tipo de posesión es toda una desgracia, y así se plantean las relaciones sentimentales en el seno del elemento Tierra. Esto no quiere decir que la persona de Tierra carezca de corazón por pertenecer a este elemento, pero sí que la razón impera claramente sobre el amor.

CAPRICORNIO

Hemos visto que el Cardinal de Tierra tiene muy estimulados los sentidos, que hay una gran tendencia a realizar un *análisis material exhaustivo* de prácticamente todo cuanto cae en sus manos. Pues bien, el signo cardinal de este elemento no para de buscar nuevas presencias materiales para comprobar el posible interés que éstas podrían proporcionarle. La rapidez de reflejos resulta primordial, el análisis de lo que se percibe también debe ser lo más exacto y fiable posible. Resulta evidente que para poder maniobrar de esta forma debe dejar a un lado las emociones y las interferencias subconscientes. El resultado es un *comportamiento frío,* distante, calculador y un tanto deshumanizado. Así el subconsciente queda relegado a un segundo término, ya que en la mayor parte de los casos lo único que hace es estorbar a los sentidos, y eso es algo que un signo de Tierra no se puede permitir.

Esta *tendencia a reprimir* aquello que escapa al control de la persona, con el tiempo, acabará incrementando los miedos y las dudas personales. Los bloqueos emocionales son propios de Capricornio. Seguramente ese temor y la *falta de confianza en la vida* es lo que empuja al nativo de este signo a una incesante búsqueda, a ir acumulando poco a poco las riquezas materiales, con el único fin de sentirse un poco más seguro. *La ambición* mueve al signo Cardinal de Tierra, que no deja ni una sola porción de terreno sin inspeccionar, al igual que el buscador de oro repasa meticulosamente los lechos de los ríos. Y desde luego que, quien busca encuentra, pero también se esfuerza, sobre todo si lo hace bajo los rígidos patrones que impone el elemento Tierra.

Atendiendo ahora a los **planetas que determinan a Capricornio**, nos encontraremos con la regencia de **Saturno,** es decir, el planeta se encuentra en su domicilio por lo que está cómodo y fuerte. Saturno es el señor del tiempo, imprime seriedad, sentido de la obligación y del deber, lo que hace madurar a sus hijos a muy temprana edad. Este planeta empuja al individuo a que se asegure en todo momento de que todo cuanto haga quede bien atado, que use el poder de concentración para aprovechar al máximo las oportunidades que brinda el destino.

Otro planeta que se encuentra fuerte sobre Capricornio es el activo **Marte**, pues está exaltado en este signo, es decir, su naturaleza más evidente y extrema se hace patente. En este caso se encarga de imprimir en Capricornio un fuerte espíritu competitivo que le empuja siempre a medirse con los que tiene a su alrededor. Le otorga fuerza, energía y movimiento al signo, pero el efecto más destacado que genera un Marte exaltado es el de reforzar y defender activamente las fuertes murallas que encierran a la personalidad individual y al ego. Marte se encarga de calentar un poco al frío Capricornio, pero no de forma sentimental, al contrario, únicamente el nativo de Capricornio se muestra cálido y temperamental cuando está realizando una de sus múltiples conquistas materiales, o cuando compite para conquistar a una dama, que para él, es casi lo mismo.

La **Luna,** para Capricornio, está en el exilio, es decir el mundo sensible, sentimentalmente receptivo, la vida familiar y el aspecto físico interior están muy apagados. De puertas para adentro Capricornio está debilitado, duda de sus capacidades, le abruman las dudas, su naturaleza se siente disminuida, y carece de la suficiente imaginación y fantasía como para escapar del rigor de su dura vida cotidiana. Todo ello es de sobra conocido por quienes tengan que compartir la vida íntima con un Capricornio. El nativo de este signo, no sólo hace partícipe a los que tiene a su lado de todas sus inseguridades y sus caprichos, sino que padece una insaciable necesidad de cariño y cuidados que reclama de sus seres cercanos a diario.

TAURO

El Toro presta su imagen para simbolizar al signo Fijo de Tierra. Al igual que este animal pace plácidamente, los sentidos del nativo de Tauro operan de forma similar a la hora de buscar y transformar el mundo material en riqueza personal. En el caso de este signo, su naturaleza está ligada a la plenitud del elemento Tierra. Para comprender dicha plenitud, mencionaremos imágenes de grandes extensiones de fértiles terrenos, trabajados durante generaciones y generaciones, y que representan *una fuente inagotable de riqueza*. Ése es el sueño que alienta a Tauro: la mejora de la producción material y el disfrute de los productos que la benéfica madre Tierra le ofrece. Tauro no busca más allá de sus pertenencias. Lo que tiene, para él es más que bastante, y hasta que no lo ponga todo en perfecto orden no se preocupará de volcar su atención hacia el exterior. Eso sí, allí donde su dinero vaya, su atención irá tras él. A la hora de comprar se comporta de la misma manera que cuando produce: lenta, metódica, desconfiada, testaruda y precavida. *Incorporar siempre lo mejor* a su mundo particular es el lema de Tauro, que no quiere que sus útiles se conviertan en una fuente de disgustos. Para él *el trabajo es un placer* y para ello necesita las mejores herramientas, que cuidará devotamente y que guardará celosamente para que nadie se las estropee.

Es lógico pensar que la plenitud de la Tierra ofrezca gran cantidad de frutos, y así suele ocurrir con la vida de este nativo. Su *metódico y sereno* proceder genera multitud de productos que deberán ser distribuidos. El comercio y el negocio son para Tauro una obligación, ya que le hacen salir de su feudo. Pero él bien sabe, y su *fuerte sentido común* así se lo dicta, que debe transformar la riqueza en dinero y que ha de comprar aquellas cosas de las que carece. La plenitud de la Tierra siempre busca crecer y mejorar, pero sin prisas. Tauro sabe que las cosas mal hechas no perduran.

Cómo los demás signos, Tauro también tiene sus miedos. La experiencia y el saber acumulado durante generaciones pasa de boca en boca, de esta forma se recuerda cómo todo se perdió en una época pasada por la conducta poco razonable de un antepasado. El miedo principal de la plenitud de la Tierra lo representa el exceso de Agua. Cuando alguien se ve arrastrado y envuelto por fuertes pasiones –propias del Agua–, su comportamiento deja de ser razonable, el sentido común desaparece y los bienes materiales peligran. La fuerza del instinto, los estados pasionales y el mar de sentimientos pueden arrastrar al desastre. Por eso Tauro siempre busca la superficialidad en el amor, temeroso del potencial emocional del ser humano. El gusto de los sentidos, *la sensualidad y la belleza* son suficientes para hacer latir el corazón de este plácido y enorme animal.

Atendiendo a los **planetas que definen al Tauro**, encontraremos en primer lugar a **Venus** en su propio domicilio. El gusto por la belleza, la armonía, el placer y el dinero propios del nativo de este signo, viene determinado por esta regencia. El modo de conducirse del típico Tauro es dulce, cuidadoso y sereno. Por lo normal se desentiende del tiempo cuando se concentra, y por eso procede de una forma tan plácida. Venus otorga a sus hijos el gusto por las artes y gran talento artístico, un enorme encanto personal en el que basa su atractivo, simpatía y sociabilidad, y en general, una vida fácil.

Según algunos autores, **Júpiter** se encuentra exaltado en este signo. Puede que esto no sea así, pero lo que está claro es que este planeta se encuentra muy cómodo en este signo y que comparte con él ciertas características que vamos a ver a continuación. El disfrute jubiloso de la vida y el optimismo con que el nativo afronta las pequeñas dificultades cotidianas están claramente determinados por Júpiter. Este planeta también hace gran reverencia ante la sabiduría tradicional y Tauro basa toda su obra en la confianza en ésta. La expansión propia del planeta y los deli-rios de grandeza forman también parte del espíritu del nativo de Tauro, así como la actitud económicamente liberal y el respeto por la vida privada.

El siguiente planeta que determina al signo es **Mercurio**, que en este caso con-creto se encuentra en caída, es decir su energía es deficiente en dicho signo. Esto supone un déficit a la hora de abstraerse mentalmente de la vida material. Tauro siempre necesita de un ejemplo concreto para entender una idea. El pensamiento discurre con suma lentitud por su mente, tarda una eternidad en decantarse por algo, y no por haber barajado todas y cada una de las posibilidades posibles, sino por haber estado haciendo cuentas mientras parecía meditar. Con Mercurio en caída hay una dificultad inherente a la hora de adaptarse a un medio extraño, se tarda una eternidad en aprender y cuando se toma una decisión, ésta es inamovible, no se aviene siquiera a revisar lo que le proponen. Así que no es raro que Tauro sea el signo más testarudo de todo el Zodíaco.

Existen otros dos planetas que están determinando la energía de Tauro: **Marte** y **Plutón,** que se encuentran en el exilio. Prácticamente la total ausencia de estas energías planetarias –a causa del exilio– resta al signo de Tauro la virilidad propia de ambos planetas. La imposición masculina no es necesaria a la hora de cuidar y mimar a la Tierra para obtener de ella sus frutos. El trabajo duro se hará de forma plácida y serena, con una actitud constante y metódica, lejos de toda forma de vio-lencia. Las decisiones, que también son tareas claramente masculinas, ya fueron tomadas en un pasado; el esquema de trabajo ha sido heredado y transmitido de padres a hijos, y no es necesario adentrarse en peligrosos territorios que precisen de la presencia masculina. Puede que el nativo carezca de iniciativa, de audacia y de valentía, pero no por ello se ha de creer que es un buey manso. Los planetas en el exilio no están bien en ese signo y pueden descargar de forma descontrolada toda su energía. En este caso es mejor no comprobar de lo que es capaz un Toro cuan-do siente que ha llegado el momento de defender su territorio.

VIRGO

Es la naturaleza Mutable del elemento Tierra y más o menos lo que viene a representar es *el orden material.* Siempre se ha dicho que Virgo representa *el servicio a los demás,* y, lo que pretende con tal actitud, es buscar su puesto dentro de la sociedad a través de las relaciones humanas –claro com-portamiento del Agua–. Y es que la naturaleza Mutable siem-pre obliga a sus nativos a tener en consideración algo que escapa del propio elemento y que pertenece normalmente al siguiente. Virgo sabe que, en este caso, la ayuda a los demás es la mejor causa a la hora de buscar el *perfeccionamiento.* La transformación material simboliza en parte el trabajo, pero no de forma productiva, como en Tauro, sino a escalas de *organización y discriminación*. Para ello es imprescindible el buen desarrollo de los sentidos a fin de poder observar adecuadamente el menor detalle que pueda dar pie a la selección. Ahora no se trata de disfrutar de los sentidos, sino de usarlos bajo el rigor de la razón y de esta manera obtener resultados impecables.

Virgo es un signo *muy aprensivo respecto a la salud*. El miedo que motiva sus actos es semejante a cuando la Tierra se mueve bajo nuestros pies, cuando es inestable o muta. Para contrarrestar, el individuo despierta y calibra a la perfección todos y cada uno de sus movimientos, lo que genera un fuerte *desgaste nervioso*. Ya no se trata de mantener una postura concreta, como Capricornio o Tauro, sino de abrir bien los ojos y examinar con detalle la experiencia con el fin de obtener una posición más sólida y estable. Pero ahora la estabilidad individual reposa sobre las relaciones personales y el mundo profesional, pues sentirse integrado socialmente es algo de enorme ayuda para este nativo a la hora de conciliar el sueño.

Pasando al estudio de los **planetas que definen a Virgo** lo primero que hay que resaltar es la regencia o el domicilio de **Mercurio** en dicho signo. Por ello la mente está muy despierta en el nativo de este signo, y aunque el desarrollo de la percepción y de los órganos de los sentidos no sea tan delicado y sensible como en el caso de Géminis, probablemente resulte más eficiente a la hora de hacer uso de ellos. La expresión de Virgo es concisa, clara, determinada y siempre se ajusta adecuadamente al contexto. Mercurio da gran habilidad práctica y enorme aptitud para aprender; eso sí, el elemento del signo no le permite hacer filigranas, y la abstracción está un tanto retraída con tanta Tierra. Virgo dispone gracias a Mercurio de una buena adaptación social, que le permite disfrutar de las relaciones a la vez que ejerce sus dotes diplomáticas.

La exaltación de **Urano** refuerza en parte un buen número de las particularidades definidas por Mercurio; la rapidez mental y la inventiva son dos claros ejemplos del buen desarrollo mental de Virgo. Pero Urano confiere a estos nativos una sinceridad desgarradora que a veces puede resultar un poco cruel. Es también el responsable de la brusquedad y el nerviosismo que a veces irrumpe en el buen hacer de Virgo. Urano también se encarga de dar un toque de apertura a los clásicos esquemas mentales propios de la Tierra. El interés por lo desconocido, por las nuevas tecnologías y el gusto por el progreso de Virgo, son muestras representativas de dicho influjo.

Otro planeta importante y que tiene mucho que decir de Virgo es la **Luna**. En esta posición se halla en caída, lo cual equivale a decir que las cualidades lunares brillarán por su ausencia. La sensibilidad afectiva, la delicadeza y la ternura quedarán suplantadas por un sentido del deber que se ajustará a servir sin tacha a aquellas personas que afectivamente dependan del nativo. Pero la fuerza del cariño no está presente; con semejante proceder, el nativo deja mucho que desear, y lo peor de todo es que tan sólo ve que él ha cumplido rigurosamente, que ha hecho todo cuanto había que hacer y que, aún así, los demás no están contentos con su labor. La Luna en caída simboliza una falta considerable de imaginación y fantasía que da cierta rudeza y regularidad a una vida un tanto mecánica. Miedos e inseguridades infundados siempre estarán acechando a la naturaleza de Virgo, que por lo general proyecta sus aprensiones sobre el ámbito de la salud.

El último de los planetas a considerar es **Neptuno**, que se encuentra exiliado en este signo. La excesiva minuciosidad a través de la cual Virgo percibe la vida, causa un grave desequilibrio que impide de algún modo la comprensión de planes y proyectos globales. La meticulosidad hace que el nativo se pierda mirando cada uno de los árboles por separado sin percatarse de la belleza y de la energía que mana del bosque. Neptuno en el exilio esteriliza la inspiración personal, resta genialidad a la persona y es fuente de una profunda inquietud basada en miedos inconscientes y en pensamientos siniestros. El servicio a los demás del que tanto se habla en Virgo debe de ser visto como algo muy alejado de la compasión. Raro es que el nativo sintonice con el sufrimiento de los demás. Lo que hace Virgo, más bien, es mantener una actitud meramente profesional ante aquellas personas a las que sirve; de ahí su fama de enfermero o secretario ideal.

LOS SIGNOS DE AGUA

Para los signos pertenecientes al elemento Agua no hay nada más importante que las relaciones personales. El sentimentalismo predomina sobre todo lo demás, y, por ello, para proteger una relación se es capaz de cualquier cosa. Cuando alguien próximo a la persona de Agua se queda rezagado, desatiende la relación o se aleja, el individuo de Agua hará todo cuanto esté en su mano para que dicha relación vuelva a la vida. Como especialista que es del mundo sentimental, sabrá cómo llegar a lo más hondo de los demás, cómo y dónde tocar la fibra sensible que haga saltar el resorte de la amistad, del amor y del compañerismo. Esto se debe en gran parte a que la persona de Agua, o bien que tenga la mayoría de los planetas sobre signos pertenecientes a este elemento, no separa ni distingue los límites de la personalidad. Para ella el sentimiento es un fluido que se prolonga desde lo más íntimo de su ser y que llega hasta los centros vitales de las personas por las que siente cariño. A diferencia del tipo de Tierra antes visto, que tan sólo consideraba el aporte material de las relaciones, el individuo de Agua siente en su propia carne los caprichos fatales que el destino arroja sobre sus seres queridos.

La forma de proceder para los individuos de este elemento es básicamente intuitiva. Las emociones y el subconsciente son los que tienen el control central de la persona. Así, se puede decir que la forma de operar de estas personas ante las situaciones difíciles de la vida es bastante acertada, ya que se adaptan sin darse cuenta de las necesidades y se dejan llevar de forma bastante equilibrada. Eso sí, no hay respuesta más impredecible que la de un individuo de Agua, ya que no depende de las condiciones ni se ajusta a ningún patrón mental, siendo tan caprichosa como la vida misma.

Para el elemento Agua, la naturaleza humana no esconde el más mínimo misterio. Las personas de Agua sienten cómo sienten los demás, conocen perfectamente lo que bulle en el interior de todas las personas. Y mientras que para la mayor parte de la gente los actos que escapan a nuestro control son una fuente de conflictos, para el Agua, gracias a su naturaleza instintiva, resulta sencillísimo convivir con el complicado mundo del subconsciente.

Lo que representa el Agua siempre gira entorno a algo misterioso, es un flujo de energías que se vierten sin cesar y que escapa a las redes de la razón, que hasta el momento no ha sido capaz de medir ni de cuantificar los sentimientos. Así como las personas de Tierra tienen los órganos de los sentidos bien desarrollados debido al uso que hacen de ellos, las personas de Agua desarrollan la sensibilidad hasta niveles más allá de lo habitual. Aunque cueste un poco definir este término, se podría decir que la sensibilidad es la suma de las percepciones físicas de todas y cada una de las células de nuestro cuerpo. Cuando un individuo de Agua siente algo con claridad, da por hecho que eso es así, y puede resultar tan tajante como el nativo de Tierra cuando ve algo con sus propios ojos.

Las mejores características de las personas de Agua son la sutileza, el encanto y el aprecio por los afectos, lo que crea una atmósfera a su alrededor muy favorable para que se desarrollen las relaciones humanas. El lado oscuro del Agua también es bastante llamativo ya que los bajos instintos hacen aflorar una imagen del individuo sumamente ruin. La posesividad y los celos son muy propios de la gente de Agua, que no son capaces de entender cómo alguien puede mantener otra relación sentimental paralela sin olvidarse de ellos. El tipo de Agua se cree que todo el mundo siente igual que él, y probablemente se quedaría de piedra si llega algún día a descubrir que hay gente incapaz de sentir. El fanatismo emocional puede hacer perder control al nativo de Agua de forma casi cotidiana. Las escenas y los numeritos que montan estas personas son de lo más espectacular. El escapismo, la vaguedad a la hora de definirse, las vacilaciones y la falta de unos fuertes principios son otras de las particularidades de la gente de Agua.

CÁNCER

El signo Cardinal de Agua queda bastante bien definido por la mera presencia del líquido elemento. Hay multitud de ejemplos que podrían servirnos, pero no hay otro mejor que la situación que se narra a continuación. Imaginemos a alguien que se despierta en mitad de la noche con sed y se encuentra con que la jarra está completamente vacía, se acerca al grifo y descubre que el suministro de agua ha sido cortado. Por fin, el individuo en cuestión encuentra un vaso que contiene un pequeñísimo buche del preciado líquido que, por escaso que sea, es suficiente como para poder conciliar de nuevo el sueño. En estos momentos *la sensibilidad está muy desarrollada,* y el instinto se afina porque la supervivencia está en juego. La mera presencia de Agua es suficiente para calmar una sed que en dicho caso tiene un mayor componente psicológico que físico. Cáncer es así; no sabe bien qué es lo que guía sus actos, *se mueve por un sexto sentido* muy agudizado que le permite conocer el lugar exacto donde la vida aflora en su más alto grado. La razón queda totalmente relegada en casos semejantes. Por más que el personaje de nuestro ejemplo pueda comprender racionalmente la situación, de nada le servirá; sin embargo el pequeño trago que apenas aporta cantidad de líquido sacia su sed lo suficiente como para volver a relajarse.

Teniendo en cuenta que el elemento Agua simboliza la relación sentimental, comprenderemos cómo un pequeño contacto humano, un detalle que permita saber que hay alguien en este mundo que le quiere, calma profundamente la psique de este nativo y le permite relajarse abandonándose plenamente al descanso. *La necesidad de ternura y cariño* propia de Cáncer, nada tiene que ver con «la cantidad de afecto»; es la presencia en los momentos más precisos lo que realmente alimenta y calma al nativo. Ello implica el cuidado permanente, tal y como hace la madre con el recién nacido, lo que representa al amor carnal más puro y delicado que existe. Detrás de estas necesidades se encierran un sinfín de *inseguridades, miedos y dudas,* puesto que el nativo no se siente dueño de sí mismo y sabe bien que es excesivamente dependiente del ambiente y del comportamiento de los demás.

La presencia de este mágico elemento, desde siempre ha sido vista con gran avidez, un ligero afloramiento de agua podría ser indicativo de una gran fuente, que diera riqueza a la Tierra. *La ambición* es otra de las particularidades del signo y por más atención que se le dé, Cáncer nunca llegará a saciarse, pues al *carecer de una clara y firme estructura personal* para ser llenada, en el fondo, no sabe cómo aprovecharla. Cáncer requiere la atención, los cuidados y el cariño de los demás para simplemente disiparlos y derrocharlos a su antojo. Con dicho *comportamiento caprichoso,* el nativo de este signo nos está recordando el funcionamiento básico de la vida, cuyo único y claro propósito es estar vivo.

A la hora de atender a los **planetas que determinan** en parte las cualidades del signo, es menester resaltar la regencia de la Luna en Cáncer. Al encontrarse en su propio domicilio la **Luna** dispone en parte el carácter de este inconstante nativo. El cambio constante y caprichoso es algo que no deja de manifestarse en Cáncer y ello se debe a la tremenda sensibilidad que lo caracteriza. La Luna siempre nos habla de lo receptivo, de asimilar la experiencia según venga, de manifestar el estado psíquico que mejor se adapte al momento, de la gran imaginación y fantasía que permite al nativo disfrutar de eventos que escapan de la realidad. Eso sí, cualquier presencia planetaria conlleva siempre algunos defectos, y los más típicos del signo, cuya naturaleza depende de la Luna, son un excesivo espíritu soñador, un comportamiento tímido carente de confianza, y la imposibilidad de mantener una dinámica establecida por la propia voluntad. La Luna también simboliza la unión con la madre, por lo que estos nativos gustan y disfrutan de los contactos familiares. También simboliza el pasado, y por ello, la infancia de todo Cáncer es siempre memorable y se recuerda con añoranza.

Otro planeta que parece estar también íntimamente ligado a este signo es **Venus**. Hay quienes afirman que se encuentra exaltado en este signo, y la verdad es que ésta es una excelente posición para Venus y nos puede servir de ayuda para comprender la energía del Cangrejo. Venus es el planeta del amor y del afecto; el que se encarga de representar las relaciones humanas. Justamente la naturaleza Cardinal de este signo de Agua –Cáncer– hace mención a lo agradable que resultan los primeros contactos sentimentales entre las personas. El fuerte sentimentalismo del Agua no llega a estorbar en Cáncer, sino que lo aprovecha para establecer nuevos contactos, que nada tienen que ver con la frivolidad del Aire a la hora de relacionarse. El amor es lo más dulce y agradable, y eso es lo que busca Cáncer en todo momento y lo que también ofrece con su compañía. Venus proporciona a estos nativos gran encanto y simpatía, lo que les hace ser muy sociables y afables. Pero como todo, también Venus tiene su lado malo. La pereza, la autoindulgencia, la vanidad y una moralidad un tanto variable, pueden aflorar del carácter de Cáncer en los peores momentos.

El siguiente planeta determinante para Cáncer es **Saturno**, que al encontrarse en este caso en el exilio, nos induce inmediatamente a pensar en una falta de seriedad, de rigor, de propósito claro en la vida de los nativos del Cangrejo. Una dificultad para mantener un esfuerzo continuado, la ausencia total de paciencia y perseverancia, y la incapacidad para mostrarse reservado ante nada, son también típicas de un Saturno en el exilio. Saturno es el señor del tiempo, de la precisión y de la exactitud, cualidades de las que el nativo de Cáncer apenas dispone. Pero también tener alejado al viejo diablo de Saturno tiene sus ventajas, y entre ellas está la de poder disfrutar desenfadadamente de la vida. Pocos signos pueden disfrutar de cosas tan simples y sencillas como lo hace Cáncer, y eso habría que agradecérselo al exilio de este aburrido planeta. También para traspasar los límites del duro caparazón del Cangrejo con facilidad viene muy bien tener un Saturno en el exilio, ya que de otra manera el nativo se pasaría la vida dentro de su caparazón, temeroso de que su intimidad pudiera ser dañada.

Por último queremos señalar la Caída de **Marte**, es decir, la ausencia de violencia, de agresividad a la hora de llevar a cabo una tarea, tan característica del signo de Cáncer. Pero tener a Marte en caída, también le da al nativo cierta falta de iniciativa, le despoja de la valentía suficiente como para decidirse a marchar por libre y determina el escaso espíritu emprendedor del signo. Defender los valores de su propia personalidad es una actitud que siempre ha costado a Cáncer, ya que por un lado duda de sí mismo y por otro no sabe cómo mostrar algo con la suficiente energía. Normalmente, al ser Cáncer un signo de naturaleza Cardinal, debería ser muy impulsivo, pero en apariencia este nativo es bastante reposado gracias a la falta de ímpetu que confiere un Marte en caída.

ESCORPIO

El signo de Escorpio es el representante del elemento Agua con naturaleza Fija. La imagen de la plenitud del Agua es siempre sobrecogedora, al igual que las relaciones íntimas entre los seres humanos. El mar de sentimientos sobre el que reposan *los fuertes compromisos sentimentales* simboliza algo claramente peligroso y al mismo tiempo una gran riqueza por descubrir. Es el abismo que puede engullir a la personalidad más débil, pero que a la vez puede contener los más valiosos tesoros. Además hace falta *valentía y arrojo* para descubrir lo que realmente se esconde tras el misterio.

La llamativa presencia del Agua representa la senda o el camino que conduce hacia lo desconocido, es el gran trayecto de la vida que hay que atreverse a recorrer para descubrir lo que realmente somos. Sin duda alguna *la muerte simbólica* se hará presente, algo de nosotros mismos morirá durante el trayecto, tendremos que responsabilizarnos de pesadas cargas, que, aunque nada tengan que ver con nuestra individualidad, si no nos deshacemos de ellas sufriríamos una gran derrota. El miedo está presente ante la preponderancia del Agua, hace mostrar *un fuerte carácter* a la persona, la ayuda a prepararse; es el primer paso del camino iniciático que permitirá al individuo *penetrar más allá de la superficialidad* de una vida de apariencias. Una vez dado el primer paso no hay posibilidad de dar marcha atrás. Quien prueba la energía de Escorpio jamás volverá a ser la misma persona.

No es de extrañar, pues, que este signo también simbolice *el sexo, las drogas* y todo lo que produzca un fuerte estado catártico. Escorpio, al igual que las grandes masas de Agua, es fuente de *grandes conmociones,* cuyo único fin es obligar al individuo a romper los límites de su conciencia personal, pero no para mal, como a primera vista se podría suponer, sino para hacerle más receptivo ante *las energías más sutiles.*

Si ahora nos centramos en lo que **simbolizan los planetas** que determinan las cualidades más representativas del signo, tendremos que hacer antes un estudio de la naturaleza de **Plutón**, ya que es el planeta regente de Escorpio. Plutón determina aquellas energías cuyos efectos se pueden sentir, pues seguramente sean las que secretamente muevan el mundo, pero que ante la vista y los demás sentidos resultan totalmente imperceptibles. Por tanto, la manera de operar del nativo de Escorpio va más allá de lo que resulta evidente. Siempre hay una parte de su mensaje que va con segundas. Plutón representa el impulso vital y el vigor, y es raro que un Escorpio carezca de ambos. Además, la multiplicidad de formas con que se manifiesta la vida es algo que el signo de Escorpio ha aprendido bien. Este nativo es una auténtico mago de las formas y en ocasiones puede caer en el histrionismo que implica la expresión múltiple y excesivamente diversa. El psiquismo está muy desarrollado gracias a la regencia de Plutón y la intuición se convierte en un sentido más, que resulta además extraordinariamente fiable. Plutón es el gran regenerador y, por eso mismo, el nativo de este signo tiende a querer regenerar a todas las personas con las que entra en contacto, aunque lo más probable es que sea él el que tenga que renacer una y otra vez a lo largo de esta vida. Plutón tiene una gran densidad que atrae hacia sí todo tipo de experiencias. Los nativos del signo de escorpio deben de hacer un enorme esfuerzo por alejar de ellos la atmósfera de energías negativas que suele rodearles, al igual que las nubes de moscas acompañan al ganado.

El siguiente planeta que se encarga de determinar las cualidades más evidentes del signo, es **Mercurio.** En este caso concreto el pequeño planeta se encuentra exaltado, y su energía estimula la mente del nativo de este signo. La sutileza y perspicacia son fundamentales para la invisible estrategia con que se suele conducir este signo, cuyos nativos poseen unos inagotables recursos argumentativos. El sarcasmo, la crítica y la ironía están a la orden del día en sus diálogos, y normalmente hacen uso de ello para saciar sus desmesurados deseos de sacar provecho de los demás. También Mercurio es el responsable de generar un sinfín de sospechas que muchas veces no hacen más que embrollar la vida de este nativo, que disfruta de la polémica, de la discusión y de la competencia intelectual.

Muchas veces se ha dicho que Escorpio es el domicilio de **Marte**, o así se le consideraba en los textos antiguos, antes del descubrimiento de Plutón. De lo que no hay duda es de que Marte en Escorpio se encuentra a sus anchas y por lo tanto la energía marciana determina algunas de las cualidades del signo. A pesar de ser un signo magnético, receptivo y pasivo, Escorpio simboliza el principio masculino. Esto supone una gran contradicción que puede ser entendida si nos damos cuenta de que Marte y Plutón se encargan de marcar gran parte de las características del Escorpión. Marte se encarga de dar gran combatividad a los nativos de este signo que, en las relaciones personales de tú a tú, muestran una gran potencia, hacen uso de todo su ingenio y casi siempre suelen salir airosos y con el sabor de la victoria en sus labios. Marte también procura la brutalidad y la insensibilidad operativa que permiten al nativo vencer las fuertes emociones y los sentimientos que alberga en su interior, y que si no los relegara a un segundo plano le impedirían hacer nada. El lema de Escorpio es que el fin justifica los medios, dándole muchas veces igual lo que se interponga en su camino, lo cual es, como se puede apreciar, una dinámica un tanto marcial. Marte surte de pasión a las ya de por sí fuertes emociones que estimulan a Escorpio, siendo por tanto el responsable de los excesos a los que con tanta facilidad se entregan los individuos del signo.

Como aquí **Júpiter** se encuentra en caída nos ayuda a comprender la falta o la ausencia de bondad que hay tras el comportamiento de Escorpio. Con la debilidad de Júpiter existe también un déficit de pensamiento superior, de visión filosófica de la vida, pues falta la capacidad de hacer una valoración correcta de las situaciones. El honor y el respeto son muy difíciles de conseguir para Escorpio, que normalmente se gana el reproche de los demás, por tanto nole queda más remedio que hacerse cargo de las proyecciones negativas de la sociedad que le rodea. Júpiter representa en muchas ocasiones la fortuna y la grandeza, cosas que pocas veces abundarán en la experiencia de este nativo. El gusto por lo prohibido, las acciones ilegales e inmorales con las que no deja de estremecernos la energía de Escorpio también se pueden achacar a esta posición planetaria, así como la arrogancia, el gusto por el riesgo, la hipocresía y el orgullo, típico de los nativos más llamativos del signo.

Por último, y para acabar con la concreción planetaria de Escorpio, indicamos que **Venus** se encuentra en el exilio. Una vez más, las buenas cualidades de un planeta benéfico no harán acto de presencia en este signo. Por tanto el buen gusto, la belleza, el encanto personal, la simpatía, el gusto por la sociabilidad, la alegría y una vida fácil, todas ellas cualidades muy deseables, quedarán borradas de un plumazo para Escorpio. Este signo se llevará además las peores características del planeta: la pereza, la depravación, la obscenidad y una actitud sumamente vanidosa y engreída. Como vemos esta posición no nos pinta una cara muy agradable de este signo, puesto que los dos planetas más beneficiosos en Astrología, Júpiter y Venus, están en mala disposición en Escorpio.

PISCIS

Lo peor que le podría ocurrir al Agua es quedarse estancada. El movimiento es algo que la hace permanecer pura y por lo tanto potencialmente viva. Al ser Piscis un signo de naturaleza Mutable, el Agua expresará lo mejor de sí misma, es decir, Piscis es *la máxima expresión del sentimentalismo*. Como ya se ha visto en otros apartados, la naturaleza Mutable conecta al propio elemento con el elemento siguiente, en este caso, el Aire. Es de sencilla comprensión el proceso a través del cual el líquido elemento cambia de estado; en un punto de gran energía el Agua se puede comportar de forma semejante que el Aire. Esto es un poco lo que le pasa a Piscis: el sentimiento deja de ser personalizado y por lo tanto posesivo. *La compasión* es la virtud más elevada y destacada del signo, que se puede entender como el sentimiento que viaja por el Aire y se expande llenando todo el espacio de la experiencia humana. Esto permitirá al nativo sintonizar con *el sufrimiento de la humanidad* independientemente de las distancias que los separen.

La esencia de Piscis queda bastante bien dibujada con esta imagen, pero habrá que profundizar un poco más si se quiere obtener mayor detalle. En la transformación del Agua anteriormente expuesta, vemos cómo ésta pierde o cambia ciertas cualidades propias del elemento por otras distintas, o de otro elemento. Algo así le ocurre a Piscis cuando *ofrece una parte de sí mismo en sacrificio*, para aumentar el bien común. Hay una pérdida de la esencia personal, las cualidades individuales se disuelven en pro de la globalidad, por lo que el nativo de Piscis tiende siempre a incrementar el sentimentalismo universal a base de mermar su importancia personal. De ahí la fama de *mártires y santos* que poseen los nativos del signo de los Peces. Pero si hábilmente lo observamos con una lente de mayor aumento podremos ver cada una de las minúsculas gotas que se encargan de formar las brumas, nieblas y nubes, y entonces entenderemos a la perfección cuál es la misión de Piscis sobre la Tierra. Estas pequeñísimas gotas poseen por entero, y sin omisiones, todas y cada una de las cualidades y propiedades características del Agua. Por tanto la esencia personal no se pierde por más que el individuo se extienda. Ésa es la gran quimera de este elemento, el sentimentalismo escapa a las leyes del espacio y al tiempo, y cuando el amor está presente, todo lo demás subyace bajo sus efectos.

El sentimentalismo es lo único que nos puede hacer tocar y saborear *el sentimiento de la eternidad*. Piscis debe de ponerse al servicio de la humanidad, pero ojo, sin perder la conexión consigo mismo, pues el amor necesita partir desde la aceptación y la apreciación de uno mismo. Es más, a medida que el nativo vaya ampliando su campo de acción, mayor debería ser su autoestima. Por eso son típicas de Piscis por un lado las profesiones de artistas, cuyo arte alimenta tanto al espíritu de los demás como al suyo propio, y las de psicoterapeuta, curandero o médium, que le ayudan a solucionar problemas emocionales de todos a la par que ellos mismos evolucionan y descubren nuevas facetas de su esencia personal.

Los planetas más significativos de Piscis son de gran peso. Para empezar habrá que hablar de su regente, **Neptuno**. Este planeta es el gran genio de las estrellas, dota a sus hijos de una gran inspiración, como si estuviera soplándoles al oído el verdadero conocimiento divino. Pero no es conocimiento mental el que se encarga de difundir, sino un auténtico estado donde la percepción es extrasensorial, es decir, va más allá de los órganos de los sentidos, permitiéndole a Piscis captar los sentimientos, las sensaciones e incluso los pensamientos que flotan en el ambiente. Si además el individuo es capaz de expresarlo, entonces se convierte en alguien genial, en alguien que siempre tiene la palabra precisa que permite liberar los sentimientos y las emociones, que de permanecer atascadas acabarían por hundir el ambiente. Es lógico pensar que una sensibilidad tan a flor de piel se encuentre ligada al buen gusto por las cosas bellas y por la estética. Pero aunque esto es así, lo que en realidad confiere Neptuno a sus hijos, es una profunda atracción por el misticismo y los asuntos del espíritu. La comprensión intuitiva es su forma habitual de conocer, por lo que rara vez el comportamiento humano encierra misterios para ellos. La fantasía y la imaginación son las dos herramientas de las que su mente se vale con más frecuencia. Pero no todo es un mar de rosas, Neptuno también tiene un lado muy oscuro del que hay que protegerse a menudo. El vicio, la locura, la apatía y las enfermedades mentales también están ligadas a él. Un mal aspecto de Neptuno en la carta natal puede hacer confundir el amor por los demás con la anulación personal, pudiéndose adoptar comportamientos muy destructivos para el individuo.

El siguiente planeta que determina una parte considerable del carácter de estos nativos, es la **Luna**. En Piscis, este planeta se encuentra en estado de exaltación, lo que implica una tremenda sensibilidad, que junto con la percepción extrasensorial de Neptuno, nos permite hacernos una idea de lo que pueden llegar a sentir los nativos de este signo. La ternura y el cariño con que hacen todo es una de las cualidades lunares más claras. La inquietud lunar junto con la naturaleza Mutable del signo forman un tándem extremadamente dinámico, que se plasma sobre las personas de este signo en un sinuoso y constantemente variable comportamiento afectivo y sentimental, muy difícil de comprender. La Luna dota a sus hijos de una profunda vida interior; la intimidad es un auténtico tesoro, que en el caso de Piscis, está dispuesto a compartir. La familia, el pasado, las tradiciones y el amor por lo popular, están ligados a un profundo sentimiento infantil que Piscis añora desde lo más íntimo del ser. El espíritu soñador propio de la Luna puede reafirmar algunas de las peores facetas de los Piscis. La pasividad puede conducir a vivir a estos nativos a costa del ensueño y del capricho, a recrearse una y otra vez en mundos de ilusión que los alejan en exceso de lo cotidiano. Los miedos, las inseguridades y los fantasmas no dejan nunca de hacer acto de presencia cuando el nativo de Piscis se encuentra en uno de sus peores momentos, y eso también se puede achacar a una Luna tan poderosa.

Los otros dos planetas que resaltan o definen la energía de Piscis son de orden mental, y se encuentran en clara desventaja en esta posición. Para empezar, la caída de **Urano** nos habla de una deficitaria capacidad de decisión. La duda es algo que asalta a Piscis desde todos los ángulos, y desde la perspectiva de Urano en caída, impide que la evolución práctica del individuo se desarrolle con la suficiente normalidad. Los asuntos prácticos y técnicos de Piscis rara vez funcionan como es debido, ya que carece de ideas claras que le permitan avanzar. Urano simboliza la mente divina, la intuición mental que nos permite dar pasos de gigante que nos ayudan a solventar numerosos enredos. Pero en el caso de Piscis, el exceso de información sensitiva y su enorme sentimentalismo impiden que la mente pueda ver nada claro. Esto podría provocar ciertos desequilibrios y crisis ante cualquier tipo de presión que se ejerza sobre su persona. Es normal que cuando se aprieta a un Piscis para que se decida de una vez, obtengamos una respuesta emocional de lo más sorprendente. Urano gobierna también la rebeldía y el inconformismo, que en ocasiones pueden verse muy fuera de contesto bajo el proceder de un nativo de este signo, que tampoco sabe cómo rebelarse contra nada de forma efectiva.

Mercurio también se encuentra en una posición desfavorable en Piscis, definiendo con su exilio todos los defectos que la mente puede provocar. Es el causante de la dificultad de Piscis para explicar verbalmente lo que bulle en su interior. No es de extrañar que con todo ese sentimentalismo su mente se sienta atorada y no sepa por dónde empezar. Mercurio también representa la capacidad de abstracción y de aprendizaje de los individuos que, en el caso concreto de Piscis, se realiza más por lo que el nativo capta de forma intuitiva por todos y cada uno de los poros de su piel, que por lo que pueda entrar o salir a través de su mente. Los órganos de los sentidos también quedan relegados a un segundo término en los nativos de Piscis, cuyas emociones y sentimientos, a veces, les hacen percibir la realidad de forma distorsionada. Generalmente, hacen más caso de aquello que les dicta su intuición que de lo que ven sus ojos, aunque a veces creen estar viendo lo que su intuición espera visualizar. Tanto un Urano debilitado como un Mercurio en caída son fuente de enfermedades mentales, de nerviosismo e incluso de locura. Por eso es importante que Piscis intente poner los pies sobre la tierra y, que se centre en discriminar los detalles realmente valiosos desde el punto de vista práctico, de los que carecen totalmente de importancia.

LOS SIGNOS DE AIRE

El mundo etéreo ha representado desde siempre a las energías mentales. Y aunque el saber no ocupa lugar, las ideas no pueden escapar plenamente de lo material, pues al menos necesitan un ligero soporte físico; sin él no serían más que meras elucubraciones. El más ligero de estos soportes, y que por lo tanto ha quedado como arquetipo encargado de simbolizar el pensamiento, es el Aire, cuya vibración genera el sonido que porta las ideas.

El Aire simboliza la faceta que más claramente define al ser humano y su civilización: la racionalidad. Los nativos cuyos signos pertenezcan a este elemento son individuos que tienden a buscar una explicación lógica a todo cuanto acontece a su alrededor. Por su carácter, tienden a clasificar, analizar y discriminar todo cuanto caiga entre sus manos, con el fin de poder hacerse una idea acertada que concuerde con los acontecimientos. Resulta obvio que semejante actitud lleve asociado un fuerte desarrollo mental e intelectual.

Esta tendencia a pensar permite construir una realidad virtual sobre la que poder emitir juicios y tomarla como si de la vida misma se tratara, lo que genera una serie de **problemas que son típicos de la gente de Aire.** Es posible que lo que realmente mueva a la gente de este elemento a comportarse así sea una deficiencia sentimental grave. Cuando alguien es incapaz de sentir, o no se encuentra a gusto con la vida afectiva, para protegerse puede desarrollar un comportamiento frío, objetivo y distante ante todo cuanto le rodea.

La presencia de Aire en la Tierra significa la ausencia de Agua. Y la verdad es que los individuos del tipo pensante huyen de las relaciones sentimentales que ésta simboliza o, mejor dicho, no las han trabajado y les da pavor verse inmersos en ellas. A Libra le horroriza el compromiso personal y siempre anda indeciso por el mundo; Acuario es el gran desapegado, que utiliza la libertad personal como excusa para no tener que aguantar a nadie, y Géminis se escurre y escabulle hábilmente de las relaciones personales para que no le atrapen ni limiten su capacidad de acción. Como consecuencia, hay una clara deficiencia sentimental que puede apreciarse con facilidad en las relaciones íntimas con estos individuos, cuyos sentimientos recuerdan más a los de un niño que a los de una persona adulta. La frialdad de los signos de Aire de nada servirá si los caprichos del destino envuelven a estas personas en un torbellino emocional. No es raro que al descuidar una faceta tan importante para el ser humano, ésta se convierta en el punto crucial que marque su vida entera.

LIBRA

En el primer signo de Aire, este elemento entra en escena tras un largo periodo de ausencia total. El Aire simboliza al espacio vacío que permite al individuo soñar e imaginar las múltiples posibilidades. Libra, el Cardinal de este elemento actúa a modo de comodín, con su gran *receptividad* permite que los demás proyecten sobre él sus deseos subconscientes a través de formas e ideas definidas. De esta manera, Libra participa de la vida íntima de los demás, pero *sin el menor compromiso*: los otros conocerán de él nada más que lo que Libra quiera mostrar de sí mismo, y en ese sentido suele ser sumamente prudente.

El Aire también representa a *la razón pura*; cuando ésta habla por primera vez todo lo demás calla, no hay objeción posible que pueda con el aplastante peso del sentido común. Quizá *la belleza y la estética* sean las únicas que logren escapar, o por lo menos no se apaguen, frente a los fuertes dictámenes de la lógica más severa. Por ello, mente y belleza son los dos pilares que definen al signo Cardinal de Aire.

Valorando al signo a través de los planetas que lo definen, podremos entender más claramente cómo funcionan por dentro los cardinales de Aire. **Venus** es el planeta regente de Libra. Curiosamente, éste es el planeta del amor, de las relaciones humanas, de los afectos y de la belleza. Parece una contradicción que un signo de Aire, que parece ser sentimentalmente deficiente, esté representado por el planeta del Amor. Pero al contrario que Tauro, en el que Venus es todo sensualidad, disfrute y entrega, en el caso de Libra representa al ideal romántico, esto es, la estética del amor es lo que marca y define al signo en cuestión. Lo que nos sugiere la Venus de Aire es la toma de conciencia de la necesidad de contactar con lo opuesto a uno mismo pero, en el caso de Libra, esta sugerencia funciona con tal superficialidad, que sólo se queda con los detalles ornamentales de la relación amorosa. Es como si tan sólo se fijara –y prevaleciera en él– el efecto que le produce a un animal contemplar, por ejemplo, el bello plumaje nupcial que desarrollan algunas aves en la época de apareamiento. Venus no desea ir más allá, es perezosa y sólo quiere disfrutar de esta vida, así que escoge lo que más le va y deja el compromiso para aquellos que estén dispuestos a dar más de sí mismos.

El siguiente planeta es el riguroso **Saturno**, que en este signo se encuentra en estado de exaltación. La mente y la razón no van a permitir que el individuo se ablande ante la belleza, eso sería un error lamentable ante lo que antes o después tendría que rendir cuentas. Las emociones, las sentimientos, la sensiblería emocional quedan relegadas, expulsadas sin contemplaciones del marco de operaciones para dejar paso a los valores de Saturno. Los actos de Libra además de ser armónicos y siempre de buen gusto estético –a causa de la regencia de Venus– suelen tener un fuerte peso específico, poseen gran solidez, están claramente dirigidos y siempre apuntan a una realización. La prudencia puede a veces aparecer vestida de egoísmo, la paciencia se puede confundir con la pereza y la meditación dar paso a una profunda melancolía pero, por lo general, y a pesar de las apariencias, Libra siempre sabe lo que está haciendo y adónde apunta con su punto de mira.

Este signo, además, está marcado por uno de los planetas más relevantes de la carta astral, por no decir el más importante: el **Sol**. En este caso particular el planeta de la alegría de la vida se encuentra en caída, por lo que sus atributos serán echados en falta en este signo. El Sol es el principio vital que da la fuerza y que invita a imponer la propia esencia individual. Libra carece de ese empuje, que es inherente a la propia naturaleza humana y que se traduce en una serena alegría cargada de ilusión. Por ello, a este signo le cuesta imponer sus criterios ante los demás y, si lo hace, esta imposición quedará de forma fría, calculada e irá íntimamente ligada a los complejos personales, por lo que no se conseguirá llegar a los objetivos deseados. El Sol simboliza el éxito y la gloria personal, da calidez y brillo a los actos personales, y su caída en Libra resta estas agradables facetas al cuadro de cualidades propias del signo. Como defectos solares que también pueden afectar al nativo de este signo, se encuentran la arrogancia, el despotismo, el espíritu altivo y una despreciativa autosuficiencia.

El siguiente planeta que veremos a continuación es el impetuoso **Marte**, que se haya en la condición de desterrado debido a su exilio sobre el signo de Libra. Así, la capacidad de acción propia del planeta queda disminuida en este signo. El trabajo duro, el valor y la iniciativa no son ni mucho menos los puntos fuertes de este signo que, al quedar bastante reprimidos, pueden hacer acto de presencia en cualquier momento en forma de brutalidad, cólera violencia y rudeza. Aún así, los efectos de esta posición no son tan negativos debido al apoyo de los otros planetas que disponen al signo. Saturno se encargará de determinar la dirección que tomar y Venus suavizará las formas brutales propias del planeta.

ACUARIO

En el caso de Acuario, signo fijo de Aire, la plenitud del Aire está representada por el gran vacío, por la nada, es decir, en Acuario todo está por crear, es el borrón y cuenta nueva con el pasado. En esta imagen, el gran problema surge en la gran atracción que provoca el gran vacío, que es algo así como lo que la sociedad provoca en Acuario, de ahí su natural y excesiva *tendencia a la extroversión*. El individuo se enfrenta solo ante la nada, siente dentro de sí la imperiosa necesidad de crear, de ir rellenando poco a poco esa tremenda realidad que no cesa de intimidarlo y generarle fuertes emociones.

Paralelamente al antiguo mito de Urano, el nativo de Acuario tendrá que enfrentarse a sus propias creaciones, al igual que el dios de los cielos tuvo que afrontar la presencia de sus hijos, los Titanes. Así como Urano, el dios de los cielos, optó por desterrar a sus propios hijos y los envío a los reinos sumergidos, el nativo de Acuario tendría que dejar de crear para no tener que enfrentarse a sus propias emociones. Por supuesto que esto es un error, la mitología cuenta que Urano tuvo que pagar un alto precio por la represión a la que sometió a sus hijos. No hay que olvidar que todo cuanto uno reprime de alguna forma, crece al amparo de la oscuridad y algún día acabará por destronarnos de nuestra frágil torre de marfil.

El vacío total, la ausencia y la presencia absoluta de la nada es una imagen plenamente virtual propia del ser humano ya que no existe de forma natural. La gravedad, es decir, la fuerza de la Tierra, no nos deja escapar ni tampoco nos permite volar para poder sentir el efecto pleno y total del Aire. Los inventos del hombre, *la vida artificial*, son los que han permitido al ser humano alcanzar algunos de sus más remotos sueños: volar y sentirse inmerso en la nada. Dentro de nosotros algo nos impulsa, queremos lo que no tenemos, soñamos con la utopía que nos permita escapar de las condiciones que nos imprime esta vida. Acuario –para escapar una vez más– sueña con paraísos artificiales donde *la utopía* se ha hecho realidad. Acuario prefiere complicarse la existencia con tal de no tener que cargar con las emociones de los demás. El pretexto de tales proyectos es llegar a construir una realidad mejor, pero éstos parten de una base errónea, ya que las emociones son eliminadas de un plumazo para que no estorben, en lugar de ser incorporadas adecuadamente al sistema.

Ahora le toca el turno a los **planetas,** que se encargarán de **definir al signo de Acuario** a través de los regentes, de las caídas y de los exilios propios de este signo. Para empezar hay que decir que es **Urano** el planeta encargado de regentar el domicilio de Acuario. Este planeta es fundamentalmente voluntarioso, sus decisiones son tajantes y persiguen unas metas que la propia mente se ha encargado de crear, o mejor dicho, de vislumbrar entre imágenes intuidas y visionarias. La mente de los nativos de este signo es rápida, original, y posee una capacidad de inventiva que va más allá de lo habitual. La rapidez con que toman las decisiones hace que la vida de estas personas resulte de lo más sorprendente. No hay nada que ponga límites ni barreras a sus proyectos y, en caso de encontrar algún estorbo en su camino, Urano desatará la violencia del nativo y liberará las cadenas que le atan a y le impiden actuar. La amistad es perfecta con Urano como regente, tan perfecta que a veces resulta un tanto artificial; se trata más bien de un producto ideal más que de un sentimiento.

La sinceridad con que Acuario entrega su alma en la amistad es plena y veraz. Lo mismo le ocurre con el amor y los afectos, pero ¿está Acuario seguro de que lo que le mueve es un verdadero sentimiento? La mente engaña y es capaz de crear modelos que desarrollen funciones tan complejas como son los sentimientos. Jamás sabremos cómo es, pero una cosa está clara, el sentimiento que imprime Urano a sus nativos es tan puro y elevado que éstos están dispuestos a darlo todo por una causa. El fanatismo es algo que hierve siempre en los bajos fondos de Acuario. Hay que recordar que tras todo fanatismo se oculta un fuerte sentimiento de rabia e impotencia reprimido. Ésta es una cuestión que queda en el aire, pero es posible que los sentimientos elevados, la amistad ideal y el amor libre –que Acuario abandera– cultiven en el subconsciente las pasiones más primarias y brutales, envidias y celos que jamás un nativo de este signo pudiera sospechar.

El siguiente planeta al que hay que prestar atención es el sensible **Neptuno,** que se encuentra en exaltación en el signo de Acuario. Una profunda compasión hace mucho más humanitario al signo. Además la sensibilidad aflora y se desarrolla intensamente, lo que hace posible que el acuariano se adapte a las necesidades del entorno en lugar de seguir hacia adelante con sus más locos proyectos. Neptuno exaltado resta individualismo al signo, que en principio podría aparecer como un chalado solitario. La apertura ante las grandes injusticias sociales, ante la destrucción del planeta y de los ecosistemas, y la identificación personal con los animales que se encuentran en serio peligro de extinción, estremecen el corazón de estos nativos. Pero el exilio del **Sol** resta calor, alegría y consideración hacia el propio entorno que rodea al individuo. Y, aunque también tiene rasgos positivos como la indiferencia ante el orgullo, la falta de soberbia y de arrogancia, otras virtudes como la lealtad, la fidelidad o el sentido del honor –propias del Sol– dejan mucho que desear en la actitud de estos nativos.

GÉMINIS

Nos encontramos quizá ante el signo más inquieto de todos los signos Mutables, probablemente debido a que su elemento es el más dinámico de todos cuantos existen. El signo Mutable de Aire nos invita a ponernos en movimiento con el único fin de *transformar las ideas en una acción concreta*. Anteriormente hemos visto con el ejemplo del espejismo típico de los desiertos, cómo el Aire se trasforma en luz cuando la energía es lo suficientemente elevada. La materialización o, mejor dicho, la visualización de las imágenes es el evento propio de este elemento. Es sabido lo que subconscientemente puede provocar un fotograma incluido de forma subliminal entre los demás fotogramas de una película de cine. Algo así es lo que representa el Mutable de Aire. El tremendo poder del mundo de las ideas está en las manos de este signo, que intenta por todos los medios plasmar los pensamientos, darles forma y exponerlos ante los demás mostrando un *gran dominio de la comunicación*, aunque en realidad lo que esté buscando sea la reacción emocional de la otra persona ante la posibilidad de realización de dicha idea o proyecto, al igual que un espejismo opera directamente sobre el cuerpo emocional del viajero del desierto.

El elemento Aire tiende a reprimir las emociones y los sentimientos, como anteriormente hemos visto, en pro de las ideas puras. Cuando éstas se transforman y movilizan a través de Géminis, se libera de alguna manera toda esa emoción acumulada, enmascarada por la forma de una idea concreta, lo que opera sobre el subconsciente de quienes la reciben. Géminis es siempre *un buen interlocutor* porque se alimenta de alguna manera al percibir la reacción emocional de los demás. En los textos antiguos se ha dicho siempre que Géminis es un gran *comerciante*, y desde luego sabe bien cómo envolver a los demás por medio de la palabra sin perder de vista sus propios intereses personales.

Para obtener una visión más amplia de Géminis podemos pasar a determinar cuáles son los planetas que más le influyen y de qué manera están ligados al signo. El primero de ellos en orden de importancia es siempre el regente del signo, en este caso **Mercurio**. Este planeta es el encargado de interconectar la esencia pura del individuo con la realidad. De nada sirve tener un gran corazón si no se expresan los sentimientos y las emociones. Mercurio se ocupa de que nada se quede en el tintero, por lo que dota al signo Mutable del elemento Aire de un sinfín de recursos para poder dar forma a aquello que el individuo guarda en su interior. La gran capacidad para exponer verbalmente los pensamientos, la facilidad para el diálogo, la gracia y la soltura al plasmar algo por escrito, son los regalos con que Mercurio premia a sus hijos. Además, le da una gran rapidez mental que le permite ir por delante de los demás, con lo cual el individuo se suele encontrar relajado a la hora de relacionarse con otras personas. La facilidad para aprender, el gusto por las ciencias y las nuevas tecnologías, una educación refinada y cierto espíritu intelectual, son también legados que el planeta cede a los nativos de Géminis. Pero como siempre ocurre, el grano nunca va del todo libre de paja. Las peores facetas del planeta también se pegan a la personalidad de estos nativos, que a menudo son tachados de inestables, y que muchas veces echan mano de la astucia, las mentiras o la calumnia sin que les tiemble el pulso. Es inevitable que al estar regidos por Mercurio, la falta de honestidad aflore siempre tras la imagen que pretenden dar.

Otro planeta importante que ejerce gran influencia sobre el signo de Géminis es el poderoso **Plutón**, que además se encuentra en una relación de exaltación con él. Esto confiere al nativo de Géminis una tremenda fuerza creativa que necesita ser de alguna manera canalizada pues, en el caso de ser reprimida, actuará de forma inconsciente y acompañará a todas las acciones del individuo como una imperiosa necesidad de afirmación de sí mismo. Plutón le provee de una gran fuerza moral para destruir lo caduco e inservible sin el menor remordimiento, por lo que Géminis es el gran restaurador, el renovador de la sociedad y de los patrones de comportamiento que predominan en las relaciones personales. A estos nativos les envuelve cierto espíritu reformador que es un claro legado que Plutón les ha cedido. Con ello son capaces de renovar y estimular emocionalmente a todas las personas con las que el nativo establezca una relación personal. El deseo de independencia es algo que muy pronto surge en los típicos nativos del signo, que ya desde su etapa adolescente hacen las primeras escapadas serias del hogar familiar. Como las virtudes nunca van solas, hay también que ver los defectos que están ligados al signo por la influencia que este planeta ejerce sobre él. La ambición de poder es algo que Plutón no perdona y que lo manifiesta allá donde va. Puede hacer uso y abuso de la confianza o de la posición social que ocupa en beneficio propio, y en clara desventaja para otros. Existe también cierto sadismo en su modo de operar, que normalmente no suele resultar evidente, pues actúa a un nivel muy sutil, casi imperceptible como para que las demás personas se den cuenta.

El tercer planeta que opera directamente y ejerce su influencia determinando de algún modo las cualidades del signo es **Júpiter**, que al encontrarse en el exilio, lo que hace más bien es marcar ciertas deficiencias definidas por éste. El planeta del optimismo en el exilio resta cierta confianza bonachona al comportamiento de estos nativos, que inevitablemente siempre buscan segundas intenciones en el proceder de los demás. La bondad característica del planeta queda disminuida por la posición de exilio del mismo, y ello opera sobre el comportamiento del Géminis, que inevitablemente se vuelve egoísta, interesado y falto de compasión. Júpiter simboliza la moralidad, la ética, la religión y los valores más elevados del ser humano, que en el caso concreto de Géminis dejan mucho que desear. Pero del mismo modo que los planetas que ejercen una presencia resaltada sobre el signo también arrojan sobre éste sus defectos, al estar un planeta en clara retirada, como es el caso del exilio de Júpiter, resulta lógico pensar que el signo también se libra de los defectos que están asociados al planeta exiliado. Júpiter está muy orgulloso de sí mismo y tiende a hacerlo todo a lo grande debido a la ostentación de que hace gala, y justamente de eso es de lo que se libran los nativos de Géminis, que saben cómo guardar las apariencias. Y por otro lado, tampoco asumen tontamente riesgos innecesarios, gracias al alejamiento que el planeta del rey del Olimpo mantiene respecto al signo de los Gemelos.

LOS SIGNOS DE FUEGO

Éste es, sin lugar a dudas, el elemento más llamativo de los cuatro que forman parte de la Astrología occidental. Desde tiempos remotos se ha asociado a este fenómeno natural –el Fuego– el sentimiento espiritual que mora en el interior del ser humano. ¿A quién no cautiva el danzar de las llamas? Posiblemente, al igual que el Fuego representa la alegría que experimenta la energía al ser liberada de la pesada carga de la materia, es fácil comprender que el ser humano proyecte sobre dicha imagen sus deseos de realización más puros. Por lo tanto, se puede decir que el Fuego representa al espíritu con que se hacen las cosas, ya que simboliza la causa que mueve y determina las acciones del individuo. Sin el Fuego, muchas de las grandes obras de la humanidad no se habrían realizado, y tan sólo la vida práctica y el sentido común determinarían lo que realmente es necesario o primordial para la sociedad.

El Fuego nos recuerda que somos algo más que pura materia, que con nuestra energía podemos calentar e iluminar el sendero de otras vidas y por lo tanto cambiar su rumbo, aunque sea tan sólo por un pequeño espacio de tiempo. Dentro de nosotros mora una parte divina que desea manifestarse a toda costa, pero las circunstancias de la vida no cesan de someternos a duras pruebas que debemos superar, como si lo que tuviéramos que decir al mundo necesitará un contexto adecuado. Y la verdad es que un Fuego fuera de contexto siempre resulta inútil en el mejor de los casos o devastador en el peor pero, cuando se encuentra dentro del hogar, representa la energía del mismísimo Sol.

El temperamento típico de Fuego basa su vida en su confianza personal. La vitalidad y el vigor es su gran fuerza motriz, capaz de solventar todas las deficiencias que se le presenten, incluso las de orden material. La persona de Fuego vive con el corazón en la mano, desde la niñez ha ido montando su vida sobre honorables sentimientos capaces de desafiar incluso a la propia muerte. Para la persona típica de Fuego resulta imprescindible convertir su vida en una epopeya, en la que las personas que les rodean y ellos mismos aparecen con una pincelada que recuerda a la de los míticos dioses del Olimpo.

El Fuego es el elemento que menos puede pasar desapercibido para las demás personas, ya que el espectáculo y el teatro de la vida están hechos a su medida. Puede que el nativo cuyo signo pertenezca a este elemento no soporte ver la vida como se la muestran los sentidos. No es que la angustia vital inherente al ser humano afecte a unos elementos más que a otros, sino que marca una clara diferencia entre los distintos elementos según la manera en que intentan compensar una sensación tan poco agradable. Para el Fuego, el espíritu personal es el encargado de adornar todo cuanto pudiera afectar al individuo, modificando la realidad de tal manera, que todo acontecimiento toma un bello tinte personal, y pasa a formar parte de la película de su vida, de la que el nativo es, sin lugar a dudas, el protagonista principal. Es curioso ver las respuestas que podrían dar personas de los cuatro diferentes elementos frente a las mismas preguntas. La Tierra y el Aire son objetivos porque tienden a separar de su persona lo que acontece. El Agua no es capaz de ver más que los sentimientos, que no cesan nunca de moverse por su interior, si esto o aquello le gusta, o se pone nervioso o simplemente no se siente a gusto. El Fuego no puede tampoco ser objetivo y tiende a coger de la realidad aquellas facetas que más le convengan, que mejor satisfagan sus propios intereses y que le dejen en el mejor lugar de todos los posibles.

Por lo general, el nativo de este elemento elimina inconscientemente aquellos detalles de la vida que él mismo considera amenazantes para su propia persona. Para el Fuego, resulta siempre más fácil imponer sus condiciones que tener que aceptar las del entorno, o las que impongan los demás. El Fuego no soporta sentirse aprisionado pues, si lo hace, acabaría estallando en mil pedazos.

El modo de operar de las personas de Fuego es muy particular. Los órganos de los sentidos han sido relegados a un segundo término pero, como compensación, la intuición ha sido desarrollada enormemente. Son típicas las corazonadas de las personas de Fuego, faceta que estos nativos cultivan desde la más tierna infancia, y con cuyo uso y disfrute han llegado a desarrollar un verdadero talento. Tras la corazonada se esconde la confianza en sí mismo; es como si, con su espíritu, el individuo fuera capaz de cambiar los designios del destino. Cuando las premoniciones se cumplen según las expectativas del propio individuo de Fuego, un fuerte sentimiento de reafirmación personal invade a la persona, de tal manera que es como si restableciera el vínculo que une a su espíritu individual con el espíritu divino. Tras una experiencia de este tipo, el individuo conecta con la inagotable fuente de la energía universal, de la que sólo en estados de profundo enamoramiento todos hemos participado al menos una vez en la vida. A juicio de las personas más realistas, los nativos de Fuego no dejan de desafiar al destino y de tomarse la vida como si fuera un juego. La verdad es que lo que le gusta al Fuego es que se le vea y, para ello, hay que arriesgar, tener estilo y sobre todo, tener una increíble fe en uno mismo.

Los valores de la persona de Fuego están muy marcados y dan gran importancia a las más altas y nobles virtudes del ser humano, como son la lealtad, la fidelidad, la nobleza, el honor o la valentía. Es importante precisar que a pesar de las apariencias, este comportamiento representa la actitud que la persona de Fuego muestra consigo mismo, no la postura que realmente adopta en sus relaciones con los demás. Es decir, los nativos de este elemento son leales, nobles y honorables consigo mismos. Y es de ahí de donde parte la gran energía moral que tanto les alimenta.

ARIES

Es el primer signo del Zodíaco, por lo que muchas veces se dice que representa al recién nacido. Puede que esto se deba principalmente a que las personas de este signo tienden a manifestarse tal y como son, sin complejos ni otras restricciones. Y para entender el porqué de este comportamiento, podemos recordar la imagen que simboliza al signo Cardinal de Fuego. Ya hemos dicho anteriormente que el signo cardinal de un elemento está ligado a la presencia sutil del mismo. En el caso de Aries –Cardinal de Fuego –su imagen bien podría ser la de una hoguera en la lejanía. De ésta, sólo se percibe su luz, que marca, más que nada, la dirección que habrá de seguir el individuo si se quiere beneficiar del calor que promete dicha imagen.

Se dice que el nativo de Aries es *impulsivo, directo y decidido*, y no es de extrañar, ya que el propio individuo se considera muy alejado de todo cuanto es importante. Al igual que un niño que quiere ser mayor, el nativo de este signo desea alcanzar esa luz que para él significa ver cumplidos todos sus sueños. El sendero no le asusta, sabe bien que *vencer las dificultades* es algo que le hace fuerte. Es más, normalmente este peculiar nativo prefiere abrir su propio camino, ya que así tiene la sensación de no perder de vista su objetivo ni siquiera por un instante. De ahí la fama de Aries de ir directo al grano. El *coraje, la valentía y la audacia* son imprescindibles a la hora de enfrentarse a cuerpo descubierto con la vida. Y no existe nada que haga desistir a este incansable guerrero, que necesita saber que tiene una noble causa que perseguir o defender, conectando así con la más alta expresión del deber moral, obteniendo de esa forma una ilimitada fuente de energía.

Volviendo a la imagen arquetípica de la hoguera en la lejanía, es fácil descubrir qué es lo que se esconde tras la máscara de la noble causa que todo lo justifica, tras la brusca y temeraria forma de proceder por parte de este nativo. Como las infinitas capas que forman una cebolla, podemos introducirnos más allá de las apariencias y de las justificaciones personales, y veremos con claridad que lo que este individuo persigue es *vigorizarse luchando* contra todo tipo de adversidades en combate singular. Tal derroche de energía no puede ser contemplado por la mente, pues la razón no permitiría un proceder tan absurdo. Quizá ése sea el motivo por el cual el nativo del signo Cardinal de Fuego necesita vendar los ojos de su conciencia con *una noble causa moral* que dé de sentido a todos sus actos.

Todo guerrero que no cesa de luchar durante toda su vida, irremediablemente sueña y añora el descanso que tanto se merece pero, curiosamente, no llega nunca a encontrar el lugar perfecto, siempre hay algo que vuelve a dar pie a la lucha, siempre surge otra luz en la lejanía que le obliga a retomar las armas y a subirse de nuevo a su montura.

Si a primera vista quisiéramos analizar los miedos que pudieran sugerir la presencia del Fuego partiendo de la imagen de la hoguera lejana, quizá tendríamos que decir que salvo la pequeña luz cuyo calor no se puede siquiera apreciar, el resto del cuadro es oscuridad. Y es oscuridad porque el individuo está deslumbrado al mantener su vista fija constantemente sobre el foco luminoso. ¿Qué esperar de un comportamiento que recuerda al de la polilla que no deja de dar vueltas al rededor de una llama hasta que al final perece víctima de su delirio? Todo cuanto rodea a Aries es un miedo, pero un miedo indefinido. Como en el cuento de «Juan sin miedo», el nativo del signo Cardinal de Fuego *se hace fuerte ante las dificultades* claramente definidas, y para ello pone como fondo la deslumbrante luz que determina su noble causa, con el fin de poder ver dibujada a contra luz la silueta de sus adversarios y así combatirlos sin temor alguno; pero, si se da la vuelta y fija su mirada en su propia sombra, entonces, al igual que el protagonista del cuento, descubrirá lo que en realidad mantiene vivo su temor: una sensación de miedo indefinida que no cesa de acecharle. Todo cuanto le rodea es un peligro potencial; cuando *el nativo se desarrolla en una dirección*, entonces los supuestos adversarios se retraen –lo que momentáneamente le concede un respiro– pero, éste pronto descubrirá una nueva dirección –o causa– por la que luchar, se dará cuenta de que ha descuidado otros peligros, que se han hecho fuertes mientras luchaba. Y así va pasando el tiempo y el nativo de Aries no cesa de batirse, pero sus sueños jamás desaparecen y en ellos siempre existe una gran hoguera alrededor de la cual todo es lo suficientemente luminoso, cálido y agradable como para abandonar las armas y arrojarse en manos del amor y del placer.

Los planetas que definen al signo nos dan una visión menos poética que la expuesta hasta el momento, pero a la vez nos sirven para definir más claramente a Aries. **Marte** es su planeta regente, es decir, el planeta cuya energía mejor define la personalidad del nativo de este signo. Marte, antiguo dios de la guerra, es sinónimo de acción directa, a través de la cual la energía del propio individuo se manifiesta con claridad y sinceridad. Es también movimiento, esto es, no se mantiene demasiado tiempo concentrado en una misma dirección, y alterna constantemente el punto de mira que guía sus imperiosos actos. En muchos casos Marte ha sido visto como un dios destructor, pero sin malas intenciones, pues lo único que busca es hacer borrón y cuenta nueva para así poder llevar a cabo sus planes. Es un gran iniciador, ya que suele devastar el terreno –ardua tarea– y prepararlo para construir los cimientos que den pie a sus propósitos, que normalmente suele abandonar a medio camino. La buena disposición de Marte otorga a sus hijos una vida ajetreada y llena de cambios, pero también les arma con el suficiente coraje y valentía como para poder asumir las tareas más difíciles. Los peores atributos con que Marte dota a los nativos de Aries, son la cólera, la rudeza y la brutalidad, que van ligadas a la urgencia inherente en su modo de proceder. Este planeta está representado por el carácter masculino más pueril de todos, y por tanto marca en cierto modo la necesidad apremiante de imponerse sobre el medio a toda costa, de forma instintivamente egoísta, con un tremendo espíritu batallador capaz de las más tremendas brutalidades y falto de piedad.

Otro planeta importantísimo a la hora de definir a Aries es el **Sol.** Este planeta o luminar se encuentra en estado de exaltación, lo que conduce al nativo de este signo a extrovertir en exceso las cualidades propias del Sol, que a continuación, vamos a recordar. El astro rey representa la esencia vital del individuo, por lo que éste no cesa de esforzarse para que su presencia quede claramente manifiesta en el medio que le rodea. El Sol es alegría, serenidad y gloria, principios que Aries busca conseguir y plasmar a toda costa. El nativo de este signo recuerda una vez más al recién nacido por la facilidad con que expresa todo cuanto hay en su interior. Otra faceta que también es propia del Sol es la de representar a la autoridad paterna. Una vez más se reafirma el fuerte carácter masculino de este signo. Aries se excede a la hora de imponer su autoridad, a pesar de ser condescendiente y de poseer nobles sentimientos, peca de imponerse categóricamente sobre los demás. El Sol exaltado conduce a la persona a mantener un aspecto radiante que hace gala de la gran magnanimidad de su persona y también le lleva a sobrestimar la confianza que tiene en sí mismo. Los defectos del rey de los planetas deben de ser también bastante evidentes. Las grandes meteduras de pata son camufladas con grandes dosis de arrogancia y espíritu altivo. Además, su defensa siempre está basada en un ataque donde prevalecen el despotismo, la crueldad y la cobardía como mayores defectos del planeta.

Saturno es otro de los planetas que para Aries resultan más significativos. En este caso concreto, el planeta del rigor y de la razón se encuentra en caída, es decir, su energía se manifiesta de forma deficiente o débil. Saturno es el encargado de consolidar la experiencia y los esfuerzos personales en algo concreto, lo que se llama la gran estrategia de la vida. Aries carece por completo de estrategia y de método; a la hora de conseguir un fin, el nativo de este signo opera de forma intuitiva, que es realmente lo que le ayuda a conseguir su energía, y nunca de una manera metódica, cautelosa, perseverante y concisa. Saturno también representa la sombra del individuo, su parte más oscura, los miedos y la muerte. Para el nativo de Aries esto es como si no existiera. Él no se hace cargo de semejantes problemas, y hace caso omiso de dichas energías, lo que en cierto modo le otorga actitudes muy favorables y positivas.

El último de los planetas que definen al signo es **Venus**, que al estar exiliado sobre este signo de Fuego, hace que sus mejores virtudes brillen por su ausencia. La diosa de las relaciones afectivas ha retirado su mano del signo de Aries, lo que hace que sus nativos se comporten de forma brusca y poco femenina a la hora de establecer sus contactos con los demás. El mundo agradable, dulce y bello de Venus no se encuentra a disposición del signo de Aries, que generalmente pisotea las flores del ser amado sin siquiera haberse percatado de su presencia. Muchas de las facetas perdidas a consecuencia de esta disposición planetaria, son contrarrestadas por el Sol en exaltación, por lo que las relaciones sentimentales de estos nativos no son tan deficientes como a primera vista podrían parecer. De lo que sí carecen, en gran parte, los Aries es del gusto estético, no a la hora de apreciarlo, sino a la hora de tenerlo en cuenta en su acción cotidiana. Aries no pierde el tiempo en los detalles y en los adornos propios de Venus. Pero, al igual que Venus no concede sus virtudes a Aries, también quedan alejados los defectos que este planeta podría atraer hacia el nativo; por eso es raro que el nativo de Aries se comporte de forma perezosa –típico defecto de Venus–, ni que sus valores morales cambien al antojo de las circunstancias y del ambiente en el que el nativo se encuentre. Siempre habrá que tener en cuenta que las particularidades expuestas son generales para el signo, y que a la hora de personalizarlas en una carta natal la posición de cada uno de estos planetas, además de ser claramente relevantes, podrían exagerar o modular las particularidades aquí expuestas.

LEO

Como ya hemos mencionado con anterioridad, la imagen que corresponde al signo Fijo de Fuego será la plenitud del elemento, es decir, la hoguera cuya llama nunca se apaga, que se mantiene siempre mágicamente alimentada. Para completar la imagen podríamos imaginar lo que para el hombre primitivo representaba el Fuego en la noche, es decir, el descanso al amparo de un cálido calor, el olor de los alimentos cocinados, la seguridad que le defiende de las fieras y, en definitiva, todos los placeres que las horas de ocio pudieran permitirle. Así, la hoguera permite al individuo disfrutar, relajarse y dejar que su espíritu vague libremente. Es por tanto una gran fuente de inspiración para que la persona exprese lo mejor de sí misma.

Lejos de las restricciones materiales, el individuo no tiene excusas para no realizar sus sueños, sus deseos son plenamente satisfechos y por tanto darán frutos, entre los que se encuentran, en primer término, los hijos. Los niños o los hijos están representados por el signo Fijo de Fuego –Leo– por varias razones. La primera de ellas es que los niños son las únicas personas que viven constantemente apartadas del deber. Por otra parte, los hijos simbolizan parte de la obra de los padres, que emplean una buena parte de su vida en su crianza y su sustento.

Las motivaciones de Leo están representadas por *la creatividad del individuo*. Una parte importante del ser humano ha soñado siempre con romper las cadenas que le mantienen atado a la materia y así poderse dedicar de pleno a la expresión más pura, que permita mostrase al espíritu tal y como es. El hombre necesita dejar que aflore a la superficie la porción divina que mora en su interior y para ello debe de alejar de su mente toda preocupación. Los problemas aparecen cuando el individuo se identifica con dicha imagen divina hasta el punto de que llega a creérsela y *requiere que los demás le reconozcan* y lo adoren como tal.

Los valores de Leo los encontramos en las proximidades de un Fuego. Con esto se quiere remarcar que la hoguera permanente hace de punto de encuentro y reúne al clan. Dentro de este reducido grupo todo es *amor, disfrute, seguridad, confianza, generosidad...* pero hacia afuera se mira siempre con recelo. Leo es, por tanto, cálido, acogedor, un *excelente anfitrión*, pero también es un oponente y un enemigo peligroso; es mucho más interesante estar de su parte que en su contra. La plenitud del Fuego crea a su alrededor la sensación del eterno momento, del disfrute sin límite y de la experiencia divina, pero en realidad y bajo la ilusión creada por la hoguera, *subyace un tremendo esfuerzo:* el de mantener bien abastecido y protegido al clan que uno mismo ha formado. Aquí aparece de nuevo la noble causa que siempre aparece cuando este elemento anda por medio, en este caso disfrazada de patriarca que protege a sus mujeres y a sus hijos. Con dicha excusa, el nativo de dicho signo se encuentra moralmente justificado para cometer las más tremendas barbaridades sin sentir la menor compasión, y así poder *conocer los límites de su poder personal*, que es en el fondo lo que más añora este signo.

Vista desde la hoguera, la noche es incluso más oscura que si se ve desde lo lejos. Los miedos que amenazan a Leo son mucho más intensos que los de Aries. No es que los demás signos o elementos se vean libres del temor, lo que pasa es que cuando se enciende una gran fuente luminosa, momentáneamente se vive una situación de alivio, es como si quemáramos de nosotros mismos aquello que menos nos gusta. El Fuego crea un fuerte contraste entre la luz y la sombra, lo bueno y lo malo, y siempre que éste entre en escena no hay que dejarse deslumbrar por su *actitud teatral*, sino que lo mejor es no perder nunca la visión global que nos permite disfrutar plenamente del hombre y su contexto.

Haciendo a continuación una revisión de los **planetas que determinan** en parte las particularidades de Leo, podremos ser más precisos y concretos a la hora de estudiar al signo Fijo de Fuego. El **Sol** es el planeta regente del signo y por tanto el que se encarga de dotar a sus hijos de la mayor fuerza. Este planeta refuerza la personalidad del individuo, es símbolo del poder que reside en la esencia del individuo y la capacidad que tiene para imponerse ante la realidad que le rodea. Inevitablemente, tener al Sol como regente, imprime al signo de un gran sentido de importancia, por lo que suele buscar la gloria y el reconocimiento por parte de los demás.

Entre las cualidades más destacadas se encuentran la confianza en sí mismo, la serenidad y el espíritu alegre con que hace las cosas, así como el proteccionismo con que trata a las personas que quiere. El Sol otorga gran vitalidad al individuo, que con su mera presencia crea una cálida atmósfera a su alrededor, donde imperan el bienestar y el confort. El Sol es también el principio de autoridad y de ahí pueden derivar algunos de sus defectos, como son el despotismo y la prepotencia. Otras de las peores facetas con las que el Sol puede presentarse son la falta de sensibi- lidad –Leo suele mostrarse cruel y despiadado cuando ejerce todo su poder–, la arrogancia y el egoísmo. También, y debido a su falta de la confianza en la vida, Leo puede mostrarse cobarde y ruin.

Otro planeta que define bastante bien al signo de Leo es el gran **Urano**, que en este caso se encuentra en la posición desfavorable del exilio. Este dios de los cie- los imprime siempre progreso y dinamismo a las personas a las que influye con su energía, y éstas a su vez operan de la misma manera sobre los grupos de personas con las que entra en contacto. En el caso de Leo, la acción de Urano está en clara deficiencia, por lo que el nativo de Leo lo que genera a su alrededor es un estado de permanencia constante, de plenitud invariable que produce la sensación de eter- nidad que tanto le agrada. Los cambios súbitos y las acciones inesperadas son tam- bién parte de la energía de Urano, y el nativo de Leo intenta alejarlas de sí a toda costa, ya que le privan de la tranquilidad que es fuente de su bienestar. Originali- dad, amistad y sinceridad son cualidades propias de este planeta, que dejan mucho que desear en los nativos de Leo. El poder de decisión carcaterístico de Urano se encuentra debilitado en este signo. El nativo de Leo duda constantemente ante las decisiones que suponen cierto desarrollo lógico, práctico o tecnológico –también representado por Urano.

Para terminar, destacaremos el significado de la caída de **Neptuno** sobre el signo Fijo de Fuego. Neptuno representa la inspiración y la genialidad, pero lo que ocu- rre es que se encuentra bajo la llave del subconsciente. Para acceder a los tesoros que allí se esconden es menester abandonar la propia personalidad, el yo cons- ciente y traspasar las barreras de la importancia personal. Para Leo esto es casi imposible, ya que para él eso significaría la muerte. Además, Neptuno es el que uni- fica a todos los seres vivos por medio del sentimiento universal que la vida otorga a sus hijos; Leo tampoco se funde con facilidad, y lo que el nativo del signo busca es que los demás se entreguen al deleite en su presencia y bajo las condiciones que él impone. Esto es como la típica imagen de los reyes que disponían de músi- cos y de bufones para que les ayudaran a desarrollar un poco su sensibilidad. El nativo de Leo no suele compartir el sentimentalismo que une a las gentes durante los festejos populares; es más, considera tales actos chabacanos y generalmente los desprecia. Sin embargo, en privado es muy capaz de montarse fiestas que, inclu- so, pueden resultar más deplorables que las realizadas por el pueblo. Pero no todo es negativo con Neptuno en caída. Esta posición planetaria también puede resultar ventajosa, ya que aleja los peores defectos que normalmente acompañan al planeta, tales como el vicio, la locura o ciertas tendencias suicidas.

SAGITARIO

Como todos los signos de naturaleza Mutable, Sagitario parte de su propio elemento, pero también debe de manifestar alguna propiedad de lo que encuentra después del paso que nos invita a dar. Lo que captura la atención de Sagitario es el milagro de la liberación del espíritu cuando se desprende de las ataduras de lo material y se alza hacia el cielo. La imagen que representaría a Sagitario sería la de la ascensión de las pequeñas partículas incandescentes que junto con el humo forman un auténtico gigante luminoso: una representación visual que se adapta perfectamente al camino que toma el espíritu en su ascensión a los cielos, y que tanto atrae a este signo Mutable de Fuego.

Sagitario mira hacia las estrellas, y lo que queda sobre la Tierra en la que reposan sus pies apenas le interesa. El Centauro desea conocer con detalle la evolución del espíritu que se desprende de la materia y se manifiesta en forma de Fuego. Y, al mirar sólo en esa dirección, puede imaginar mundos en los que solamente habitan las *formas espirituales*, que por estar alejadas de las bajas pasiones, tan ligadas a la vida material, tienen que ser necesariamente *buenas, alegres y felices*. Además, observar cada una de las pequeñas partículas incandescente que ascienden, le da pie al Mutable de Fuego a soñar con las posibles hogueras que pudieran surgir a partir de ellas en otro lugar. Sagitario sueña pues con *un mundo de justicia, paz, igualdad y libertad*.

El Fuego de Sagitario nos invita a expandir al máximo nuestro espíritu *promoviendo el optimismo*. Al igual que el montón de leña antes de arder, el ser humano puede quedar prisionero de una forma concreta: la personalidad. Con el Fuego aumenta la vibración de todas las partículas que forman el cuerpo, se rompen los límites y se libera el espíritu. Con dicha manifestación, la esencia personal se pone de manifiesto ante todos, se crea el gran resplandor que alumbra a los viajeros de la noche. El signo Mutable de Fuego sugiere que *apartemos nuestra atención del mundo material* permitiendo que parte de éste se «queme», de esa forma la esencia personal que con tanto recelo guardamos en nuestro interior se convertirá en luz, alegría y ejemplo para los demás.

En la oscuridad, unas pequeñas ramas bien dispuestas pueden crear un halo luminiscente de gran tamaño. Por poco que tengamos, siempre hay algo que nos sobra, y por tanto podemos entregarlo con *veneración para el bien común*. A poco que aportemos a la sociedad, si lo hacemos con corazón y respeto, sin lugar a dudas se creará un gran resplandor que ayudará a otros a encontrar su camino.

Estudiando ahora al signo Mutable de Fuego a través de los planetas que lo definen, podremos comprender y determinar con mayor precisión al signo del Centauro. El primer planeta que se encarga de regir dicho signo es el gran **Júpiter**. Al igual que el rey de los dioses del Olimpo, este planeta ha expandido su propia materia ocupando el mayor lugar que su constitución física le permite sin perder su individualidad. No es de extrañar que en cierto modo el regente de este signo determine el ego personal, ya que su postura es un tanto ostentosa. También puede caer en la tentación de ser más que otros, lo que le haría actuar con exceso y exageración. Así, lo anteriormente expuesto, junto a una actitud excesivamente autocomplaciente, puede dibujar el cuadro de los defectos propios de este planeta. Pero Júpiter es un gran regalo astral, y allí donde se sitúa en la carta natal, lleva consigo honores, fortuna y buena suerte. El optimismo es su rasgo principal y con él bautiza a los hijos del Centauro, que son capaces de mostrar la grandeza de su espíritu sin miedo a perder parte de su propia persona. La confianza es la virtud que acompaña siempre a este planeta. Para Sagitario, entregarse a los demás con el corazón en la mano y seguro de sí mismo, es la única manera posible de participar en el júbilo de la vida sin tener que lamentarse después. Júpiter imprime a sus hijos la energía suficiente para que éstos prosperen en todos los sentidos. La energía de este planeta llega hasta la última de las actividades que realiza el nativo del signo que, normalmente, se traduce en progreso, desarrollo y avance despreocupado y feliz. Otros rasgos que el regente del signo se encarga de imprimir sobre el nativo de Sagitario son la tolerancia, la generosidad, la equidad y la justicia, así como una honestidad y franqueza como no hay otra en todo el Zodiaco. Júpiter hace que sus hijos mantengan un aspecto jovial durante toda su vida, y también que se interesen por otras culturas, los viajes largos, la aventura, la religión y la filosofía.

Mercurio, otro de los planetas importantes, en este caso se encuentra en el exilio, por lo que cabe esperar que su brillo y habilidad dejen mucho que desear en el signo del Arquero. Lo que define el exilio de este planeta –que representa a la mente– es una inteligencia deficiente, ingenua, confiada y cándida. Normalmente el comportamiento apresurado e inconsciente de estos nativos suele carecer de lucidez y de ironía. Esta disposición de Mercurio incapacita a los Sagitario para poder abstraerse lo suficiente como para entender las paradojas de la vida. Normalmente, Sagitario suele andar por la superficie, sin hacer inmersiones profundas en el mundo de la lógica, ya que eso es algo que no llama su atención. La escasez de reflejos mentales le hace pasar por alto un montón de detalles imprescindibles para la comprensión y asimilación de temas intelectualmente complejos. Pero también hay defectos típicos de Mercurio que por estar exiliado apenas se percibirán en el signo. La charlatanería, el nerviosismo, la calumnia y las irregularidades de comportamiento, afortunadamente no se encuentran en el cuadro de atributos que representa a Sagitario.

El tercero y último planeta del que nos servimos para conocer algo más de la naturaleza de estos nativos será el poderoso **Plutón**, que en este caso concreto se encuentra en situación de caída. Con esto, la fuerza impulsora, el deseo de manifestarse a toda costa sin que importen las consecuencias que ello pudiera suponer, se encuentra claramente ausente para el mundo de Sagitario. El respeto por los demás, la educación propia del signo y la bondad con que se distinguen sus actos, son claras muestras de la ausencia de la energía plutoniana. Con esto el individuo se asienta, se hace más conservador, no siente urgencia que pudiera justificar la violencia ni la destrucción de nada. El individuo se considera puro, honesto y con la suficiente confianza en la vida como para no tener que reformar nada. Los defectos de este planeta también se encuentran muy lejos de afectar a la personalidad de estos nativos. La rebelión, la repulsa y la falta de moralidad resultan muy difíciles de encontrar en la actitud de una de las personas en la que más se puede confiar de todo el Zodíaco, gracias a la honestidad, la confianza y la alegría con que va siempre Sagitario por la vida.

ELEMENTOS
DE ASTROLOGÍA III

LOS CUATRO PUNTOS CARDINALES

Hasta el momento hemos visto detalladamente y por separado cada uno de los doce signos que forman el Zodíaco. También se han estudiado los diez planetas del sistema solar –incluidos el Sol y la Luna– y lo que representan, así como el significado de cada uno de ellos sobre los doce signos zodiacales. Ahora, lo que nos ocupa, es el estudio de las doce casas astrológicas.

Para estudiar con detalle una carta astral buscaremos en las tablas de efemérides los grados y el signo sobre el que se encuentra cada planeta para ese día en concreto. Saber el signo que ocupa cada planeta en un tema natal resulta fundamental a la hora de conocer las características básicas del comportamiento y de la psicología que determinan en cierto modo a la persona. Para el estudio de un tema natal podemos hacer una primera aproximación, diferenciando, por una parte, los planetas que se encuentren sobre signos de naturaleza magnética, y por otra los que estén sobre signos eléctricos. Agrupaciones de otro orden, como la cantidad de planetas sobre signos cardinales, fijos o mutables nos estarán indicando cuál de estas tres naturalezas impera sobre el individuo independientemente de la naturaleza del signo solar; y si ambas coinciden, dicha naturaleza resultará muy significativa a la hora de estudiar a esa persona. Por último, examinar la cantidad de planetas que se encuentran sobre signos de Tierra, Agua, Aire o Fuego nos ayudará a descubrir a cuál de los cuatro tipos psicológicos principales pertenece el individuo.

Pero algo mucho más importante, y que hasta el momento no hemos tenido en consideración, es cómo se encontraba nuestro planeta, la Tierra, en el momento exacto del nacimiento. Por eso es importante conocer la hora exacta del alumbramiento, al menos reflejada en horas y minutos. Es fácil imaginar que no será lo mismo un nacimiento nocturno que un nacimiento diurno. Pero, ¿cómo se refleja esto sobre la carta astral? Pues bien, si cogemos un gráfico astrológico en el que figuran todos y cada uno de los doce signos, y marcamos en el centro exacto de cada una de las cuatro aristas del papel el punto cardinal que le corresponda, esto es, en la arista izquierda una E que corresponde al Este, en la de la derecha una O de Oeste, la arista superior con una N de Norte y la inferior con la S de Sur. Ahora, para poder determinar la hora de nacimiento dentro del gráfico astrológico vamos a imaginar que solamente el círculo que contiene los doce signos gira en el sentido que marcan las agujas del reloj, pero que los cuatro puntos cardinales se mantienen fijos en las aristas. Cuando todo se haya desplazado los 360º de la circunferencia, es decir, una vuelta entera del gráfico, diremos que ha pasado un día. ¿De qué posición deberemos partir? Eso es algo que se ve con mayor precisión en las tablas de las Casas, pero para hacernos una idea gráfica del efecto que provoca la rotación terrestre sobre las personas y como ésta se refleja sobre la carta astral, imaginaremos lo siguiente. Sobre este gráfico vamos a colocar los diez planetas de un tema natal según las posiciones que vengan reflejadas en las tablas de efemérides para ese día. Ahora vamos a girar el círculo de dicho gráfico respecto a los cuatro puntos cardinales que anteriormente hemos fijado, de manera que la posición exacta en la que se encuentre el Sol en dicha carta coincida con el punto cardinal Este. Esto es una manera de reflejar que el Sol esta saliendo por el Este, que es lo mismo que decir que está amaneciendo. Ahora seguimos girando el gráfico en sentido inverso a las agujas del reloj y a una velocidad de un signo cada dos horas, que es lo mismo que decir a 30º cada dos horas. Con la puesta de Sol, el gráfico entero habrá girado de tal manera que el signo sobre el que el Sol se encuentra, y más concretamente el grado exacto de la posición solar, estarán pasando por el Oeste que hemos marcado sobre la arista derecha; claro está que esto será aproximado, a no ser que el día del nacimiento coincida con uno de los dos equinoccios. Al girar todo el gráfico, por el punto cardinal Este irán desfilando secuencialmente cada uno de los doce signos zodiacales. Esta rotación se para y se queda fija cuando un individuo nace, quedando por tanto determinado con gran exactitud cuál es el signo y el grado exacto que en dicho momento marcaban cada uno de los cuatro puntos cardinales.

En Astrología, a cada punto cardinal se le asigna una nomenclatura concreta. Para el punto Este se utiliza el término Ascendente –o signo que está ascendiendo –. Para el punto cardinal Oeste se emplea el término Descendente por la misma razón que el caso anterior. El punto Sur de la carta se denomina *Imun Coeli* y el punto Norte de la misma Medio Cielo.

Una vez establecidos los dos ejes principales de la carta astral, uno que discurre entre el Ascendente y el Descendente, y otro entre el *Imun Coleli* y el Medio Cielo, el gráfico astrológico quedará dividido en cuatro cuadrantes. (Ambos ejes no tienen por qué hacer entre sí ángulos perfectos de 90º; eso sólo ocurrirá en los días de los equinoccios, es decir, cuando el Sol se sitúa sobre el ecuador terrestre). Cada uno de los cuatro cuadrantes se divide en tres partes y puede que cuando esto hagamos esto la disposición de las Casas resulte un tanto caprichosa y heterogénea, pero es que hay que tener en cuenta que dicha distribución contempla tanto el movimiento pendular al que está sujeto el eje de la Tierra –que origina las diferentes estaciones del año correspondientes a las zonas templadas del planeta –, como el lugar de nacimiento de la persona tratada. **(Figura 5)**

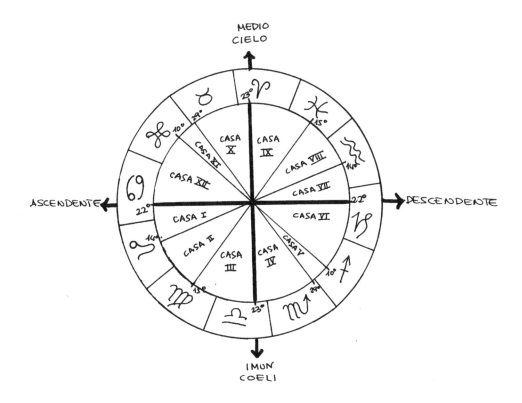

Figura 4: *Distribución de las Casa astrológicas.*

Y de este modo hemos obtenido una nueva división de la esfera de la carta natal en doce partes, conocidas como las doce Casas astrológicas, que se sobreponen sobre el gráfico astrológico que hemos usado desde un principio. El punto exacto, es decir, el grado del signo por el que comienza una Casa, recibe la denominación de **Cúspide**.

El Ascendente y los demás puntos cardinales nos facilitan una gran información acerca de cómo es la persona, o mejor dicho, de qué manera el individuo ve la vida. El **Ascendente** marca el comienzo de la **Casa I**, que no representa otra cosa que la forma que tenemos de percibir la experiencia de la vida tal y como nos llega. Es como si el signo que coincide con este punto cardinal de la Carta hiciera de lente, a través de la cual miramos al mundo. Por nuestra condición de simples mortales es casi imposible escapar a esta visión particular que tenemos de las cosas duran-te toda nuestra vida, que se encarga de modelar en parte la forma personal que cada uno de nosotros tiene de sacar distintas conclusiones de una misma experiencia. Por ejemplo, si se ve el mundo con los ojos de un gato, cualquier pequeño movi-miento despertará en nosotros una gran curiosidad y suscitará los instintos propios de la caza. La misma experiencia vista a través de los ojos de una abeja, prescindirá del movimiento, pues ella no deja de pendular en el aire, y se centra en recoger las posiciones de los colores que más reclaman su atención y que podrían ser fuente de alimento. Así, alguien que tenga a Libra en el Ascendente percibirá la realidad a través del cristal de la psicología que hay detrás de la acción y el movimiento. Enseguida se percatará de cuáles son los valores que mueven a las personas y lo que despiertan en ellas. Por otro lado un Ascendente Capricornio permitirá al individuo contemplar a la perfección las estructuras que sostienen y definen a la sociedad y valorar cómo podría beneficiarse personalmente de ellas.

Los planetas que se encuentren sobre el Ascendente o en la Casa I operan de forma semejante a la que lo hacen los signos. Al ocupar una posición tan importante dentro de la carta astral, el planeta que allí se encuentre tendrá gran relevancia, su peso específico se dejará notar sobre el individuo de forma notable, e incluso puede darse el caso de que resulte más importante que el propio signo solar, lo que depende principalmente del conjunto global de la carta.

Si buscamos obtener una información más concreta de lo que puede significar el Ascendente, se puede decir que éste es también el encargado de reflejar la forma particular que tenemos de enfrentarnos a los comienzos; la manera de iniciar las cosas. Aries, o un planeta impetuoso sobre el Ascendente o en la Casa I, nos estará diciendo que los comienzos son nuestro fuerte, que nos ayudan a reunir todas nuestras fuerzas y que estaremos encantados de tener algo concreto que realizar. También se puede decir que el modo que nosostros tenemos de ver el mundo influye en cómo nos ven los demás. Esto es, el Ascendente también refleja la apariencia del individuo. Una persona que tenga a Escorpio por Ascendente verá la vida a través del cristal del poder, por lo que sin quererlo se estará convirtiendo en un ser poderoso, o así al menos lo parecerá ante la mirada ajena. Hay quien dice que el aspecto físico también queda determinado por el Ascendente y la Casa primera, pero no vamos a entrar en detalles acerca de cuáles son las diferentes partes del cuerpo según los signos.

El signo y los planetas que se encuentran sobre el Ascendente o en la primera Casa estarán indicando de forma simbólica las funciones que son más representativas y valiosas dentro de las potencialidades del propio individuo. Es como si estos planetas y este signo estuvieran exaltados, es decir, como si se les hubiera amplificado su energía, que destacará sobre la de los demás planetas y signos. Allá donde la persona vaya, los planetas que están en la Casa primera, o mejor dicho, su energía amplificada, irán haciendo las presentaciones en nuestro nombre. Así, si tenemos a Júpiter en el Ascendente daremos a los demás una sensación de optimismo, alegría y energía. Tan sólo quienes nos conocen bien y de forma íntima, serán capaces de traspasar el umbral de la Casa primera y del Ascendente, lo que les permitirá participar de nuestra verdadera esencia personal.

El **Descendente** es el otro lado de la moneda, por lo que cabe de esperar que determine la forma que nosotros tenemos de ver a los demás. Al igual que para el Ascendente, hemos de fijarnmos en qué signo se encuentra y en los planetas que estén sobre él y llenando la **Casa siete**. Ambos aspectos teñirán la forma particular que tiene el individuo de tomar conciencia de la energía de los demás, es decir, la manera de afrontar las relaciones personales y las cualidades que buscamos en la pareja. Al igual que los planetas en Casa I y en el Ascendente están amplificados y tienen especial vigor a la hora de determinar al individuo, aquello que esté definiendo el Descendente –ya sean planetas, signos o aspectos planetarios que más adelante veremos– representan los rasgos personales que se encuentran disminuidos, a un volumen casi imperceptible para el propio individuo. Esta deficiencia es la que nos empuja a buscar a personas que con su presencia nos llenen ese vacío que sentimos por dentro, es decir, buscamos la energía representada por el Descendente en los demás, en lugar de reconocer cuáles son nuestras deficiencias para así cultivarlas. No es de extrañar que las relaciones personales resulten tan complicadas y que sean fuente de discusiones y de disgustos, porque es muy fácil culpar a los demás por su prepotencia en ciertos aspectos de la vida en lugar de reconocer nuestros propios defectos. La Casa siete y el Descendente también pueden definir el ambiente y los grupos de personas que resultan afines a nuestra energía, o por lo menos lo que buscamos. A través de las relaciones con dichas personas tenemos la sensación de estar introduciendo en nuestra vida parte de la energía de la que carecemos, o de la que creemos carecer, pero que está operando de forma subconsciente sobre nosotros.

A continuación vamos a cambiar de eje. Dejaremos los puntos Este y Oeste para centrarnos en la dirección Norte y Sur que se encarga de delimitar el ***Imun Coeli*** –I.C.– y el **Medio Cielo** –M.C–. Con el I.C. da comienzo un nuevo sector de la carta que queda inaugurado por la experiencia de la **Casa cuatro.** A lo que nos invita esta experiencia es a recoger todo aquello de lo que disponemos –nuestros valores personales, las relaciones con las que contamos y lo que hemos aprendido de la interacción entre ambas partes– y con todo ello intentar crear lo que será la nueva base sobre la que edificaremos nuestra nueva personalidad. Una personalidad que tendrá en cuenta en todo momento la energía de los demás y que se centrará principalmente en cómo se asimila la sensación de no poder ser uno mismo, es decir, de no poder serlo todo, como le ocurre al bebé, pero que nos brinda la oportunidad de ser alguien en este mundo. La familia es la primera experiencia que roba al niño esa sensación de plenitud de ser uno mismo. Desde que es muy pequeño se intenta hacer comprender al niño las circunstancias que le rodean y que afectan a todos los que se alojan bajo el mismo techo, con el fin de que abandone la postura omnipotente y se vaya adaptando a la nueva posición que le espera dentro del marco familiar, es decir, la de ser el hijo que todos esperan. La familia y el medio familiar quedan claramente reflejados en el I.C y la Casa cuarta. Como hemnos indicado antes para los casos del Ascendente y el Descendente, los planetas y los signos que se encuentren sobre el I.C. y que se encarguen de llenar la Casa cuarta reflejarán al ambiente familiar en el que el individuo se ha criado. Pero también reflejan las profundidades de la personalidad individual, justamente por lo que hemos visto, es decir, porque la experiencia pasada –la infancia– determinó en su momento el conflicto emocional que supuso para él tener que abandonar la postura tan cómoda y divina de ser él mismo, sin importarle nada más. La visión emocional con la que cuenta el individuo es la de cómo tuvo que adaptarse a las circunstancias de la vida, es decir, los conflictos íntimos y las heridas causadas por los acontecimientos vividos. A través de las cicatrices que, a modo de huella, la vida va marcando sobre la parte más sensible de nuestro ser, obtendremos el conocimiento más profundo que jamás podríamos tener de nosotros mismos, lo que nos permitirá mirar hacia el futuro con ojos experimentados. De esta manera aprenderemos a manejarnos mejor por el intrincado mundo social que nos rodea y podremos ir más relajados por la senda de la vida.

Desde siempre se ha dicho que la Casa cuatro se ha asociado a la experiencia materna, a la visión que se tiene de la propia madre. La moderna psico-astrología ha permitido aclarar que lo que marca la experiencia de dicha Casa es la forma en que nos hemos tenido que adaptar a la figura del progenitor, y que nos ha hecho tomar conciencia de nosotros mismos. Es decir, el padre o la madre con cuya presencia hemos tenido que adoptar un papel receptivo y que nos ha obligado a introducirnos en las profundidades emocionales de nuestro ser. La presencia de esta figura paterna o materna ha trazado sobre nuestro cuerpo emocional la marca de haber pasado aceptablemente o no una fase de educación a partir de la cual ya jamás volveremos a ser los mismos; una etapa que nos ha alejado de la experiencia de ser el centro del universo y que nos ha mostrado el asiento que debemos ocupar para trabajar y hacernos hombres y mujeres de provecho.

El último punto cardinal de la carta que queda por destacar es el **M.C.** Una vez más, y al igual que ocurría con I.C., la propia energía personal tiene que estar equilibrada con la energía de los demás. Pero lo que realmente diferencia al M.C de I.C. es que ahora el individuo opera en el mundo exterior, en lugar de profundizar y mirar hacia sus adentros. La manera en que un individuo maneja las circunstancias, de operar y relacionarse con el exterior está en parte determinada por la dicha Casa. Por eso esta Casa es conocida como la del éxito social o **Casa diez,** y es importante el signo en que se encuentre y los planetas que la ocupen, porque definirán de alguna manera nuestro comportamiento dentro de este área, que tanta importancia tiene en nuestros días. La carrera o la profesión está en parte también representada por esta Casa. Nuestra particular manera de concebir el mundo social, según el signo y los planetas que señalen esta Casa, hace que los demás nos vean como representantes de dichas energías, y que se acuerden de nosotros cuando haga falta a alguien con dichas características. Por ejemplo, Marte en Casa diez hace que el individuo presente ante los demás un fuerte espíritu competitivo, esté dispuesto siempre a la acción y al movimiento, y que necesite un fuerte reconocimiento por parte de los demás. Si además el M.C. se encuentra sobre el signo de Géminis tendremos un ejecutivo agresivo en toda regla, que no desistirá hasta lograr vender los proyectos más difíciles a las multinacionales más fuertes. Todo el mundo estará de acuerdo en que este señor es el más adecuado para ocupar su puesto, ya que siempre que se presente en público lo hará a través de dicho signo y planeta.

El M.C. y la Casa diez también tienen una fuerte connotación a la hora de determinar a las figuras paternas. Al igual que el I.C., el M.C. se encarga de definir al padre o a la madre del individuo, dependiendo de cuál de éstos haya influido más a la hora de impulsar a su hijo a configurar su faceta social. Son muchas las madres que ponen todo su empeño en determinar cuál debe de ser el carácter de su hijo fuera de casa, lo que más le conviene, con quién debe de tratar y cómo debe de comportarse. Pero más que lo que la madre diga, será el tono en que lo haga lo que realmente marcará al niño. Si se hace de forma dura, categórica y ligeramente despiadada es muy posible que el niño aprenda ese patrón del progenitor que así se lo muestre. Es muy normal que de ambos padres, uno sea el duro y el otro el blando y comprensivo. El M.C. y la Casa diez nada saben de cariño ni de ternura, por eso para algunos individuos representará a la madre y para otros representará al padre, dependiendo de la actitud que hayan tomado frente al muchacho. Rizando un poco más el rizo, se puede decir que el individuo adulto quiere de algún modo ganar la aceptación de aquella madre o de aquel padre que se mostró más distante y severo con él, y que lo hará a través de la carrera y del éxito social. Hay cierta ligazón entre las figuras paterna o materna y la profesión que elegimos, ya que inevitablemente los padres y las madres tienden a proyectar sus frustraciones personales sobre los hijos, y pretenden que sean más que ellos. La Casa diez y el M.C. representan la ambición del ser humano, y una de las más fuertes y la que más destaca entre las demás, es la de la madre que prepara a su hijo para que sea lo que ella no pudo ser, con la excusa de que tuvo que dedicar toda su vida a la crianza y al cuidado del hogar.

Habiendo visto los cuatro puntos cardinales y las Casas primera, cuarta, séptima y décima hemos completado el significado de lo que se conocen como las **Casas angulares**. A continuación pasaremos a ver el resto de las Casas y la experiencia de la vida que cada una de éstas representan.

LAS DOCE CASAS ASTROLÓGICAS

Teniendo en cuenta lo anteriormente expuesto sobre los dos ejes principales que dividían la carta astral en cuatro cuadrantes y que estaban determinados por los cuatro puntos cardinales, podremos comprender mejor los sectores de la experiencia que cada una de las doce Casas representa. El **primer cuadrante,** encabezado por el **Ascendente** y la **Casa I,** nos habla fundamentalmente del individuo, de cómo se expresa libremente y de cómo lo ven los que le conocen íntimamente; también hablan del mundo material que rodea a la persona y de la forma en que ésta se relaciona y aprende a interaccionar con su medio. El **segundo cuadrante**, que está encabezado por el **I.C**. hace mención al comportamiento maduro del individuo. Son aquellas facetas de la vida que dan fruto y que dependen exclusivamente de la determinación de la persona. Son las **Casas cuatro, cinco y seis**. La cuatro hace mención a la estabilidad emocional de la que parte el individuo y representa a la familia, la cinco representa la creatividad personal como fuente de riqueza y confirmación de su poder personal y la sexta habla de la faceta laboral del individuo y su preparación para servir a la sociedad. El **tercer** cuadrante, encabezado por la Casa siete, viene a definir cómo se relaciona el individuo con los demás seres humanos. La **casa siete** lo hace con las relaciones íntimas, cuyo máximo exponente es el matrimonio, la **ocho** hace referencia al compromiso y a los valores compartidos, mientras que la **nueve** nos dice cómo piensa el individuo que deberían de ser las relaciones personales ideales, la sociedad perfecta y la justicia moral. El último de los cuadrantes, el **cuarto** es quizá el menos sencillo de entender y nos habla de la faceta social de la persona, de cómo ésta se inserta en la sociedad y de lo que a ella aporta. La **Casa diez** es el mundo de la profesión, de la carrera y del reconocimiento social. La **Casa once** va más allá de los intereses materiales y se centra en renovar los viejos patrones que sólo sirven para establecer castas y jerarquías que entorpecen la llegada de la sociedad del bienestar. Por último la **Casa doce** indica la facilidad que tiene el individuo para fundirse con los demás, compartir los gustos de la sociedad y abandonar el sentido de la propia importancia personal.

A continuación pasaremos a ver el significado de las Casas una a una, teniendo en cuenta que las Casas angulares deben ser estudiadas con los cuatro puntos cardinales mencionados en el apartado anterior.

Casa dos

Representa el mundo material que está bajo el dominio del individuo. Lo primero que un recién nacido reconoce es que es dueño de su cuerpo; esta percepción y todo aquello que va incorporando desde pequeño con la típica etapa del «Mío», se encuentra dentro de la Casa dos. Pronto nos harán ver que hay cosas que no son de nuestro uso exclusivo, y ahí surgirán los conflictos, que se tendrán que tratar en la Casa ocho. La Casa dos representa la estabilidad material como base de la seguridad sentimental. Es, en definitiva, la base de nuestra seguridad personal. Es también el potencial que podemos cultivar para desarrollar y llegar a conocer nuestro propio valor. Otras facetas de esta Casa son las relaciones con el dinero y los bienes materiales. Un planeta desprendido como Neptuno, dentro de esta casa, nos estará indicando que el mundo económico del individuo tendrá muchos altibajos. Marte o Aries en la cúspide de dicha Casa implican una gran avidez y urgencia por hacer dinero, pero también una excesiva precipitación a la hora de gastarlo e invertirlo. La escala de valores materiales está pues determinada por la experiencia de esta Casa y por los planetas y el signo que la ocupen. En parte, los deseos del individuo suelen tener una potente base material, que suele coincidir con las carencias que le acompañan a lo largo de su vida.

Casa tres

La Casa tres nos dice que hay un mundo mucho más rico, diverso e interesante más allá de nuestros dominios. Para poder disfrutar de él hay que poder relacionarse sin salir perdiendo, pues toda relación conlleva un intercambio. A través del contacto con el mundo exterior la persona se ilustra, aprende y se cultiva. No es de extrañar por tanto que ésta sea la Casa de la educación y de la faceta cultural e intelectual del individuo. El lenguaje es la herramienta fundamental para conocer e interaccionar de forma consciente con los demás. La Casa tres dice mucho acerca de cómo se expresa verbalmente el individuo, de cómo se explica y de la capacidad que tiene de enseñar a otros los conocimientos adquiridos. Nadie enseña a un niño pequeño a relacionarse con el medio que le rodea mejor que un hermano con el que está en contacto directo. Ésta es también la Casa de los hermanos, de los vecinos que no dejan de interactuar con nosotros. El movimiento es algo inherente a esta Casa, que se encarga de definir de algún modo la forma y la frecuencia con la que el individuo se entrega a los desplazamientos cortos y cotidianos. Alguien que tenga a Saturno en esta posición es posible que se vea obligado a desplazarse continuamente y que dichos desplazamientos le acarreen con facilidad una serie de contrariedades muy poco agradables. También tendrá dificultad para explicarse o lo hará con mucho esfuerzo. Esta posición planetaria implicará además conflictos con los hermanos, falta de entendimiento y lucha por los intereses materiales.

Casa cinco

Esta casa habla de una de las experiencias de la vida más felices y placenteras. Representa la creatividad que es fruto de la manifestación y expresión de la esencia individual. Una es la vida artística, que permite al individuo disfrutar de su trabajo; otra son los hijos, que nos permiten el disfrute personal y el gusto de amar nuestra creación más personal. Otras fuentes de creatividad son las actividades deportivas, pues de un modo u otro representan la energía personal en movimiento, además de ser una saludable fuente de distracción. Lo que desde luego no entra en esta Casa es el tiempo, y si lo hace es para ser menospreciado. Para disfrutar de lo que uno hace resulta imprescindible no tener prisa. La vida a través de la Casa quinta se vive como un pasatiempo que nos permite estar plenamente entregados a algo concreto, que de alguna manera demuestre nuestra valía. La experiencia sexual es un buen ejemplo de ello, pues produce disfrute y ayuda a reafirmar el concepto que se tiene de uno mismo. El amor como experiencia romántica tiene un lugar de honor dentro de esta feliz Casa quinta. Los planetas y el signo que la determinen reflejarán cómo serán estas experiencias amorosas, lo que buscamos a través de ellas y cómo nos ven los demás cuando abrazamos esta agradable faceta de nuestra existencia. De algún modo, la Casa quinta representa al niño que llevamos dentro, nuestra capacidad para disfrutar y manifestar nuestra alegría a los demás.

Casa seis

Ésta es la Casa del perfeccionamiento personal. Los límites materiales y las estructuras sociales reclaman de nuestra expresión personal cierto orden, pues, de lo contrario, los demás tendrían que perder parte de su tiempo descodificando la información que les ofrezcamos. La Casa seis nos obliga a hacer un inventario, a discernir entre lo que es útil y lo que deseemos seguir conservando. Para ello es imprescindible contar con un proyecto de vida. Ésta es por tanto la Casa del trabajo, no como un mero acto de producción, sino más bien como el puesto que desempeñamos dentro de una estructura superior que nos obliga a mantener ciertos protocolos, atenernos a una metodología común y a un horario. No es raro que a esta Casa se la denomine la Casa de la rutina y del servicio a los demás. Los planetas y el signo que determinen y marquen esta Casa con su energía vendrán a simbolizar el tipo de trabajo o la postura que adoptamos frente a él. Es decir, el modo en que nos tomamos la vida rutinaria. Por ejemplo, Urano o Acuario en la Casa seis nos estarán indicando la dificultad de este individuo para aceptar las viejas normas y los métodos anticuados. Las relaciones con los compañeros serán buenas, pero su originalidad no estará bien vista. En definitiva, esta persona se rebelará contra la rutina de forma sorprendente y original.

La Casa seis también define cómo son las relaciones con las personas que nos prestan sus servicios: el fontanero, el mecánico o el panadero. Otra particularidad de esta Casa es la de representar a los animales domésticos o de compañía. Aunque puede parecer trivial, para muchas personas cuidar a pequeños animales resulta una tarea muy importante, porque es como si cuidaran de sí mismos. Por último esta Casa simboliza la salud del individuo, cómo se relaciona con ella. Así, Saturno o Capricornio en esta Casa puede determinar una necesidad insaciable de cuidar nuestro cuerpo, y un estado de aprensión constante. Por eso, las enfermedades psicosomáticas afectarán al individuo con esta particularidad astrológica.

Casa ocho

Esta Casa es la de los valores compartidos. Si en la Casa dos el individuo toma conciencia de sus pertenencias, en la ocho debe aprender a manejarse con el mundo material de aquellas personas con las que tiene un compromiso legal o moral. En este último caso, la experiencia de la Casa ocho suele ser bastante decepcionante. Por lo general, los acuerdos y compromisos que no quedan sellados por un organismo superior se rompen con bastante facilidad, al igual que la relación personal entre las partes. El ejemplo más claro de ello son los bienes matrimoniales. Una persona cargará para bien o para mal con lo que aporte el mundo material de la persona con la que se casa. Puede suponer un beneficio o una carga, dependiendo de los planetas, el signo y los aspectos planetarios con la cúspide de dicha Casa.

A la Casa ocho se la llama también la Casa de la Muerte, pero no sólo de nuestra muerte física, sino también de un cambio interior profundo. Por ejemplo, alguien que se case con un multimillonario será muy difícil que siga siendo él mismo; así mismo, para una persona que viva una mala experiencia matrimonial, la concepción personal del mundo y de la vida dará un giro de ciento ochenta grados. Lo que en esta Casa se determina es la muerte simbólica del individuo, es decir, dejar de ser el que era. También se dice que la octava es la Casa del sexo y de la regeneración. Aquí el sexo simboliza la puesta en común de nuestra energía íntima con la energía de otra persona. Mientras dura el acto sexual se funden los cuerpos y ambas partes forman una sola unidad; pero, lo que determinará la experiencia será el resultado del desenlace, esto es, si ambas partes son favorecidas por igual –situación idílica pero no siempre frecuente– o, por el contrario, una resulta energéticamente perjudicada. Incluso se puede dar el caso de que tanto uno como otro salgan con la sensación de haber tenido una mala experiencia.

Casa nueve

Después de haber entrado en contacto con la parte más instintiva y profunda de nuestro ser –experiencia propia de la Casa ocho– el dolor generado no es fácilmente olvidado. Supuso la muerte simbólica del individuo que ahora ve el mundo de forma totalmente diferente. Ha aprendido una de las lecciones más duras de la vida y no está dispuesto a olvidarla así como así, no vaya a ser que le toque vivir la experiencia de nuevo. La filosofía de la vida y las teorías personales que nos vamos haciendo son propias de esta Casa. Este intento por comprender lo ocurrido, nos da un punto de referencia al que dirigirnos cuando estamos siendo arrollados por las turbulencias de la vida. El significado de la propia existencia es lo que el hombre ha buscado con ahínco a lo largo de la historia de la humanidad, un consuelo que le sirva de anestésico para soportar la dura experiencia de la vida. La religión y la filosofía nos sirve para eso, para calmar la angustia vital que todos llevamos dentro. Aunque también, a veces, algunas personas la utilizan para convertirla en la causa de su existencia, por ejemplo algunos fanáticos religiosos.

Esta Casa simboliza pues, la forma en que sacamos nuestras propias conjeturas. Normalmente la mente que la Casa novena representa cree que los hechos llevan implícitos un mensaje que ha de ser descifrado. En cierto modo eso es la suerte; cuando por azar nos toca la lotería hay formas de asimilarlo mentalmente. Según los planetas, el signo y los aspectos que afecten a esta Casa, así será nuestra respuesta. Por ejemplo, el Sol en la Casa nueve hará que el individuo no sea capaz de ver más allá de sí mismo, y por tanto, el hecho de que le toque la lotería, a su juicio, se debe a la conexión particular que tiene con los dioses, que de vez en cuando le soplan algún secretillo al oído. Es decir, el individuo se considera un tipo con suerte, su energía vital así es y para él lo único extraño es que no le ocurran esas cosas más a menudo. Una persona con Saturno en la Casa nueve, sin embargo, intentaría explicar de forma racional, por medio del cálculo de probabilidades, la increíble deferencia que el azar ha tenido con su persona.

La causa vital que define cómo nos tomamos la vida queda contemplada por esta Casa, a la que muchas veces se ha llamado la Casa de la religión, de la filosofía y de lo lejano. Aquello que no podemos conocer, pero que de alguna manera entrevemos es lo que contiene la Casa novena. El gusto por lo desconocido lleva muchas veces a las personas a realizar grandes viajes que sacien su deseo de conocer otras culturas y formas de vida. Por tanto, los acontecimientos que marcan nuestros viajes largos estarán reflejados por los planetas y el signo que definan esta Casa. El aventurero y el explorador reafirman su personalidad cuando regresan a su tierra natal. La experiencia vivida les da importancia y protagonismo cuando narran públicamente sus experiencias. Esto ocurre también con el visionario o con el jefe religioso que a toda costa desea compartir los descubrimientos personales que han dado sentido a su vida. Y eso en parte nos ocurre a todos gracias a la experiencia de la Casa novena.

Casa once

La Casa once es la de los amigos. A través de las relaciones se intenta que el egoísmo personal desaparezca y actúe en beneficio del grupo. Esta Casa determina en cierto modo cómo actuamos y nos comportamos cuando formamos parte de un grupo. Sentir que estamos integrados en una estructura superior nos llena de seguridad, y, en cierto modo, nos da cierta estabilidad emocional. Pero también saber que formamos parte de algo más grande y elevado que nosotros nos permite experimentar la sensación de traspasar nuestras límites personales, y por tanto nos brinda la oportunidad de crecer.

Aquí, la sociedad y el grupo dejan de ser vistos como una estructura por la que hay que escalar para coronar su cima, y se entienden como un organismo vivo al cual hay que cuidar, pues de lo contrario nos estaremos perjudicando a nosotros mismos. Esta conciencia de grupo quedará determinada por los planetas, los aspectos y el signo donde se encuentre la cúspide de la Casa once. Éstos también hacen referencia al tipo de grupo con el que nos identificamos. La amistad también queda incluida en la once; cómo son nuestros amigos, lo que buscan en relación a nosotros y cómo se comportan serán asuntos claramente determinados en esta Casa. También la Casa once define de alguna manera el tipo de amistad que nosotros ofrecemos a los demás.

La once también es la Casa de las esperanzas, de los grandes proyectos que implican a todos los que nos rodean. Es por tanto la visión que tenemos del futuro, las utopías que muchas veces guían nuestros actos más alocados y sorprendentes. De algún modo los demás perciben la amplitud de nuestras miras y se sienten inevitablemente incluidos en ellas. Estar junto a una persona con una poderosa y bien aspectada Casa once, produce la sensación de estar participando de algún modo de una interesante experiencia colectiva.

Casa doce

En esta Casa astrológica se reúnen todas la experiencias místicas en una sola: la de compartir y participar del sentimiento que nos une a todos los seres vivos. Para ello deben desaparecer los límites que definen y encierran a la personalidad, para que desaparezca el sentimiento de importancia personal que nos mantiene a todos atrapados. Ya estuvimos una vez conectados y unidos al sentimiento de formar parte del todo: en el vientre materno, donde no hay distinción posible de los límites que definen a los individuos. En parte necesitamos recordar con cierta frecuencia esta experiencia para renovar la conexión sentimental que nos permita alimentarnos espiritualmente. Por tanto, en la Casa doce el ego debe desaparecer por completo, pues de lo contrario el destino no dejará de inoportunarnos hasta que muestra fuerte coraza individual se rompa y nos obligue a salir al exterior. En los textos antiguos se solía llamar a ésta la Casa de los enemigos ocultos, que no dejan de proyectar su energía contra nosotros hasta que por fin rompemos y aceptamos las circunstancias de la vida. Para ello el destino pondrá en nuestro camino a personas que se encuentran en una situación similar a la nuestra.

Los planetas emplazados en esta Casa representan las energías que no sabemos utilizar de un modo práctico, pero que debemos aprender a usar de forma eficiente y prudente. En el terreno místico resulta curioso observar cómo personas con interesantes emplazamientos en esta Casa actúan como médiums, sanadores o transmisores que hacen que de alguna manera la energía universal y colectiva se manifieste. Esto puede servirnos de ejemplo para entender que disolver los límites personales no tiene nada que ver con apagar la propia individualidad. Todo lo contrario, trascender la propia importancia personal es romper con el miedo que nos impide ser nosotros mismos de cara al escenario universal. Los médiums, sanadores y demás personajes místicos suelen ser muy reconocidos, pero en lugar de abrumarse por ello, simplemente lo dejan pasar sin sentirse importantes por ello, únicamente disfrutan serenamente de la experiencia.

Esta Casa es también la de las grandes instituciones. Las reclusiones en grandes organizaciones ayudan de alguna manera a participar del sentimiento global que éstas suelen albergar. Nadie se sorprenderá si se dice que dentro de todos los hospitales predomina en cierto sentido un sentimiento común que afecta a todos nada más traspasar la entrada. Lo mismo ocurre con las cárceles, monasterios... Planetas como Saturno en esta Casa pueden obligar al nativo a pasar largas temporadas de su vida aislado o dentro de una de estas instituciones.

LOS PLANETAS EN LAS CASAS

El Sol en las Casas

SOL EN LA I
Todo planeta en la Casa I corresponde a una exaltación. El Sol, aquí, es doblemente fuerte. Confiere una gran determinación para escoger el camino de la vida. Da una gran vitalidad, salud, fuerza y espíritu de independencia. Otorga una cierta fascinación sobre los demás, sentido de la importancia y belleza.

SOL EN LA II
Estimula la adquisición de bienes materiales y el dominio de las circunstancias ambientales. Favorece la elección de una profesión y la inserción en el mundo circundante. Puede inclinar a gastos excesivos y a una valoración exagerada de la riqueza y del prestigio.

SOL EN LA III
El acento de la personalidad se pone en la comunicación, en el dominio de la inteligencia y en las relaciones sociales. El nativo brilla y destaca en sus relaciones con los distintos grupos. Se ven favorecidas todas las profesiones relacionadas con la mente y la información. Curiosidad y dinamismo en la investigación

SOL EN LA IV
La expansión de la personalidad se da en el marco cerrado de la familia y de la patria. Ésta se repliega sobre la seguridad que proporciona el hogar y la vida interior. Se valora más el desarrollo espiritual que los bienes externos. Interés y buena suerte en la adquisición de propiedades inmobiliarias y tierras.

SOL EN LA V
Feliz posición que centra la personalidad en el placer, el amor, la buena imagen y los hijos. Es su emplazamiento ideal. Fuerte impulso vital, optimismo y abundancia de energía. Necesidad de ser el centro de atención. Disposición para las bellas artes y la creación. Muchos y apasionados romances.

SOL EN LA VI
La personalidad se concentra en el pequeño mundo de la vida cotidiana, del trabajo y del servicio a los demás. Se obtiene un sentimiento de valor y de autoestima a través de las rutinas diarias. Fuerte interés por los temas de la salud, la alimentación y la higiene. Favorece el comercio y la artesanía.

SOL EN LA VII
Aquí la persona se centra en la convivencia con la pareja y con los socios. El inter-

cambio de afecto y confianza es esencial para la existencia. El sentimiento de la propia identidad brota de la alianza con el compañero. Generalmente, matrimonio feliz. El individuo es capaz de sacar las mejores cualidades de la pareja.

SOL EN LA VIII

La unión íntima, el intercambio de recursos con otras personas, el compartir tanto bienes materiales como la propia sexualidad se convierte en una necesidad. Esta posición se da con frecuencia en cargos políticos importantes. Interés por la muerte y sus misterios. Posibilidad de herencias.

SOL EN LA IX

El yo se manifiesta a través de la reflexión filosófica o religiosa, y por el conocimiento y aplicación de las leyes. Contactos con lo lejano y exótico, bien por viajes o por intereses intelectuales. Mente intuitiva y visión profética. Amor a los deportes y a la naturaleza. Fuertes convicciones morales.

SOL EN LA X

Exito en la profesión y en el mundo social. Deseos de reconocimiento y prestigio, de manifestar fuerza, poder y autoridad. Generalmente se dominan las circunstancias y se triunfa en la vida. Superación de los complejos edípicos y victoria respecto al dominio paterno. Independencia y fama.

SOL EN LA XI

La personalidad tiende a insertarse en la gran familia humana. Fuertes intereses por temas sociales o humanitarios. Grandes proyectos y participación en grupos y organizaciones. Los amigos juegan un importante papel en la vida. Suelen ser gente de categoría y protectores. Tendencia a la armonía y a la comprensión.

SOL EN LA XII

Lo que es más grande que uno mismo cobra importancia decisiva. Las reservas inconscientes, la amplitud de miras, el amor al misterio y a lo sublime ocupan un papel prominente, a caballo entre lo personal y lo universal. Tendencia a la soledad y a estar recluido. La persona puede convertirse en canal o médium de fuerzas superiores

La Luna en las Casas

LUNA EN LA I

La Luna, amplificada por esta posición, influye en el carácter y da una gran sensibilidad, receptividad e inquietud mental, con ciertos rasgos de infantilismo. La fascinación personal es sutil, delicada, pero intensa. La unión con la madre y la permeabilidad al medio son grandes. Puede dar cierta pereza.

LUNA EN LA II

La seguridad emocional se basa en la acumulación de bienes materiales. Apego sentimental a los objetos heredados de la familia. Gran capacidad de adaptación al ambiente, facilidad para los negocios, capacidad para saber lo que otros necesitan. Mucha movilidad de la fortuna, dificultad para administrar el dinero.

LUNA EN LA III

Confiere una gran memoria retentiva y una frondosa imaginación. Cierto talento para la literatura que describe emociones y recuerdos o vivencias personales. Gran curiosidad y movilidad en los intereses cognoscitivos. Buenas relaciones con los hermanos, amigos y vecinos. Popularidad que puede llevar al engreimiento.

LUNA EN LA IV

Las relaciones familiares son muy importantes y tiernas. La figura de la madre cobra mucho relieve. Se busca el apoyo de los padres en caso de dificultades. La segunda parte de la vida será mejor, desde el punto de vista económico, que la primera. Posibilidad de negocios relacionados con la alimentación.

LUNA EN LA V

La tendencia a los amoríos y la dependencia del compañero sentimental marcan esta posición. Muchas aventuras románticas. La persona posee gran atractivo, simpatía, agrado. Los hijos son amados con mucha ternura, un poco neurótica. En mujeres, indica una gran fertilidad. Suerte en los juegos de azar o la bolsa.

LUNA EN LA VI

Estado de salud bastante fluctuante, en relación con el estado anímico. Es importante considerar los aspectos de la Luna con otros planetas. Tendencia a vivir las molestias de la vida cotidiana de forma pasiva o a reaccionar de forma exagerada. Persona muy comprometida con su trabajo, con colegas o servidores.

LUNA EN LA VII

Entrega total en manos de la pareja, o de los asociados. Se busca en el cónyuge una relación semejante a la que se tuvo con la madre. Para un hombre, tendencia a apoyarse en las mujeres. Para una mujer, prepotencia y dominio sobre la pareja. Relación inestable, con muchos altibajos emocionales.

LUNA EN LA VIII

El tema de la muerte puede ejercer una fascinación algo enfermiza; atrae y da temor, a la vez. Riesgo de pérdida de bienes patrimoniales, o grandes ganancias a través del matrimonio. Gran capacidad para encargarse del dinero de otras personas. Buena adaptación sexual a la pareja.

LUNA EN LA IX

Muchas posibilidades de viajar o de residir en otro país, incluso de contraer matrimonio con un extranjero, con la consiguiente expansión de la mente. Sensibilidad e interés por temas filosóficos o religiosos que se captan más por vía intuitiva que racional. Facilidad para la poesía y la música.

LUNA EN LA X

Necesidad de reconocimiento público influenciada por las ambiciones de la madre, que impulsan a triunfar. Muy sensibles a su reputación y a las opiniones ajenas. Problemas con los superiores si no se han superado las relaciones con los padres. Identificación muy emotiva con la figura materna.

LUNA EN LA XI

Pertenecer a un grupo, sentirse rodeado de muchos y buenos amigos proporciona satisfacción y seguridad. Se buscan afinidades electivas, comunión espiritual con el mundo circundante. Muy impresionable a la hora de elegir amigos. Muchas amistades femeninas o vinculadas al ámbito de la familia.

LUNA EN LA XII

Gran vulnerabilidad psicológica. El inconsciente y las experiencias del pasado ejercen su influencia en el presente. Abundantes recursos interiores, si se saben buscar. Generalmente, una infancia un tanto singular, con vinculaciones extrañas a la madre. Soledad o deseo de volver al seno materno.

Mercurio en las Casas

MERCURIO EN LA I

Rapidez de pensamiento, gran inteligencia y fluidez verbal, acompañados de una cierta capacidad polémica e incisiva. Buen distribuidor de información, portavoz o canal de comunicación. Fascinación personal que brota de una mente lógica y clara. Aspecto juvenil hasta bien entrada la ancianidad.

MERCURIO EN LA II

Hábil manipulación del ambiente y de los medios de ganar dinero. Persona que sabe triunfar gracias a su inteligencia y a su actividad, que busca resultados concretos. Buenos consejeros de negocios, economistas, asesores. Facilidad de contactos, astucia y cierta capacidad de persuadir al contrario.

MERCURIO EN LA III

Buena disposición para captar las situaciones y saber adecuarse a ellas. Intelecto vivaz, agudeza, sentido del humor. Elocuencia, dominio de los medios de comunicación, éxito en las profesiones relacionadas con la información, la enseñanza y la palabra. Buena facilidad de aprendizaje. Extroversión y simpatía.

MERCURIO EN LA IV

Hogar o familia vinculados con un ambiente intelectual. La casa puede ser un centro de comunicación. Cambios de domicilio en edad temprana que predisponen a una mayor adaptabilidad. Inclinación a la vida nómada, a la curiosidad y la inquietud. La persona sigue aprendiendo en la segunda parte de su vida.

MERCURIO EN LA V

Tendencia a los placeres y diversiones vinculados con la inteligencia y la capacidad de comunicar; por ejemplo, el ajedrez o deportes que exigen trabajo en equipo. La vida romántica es muy activa, estimulada por contactos sociales muy movidos. Multitud de relaciones sociales, participación en fiestas mundanas.

MERCURIO EN LA VI

Persona metódica y eficiente, buena organizadora y trabajadora, capaz de gran precisión y atención en el desempeño de las tareas rutinarias. Interés por los temas de salud, medicina, alimentación y protección de la naturaleza. Los posibles problemas de salud pueden tener un origen nervioso.

MERCURIO EN LA VII

Necesidad de tener una relación intelectual con la pareja o con los socios. Habilidad diplomática para tratar con el cónyuge o los colegas. Un cierto oportunismo que puede causar intrigas o procesos judiciales, aunque, generalmente, otorga objetividad y claridad en las relaciones sociales.

MERCURIO EN LA VIII

Capacidad de guardar información confidencial y secreta. Ingenio para la estrategia y los misterios, mentalidad detectivesca, que mantiene ocultas sus motivaciones. Buen investigador de los enigmas del sexo y la muerte. Discrepancias con familiares por cuestiones de bienes y herencias, si está afligido.

MERCURIO EN LA IX

Expansión de la mente a través del estudio, los viajes, las lecturas. Racionalidad ligeramente escéptica e irónica. Deseo de enseñar y compartir los conocimientos adquiridos. Posibilidad de actividades relacionadas con el comercio de exportaciones e importaciones.

MERCURIO EN LA X

La elección de la carrera o de la profesión viene determinada por la inteligencia. Habilidad para comunicar con el público. Astucia y sagacidad para las actividades administrativas, las telecomunicaciones, la enseñanza y el comercio. Quizá más de una carrera. Rigor y pulcritud en el trabajo.

MERCURIO EN LA XI

Interés por la verdad imparcial, por el pensamiento objetivo. Los amigos y los grupos se eligen más por afinidades intelectuales que afectivas. Buenas relaciones amistosas con los hijos. La persona recibe confidencias de los amigos, y puede actuar de mediadora cuando hay intrigas y desavenencias.

MERCURIO EN LA XII

Tendencia hacia lo sublime; el pensamiento viene determinado por el pasado, por los sentimientos más que por el razonamiento. A veces, cierta timidez y dificultad para exteriorizar los pensamientos. Introspección, obsesiones perturbadoras. Se debe utilizar el pensamiento de forma más positiva.

Venus en las Casas

VENUS EN LA I
Refinamiento, sensibilidad y buena disposición en el trato con los demás. Calor afectivo y dulzura. Generalmente, belleza física y encanto, buen gusto en el vestir. Talento artístico. Se dominan las artes de la seducción. Se cuida de la salud y la fortuna. Deseo de placer y bienestar.

VENUS EN LA II
Buen talento para los negocios, para ganar dinero fácilmente. Gran deseo de poseer cosa bellas y elegantes. Sentimiento innato de justicia. Finura, gentileza, tacto y diplomacia para tratar a la gente. Las personas con Venus en esta Casa saben cómo atraer todo aquello que necesitan, sin gran esfuerzo por su parte.

VENUS EN LA III
El nativo es muy sensible a las necesidades de los que le rodean, muy receptivo y amable. La fascinación personal atrae buenas relaciones sociales, de las que se suele sacar buen partido. Buena armonía con hermanos y vecinos. La experiencia educativa puede ser muy agradable.

VENUS EN LA IV
Buenas cualidades, bien integradas en la persona. Necesidad de paz y armonía en el hogar. La casa es bella y confortable. Ambiente familiar sereno y favorecido por la fortuna. Cautela y espíritu conservador. Estas personas necesitan tiempo para asimilar las experiencias nuevas, pues son lentas y reflexivas.

VENUS EN LA V
La expresión de la personalidad sigue cauces creativos y artísticos, independientemente de la profesión. El amor juega un importante papel en la vida. Muchos romances, sentidos profundamente. Persona sensual y amante de los placeres. Buena relación con los hijos y con la gente joven.

VENUS EN LA VI
Otorga el talento para cultivar y refinar los talentos personales en el trabajo diario. Capacidad de aportar sentimientos agradable a la actividad laboral. Buena protección de la salud y gran resistencia. Las relaciones con los colegas y servidores son amables, discretas y diplomáticas.

VENUS EN LA VII
La felicidad depende de la imagen del ser amado. Para ser feliz, se necesita que sea bello y perfecto. Buena protección en el matrimonio y las asociaciones. Devoción, fidelidad, pero también posesividad y celos con la pareja. Suaviza las dificultades y proporciona éxito en las cuestiones legales.

VENUS EN LA VIII

Facilidad para acceder a la intimidad, a la sexualidad y a los bienes materiales de otras personas. Capacidad de seducir y engatusar, de manera inocente o deliberada. Favorece las transacciones comerciales y las posesiones materiales por herencia o bienes compartidos.

VENUS EN LA IX

Amor por la aventura, los viajes arriesgados, los deportes. Intereses filosóficos por cuestiones humanitarias. Nobles ideales que puede llevar a militar en una ONG. Buenos maestros y educadores capaces de comunicar entusiasmo.

VENUS EN LA X

Se busca una profesión que permita lucirse y ser admirado. Posiblemente en el campo del espectáculo o la diplomacia. Ambición y deseo de status y poder. Gran determinación para conseguir el puesto deseado. La persona ofrece mucho, pero es muy exigente con sus compañeros.

VENUS EN LA XI

Puede aportar influencias muy positivas al grupo de sus amigos, equilibrio y armonía. Sabe unir amor y amistad, y es posible que entre sus amigos surja una excelente pareja. Mucha vida social con grupos de gustos muy similares a los suyos. Amistades duraderas y leales.

VENUS EN LA XII

Capacidad para extraer del dolor y las penas, belleza, ternura y sentimiento de dignidad. El amor se hace sublime, ideal, sobrehumano. Puede dar amores imposibles, clandestinos, o incluso, puede inclinar a la renuncia. Hipersensibilidad y altruismo, amor incondicional hacia todo lo que existe.

Marte en las Casas

MARTE EN LA I

Mucha actividad y fuerza física, agresividad y espíritu competitivo. El nativo es auténtico, espontáneo, y está dispuesto a afirmar su independencia y a ser dueño de su destino. Valor para defender sus prioridades. Altibajos de energía que le hacen más vulnerable de lo que parece.

MARTE EN LA II

Capacidad para asumir grandes riesgos en el manejo del propio dinero. Mucha iniciativa y habilidad para ganar dinero, pero ciertos impulsos irracionales pueden hacer que la fortuna se le escape de las manos. El dinero se considera símbolo de poder y se pelea para conseguirlo y conservarlo.

MARTE EN LA III

Los conflictos sociales se suelen resolver rápidamente, de forma drástica y brusca. Cierta inseguridad o sentimiento de inferioridad. Impulsividad en la vida cotidiana, necesidad de revolucionar el ambiente. Mente activa, respuesta inmediata. Buenos reporteros.

MARTE EN LA IV

Puede haber un deseo de dominar a los padres, una cierta cólera oculta, de origen infantil, para afirmar la propia personalidad frente a la familia. Profunda necesidad de encontrarse a uno mismo Grandes reservas de energía y creatividad que se deben canalizar positivamente, para que resulten eficaces.

MARTE EN LA V

Interés sexual y de conquista, vitalidad explosiva que puede ocultar alguna frustración. Los romances pueden ser intensos y de breve duración. Intensidad amatoria que puede espantar a su pareja. Espíritu competitivo e interés por los deportes y la actividad física. Osado y temerario frente al riesgo.

MARTE EN LA VI

Capacidad para el trabajo, duro y espartano. Propensión a los accidentes laborales por precipitación. Prefiere trabajar solo que hacerlo en equipo, porque puede avasallar a sus colaboradores con su eficiencia y su impaciencia. Buen sindicalista para defender los derechos de los trabajadores.

MARTE EN LA VII

Inclinación a matrimonios prematuros, por el deseo de escapar de la tiranía de los padres, o por atracción sexual. Tendencia a dominar impulsivamente a la pareja o los asociados. Pero también puede darse una unión muy estimulante en la que los enamorados se provoquen mutuamente.

MARTE EN LA VIII

Pasiones fuertes, sexualidad imperiosa, emociones oscuras motivadas por una necesidad de afirmar y determinar su propia identidad y poder. Interés por lo oculto o misterioso. Aptitudes policiacas para descubrir secretos; la persona no parará hasta que lo consiga. Interés por las empresas cooperativas y el manejo del dinero compartido.

MARTE EN LA IX

Las creencias religiosas o las opiniones filosóficas pueden ser muy virulentas y fanáticas, drásticas e incoherentes. Favorece a empresas deportivas, exploraciones y conquistas de territorios desconocidos. Los estudios y los conocimientos interesan porque confieren una sensación de poder.

MARTE EN LA X

La ambición se hace poderosa, enérgica. Se desea hacer algo importante y grandioso. Habilidad e iniciativa para llevar a cabo sus propósitos. Periodos de exaltación fogosos, seguidos de desánimos o renuncias pasajeras. Buena posición para líderes políticos.

MARTE EN LA XI

Resulta difícil adaptarse a las exigencias del grupo, el equilibrio puede verse amenazado por un exceso de competitividad. El nativo puede encontrar la estabilidad y la objetividad integrándose en una tarea colectiva. Peligro de dejarse llevar por un «espíritu de cruzado» al servicio de una causa.

MARTE EN LA XII

Agresiva necesidad de encontrase a uno mismo y de clarificar sus propios fanatismos. Es una posición difícil que exige huir de escapismos y del deseo de autodestrucción, para poder trascender los límites y enfrentar el desafío supremo.

Júpiter en las Casas

JÚPITER EN LA I

Alegría, tolerancia, buena vitalidad y sentimientos de superioridad, pero generosos y bienintencionados. Interés por objetivos importantes, con una ambición expansiva y extrovertida. Suerte en las empresas individuales, porque pone en ellas entusiasmo y transparencia, apreciados por todos.

JÚPITER EN LA II

La seguridad material viene asegurada por esta posición, pero también el derroche. No se es ambicioso en extremo, se está satisfecho con lo que se tiene y se confía en que Dios proveerá. Se sabe disfrutar de la vida y se siente siempre rico, tenga lo que tenga. Con esta posición planetaria se suele ser rico.

JÚPITER EN LA III

Los intereses intelectuales del nativo son muy amplios; una gran capacidad de asimilación y comprensión. Buena disposición para aprender, viajar y relacionarse. Dominio de los medios de comunicación, de la palabra y la escritura. El gran objetivo de la vida es la erudición y la difusión del conocimiento.

JÚPITER EN LA IV

Gran fe en uno mismo, aunque no se manifieste al exterior. Se busca la seguridad interior antes que el éxito. Generoso, de corazón abierto, necesita soledad e intimidad. Las emociones y el alma son lo más importante. Lealtad y fidelidad a las tradiciones familiares, a su tierra y a sus ideales sociales.

JÚPITER EN LA V

Una fuerte necesidad de ser alguien importante, de hacer una contribución valiosa a la humanidad. Alegría para asumir riesgos, tanto en los juegos de azar como en el amor. Muchos romances. Se juega con el amor. Exitos en el espectáculo, en los negocios y los deportes.

JÚPITER EN LA VI

El trabajo cotidiano se enfrenta con entusiasmo y optimismo. Es muy importante sentirse capaz de servir y ayudar a los demás. Lealtad y devoción. Talante humilde que se concilia bien con una disposición alegre. Maestría técnica, buenas manos para la artesanía, interés por el progreso técnico. Adicción al trabajo.

JÚPITER EN LA VII

La confianza en la vida se apoya en la buena disposición de la pareja. Sensibilidad para las tendencias de la sociedad, capacidad para atraer el interés del público. Interés y buena mano para la política; la persona sabe encontrar asociaciones provechosas que compartan sus objetivos. Mucha habilidad para estimular a otras personas.

JÚPITER EN LA VIII

El nativo se entusiasma con la exploración de temas profundos y tabúes, y los aborda con toda sinceridad. Le encanta sentirse en el centro de la vida. Religiosidad poco ortodoxa. La intimidad sexual adquiere un significado mucho más amplio. Astucia para las finanzas, facilidad para sacar provecho de situaciones malas.

JÚPITER EN LA IX

Fuerte en su propia Casa, Júpiter aumenta el grado de conciencia, el mejoramiento personal a través del autodescubrimiento. Aspiraciones e ideales elevados, junto a un talante juguetón y humorista. Favorece las relaciones con el extranjero, los estudios universitarios y los deportes.

JÚPITER EN LA X

En la Casa de la reputación y el éxito proporciona una suerte excelente para triunfar en todos los sectores. Se puede lograr tanto la fama como una íntima satisfacción basada en el propio respeto. Buen talante para la organización y la administración, le interesan los logros tangibles.

JÚPITER EN LA XI

Los planes grandiosos, las metas y objetivos importantes llenan la mente de la persona y son su máxima ambición. Volcado hacia el futuro, pródigo y generoso, el nativo busca amigos que compartan su misma visión del mundo. Además, se suele sentir atraído por las concepciones filosóficas que le ofrezcan seguridad intelectual.

JÚPITER EN LA XII

Una vida rica de fantasía, de sueños, de objetivos espirituales. Se es filántropo, caritativo, siempre dispuesto a ayudar. El aislamiento es una profunda necesidad para explorar su mundo interior. Puede trabajar en lugares cerrados, donde se encuentra a su gusto.

Saturno en las Casas

SATURNO EN LA I

Gravedad, racionalidad, sentido del deber y cierta melancolía afligen al nativo. Voluntad indomable, gran capacidad de trabajo y de responsabilidad. No se abandona fácilmente a los goces de la vida. Por regla general, la infancia es triste. Se mejora de humor con el paso de los años.

SATURNO EN LA II

La conquista de los bienes materiales necesarios es lenta y ardua. Siente una imperiosa necesidad de trabajar solo. Miedo a la pobreza que lleva a ser un poco tacaño. El padre, los jefes y personas con autoridad suelen ayudar en la consecución del dinero. La persona termina acumulando una pequeña fortuna.

SATURNO EN LA III

El pensamiento se hace metódico, concentrado y paciente. Dificultades para la comunicación y los contactos sociales. Posibilidad de parecer tímido o arrogante, cuando lo que ocurre es que se teme no ser entendido. La adaptación a la escuela o la relación con hermanos o amigos puede ser áspera.

SATURNO EN LA IV

Las cargas familiares se sienten con fuerza, ejercen una gran presión. Soledad emocional en el seno del hogar; quizá el nativo se convierta en la única persona responsable dentro de una casa caótica. Puede haber problemas con el padre, lo que genera un persistente sentimiento de culpa.

SATURNO EN LA V

Limita la expresión creativa, los deseos de placer y la persecución del amor. Se tiende a la introversión y a la renuncia. Suele haber romances con personas maduras con las que se adquiere cierta responsabilidad. Profundidad en la creación, buen sentido de la organización.

SATURNO EN LA VI

Se toma el trabajo muy en serio, con mucho conocimiento y sentido del deber. Mente cuidadosa y analítica, atenta a los detalles. Demasiado exigente con los colaboradores y subordinados. Puede haber problemas de salud y una exagerada preocupación por tonterías, pero fuerte determinación para vencer sus miedos.

SATURNO EN LA VII

Miedo al contacto emocional profundo con la pareja, lo que implica restricciones en las relaciones. Posible matrimonio –seguramente tardío- con persona mayor, severa y rígida, que proporciona mucha seguridad. Las relaciones con la ley serán lentas y laboriosas, pero, al fin, exitosas.

SATURNO EN LA VIII

La capacidad de recuperación tras las grandes pruebas de la vida es lenta, pero determinada y precisa. Las relaciones económicas con familiares suelen traer muchas obligaciones para el nativo. Impuestos, herencias, seguros, contratos caerán sobre sus hombros, pero le ayudarán a crecer. Miedo a la entrega sexual.

SATURNO EN LA IX

La actividad filosófica o religiosa, al más alto nivel, estará muy favorecida por esta posición; también los temas de educación o jurídicos. Miedo a volar con las alas del espíritu, pues se aferra a la estricta racionalidad. Puede haber actividades profesionales con el extranjero y preocupaciones en los largos viajes.

SATURNO EN LA X

La ambición profesional se hace tenaz, la afirmación de la propia independencia se logra con frialdad racional y cuidadosa atención a las circunstancias. La imagen del padre planea sobre el destino, como un modelo amenazador y exigente. Demoras y obstáculos antes de lograr el éxito final.

SATURNO EN LA XI

Se buscan amigos por imperativo racional, más que por la espontaneidad afectiva. Generalmente son personas importantes y de valía. Los grupos equilibran la personalidad y se convierten en un refugio íntimo y protector. Al nativo le cuesta trabajo abrir las fronteras de su intimidad, pero allí puede crecer interiormente.

SATURNO EN LA XII

Aporta un gran estoicismo para soportar los grandes males que le puedan sobrevenir. El carácter es sereno y siempre está preparado para asumir lo peor. Cierto pesimismo, dolor, sufrimiento y sentimiento de culpa pueden amargar al nativo. Da una gran profundidad para ayudar a los demás en temas psicológicos.

Urano en las Casas

URANO EN LA I

Perenne necesidad de actuar, de romper barreras, de probar todo lo nuevo. Decisiones drásticas que llevan al nativo de crisis en crisis. Deseos de liderazgo y capacidad de iniciativa. Original e inventivo, necesita mucha libertad para actuar, no se le puede detener, pues cortará por lo sano con las posibles ataduras.

URANO EN LA II

Un gran deseo de triunfar lleva al nativo a experimentar en diversos campos. No sigue caminos fáciles para conseguirlo. El dinero entra y sale fácilmente de su bolsillo. Puede tener problemas en las fortunas familiares o en la empresa en que trabaje, y verse obligado a desarrollar nuevas habilidades para mantenerse.

URANO EN LA III

La mente es muy original y libre, muy capaz de recibir y captar la información. El individuo es inquieto, y con buenas disposiciones para cambiar, viajar y conocer a gente nueva. Es un pionero y se adelanta mentalmente a su época. Puede asimilar las nuevas modas de pensamiento.

URANO EN LA IV

El hogar y los progenitores son muy originales. No suele haber mucha dependencia de la familia y el nativo se considera un desarraigado. De hecho, se dan muchos cambios de domicilio o en la estructura familiar. Alejamiento precoz del hábitat paterno. La casa se convierte en un centro de reuniones de amigos.

URANO EN LA V

Las relaciones amorosas toman un cariz sorprendente. Pueden empezar y terminarse con vertiginosa rapidez. Los placeres, las diversiones se salen de lo común. Atracción por lo raro y lo excéntrico. La inspiración creativa puede desencadenarse con la rapidez del rayo. Limita la capacidad de engendrar hijos.

URANO EN LA VI

La idea de que creamos nuestra propia realidad y somos responsables de ella, y, por supuesto, podemos cambiarla, es típica de esta posición de Urano. El nativo no soporta la rutina en el trabajo y necesita sentirse comprometido con lo que hace. Le atraen las nuevas tecnologías. Interés por la medicina alternativa.

URANO EN LA VII

La relación de pareja nunca será convencional. Pueden darse uniones repentinas, libres; divorcios, cuando la pareja no satisface las expectativas. Atrae a compañeros fuera de lo corriente, brillantes y con un toque de rareza. La felicidad en pareja se logra con la madurez, cuando se ha aprendido a tolerar.

URANO EN LA VIII

Profundo deseo de liberarse de las emociones obscuras y de las pasiones degradantes. Para ello el individuo se expone constantemente a situaciones que las generan, como la curiosidad y exploración del mundo sexual. Capacidad telepática y adivinatoria. Indiferencia hacia la propia muerte. Puede haber una herencia inesperada.

URANO EN LA IX

Fuertes intereses por los viajes a tierras lejanas, por la exploración de lo desconocido, en busca de los misterios de la existencia. La religiosidad toma un tinte novedoso. Interés por la arqueología y el pensamiento esotérico, por la filosofía y la geografía. En educación, el individuo puede ser un excelente autodidacta.

URANO EN LA X

Su máximo deseo es aportar algo nuevo a la sociedad. Talante liberal, radical, con fuerza de voluntad y ambición para salir adelante. Son posibles muchos cambios de trabajo porque el nativo es un rebelde, un inconformista. A veces, acontecimientos fortuitos pueden dar al traste con su carrera.

URANO EN LA XI

La mentalidad es muy abierta y está bien dispuesta para entablar amistad. Buena habilidad diplomática, perspicaz observación de las circunstancias para sintonizar con personas afines. Habrá amigos que provoquen cambios importantes en la vida del nativo. Amigos de procedencias distintas, que no armonizan entre sí.

URANO EN LA XII

Problemas a la hora de tomar decisiones, impulsos imprevistos, apertura a nuevas vías de pensamiento. Intuitivo y clarividente, este nativo puede ser un buen consejero para quien lo necesite. Le cuesta trabajo echar raíces. Tiene un sentido del humor mordaz, no respeta los valores tradicionales.

Neptuno en las Casas

NEPTUNO EN LA I

Indica una inquietud espiritual, o de un pasivo fatalismo porque el nativo se siente inmerso en el fluir de las cosas. Discreción, diplomacia, sutil complacencia con los demás, suave fascinación. Buen consejero, sanador, siempre al servicio de los necesitados. Sensibilidad para las artes, en especial, para la música.

NEPTUNO EN LA II

Puede ocasionar dificultades económicas, descuidos o incapacidad para administrarse. El nativo no quiere tener autonomía, prefiere refugiarse en el desvalimiento y que sean otros los que le saquen las castañas del fuego. Puede mostrarse como una víctima, porque no se han apreciado sus talentos para ganar dinero.

NEPTUNO EN LA III

Puede parecer ausente o despistado, vago e impreciso, pero es porque el nativo tiene una gran penetración para detectar las corrientes ocultas y las sutilezas del medio social. Capta el metamensaje que pasa desapercibido para los demás. Son excelentes maestros de personas con discapacidades.

NEPTUNO EN LA IV

Poderosas ligaduras subconscientes con el hogar paterno. Idealización de la figura del padre. Es muy posible que haya un secreto familiar importante que no acaba de desvelarse. El carácter esquivo de Neptuno puede dar tipos desarraigados, que vagabundean en busca del Paraíso, que no encuentran.

NEPTUNO EN LA V

Las dotes creativas se encuentran muy potenciadas por esta posición, pero también exigen algunos sacrificios para llevarse a cabo. Los romances pueden ser sublimes. El ser amado aparece revestido de cualidades excepcionales. La sensualidad es algo morbosa. Curiosidad por los placeres prohibidos.

NEPTUNO EN LA VI

Difícil posición para Neptuno, en especial, en el tema de la salud, que exigirá muchos cuidados. Pueden ser buenos sanadores y servir de apoyo a otras personas. Magníficos médicos o farmacéuticos. En el trabajo, al principio, pueden no ser totalmente apreciados en su valía, después, triunfarán.

NEPTUNO EN LA VII

La pareja puede ser vivida como un dios a quien adorar. Suele haber unas relaciones kármicas con el cónyuge, que llevan a una fusión total con él. También pueden darse amores platónicos o imposibles. Amor romántico desinteresado, no carnal, lleno de sacrificios y renuncias.

NEPTUNO EN LA VIII

Mala posición para el dinero compartido con otros. Posibilidad de perder la herencia o bienes patrimoniales. La relación sexual se vive como una experiencia de adoración y reverencia por la persona amada. Hay nativos que pueden tener confusiones sobre su identidad sexual. Interés por el tema de la muerte.

NEPTUNO EN LA IX

Mente muy impresionable que busca el misterio. Visión profética, capacidades extrasensoriales. Interés por los temas esotéricos que les puede llevar a una falsa iluminación. Imaginación vívida que busca la salvación en algo externo. Con buena disciplina y sentido de la realidad, pueda dar excelentes resultados.

NEPTUNO EN LA X

Genialidad y movilidad extremas, y una buena adaptación al medio social que pueden convertir al nativo en un líder espiritual. La profesión suele salirse de lo corriente, posiblemente destaque en las artes o implique ponerse al servicio de la colectividad, renunciando a una vida personal.

NEPTUNO EN LA XI

Las amistades pueden tener un toque algo exótico, ser muy variopintas. Las actividades en grupo pueden servir de válvula de escape a las rutinas de la vida diaria, o convertirse en una actividad salvadora. Se debe ser cuidadoso a la hora de elegir amigos para no caer en la desilusión.

NEPTUNO EN LA XII

La sensibilidad del nativo se sintoniza con lo sublime. Gran sabiduría espiritual, profunda visión mística. El nativo tiene mucha información acumulada en su interior que puede darle ideas geniales si sabe acceder a su yo más secreto. Le encanta prestar servicio y ayudar a los desamparados.

Plutón en las Casas

PLUTÓN EN LA I

Personalidad intensa, mucha energía, constitución robusta y mirada penetrante, de persona que ha tenido que luchar mucho para sobrevivir. Instinto poderoso, voluntad para imponerse a las adversidades. Muy preocupado por lo que los demás puedan pensar de él. Exuberancia y un cierto histrionismo.

PLUTÓN EN LA II

Fuerte ambición por el dinero y los bienes materiales. Muchos recursos para ganarlo, para obtener información que le permita una acumulación de poder. A veces, el dinero es sinónimo de atractivo sexual. Valores innatos para transformar cosas sin importancia en algo de mucho valor.

PLUTÓN EN LA III

Contactos profundos con el ambiente social, capacidad de comunicar información por vías no racionales ni lingüísticas. Manejo de información secreta, que puede tener mucha trascendencia. Talento para la investigación. Incapacidad para olvidar un agravio y rencor que puede durar años.

PLUTÓN EN LA IV

Disensiones en el seno de la familia, el padre es vivido como una amenaza, poderosa y sombría. El nativo podría ser el hijo extravagante, la oveja negra, para llamar la atención. Gran poder de regeneración después de algún grave colapso. La persona es en realidad una superviviente nata.

PLUTÓN EN LA V

La vitalidad es intensa y la sensualidad acusada. El nativo se atreve a desafiar grandes riesgos, lazos afectivos peligrosos, aventuras impulsivas. El deseo de poder y el instinto sexual se alían para desencadenar intrigas, dramas y conflictos en los que exteriorizar la propia potencia.

PLUTÓN EN LA VI

Demasiada violencia para enfrentarse a lo cotidiano y rutinario; el nativo es un trabajador sumamente concentrado y dedicado. El exceso de celo puede llevarle a choques con sus colaboradores. Frente a sus superiores puede sentirse resentido o amenazado por su perfeccionismo compulsivo.

PLUTÓN EN LA VII

Exceso de pasión en las relaciones con la pareja, o con los asociados. Ciertas tendencias misteriosas se manifiestan en la elección del compañero sentimental. Puede darse una total transformación de la vida como consecuencia de un matrimonio o de una asociación. Tendencia a los celos.

PLUTÓN EN LA VIII

Gran fuerza de voluntad para enfrentarse a las fuerzas oscuras de la mente. El impulso sexual y la agresividad deben ser controlados; una vez reconocidos y canalizados, se convertirán en una poderosa fuente de energía para dominar los secretos de la naturaleza.

PLUTÓN EN LA IX

Lo que más odia el nativo es la hipocresía y la mentira, pero fácilmente puede caer en el dogmatismo. Una decepción en sus creencias puede tener efectos devastadores, pues son personas que se adhieren exageradamente a sus ideas filosóficas. También pueden sufrir una gran transformación como consecuencia de un cambio ideológico.

PLUTÓN EN LA X

La búsqueda de la independencia y la necesidad de reafirmación del ego a través de una profesión o del ascenso social son muy fuertes. Esta posición es muy favorable para la vida política o para cargos públicos. La genialidad se alía con la creatividad. A veces, hay un drástico cambio de orientación en la carrera.

PLUTÓN EN LA XI

La curiosidad puede ser un acicate en la búsqueda de nuevos amigos, que pueden resultar muy estimulantes y renovadores. El nativo se une con facilidad a grupos que se interesen por reformas radicales de la sociedad o en la investigación psicológica de las profundidades. El amor puede surgir de la amistad, y viceversa.

PLUTÓN EN LA XII

La capacidad de resurrección tras las situaciones más penosas es muy lamativa. Profundidad de visión que bucea en el fondo del misterio y de lo insólito. La capacidad de destrucción de Plutón se puede aplicar a lo viejo e innecesario. El nativo resulta anticonvencional y renovador, y normalmente nada contra corriente.

LOS NODOS LUNARES: DEL PASADO AL FUTURO

Uno de los apartados más apasionantes de la Astrología es la interpretación de los Nodos lunares. Éstos son dos puntos imaginarios que surgen del corte de la órbita de la Luna con la eclíptica. Esta última es la línea imaginaria que se proyecta sobre el fondo de la esfera celeste y que marca el recorrido aparente del Sol a lo largo del año. Como en realidad lo que se mueve es la Tierra y no el Sol, lo que determina la eclíptica es el plano marcado por la órbita terrestre. Esa línea imaginaria que atraviesa el cielo que se observa desde la Tierra y que indica el camino que debe de seguir el Sol, es donde se producen los eclipses, lo que ocurre cuando la Luna y el Sol están sobre ella. El Sol obligatoriamente tiene que encontrarse en una línea de esta circunferencia pero la Luna tiene una órbita muy diferente, tanto que tan sólo corta la eclíptica por dos puntos precisos, que son los **Nodos lunares**.

A pesar de que desde la Tierra se ve que la Luna pasa cada 28 días por todos los signos, si esto se viera desde el espacio, podríamos apreciar que su órbita es parcialmente perpendicular a la eclíptica. La órbita de la Luna está en un plano que corta al cinturón de Zodíaco por dos signos opuestos. Si nos imaginamos un plano del estilo de los gráficos astrológicos en el que los signos se disponen alrededor de la Tierra –punto central del mismo– ocupando la parte exterior del círculo, la órbita de la Luna resultaría prácticamente perpendicular al papel que tenemos entre las manos. Por lo tanto es de esperar que el corte de dicha órbita con el plano del gráfico genere dos puntos opuestos, y entre ellos esté el centro del gráfico, la Tierra. Estos dos puntos de corte serán los Nodos lunares y se desplazarán en sentido contrario al que lo hacen el resto de los planetas, esto es, en el mismo sentido que las agujas del reloj, y tardarán aproximadamente 18 años en encontrarse en la misma posición. Para diferenciar ambos puntos se ha utlilizado la nomenclatura de Nódulo Norte o Cabeza del Dragón, para el punto de corte en el que la Luna entra en el plano, y Nódulo Sur o Cola del Dragón para el punto de corte en el que la Luna saldría de dicho plano.

El significado astrológico de los Nodos es algo bastante nuevo con respecto a los miles de años que tiene la Astrología. Al girar en dirección contraria que el resto de los planetas, la interpretación de los Nodos adquiere gran relevancia. Se suele decir que marcan de algún modo la dirección que debe de tomar la persona para realizar satisfactoriamente su carta astral. Concretando el significado de ambos Nodos, hay que decir que el **Nodo Sur** o **Cola del Dragón** estará indicando la experiencia en la que el individuo se encuentra más seguro. El signo sobre el que esté la Cola del Dragón vendrá a simbolizar las particularidades que creemos dominar y que apenas nos suponen un esfuerzo. Para los que creen en la reencarnación y en la ley del karma, será la experiencia de la que ya se ha tomado conciencia y que por tanto pone su energía a nuestra entera disposición. La **Cabeza del Dragón** o **Nodo Norte** siempre está en el signo opuesto al del Nodo Sur y su interpretación astrológica hace referencia a lo que el individuo tiene que conquistar por sus propios medios, aquello que le obligará a hacer un esfuerzo considerable. El signo sobre el que reposa la Cabeza del Dragón vendrá a simbolizar la faceta de la vida que más nos costará conquistar o aprender. Marca el signo que nunca debemos perder de vista, hacia el cual debemos dirigir toda nuestra energía.

Si en vez de en los signos, ahora nos fijamos en las Casas, los Nodos lunares estarán también incluidos en dos Casas opuestas. Para comprender el significado que pudiera surgir de esta ubicación debemos de proceder de la misma manera. Esto es, la Casa que tenga el Nodo Sur estará indicando el área de la vida sobre la que lo tenemos todo ganado y por tanto todo es placer y disfrute. Mientras que el Nodo Norte nos estará indicando todo lo contrario, la Casa sobre la que repose la Cabeza del Dragón representará el área de la experiencia vital en la que más desvalidos nos encontramos y que por tanto debemos de conquistar con nuestro propio esfuerzo.

Los Aspectos planetarios o los planetas que se encuentren en el mismo grado y signo que el Nodo Sur, nos invitan a volver a regodearnos sobre lo que ya conocemos, para que lo disfrutemos o profundicemos en ello. Usando el lenguaje de la reencarnación, lo que estarían indicando los planetas conjuntos a la Cola del Dragón sería la conveniencia de revivir ciertas experiencias, dependiendo del signo sobre el que se encuentren. Los planetas que estén en buen aspecto con el Nodo Norte o conjuntos a él estarán precisando la parte de nuestra personalidad que debe de prevalecer sobre las demás para llegar a conocer y a saborear nuestra misión particular en esta vida.

A la hora de interpretar una carta natal, el uso que se debe de dar al significado de los Nódulos es sumamente importante. Es decir, resulta muy conveniente utilizar la interpretación de la Cabeza y de la Cola del Dragón como un esquema sobre el que iremos depositando la información que obtengamos al analizar los diferentes planetas, Casas y aspectos, de tal manera que nunca se pierda la referencia que nos están marcando. Así como en nuestra vida cotidiana, el tiempo de los relojes marca en todo momento hacia dónde debemos de dirigirnos y qué es lo que tenemos que hacer en cada momento, la presencia de los Nódulos nos indica el sentido que debemos dar a nuestra vida, que debemos tener en cuenta en todo momento.

ASPECTOS ASTROLÓGICOS

Otra importante fuente de información a la hora de conocer y determinar las particularidades de un tema natal, son los Aspectos. Éstos hacen referencia a las relaciones geométricas que se establecen entre planetas, entre planetas y cúspides de las Casas –grado exacto en el que comienzan –, entre Nodos y cúspides, e incluso ente planetas y Nodos.

Como buenos Aspectos se consideran las relaciones entre planetas que disten ente sí, bien 60° o bien 120°. El primer caso, el de 60°, se conoce como **Sextil** y permite una oscilación aproximada de 5°, es decir, que los planetas cuya distancia de separación se encuentren por ejemplo entre 55° y 65° forman aspecto de Sextil. Para el segundo caso se permite una oscilación mayor. El **Trígono** se establece en el momento en que dos planetas o planeta y cúspide, Nodo, etc. disten entre sí y entre 110° y 130°. Este segundo aspecto resulta un poco más favorable que el anterior, es decir, sus efectos son, en líneas generales, más intensos que los del Sextil. **(Figura 3)**

Como malos Aspectos nos referiremos a las relaciones planetarias que disten aproximadamente 90° y que reciben el nombre de **Cuadratura**, o bien distancias próximas a los 180° que se conocen bajo el nombre de **Oposiciones**. Para ambos Aspectos se permiten oscilaciones de más o menos 10°; esto es, para el caso de la Cuadratura se comprenden las distancias que pertenezcan al intervalo 80°-100° y para el caso de la Oposición se admiten las diferencias pertenecientes al intervalo 170°-190°.

Existen otros Aspectos que no se deben de clasificar ni como positivos ni como negativos, pues su naturaleza y comportamiento dependen mucho del tipo de planetas que lo formen y también de la conformación propia de la carta en general. Lo que sí queda claro es que ambas energías planetarias quedan íntimamente relacionadas y que no habrá forma de que una de ellas se exprese sin que la otra no intervenga. Es lo mismo que decir que dichos planetas funcionan a modo de tándem o que forman una amalgama en la que se superponen las peculiaridades de ambos. La **Conjunción** supone el aspecto más intenso y claro. Cuando dos planetas, o planetas y cúspide o Nodo se encuentran a una distancia de más o menos 8° se dicen que están conjuntos. Este Aspecto neutro puede actuar de forma positiva

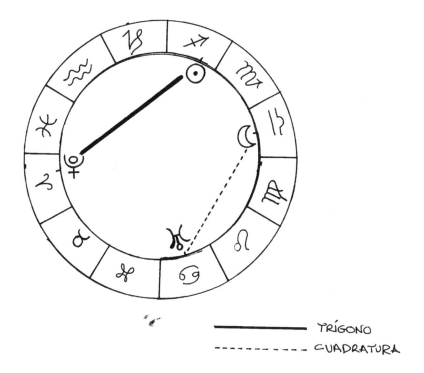

——————— TRÍGONO
- - - - - - - - - CUADRATURA

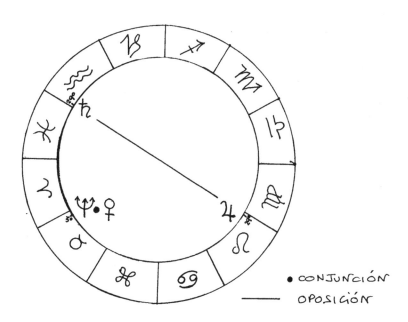

● CONJUNCIÓN
——— OPOSICIÓN

Figura 3: *Aspectos entre planetas, según el ángulo que forman.*

si los planetas son armónicos entre sí, o de modo negativo si ambas energías se yuxtaponen. Otro tipo de Aspectos neutros son los **Quincuncio** o distancias comprendidas ente los 145° y los 155°. De nuevo la interpretación de estas relaciones depende fundamentalmente de la naturaleza de cada una de las partes que lo formen y cómo ambas se armonicen.

Para ver con mayor soltura y agilidad los Aspectos existentes en un tema natal, puede ser de gran ayuda tener en consideración las siguientes premisas. Si se tienen en cuenta la naturaleza de los signos y los elementos a los que pertenecen, se pueden establecer relaciones semejantes a la de los Aspectos que ayudan a visualizar de forma más efectiva y rápida los gráficos astrológicos. Para empezar con los signos pertenecientes a un mismo elemento, se puede comprobar que entre ellos existe una relación de Trígono. Es decir, los planetas que están haciendo Trígono en un tema natal normalmente se suelen encontrar en el mismo elemento. Y se dice suelen porque en el caso de encontrase muy próximos al final de un signo o al comienzo de otro, es posible que dicho aspecto no sea totalmente puro respecto a un solo elemento. Los Sextiles y las Oposiciones se establecen entre planetas que estén en signos de la misma carga, eléctrica o magnética, y que a su vez difieren de elemento. Es casi lo mismo que decir que están en Aire-Fuego o bien Tierra-Agua. Las Cuadraturas se suelen dar, y esto es lo más normal, entre planetas que estén sobre signos pertenecientes a la misma naturaleza, ya sea cardinal, fija o mutable. Es decir, todos los signos de la misma naturaleza se encuentran a distancias de 90°.

El significado de las relaciones entre planetas es algo que se puede deducir partiendo de las propias particularidades de cada uno por separado. Por ejemplo, las relaciones o Aspectos en los que el Sol entre a formar parte, estarán definiendo la propia esencia personal. El Yo, irá siempre ligado al tinte que le den las cualidades del otro planeta con el que está relacionado por dicho Aspecto. Si éste es un mal Aspecto, entonces se hará notar como un estorbo a la hora de manifestar la propia esencia personal, y si es favorable, la energía de ese planeta ayudará a que la persona se exprese. A la hora de formar Aspectos, la Luna se ha de ver como la sensibilidad, la receptividad o fuente de inseguridad y cambio constante. Ocurrirá lo mismo que en el caso anterior, es decir, un Aspecto poco favorable de un planeta con la Luna hará que la faceta de la persona representada por ese planeta choque directamente con la sensibilidad, la ternura y las demás propiedades típicamente lunares que se han visto en otros capítulos.

ARIES:
LA LUCHA POR LA VIDA

A este signo, que inaugura el ciclo astrológico, pertenecen aquellas personas nacidas entre el 21 de marzo y el 20 de abril. Es un signo de Fuego, por lo que el sentimiento y la fuerza personal prevalecen sobre la materia y la mente. Como todos los nativos de este elemento, la persona Aries necesita constantemente una causa que le permita enfocar sus actos, ya que la vida para Aries es puro propósito de existencia. Atendiendo a su naturaleza cardinal, no es difícil imaginar al nativo precipitándose a defender a capa y a espada una noble causa, aunque apenas haya llegado a asimilar el significado de la misma. En realidad lo que persigue Aries no son unos ideales, ni tampoco el aplauso de los demás; su naturaleza le impulsa a manifestar su esencia personal a toda costa, y para ello necesita hacer un gran esfuerzo. La causa, el noble propósito o el fuero inquebrantable no dejan de ser más que la excusa perfecta que justifica su atolondrado, impetuoso y apasionado modo de proceder. Esto le permite zambullirse de pleno en la aventura que le proporcionará el apasionamiento, la calidez y el impulso arrollador suficiente para conectar con su propia esencia, con el único fin de expresar y manifestar toda su luz y, de forma genuina, mostrar el ejemplo que solamente él es capaz de dar a los demás.

Marte, el dios de la guerra, es el planeta regente de este signo. Su símbolo es de por sí suficientemente gráfico: la flecha que sale del círculo –que representa el alma– nos está indicando la necesidad de liberación de ésta. Y para redimir parte de la presión existente en lo más íntimo de la persona, nada mejor que ejercer dominio e imponer los propios principios personales sobre el medio externo. Aunque lo que Marte busca es acción y no autoritarismo, pues ello supondría demasiado esfuerzo y compromiso mental para el dios del músculo, de la fuerza física y de la virilidad. A pesar de todo, sus actos siempre son puros, defiende nobles causas y, aunque a juicio de la sociedad éstas sean demasiado pueriles, no hay que olvidar el valor, la caballerosidad, la honestidad y consecuencia con que este dios opera sobre el mundo.

Naturaleza, simbología y mitología del signo

Cuando un nuevo ciclo astrológico comienza, decimos que ha entrado el Sol en Aries o, lo que es lo mismo, que ha llegado la primavera. El equinoccio solar nos indica que no hay tiempo que perder; el Sol, o mejor dicho la eclíptica, comienza su ascenso sobre el ecuador celeste, y por tanto hay un caudal enorme de energía disponible para todos. Ésta es la causa principal de que el Sol se encuentre exaltado en el signo de Aries. Y de la misma manera que el astro rey ilumina el cielo, todos sus súbditos quieren brillar al unísono con él. Al igual que el Sol permite que su esencia –hidrógeno y helio– merme en generosa, y a la vez, orgullosa actitud, las semillas consumen las sustancias de reserva, que con tanto recelo han conservado en su interior, para hacer gala de su propia esencia –en este caso de su genética– que adornará y ofrecerá color y vida al devastado mundo que dejó el invierno tras su paso. Es fácil imaginar que ante tal promesa de abundancia de recursos habrá que estar bien preparado. Aquel que juegue mejor y más rápidamente sus cartas obtendrá una notable ventaja. En este caso la competencia será la sana y deportiva dinámica que tanto satisface a Marte. Y por otra parte, como lo que en este periodo menos abunda o sobra es el tiempo –simbolizado por la caída de Saturno, señor del mismo–, la estrategia que prevalecerá será la del más rápido y desconsiderado. No hay tiempo para la belleza y las comodidades– exilio de Venus –. Todos sabemos que los primeros estadios de la vida por lo general carecen de hermosura. Al haber gran urgencia en poner en funcionamiento mecanismos sumamente atrofiados por el invierno y/o la vida latente, hará falta un gran despliegue de energía, lo que también producirá gran cantidad de sustancias de desecho. Además, los brotes han de romper la tierra para poder extraer sustento y/o alcanzar la vida aérea, así como los pequeños polluelos han de tener un desmesurado pico para poder romper el duro caparazón. No es que estas fuertes estructuras carezcan de belleza, pero resulta evidente que esta estrategia posee una estética un tanto marcial, que da buena muestra de su poderío y función y generalmente carece de armonía.

Para ver y comprender desde otro punto de vista la energía de Aries, nos serviremos de la mitología que hay entorno a Marte. Parece ser que este dios romano –Ares para el mundo griego–, vino al mundo con su madre –Hera– como único progenitor. Cuenta la historia de los dioses que Marte surgió de la cólera y la envidia que provocó en ella el nacimiento de Atenea, que brotó directamente de la cabeza de Zeus, marido de Hera. Y no sólo Marte carga con toda la furia e irritación de su madre, sino que encima es instruido en el arte de la guerra por los Titanes. Las hazañas que se cuentan en la antigua Grecia sobre el dios de la guerra son un tanto humillantes y despreciativas. Una de ellas narra cómo Atenea le derriba con una simple piedra, haciendo prevalecer la inteligencia, simbolizada por la diosa, sobre la fuerza, simbolizada por el dios. También hay otro episodio que trata sobre dos gigantes que a pesar de ser mortales logran meter al dios Marte en una botella –este embotellamiento de la cólera simboliza la importancia de controlar tan primario instinto –. Sin embargo en Roma fue un dios muy venerado y se hizo gala de su honorabilidad y gran virtud. También se le adjudicó el don de la germinación y por tanto de la fertilidad, y fue asociado a la primavera. Volviendo al mito de Hera, en él se nos dice cómo la fuerza bruta, la cólera o rabia ciega, la temeridad e impetuosidad deben ser guiadas de algún modo por el conocimiento. Y para ello es fundamental ser capaz de dominar los instintos básicos. Quizá éstos sean los dos mayores retos con los que se encontrará la persona nacida bajo el signo del Carnero; a pesar de ser consciente de que cae y tropieza varias veces con la misma piedra, es capaz de volver a retar al destino con tal de sentir el sabor del riesgo y el desafío en su boca. Por otro lado, su impetuosidad emocional y su ardiente temperamento le hacen meter la pata una y otra vez al mostrar públicamente sus intenciones. Pero cuidado con reírse de un Aries, es excesivamente susceptible y no dejará pasar una afrenta sin aclarar.

El hombre Aries

Es sin lugar a dudas el prototipo del supermacho. Viril, temerario, fuerte, decidido e intrépido, el hijo de Marte recuerda a un noble personaje de los libros de caballerías. Lo más importante para él es que se le permita demostrar de lo que es capaz. Sabe aprovechar mejor que nadie las oportunidades que ofrece la vida, pues le es posible jugarse el todo por el todo sin reparar en las consecuencias. Sobra decir que es sumamente impulsivo, que se zambulle en cualquier tipo de aventura a pecho descubierto, y que es competitivo y testarudo hasta decir basta. Le encanta, o mejor dicho, necesita el ejercicio físico para mantener su mente despierta y la moral bien alta. Para mostrar sus habilidades le resulta totalmente indispensable hacer cierto despliegue o derroche de energía. Equilibrio, destreza o agilidad necesitan del riesgo, la fuerza o cualquier tipo de desafío para que fluyan y se manifiesten decorosamente en el hombre Aries.

No es de extrañar que tras un cuerpo tan vigoroso lata un grandioso corazón. Los sentimientos del hombre Aries, aunque un tanto infantiles y estereotipados, son de una gran pureza. Incluso se puede afirmar que son idílicos y que tal particularidad es lo que mayor efecto provoca sobre el hombre Aries. Si por algún motivo alcanzara un día sus elevados objetivos y en ellos descubriera el menor indicio de vulgaridad, corrupción o engaño, seguro que recibiría tal golpe que no podría levantar cabeza durante mucho tiempo. Puede que ésta sea la razón por la cual se dice que el hombre Aries nunca acaba lo que empieza. Normalmente se suele cruzar en su camino alguna hazaña mucho más atractiva que la que ya tiene entre manos. Pero por más que se le recrimine nunca admitirá su naturaleza inmadura, inconstante y arrolladora. Es tan susceptible que lo mejor es dejar que él mismo se delate públicamente con sus actos. La discusión estimulará su espíritu competitivo, entablará toda una testaruda batalla que ni el mejor retórico sería capaz de ganar. La intransigencia también aflora en este hijo de Marte cuando la satisfacción de sus deseos primarios se ve postergada. Entonces se vuelve intolerante, exigente, desconsiderado y hace gala de todo su egoísmo. En definitiva, el hombre Aries siempre oculta un reflejo de la infancia del ser humano, con todo lo malo y todo lo bueno que esto supone.

El hombre Aries y el amor

No hace falta decir que para este gran sentimental, el amor ofrece un estupendo campo de operaciones. Pero, como para él los grandes retos son su fuerte, puede tener a su disposición a una gran belleza y ni siquiera reparar en ella. Lo que más enciende su corazón son los amores imposibles, pues le permiten mostrar a su amada todo lo que es capaz de hacer por conseguir su amor. Un romance con un hombre Aries no puede ser nunca aburrido, rutinario o distante. Con él siempre se está al borde del precipicio. Tiene una particular forma de encender los corazones de las damas, hasta el punto de llegar a sacarlas de sus propias casillas. Y es que cuando el hombre Aries se enamora, se zambulle de pleno en una aventura que podría bien ser la última de su vida. Lo que ocurre cuando este nativo está enamorado es que deja de ser consciente de sí mismo, siendo quizá éste uno de los mayores placeres de su existencia. Si se tiene a un hombre Aries por pareja es mejor adaptarse a su modo de ser que andar siempre a la gresca, pues él tendrá muy claro que es el amo y señor de su vida y, si se le apura, hasta de su casa y esposa. Es una persona que funciona muy bien cuando se le ofrece cariño puro, y de esa manera es muy sencillo derretirle el corazón. Pero con él hay que tener cuidado; a pesar de las apariencias, es increíblemente sensible y receptivo en lo que se refiere a los sentimientos. Detectará a la mínima cualquier frivolidad y estrategia maquiavélica que pretenda manejarle y, si ello llega a ocurrir, es muy posible que arremeta con toda su furia. Entonces harán falta varios días para que vuelva a ser el que era. Por inverosímil que parezca, este caballero es mucho más leal de lo que cabría pensar. Desde luego, aunque le encantan las conquistas y aventuras, también le atrae el hecho de afrontar el reto de la fidelidad. Por más tentado que se sienta de echar una cana al aire, siempre llevará a su dama en el corazón, y su imagen aparecerá en el último momento librándole de caer en la tentación.

El hombre Aries, como buen caballero que es, puede abogar por el amor platónico, pero también quiere sentirse vivo. Y aunque es capaz de concebir un amor libre de todo contacto carnal, en el fondo eso no va nada con él. El sexo resulta imprescindible para el desfogue de tan ardiente personalidad. Todo hijo de Marte necesita poner de manifiesto cuanto lleva en su interior. Una vida sexual pobre o restringida acabaría por generar en él una gran frustración sentimental, pues su cuerpo necesita expresar a toda costa lo que su corazón alberga. Y mucho cuidado con herir su amor propio. Si algo no funciona en la cama, él no tiene culpa de nada. Por más que se le quiera hacer ver que el sexo es cosa de dos, jamás admitirá que su valía se ponga en duda. Aquí su testarudez puede alcanzar el grado máximo, y seguro que es mejor no comprobarlo.

El hombre Aries y el trabajo

Al igual que en otros muchos campos, el típico hombre Aries es capaz de hacer proezas inimaginables. Lo único que necesita es un fuerte estímulo para entregarse al cien por cien, y así demostrar su valía. Puede parecer que es un trabajador solitario, un especialista que no puede perder el tiempo en esperar a que nadie le siga, y en parte es así. Pero lo que realmente le gusta, disfruta y para lo que ciertamente vale es para dirigir. Sabe combinar a la perfección la mano dura con el trato humano. Se gana a la gente trabajando hombro con hombro, y no ejerce su supremacía salvo cuando es necesario. Si se trata con un empleado Aries es muy interesante delegar en él cierta confianza, dejar en sus manos y a su entera disposición ciertas responsabilidades. De esta manera se sentirá mucho más realizado, trabajará con ahínco y rara vez causará el más mínimo inconveniente. Ni que decir tiene que la rutina no está hecha para el hijo de Marte. En tiempos de paz los guerreros se malogran, se destemplan e incluso se corrompen. El perfecto Aries se buscará las vueltas para cambiar de trabajo, para tener en mente una posibilidad de ascender o simplemente luchar por mejorar el convenio y los derechos de los trabajadores. Incluso es capaz de arriesgar su puesto de trabajo con tal de no abatirse y dejarse llevar por lo más cómodo. Los trabajos de larga duración son los más difíciles para este hombre de fuego. Al no poder fijarse metas concretas y ver cómo los plazos fijados no son respetados, podría perder la referencia fácilmente y desinflarse por completo. Lo mismo le ocurriría si por un casual descubriera la trivialidad de su papel, si supiera que no resulta imprescindible en su empresa o si le arrebataran la batuta que está acostumbrado a llevar. Dejar de sentirse importante para él equivale a morir.

Las actividades que más van con este signo, y más concretamente con su hombre, son aquellas en las que la actividad impera. Sobra decir que si además implican cierto peligro, mejor que mejor. La violencia y el ruido no son en ningún momento inconvenientes, es más, podrían ser un aliciente para el hombre Aries. La industria pesada, las armas, los metales nobles, el acero y todas las ocupaciones en las que intervenga directamente el fuego, tienen un fuerte atractivo para él. Por su puesto puede desempeñar cualquier profesión, pero aún así siempre tenderá a especializarse en afinidad con los criterios mencionados. Por ejemplo, en el caso de pertenecer al gremio de la medicina, es muy posible que la cirugía o la traumatología sean sus temas preferidos.

El hombre Aries y la salud

Como dicen algunos libros antiguos, los Aries tienen buena sangre. Derrochan una vitalidad a raudales, que rara vez les abandona de forma prolongada. Orgullosos de su fuerza muscular, harán gala una y otra vez de su excelente forma física. Incluso con el paso de los años no es raro que el hombre Aries siga realizando la pirueta preferida de sus años de juventud. Es su particular manera de poner el cuerpo a punto. Claro está que el mayor riesgo para su salud lo encontrará en los accidentes. A menudo sufre pequeños contratiempos a los que intenta quitar importancia. No son más que avisos ante su impulsivo proceder. Por eso los individuos Aries son asiduos visitantes de las salas de espera de los servicios de urgencias. Otros de sus males más comunes provienen de las complicaciones que les pueden traer pequeñas heridas u otras nimiedades que no han sido tratadas con el debido cuidado. La infestación y la consecuente inflamación suelen ser muy aparatosas para los hombres Aries. La fiebre es también otro fenómeno sumamente espectacular. Cuando el cuerpo de este hombre responde frente a la enfermedad, lo hace con tal violencia que en muchos casos alarmará a quien no le conozca. Las hemorragias, las fístulas u hemorroides se manifestarán con gran intensidad. Pero a la vez, y esto es lo mejor del proceso agudo, pasará de forma rápida y el paciente se recuperará con notable prontitud. Eso sí, las quejas proferidas en el transcurso de la enfermedad nunca serán admitidas. Pasado algún tiempo dirá que todos se han confabulado en su contra y él mismo se creerá que soportó sus sufrimientos físicos con entereza y sobriedad.

La mujer Aries

Independiente hasta decir basta, esta mujer rara vez necesita la ayuda de un hombre para conseguir sus propósitos. Es más, si busca el contacto con el mundo masculino será con el único fin de rivalizar y estimular su espíritu de lucha. Generalmente la mujer Aries se encuentra un tanto absorta en su mundo particular, del cual es no es fácil sacarla. Prefiere andar por sus propios medios para tener la sensación de poderío que tanto le satisface. De todas maneras, necesita un héroe al que conquistar, para así tener a quien demostrar su valía e intrepidez, con el único fin de acaparar la atención de tan altivo personaje.

Como pocas mujeres de otros signos, esta peculiar amazona no siente demasiada atracción por traer hijos al mundo, por el cuidado de los necesitados o desvalidos, o por los trabajos domésticos. Sin embargo, y aunque ella no lo sepa, el mundo de la maternidad alienta notablemente su espíritu. El embarazo la ayuda a entablar una mayor conexión con su cuerpo, lo que la llena de vigor, entusiasmo y, sobre todo, de orgullo de sí misma. Los primeros estadios del bebé pueden resultarle sumamente arduos, pero pronto descubrirá la maravilla que es para ella volver a sentir de pleno el universo de la infancia. Educará a sus hijos con la máxima ilusión y entusiasmo. Les enseñará a disfrutar del mundo de la imaginación y la fantasía. Como ninguna otra madre del Zodíaco, enseñará a sus hijos los más nobles y elevados sentimientos a través del juego y el divertimento. Pero, por otra parte, es una mujer dura. Sus hijos son de su pertenencia casi exclusiva – a no ser que circunstancialmente no le convenga y entonces los considerará hijos de su padre – y no estará dispuesta a que se maleduquen. Su máxima preocupación será enseñarles cuanto antes la individualidad, la independencia y la lucha por la vida. La mujer Aries se entromete en valores propiamente masculinos, obligando muchas veces a su pareja a realizar tareas que tradicionalmente fueron propias del sexo opuesto.

La mujer Aries y el amor

El amor representa todo un dilema para esta intrépida mujer. Por una parte, alienta su espíritu de conquista, convirtiéndose el amor a primera vista en todo un reto y desafío que apasiona su talento aventurero. Por otro lado, detesta sentirse atraída, cautiva de un sentimiento del que no es capaz de escapar por sus propios medios. La única solución es la salida hacia delante, ir tras el amor y ser capaz de domesticar al único hombre que ante sus ojos existe sobre la faz de la Tierra. Respecto a los hombres que pretendan conquistar el ardiente corazón de esta dama, sobra decir que tienen una delicada tarea ante ellos. Lo peor que su enamorado puede hacer es una declaración precipitada. La mujer Aries precisa de un apasionante cortejo que la estimule, pero que al mismo tiempo se guarden las distancias. Un proceder excesivamente franco y directo le hará perder todo el interés por el hombre que así se manifieste. Es indispensable mostrarse inalcanzable ante esta mujer si se pretende cautivar su corazón. También hay que tener en cuenta que un romance con la nativa Aries suele ser tan fuerte y apasionado que su contrincante puede caer víctima de sus propias artes y flirteos.

Una vez consolidada la pareja, la mujer Aries se preocupará de mantener sus uñas bien afiladas en todo momento. Al igual que una gata, es muy cariñosa, cálida y entrañable, pero no por ello dejará de luchar por lo que ella considera su feudo particular. Un profundo deseo por controlar a su pareja marcará todos sus actos, aunque jamás lo haga de forma premeditada. No gusta de dichas artes, prefiere el enfrentamiento directo, lejos de la frivolidad y de toda estrategia. A menudo hay que recordar a la mujer Aries el compromiso material que adquirió en el pasado. Para ella tan sólo existe el corazón, y éste poco entiende de obligaciones, repartos de tareas y acción conjunta. El hombre, en ese caso, tendrá que hacer entender a esta mujer que hay una manera más práctica, lógica y sensata de encarar la vida. Eso sí, para ello hará falta tanto tacto como para apaciguar a una fiera salvaje. Enseguida se sentirá atacada y se abrirá un abismo entre ambas partes. Jamás hay que olvidar que ante lo único que esta mujer se dobla es ante el amor, el cariño y la comprensión. Ésa será la única forma de poder convivir con la mujer más independiente del Zodíaco.

La mujer Aries y el trabajo

Tan dispuesta como el más competente y válido de los hombres, esta mujer está más que capacitada para desenvolverse en el mundo laboral. Es muy posible encontrarla desempeñando toda clase de oficios, aunque prefiere generalmente la compañía de hombres para desarrollar su tarea. Su cerebro funciona de manera directa y activa, y posee gran capacidad de concentración ante situaciones adversas.

Necesita imponer sus criterios al mundo que la circunda y disponer de un área donde poder organizarse a su manera; ejercer su dominio le permite descubrir sus propios errores y así enmendarlos con el consiguiente sentimiento de perfeccionamiento que ello conlleva. A ser posible le gusta disponer de un amplio margen de acción, con gente a su cargo y un considerable grado de compromiso y responsabilidad. Los puestos distinguidos, con notables privilegios y comodidades son para esta mujer como para un niño una torre de helado decorada con una guinda. Posiblemente alcance un día un puesto semejante, pero, cuando esto ocurra, no vacilará en desarrollar por sí misma tareas que le permitan seguir manteniendo el contacto con el duro trabajo que desempeñó en otros episodios de su vida laboral.

Sobra decir que a la mujer Aries no le entusiasma el trabajo doméstico. Como ama de casa es bastante funcional, y mantiene una muy aceptable imagen de orden y limpieza con poca dedicación. En general es bastante competente desarrollando esta función, pero no es su pasión. Pronto se preocupará de involucrar a todos aquellos que dependan de ella, y rápida como el rayo, se volcará en instruirles e implicarles en la limpieza diaria.

La mujer Aries y la salud

Hay un exceso de vigor en la naturaleza de esta mujer. Su temperamento la predispone a sufrir desarreglos funcionales causados en su mayoría por una respuesta excesiva por parte del organismo, o bien por no atender a las exigencias de éste. La fiebre, los procesos inflamatorios y las hemorragias suelen ser intensas, o por lo menos suelen aparecer de forma notable en el transcurso de una enfermedad. Pero por lo común se resuelven, tras un grave e intenso proceso agudo, de manera tajante y de forma bastante satisfactoria. Esta mujer es muy sensible al entorno. Puede admitir la falta de comodidades y el confort, pero lo que su salud no soporta son los ambientes sucios, cargados, excesivamente cerrados o aislados. Las alergias, el asma o las erupciones cutáneas aparecerán de inmediato como protesta de su cuerpo ante un ambiente no del todo satisfactorio.

Pero lo que más afecta y aleja por completo a la mujer Aries de sus quehaceres es el dolor de cabeza. Su tensión nerviosa se concentra de pleno y se manifiesta de esta desagradable manera. Los analgésicos por lo general forman parte de su botiquín de viaje. Por eso es importante que, de alguna manera, aprenda a escuchar a su cuerpo para poder prevenir con la suficiente antelación tan desagradable proceso agudo. Inevitablemente, muchas veces le tocará padecer estas molestas jaquecas, pero deberá replantearse su modo de comportarse, pues podría ahorrarse buena parte de ellas.

El niño Aries: cómo educarlo amorosamente y descubrir sus talentos

Sin duda alguna, no existe en todo el Zodíaco personita más déspota y mandona. Desde el primer momento de su existencia, demandará una extrema atención, su lloro será fulminante y se hará oír hasta que sus deseos o necesidades se vean cumplidos. Desde edades muy tempranas, el niño Aries se hará tener en cuenta y no permitirá que los adultos le marginen de su mundo tan fácilmente. Presentará batalla, y antes o después la ganará. No hay nadie más testarudo que el joven Aries, así que es mejor no llevarle la contraria, porque al final consigue que todos se comporten tan terca e infantilmente como él. Es de esperar que con los hermanos sea extremadamente competitivo. Constantemente se estará comparando con ellos y enseguida se percatará de la menor injusticia que pudiera recaer sobre él. Hay que tener cuidado y demostrarle constantemente quién manda, pues, por más rabia que le dé, hay que marcarle y fijar unos límites. Puede que se lleve muchos berrinches por ello, pero hay que recordar que el niño Aries necesita explotar y liberar parte del exceso de energía que alberga en su interior. Pronto se le habrá pasado y no guardará el menor rencor. Como mejor funciona es con un alto nivel de cariño manifestado de forma física. Al niño Aries le sientan de maravilla los abrazos y achuchones, e incluso hasta edades muy avanzadas, es importante –a pesar de sus quejas– mostrar físicamente el cariño que despierta en sus padres. El niño Aries es muy generoso, da mucho de sí mismo y está dispuesto a compartir todo cuanto tenga, pero tiene mucho amor propio. Ojo con herir su susceptibilidad porque entonces retirará toda su participación, o incluso llegará a declarar la guerra a quien le haya ofendido.

Su respuesta frente a la educación no es muy buena, pero aprende pronto. Para estimular su espíritu de aprendizaje hay que presentarle las cosas, el saber y las nuevas materias con cierto desafío. Quizá tarde en comprender el lenguaje, la dinámica o el mecanismo de las cosas, pero luego se entusiasmará desarrollando dichas tareas y se picará alcanzando y superando mayores niveles de complejidad. Con respecto a las obligaciones cotidianas, hay que insistirle bastante sobre el tema. Se descuida y desentiende con extrema facilidad, y hay que tener mucha paciencia y dedicación para conseguir que se implique en las tareas del hogar y de la escuela. También cuesta un poco hacerle obedecer, pero si se hace con cariño, pronto se obtiene una grata respuesta de la que él mismo se sentirá orgulloso.

La imaginación, los mundos de fantasía y leyendas le alimentan casi tanto como la comida, pues nuestro pequeño caballero andante –o nuestra pequeña heroína– necesita sublimes sentimientos de los cuales tomar ejemplo. Además, exigirá de sus mayores un comportamiento impecable al cual poder imitar. Para su correcta educación, es importante no destacar una actitud sexista y por más que él –o ella– se empeñe en manejar la espada, jugar al balón o montar en moto, hay que mostrarle la otra cara de la moneda. Costará convencerle, pero después no habrá gran dificultad en enseñarle a tener la bicicleta más brillante y lustrosa del barrio. Así por lo menos aprenderá algo tan básico como el cuidado y el mantenimiento, virtudes que le serán de gran utilidad para conseguir disfrutar plenamente de las diferentes facetas de la vida.

ASCENDENTES PARA EL SIGNO DE ARIES

El signo Ascendente es el que se encuentra en el horizonte Este en el momento exacto del nacimiento. Incide, entre otras cosas, en el carácter y en la personalidad, pues determina la forma o el escaparate a través del cual se expresa la esencia personal. También es importante a la hora de definir buena parte de los rasgos físicos del individuo.

Aries: Los que tengan al Carnero por Ascendente deberán enfrentarse a la vida de forma enérgica. Ante todo, lo que realmente cuenta es que el individuo exprese su energía sin tapujos ni limitaciones. De lo contrario, el nativo entrará en un estado de decepción permanente y se sentirá muy frustrado. Quienes tengan su Ascendente sobre el signo de Aries no deben mirar atrás. Y aunque pequen por exceso, y resulten un tanto egocéntricos o dominantes, será mejor eso que refrenarse y correr el peligro de caer en una depresión crónica. Las relaciones personales son sumamente importantes para un Ascendente Aries. Gracias a la interacción con otras personas es posible que el nativo aprenda a regular y a modular su forma de expresarse. Del mismo modo que le gusta ser respetado, intenta respetar a los demás; y como consecuencia de ello, el individuo que posea este Ascendente logrará un sano equilibrio, lo que permitirá que los demás tengan en cuentan sus opiniones.

Tauro: Quien tenga este signo sobre el horizonte Este en un tema natal ha de tomarse la vida con más calma. Las prisas son la lacra del mundo actual, con ellas no se hace nada bien y por tanto nunca se llega a disfrutar. El nativo con Ascendente Tauro está por ello obligado a planificar, estructurar y trabajar de forma sistemática. Ése es el único camino que le puede conducir a los deliciosos placeres terrenales que tanto le gustan. Eso sí, al dejar a un lado el factor tiempo, esta persona corre el riesgo de caer en la desidia y el abandono, no desde el punto de vista laboral –ya que es un trabajador infatigable– pero sí desde el punto de vista productivo, pues no tiene en cuenta las necesidades o prioridades de la sociedad. Es de vital importancia para el nativo con el Toro por Ascendente que aprenda a distinguir cuándo se puede permitir el lujo de centrarse en sí mismo y en su trabajo prescindiendo de todo lo demás, y cuándo tiene que abrirse y aceptar las mareas sociales que le rodean.

Géminis: Éste es probablemente el Ascendente que más despierta los sentidos. La persona que tiene a los Gemelos en el vértice Este de su tema natal, se enfrenta a la vida con gran curiosidad y con cierto espíritu inquisitivo. Para poder disfrutar y saciar su ansia de conocimiento, la naturaleza ha dotado a este individuo de una espectacular capacidad de adaptación. La versatilidad es su más destacada virtud, pero corre el riesgo de querer abarcar más de lo que es capaz de controlar. Aún así, no hay problema que se le ponga por delante, pues siempre conoce a alguien muy capacitado a su alrededor a quien pedir consejo. Géminis en el Ascendente otorga una maravillosa capacidad de comunicación, sin la cual el nativo no podría cotejar constantemente sus ideas y opiniones con las de los demás. Y ésta es la base sobre la que está construida toda su personalidad: necesita de los demás para establecer un marco de referencia que acote de alguna forma su mundo, de lo contrario correría el peligro de perderse en su laberinto de ideas.

Cáncer: Hay una sensibilidad extrema tras el duro caparazón del Cangrejo. Las emociones y los afectos son captadas y amplificadas al grado máximo. Pero la persona con este Ascendente no es dueña de sus respuestas, pues su enorme sensibilidad la hace muy vulnerable y justamente por eso, para protegerse, se crea un duro armazón bajo el que guardar su intimidad. El principal dilema que plantea este Ascendente es saber cómo utilizar o vivir con esta sensibilidad a flor de piel, sin que resulte abrumador. La única vía posible es la de aprender a reconocer y a respetar los sentimientos de los demás. De esta manera la persona con Ascendente Cáncer aprenderá a dosificar y a liberar respetuosamente sus emociones Se dice que el Ascendente Cáncer tiene una necesidad inminente de criar, alimentar o velar por algo. Ya sea la familia, una empresa, o una creencia, el nativo con este Ascendente entregará en sacrificio su propia existencia con el único propósito de impulsar a alguien o algo hasta lo más alto. El éxito conseguido lo tomará como suyo.

Leo: Indudablemente, éste es el Ascendente de las grandes eminencias. Leo en el vértice Este de la carta astral exige del individuo lo mejor de sí mismo. Hay en este caso una profunda necesidad de alcanzar y expresar todo el poder personal existente. La persona que disfrute de esta particularidad astrológica se entregará a la vida desde su corazón pero necesitará sentir el apoyo, el cariño y el aplauso de los demás. Y aunque corre el riesgo de ser un tanto extravagante y exhibicionista, antes se moriría que ser uno más del montón. Necesita sentirse admirado. Sobra decir que este nativo corre el riesgo de pecar de orgullo y que suele esperar demasiado de los demás. Todos sus actos deben ser reconocidos de inmediato, porque en caso contrario adoptará un comportamiento cínico y soberbio. La generosidad solar típica de Leo debe ser puesta en práctica. Dar sin esperar nada a cambio es la vía que más salud y satisfacción puede llevar a las personas de este Ascendente. Nada mejor que ser espectador del disfrute de los benéficos efectos que el amor puro del León emana a su alrededor.

Virgo: La inquieta energía de este signo afecta a sus hijos adoptivos de forma muy estimulante. Quienes tengan este Ascendente sentirán una gran urgencia por delimitar y conocer al detalle su identidad personal. Para ello, no dejarán de utilizar su incansable mente para autocriticarse constantemente, analizarse y compararse con la media nacional. Virgo en el Ascendente impulsa a la persona al perfeccionamiento, pero no de evolución interna, sino más bien de eficiencia práctica, resolutiva o profesional. No es de extrañar que el cuerpo físico, la apariencia y la salud ocupen puestos destacados en su tabla de valores personales. Los nativos que se ven sujetos a este Ascendente tienden a desmenuzar la vida y toda experiencia con el fin de analizarla, para luego poder emitir un acertado juicio acerca de lo que tienen entre manos. Sus valores principales son el orden, la corrección, la exactitud y la utilidad de las cosas. En las relaciones con los demás son grandes discutidores y argumentan desarmando a sus contrarios. Pero, en el fondo, lo que buscan es el amor universal, para así soportar mejor una vida demasiado práctica y materialista.

Libra: La persona con la Balanza como Ascendente tiene muy en cuenta la experiencia, las necesidades y los deseos de los demás. Sabe muy bien lo importante que puede resultar la iniciativa ajena, siempre y cuando no se pierdan de vista los propios intereses. Su gran problema surge en el momento en el que hay que barajar un gran número de puntos de vista diferentes. El juicio de valor, las normas y la responsabilidad ocuparán un primer plano en su rutina cotidiana. Lo que peor lleva este nativo es verse obligado a tomar una determinación, pues, aunque resulte paradójico, su misión en esta vida es aprender a tomar decisiones y a adquirir compromisos. No es de extrañar que la persona que tenga que vivir con este Ascendente encuentre refugio en la filosofía del hedonismo, que se moleste únicamente por hacer más placentera su existencia y que busque constantemente a personas que armonicen con su *modus vivendi.*

Escorpio: El signo del Escorpión atrae hacia los que tienen este Ascendente los trabajos y las luchas más lóbregas de la humanidad. Ésta es quizá la única manera de que el nativo entre en contacto directo con la vida instintiva, que es en definitiva lo que el Escorpión simboliza. Con este Ascendente el individuo está obligado a seguir luchando hasta el final, aunque sus fuerzas flaqueen una y otra vez, hasta que por fin sea capaz de conseguir sus propósitos. Puede que ante los ojos de los demás el camino de las personas con este Ascendente parezca excesivamente oscuro, complicado y tortuoso, y que para llegar a tales metas haya otras vías mucho más claras y productivas. Pero lo que importa en este caso es lo que no se ve, es decir, la transformación interior y la evolución personal que confiere pasar por esas circunstancias. Es importante que con el paso del tiempo la persona con este Ascendente aprenda a ser más constructiva y respetuosa, a no ir abriendo todas las puertas que se crucen en su camino y a detectar el peligro para poder evitarlo anticipadamente.

Sagitario: El Centauro tiene, por un lado, ideales y sentimientos humanos, pero por otro posee una naturaleza muy instintiva. La religión, la filosofía, las culturas remotas y los viajes ocupan constantemente la cabeza del individuo con este Ascendente. Ante él aparece un gran mundo de posibilidades, y por eso se pierde una y otra vez deleitándose en el placer de saborear una realidad nueva, diferente. Pero todo se esfuma cuando le cae el jarro de agua fría que con cierta frecuencia le arroja la realidad. Como noble animal que es, el Centauro necesita cuidados y las condiciones adecuadas para poder disfrutar de su bienestar. No le importa tener que trabajar duro para conseguir satisfacer sus necesidades; lo que realmente le cuesta es integrarse en la sociedad de forma sencilla, sin despertar la curiosidad ajena. La exageración y la extravagancia que confiere este Ascendente provienen del gran esfuerzo que hace el nativo para relacionarse y dar a conocer de forma precisa, concreta y verbalizada sus intereses, puntos de vista y la amplitud de sus ideales.

Capricornio: Con este Ascendente siempre aparece cierto sentimiento de culpa como mar de fondo. El individuo siente mucha urgencia por dirigir de forma constructiva su energía y entusiasmo, que bajo ningún concepto deben disiparse en el ambiente. Por tanto es lógico pensar que la persona con Ascendente Capricornio tienda a planear y a estructurar la vida cautelosamente. Además, tiene la imperiosa necesidad de hacer algo por sí mismo, como si tuviera que demostrarse el potencial de valores que posee. Pero si hay algo que se le escapa a Capricornio es el amor y la ternura. El nativo con este Ascendente en su tema natal, encontrará por medio de las relaciones personales el camino que le permitirá disfrutar de lo mundano, del contacto humano y del mundo natural tal y como es. El aislamiento es sumamente doloroso con este Ascendente, pues con ello alimenta cada vez más su ego personal, se siente muy importante y difícilmente acepta la valía de los demás.

Acuario: Este Ascendente invita al nativo a desapegarse de la realidad para poder contemplarla en su totalidad y, por supuesto, para observarse a sí mismo desempeñando su papel en el marco de la sociedad. Esta visión global da más importancia al grupo y al ambiente que rodea al individuo que a la propia persona. Pero siempre existirá la pregunta, ¿estoy o pertenezco al grupo adecuado? Aún así, el Ascendente Acuario siempre confiere al nativo la sensación de que hay algo más importante, valioso y poderoso que el yo individual. Por eso pondrá toda su energía en favor de la colectividad, ya que asume la causa social como si fuera suya. Pero al dar todo de sí mismo, también espera mucho de los demás; para él, el reconocimiento ajeno es de vital importancia, y la ausencia de éste le hace ensombrecerse. Quién tenga este Ascendente debe tener cuidado con su mente, pues puede complicarse la vida repasando situaciones, desplantes y toda clase de malas interpretaciones o suposiciones.

Piscis: El símbolo de los Peces nos da una idea de cómo es la persona que posee este Ascendente. Uno de estos vertebrados acuáticos se deja llevar por la corriente de la vida y su personalidad e individualidad son tan sólo el rol o el papel que ocupa en el río. Si embargo, el otro pez remonta la corriente con fuerza, tesón y decisión.

Su vida va en ello, prefiere perecer antes que doblegar su individualidad ante las circunstancias adversas. Es por ello importante que el nativo que tenga este Ascendente tenga muy en cuenta a ambos peces. Tiene que dejarse llevar y fluir en la marea de la vida sin perder en ningún momento su propio sentido de la individualidad. Por eso se dice que Piscis siempre vive con cierto espíritu de sacrificio, que no es otra cosa que el ilimitado marco que engloba su mundo sentimental. El arte, la música, las terapias y el misticismo son las mejores profesiones para el desarrollo personal de este individuo, inmerso desde que nace en el profundo sentir de la humanidad.

LOS PLANETAS EN EL SIGNO DE ARIES

El Sol en Aries

Se podría decir que la persona es impetuosa, impulsiva incluso temeraria. Pero es mejor pensar en que la persona necesita cultivar la vitalidad y reconocer en sí misma cierta capacidad para hacerse valer en este mundo. Algunos dicen que el Sol en Aries es competitivo, pero lo que hace más bien es reaccionar de forma creativa y muy personal ante cualquier obstáculo.

La Luna en Aries

No se tiene en cuenta la repercusión de los propios actos ni las consecuencias más inmediatas. Sustituye la ternura y la dulzura por el ímpetu y el ardor. La receptividad está interferida por explosiones temperamentales o incluso agresivas. La sensibilidad está a flor de piel y el individuo se vuelve irritable e impaciente, por lo que no llega nunca a conocer la experiencia al cien por cien.

Mercurio en Aries

Hay cierto debilitamiento a la hora de asimilar la experiencia por una falta de cohesión lógica, de estructura previa sobre la cual asimilar y proyectar los datos obtenidos. Sin embargo la persona es intelectualmente competitiva, y posee una brillante intuición mental que la ayuda en las decisiones rápidas. Mente curiosa, entusiasta y siempre dispuesta a aventurarse en nuevas experiencias. Con Mercurio en Aries la concentración no es fácil.

Venus en Aries

Afectividad impulsiva, demostraciones afectivas excesivas y poco constantes que pueden conducir a crisis recurrentes. Se confunde el amor con la expresión personal. El individuo se pone pruebas a sí mismo de orden sentimental o sexual, y es competitivo a la hora de conquistar sentimentalmente.

Marte en Aries

Se asumen compromisos con demasiada rapidez. Son frecuentes los cambios bruscos de rumbo a causa de una falta de continuidad operativa. Afirmación activa del yo, optimista, poco o nada premeditada. Mucha agresividad y energía vital imposible de contener, que dispone del suficiente vigor para conseguir objetivos, pero carece del tacto suficiente y de la capacidad de colaborar con los demás.

Júpiter en Aries

El goce de la vida se entiende como pura acción. El individuo se implica públicamente con gran fe en la mejora de las condiciones sociales y educativas. Hay una gran capacidad de irradiar calor humano hacia el entorno, lo que favorece a líderes. Hay tendencia a apuntar demasiado alto; no se consiguen las metas, pero el camino recorrido es lo importante y casi siempre suele resultar positivo.

Saturno en Aries

El rigor de la lógica y de la razón no se encuentran nada bien en un signo de acción. Las circunstancias empujan al individuo a tomar la iniciativa, a depender de sí mismo para resolver las necesidades prácticas de la vida. Dificultad para considerar y corregir los pequeños errores que se van cometiendo en la vida; se vive apresuradamente. Es necesario cultivar la disciplina y la constancia; sobra iniciativa.

Urano en Aries

Gran poder de decisión fuertemente implicada en el aquí y el ahora y que no atiende a consideraciones de ningún tipo. Necesidad de sentirse dueño de sí mismo en todo momento, de poder decidir libre e independientemente. Temperamento impulsivo que se puede volver en contra de uno mismo.

Neptuno en Aries

Búsqueda de nuevas formas de unión con el cosmos. Actitud personal moralista que quiere prevalecer sobre los valores más tradicionales. Escasa sensibildad para las energías más sutiles.

Plutón en Aries

Exceso de vitalidad sin restar eficiencia a la persona. Deseos de realización de todas la inquietudes subconscientes. Símbolo de una generación creativa y activa que persigue en todo momento fines prácticos.

ARIES EN LAS CÚSPIDES DE LAS DOCE CASAS

Primera
Es lo mismo que decir que la persona tiene Ascendente Aries. (Ver *Ascendentes.*)
Segunda
Facilidad para hacer dinero, mover capital y poner en funcionamiento los pro-

pios bienes materiales. Riesgo de pérdidas económicas por falta de previsión y exceso de impulsividad.

Tercera

Gusto por la competencia intelectual. Ideas innovadoras que abren nuevas vías a la expresión personal. Necesidad de tener cierto contacto físico a la hora de comunicarse.

Cuarta

Deseos de imponer los propios criterios dentro de la familia. Tendencia a romper con viejas tradiciones. Impera la agresividad en las relaciones familiares, aunque de forma sana y siempre muy sincera y afectiva.

Quinta

Imperiosa necesidad de manifestar y expresar la propia creatividad. Imposición de los propios valores de forma un tanto brusca. Espíritu competitivo que busca el reconocimiento de los demás.

Sexta

Dificultad a la hora de tener que acatar las órdenes de los demás. Se asumen grandes responsabilidades en el trabajo por mero orgullo. Buena salud y gran derroche de vitalidad. Gusto por el trabajo físico.

Séptima

Tendencia a intimidar a los demás para obtener su cooperación. Se exige demasiado de los demás y se actúa en función de lo que aporten. Necesidad de reconocimiento por parte del cónyuge.

Octava

Fuertes desacuerdos con personas muy próximas. Pasiones intensas que pueden dañar al individuo si no sabe manejarlas. Sexto sentido muy desarrollado

Novena

Se lucha por defender los propios ideales. Los valores de justicia y moralidad movilizan a la persona. Fuerte atracción por los viajes y otras culturas.

Décima

Se canaliza toda la energía personal para destacar profesionalmente. Gran susceptibilidad laboral, no se soportan fácilmente críticas de ese orden. Necesidad de trabajos que permitan cierta independencia o liderazgo.

Undécima

Participación activa en grupos. Constante esfuerzo por mantener a las amistades, pero se abandona a las antiguas con gran facilidad. Aptitudes para manejar y movilizar a las masas.

Duodécima

Actividad secreta que enmascara el propio dinamismo. Mucha sensibilidad ante la violencia, que a veces puede ser propia. Fuerte presión de las instituciones sobre la persona.

TAURO:
LA PRESERVACIÓN
DE LA RIQUEZA

Todos los nacidos entre el 21 de abril y el 21 de mayo podrán sentirse orgullosos de estar representados por uno de los signos más poderosos del Zodíaco: el Toro. El elemento al que pertenece es la Tierra, por lo que el signo posee un fuerte apego hacia lo material. Es más, para los nativos de este elemento tan sólo existe lo que puede ser percibido por los órganos de los sentidos, y el espíritu, la energía de las cosas o el alma, no dejan de ser una gran duda para ellos, a no ser que lo acaten sin más, al igual que lo hicieron sus antepasados.

La naturaleza de Tauro es fija, es decir, busca la plenitud, la producción, la repetición y la conservación de todo cuanto esté en su mano. Su planeta regente es Venus –diosa del amor–, que le otorga sus cualidades más terrenales, mientras que a Libra, también regentado por este planeta, le ofrece sus cualidades románticas y artísticas. Una de las principales virtudes terrenales que Venus confiere al nativo de Tauro es su gusto por lo bello, lo sereno y por tanto agradable. Este signo persigue en todo momento satisfacer todos los sentidos; el gusto por la comida es una de sus particularidades; la buena música y sus bellos instrumentos, un confortable mobiliario y unas suaves telas que deleiten el sentido del tacto y, por supuesto, un bello paisaje naturalista, un jardín florido o un ramo de flores, le transmitirán la plácida tranquilidad que tanto anhela.

Todo lo que sea violento, ruidoso, contaminante y grotesco desagradará en exceso al delicado nativo de Tauro, puesto que lo que realmente busca es la comunión con la naturaleza. Su deseo es el de producir y preservar la riqueza de forma sencilla, serena, nada traumática. Por ello la sociedad y sus sofisticadas tecnologías no agradan a este ser de paso lento y seguro. La competencia no es su fuerte, no tiene que demostrar nada a nadie, en todo caso tan sólo hacer saber a los demás cuáles son sus pertenencias. Eso sí, una vez avisados, ya pueden andarse con mucho cuidado. El Toro es manso y pacífico por naturaleza, pero si su paciencia se agota, puede convertirse en el más temible y demoledor de los animales.

Naturaleza, simbología y mitología del signo

Atendiendo a los fenómenos atmosféricos que suelen acompañar a este período anual –por supuesto en el hemisferio Norte y en climas templados, cuna de la ciencia astrológica–, hemos de reparar en la gran bondad que ambientalmente predomina. No es de extrañar, por tanto, que bajo la protección del gran Toro, la mayor parte de los seres vivos se dediquen a procrear. La fertilidad ha llegado al grado máximo, ya no hay que competir, es el momento de la abundancia y lo que realmente priva es la conservación de tan dichoso estado. Para ello, hay que concentrarse en uno mismo y abogar por un ritmo lento pero seguro, pues hay que aplicarse al máximo para emplear adecuadamente la energía que tanto esfuerzo ha costado reunir. El exilio de Marte en Tauro explica lo poco que convienen en este momento las prisas y la violencia. Por otra parte, es necesario cerrar todas las vías por las que pudiera entrar cualquier tipo de interferencia que obstaculizase el delicado proceso de la reproducción. La caída del planeta Mercurio –así se encuentra en el signo de Tauro– explica a la perfección la falta de comunicación con el mundo exterior propia del Toro, que tan sólo mantiene abiertas las vías de abastecimiento. Además, el proceso de la reproducción está totalmente desvinculado de la energía mental y del conocimiento, ya que todo lo necesario está perfectamente escrito, y con letras de fuego, en el seno más interno de toda materia viva. Es la gran sabiduría de la Madre, transmitida de padres a hijos durante miles de años, la que echa por tierra cualquier devaneo del narcisista Mercurio, el mensajero de la mente. Para contrarrestar este déficit, aparecen los coloridos y jubilosos ornamentos florales propios de estas fechas, claramente simbolizados por el jovial Júpiter, planeta de la fiesta, del optimismo, de la felicidad y del buen humor, que en Tauro se encuentra exaltado; características que al parecer son esenciales para el buen funcionamiento interno de todo ser vivo en un momento tan delicado. Lejos de todo egoísmo personal, el individuo se entrega en cuerpo y alma a la perpetuación de la especie. Con esto se entiende a la perfección el exilio de Plutón –así se encuentra este egocéntrico planeta en el signo del Toro–. La vida individual carece por completo de importancia, tan sólo existe el disfrute de observar los frutos de la propia existencia, con la serenidad de saber a ciencia cierta quiénes van a ser los beneficiarios.

No cabe la menor duda de que el Toro es símbolo de fertilidad, de poderío, de mansedumbre y de placidez. Para la gran parte de los pueblos del viejo continente, el período de Tauro estaba plenamente dedicado a los trabajos de la tierra, era el momento de dar gracias por todo aquello con que la Madre obsequiaba a sus hijos. Dentro de la antigua mitología griega, se encuentra el mito de Venus –regente de Tauro– y Adonis, que muy bien pueden ilustrar al signo del Toro. Parece ser, según cuenta la historia, que Venus estaba enamorada de un joven mortal que estaba plenamente entregado al arte de la caza mayor. Venus sufría a causa de ello: por una parte las largas ausencias, y por otra, el riesgo que corría su amante no la dejaban dormir. Aquí podemos observar cómo la energía de Tauro –como en el caso de Venus– es extremadamente recelosa de perder lo que posee. Al mismo tiempo, no gusta del riesgo y de la violencia de un Marte tan puramente masculino –Marte en el exilio–. Siguiendo con la historia, el joven Adonis fue herido mortalmente por un jabalí al que pretendía cazar. Por más que hizo la diosa al intentar curar sus heridas y devolverle la vida a su amado, todo resultó en vano. De las lágrimas derramadas por la diosa brotaron cientos de anémonas, y de la sangre de él surgieron bellísimas rosas rojas. El ejemplo que se muestra en este párrafo viene más o menos a simbolizar la manifestación carnal del amor. La energía masculina desaparece o muere tras el acto, como en muchas especies animales, mientras que a la parte femenina le toca cargar con todo el sufrimiento y el trabajo que implica la procreación, claramente simbolizada por las flores. Venus no pudo soportar más su dolor y acudió a Júpiter. Le pidió que devolviera a su joven amante a la vida o bien que la mandara a ella junto a él. Júpiter, a pesar de haber sido rechazado en una ocasión por la bella diosa, tuvo que acceder, ya que no podía librar a la tierra de la belleza de Venus. Y fue sumamente piadoso, consiguiendo que Plutón, dios de los infiernos, dejara libre a Adonis al menos durante seis meses al año. Así cada primavera se vuelve a producir el milagro de la fecundación y la procreación. Tras los pasos de los amantes sobre la tierra, queda una bella estela multicolor formada por las flores que brotan de ellos. El triunfo del amor se debe principalmente al buen hacer del bondadoso Júpiter –exaltado en Tauro–, cuya acción se ve mermada por el receloso Plutón– planeta exiliado en el signo del Toro.

El hombre Tauro

Para otros hombres más inquietos, que exhiben su valía y siempre están dispuestos a alardear de sí mismos, el hombre Tauro es un bobalicón que apenas participa de los círculos más varoniles. Pero aún así, cada uno de ellos le respeta a su modo. Reconocen que tras esa apariencia dócil, serena y pacífica se oculta todo un luchador, que está dispuesto a ganarle la partida a la vida sin más. Su vida es metódica, sensata, de lento discurrir y de deliberada cautela. La misión que se ha echado sobre sus espaldas necesita toda la concentración con que se pueda contar, pero no por ello su comportamiento se vuelve ansioso y nervioso. Al revés, siempre encuentra un hueco para hacer un descanso, charlar un rato y disfrutar de lo bueno de la vida. Por lo que respecta al trabajo, este hombre es todo sabiduría. Su paso lento pero seguro no se agota jamás. La satisfacción y el deleite de los placeres terrenales le aportan energía a raudales, y nadie como él para sacar el máximo provecho de dicha energía.

Tras tan metódica vida se esconde una impetuosa necesidad de seguridad y estabilidad, tanto emocional como material. Por eso Tauro planea cuidadosamente para el mañana y piensa que nada debe ser tomado a la ligera, al menos mientras suponga esfuerzo, tiempo o dinero. Cualquiera con semejante misión se volvería oscuro, malhumorado y nervioso. Pero el hombre Tauro tiene tal confianza en la vida y en sí mismo que es raro verle enfadado. Y en el caso de que lo haga, es mejor ponerse a buen recaudo, porque si se agota su paciencia, es posible que arremeta a ciegas y con toda su energía, que no es poca.

El hombre Tauro es enormemente protector con aquellas personas que están a su cargo. Es hombre de pocos, pero de muy buenos amigos, a los que ofrece toda su generosidad. A las personas que quiere las colma de regalos, de buenos tratos y, sobretodo, de un cálido y protector amor que nadie como él puede dar. No es hombre de complicaciones, su filosofía de vida la aprendió de sus padres, y pretenderá inculcarla a sus hijos. Y aunque se quitará el sombrero ante aquellos avances tecnológicos que supongan una mejora de la producción, únicamente estará dispuesto a incluir aquellos que resulten imprescindibles.

El hombre Tauro y el amor

La mujer que tenga la suerte de contar con el amor de este hombre se verá desbordada por un sinfín de atenciones. Los regalos más delicados y caros llegarán a casa con una romántica nota y adornados con una flor. Y no es que el hombre Tauro sea un galán, lejos de todo ello, este hombre se piensa muy bien las cosas, tantea el terreno y nunca tiene prisa en declarar su ámor. En más de una ocasión será la parte femenina la que tenga que dar el primer paso, cosa que apenas conseguirá apresurar al tranquilo Tauro. Su método de conquista es la pura atracción. Lejos de hacer alarde de sus propios valores ni de otras espectaculares acciones, este hombre conquista a la mujer paso a paso. Conoce bien la naturaleza femenina y sabe que, al fin, las comodidades y regalos con los que la dama es obsequiada junto con su honesta, cándida y sensible forma de expresar sus sentimientos, funcionan como el mejor de los hechizos de amor.

De su pareja sólo exigirá una cosa, que sea muy femenina. En privado puede que le permita llevar la batuta, o incluso que sea ella quien a ratos lleve los pantalones, pero en público ella debe comportarse como su mujer; debe paracer que se trata de una pertenencia más, y que ella está plenamente satisfecha de serlo. Este hombre es muy celoso y nunca dejará que su mujer pueda serle arrebatada. Si bien se enorgullece de exhibirla, nunca la abandonará ni permitirá que los grandes conquistadores de corazones se le acerquen demasiado Si se da el caso de rebeldía por parte de ella y no se respetan las premisas impuestas por él, el hombre Tauro tomará medidas drásticas, pues jamás podrá permitir que se le falle de esa manera. Para obtener su perdón hará falta que pase bastante tiempo, amén de las infinitas súplicas que habrá que hacerle. Y es que cuando este hombre toma una determinación, es inamovible. Eso sí, Tauro puede ser duro como una piedra, pero nunca despiadado. En general, esperará a que su compañera comprenda lo antes posible cuál es su papel en la vida. Él tiene muy claro el suyo: vive por los que quiere, y desde luego no va a permitir que un simple capricho femenino tire por tierra la labor de toda una vida. De ella exige sus cuidados, atención, buenos tratos, dulzura y sensualidad.

Como padre es un gran protector. Es feliz viendo a sus retoños prosperar plácidamente entre los seguros y fuertes muros que él ha levantado para ellos. Pero a pesar de la dulzura con que trata a sus vástagos, este hombre está lejos de ser un padre blando y permisivo. Hay pocas cosas que querrá que sus hijos aprendan, pero éstas deberán ser la base, la cimentación de toda su educación. No hay prisas, los chicos deben madurar lentamente, pero de la forma adecuada. El hombre Tauro se encargará de que sus propósitos se lleven a cabo.

El hombre Tauro y el trabajo

Si este hombre tan saludable y natural tiene algún vicio, sin duda será el trabajo. Vive para ello, es su forma de estar en el mundo. Sin los bienes que el trabajo le aporta, no tendría sentido estar vivo. Su planteamiento es siempre ir a más. Puede que disfrute de un buen puesto en un banco, y aún así siempre estará abierto a un posible negocio que le permita seguir aumentando su capital. Su meta es llegar a constituir toda una empresa –nada de asociaciones o corporaciones– y ser él mismo quien soporte todo el peso, responsabilidad y, por supuesto, el encargado de aportar el alma al negocio. A pesar de lo que podría pensarse, es muy reacio a meterse en terrenos peligrosos, prefiere asumir pocos beneficios pero a costa de muy bajo riesgo.

Este trabajador es un gran práctico, de los que piensan que para llegar a dominar una profesión es imprescindible empezar desde abajo. Le gusta y entiende de producción, pero el marketing es su gran batalla. Salvo en ciertos campos, como son los inmuebles o el sector agrario, el hombre Tauro no es un gran ejecutivo. Sus modos y maneras son excesivamente simplistas, su mente nunca está al día y es demasiado lenta para salir airosa en el difícil mundo de la compraventa. Pero no hay obstáculos para él, buscará a toda costa a una persona de confianza que le asesore. Y si puede ser de la familia, mejor que mejor. Sabe bien que éste es uno de sus puntos débiles y que los socios deben ser los menos posibles.

Como jefe es un gran organizador, de maneras simplistas pero efectivas, aunque siempre un tanto anticuadas. No es nada fastidioso con sus empleados. Al contrario, sabe bien que, para trabajar como es debido, es imprescindible un buen ambiente y un aceptable margen de confianza. Pero esto puede resultar peligroso, no para él, sino para aquellos que le ven como una persona fácil de la que se puede sacar provecho. El hombre Tauro no olvida, poco a poco va tomando nota, y engrosando la cuenta de los desdenes de sus empleados. No es de extrañar que una tontería sea la gota que colme el vaso, y sin más el jefe Tauro haga uso de todo su poder para dar por terminada una situación que comprende que ha llegado a su fin. Y es que, a pesar de parecer un hombre tosco, se da cuenta hasta del menor de los detalles. Se fija en las apariencias más de lo que muchos podrían imaginar.

Como empleado es un impecable trabajador. Quizá, por ser un poco lento, tarde en enterarse del funcionamiento de las cosas, pero cuando lo ha conseguido no hay nada que le haga perder el ritmo. Poco a poco se irá labrando su propio sitio, se irá expandiendo y ganándose el aprecio de sus jefes. Pero cuando llegue al tope en la empresa, y si su carrera aún goza de futuro, el hombre Tauro no se detendrá, ni tirará por tierra su labor de años, eso jamás. Pero sí que, antes o después, encontrará la manera de abrirse camino por su cuenta y riesgo. A lo mejor quienes antes eran sus jefes, ahora le tengan que tratar como socio, o incluso como un duro competidor.

Las profesiones que mejor desempeñará el hombre Tauro serán aquellas que exijan un alto grado de compromiso y confianza. Son buenos jefes de obra o almacén, capaces de llevar al pie de la letra aquellos planos o proyectos impuestos por el personal técnico. También son grandes maestros en aquellas artes que necesiten gran paciencia y temple. Dentro de la construcción llegarán a ser verdaderos artistas especializados en las más finas tareas. En otros trabajos prácticos, como son la jardinería o la agricultura, también destacarán gracias a la facilidad de que disponen para conjugar la gran producción con el detalle más decorativo. El mundo artístico es demasiado inseguro para este hombre, pero aún así es fácil encontrarle entre escritores, músicos y pintores. Le encanta producir, y rara vez su obra es escasa.

El hombre Tauro y la salud

Fuerte como un roble, este hombre es el símbolo de la fortaleza física. Sus grandes problemas surgen como consecuencia de los excesos cometidos al satisfacer al cuerpo para resarcirlo del duro trabajo. La glotonería puede llevar al hombre Tauro a tener que ponerse a dieta, y esto será un duro golpe para él. Sería como privarle de la alegría de la vida. Por eso es importante que se controle a menudo, para evitar sustos que pudieran obligarle a adoptar una forma de vida que no va en absoluto con él.

Quizá el otro punto débil del Tauro típico sea la garganta. Todos los males, resfriados e infecciones empiezan o tienen que ver con esta delicada parte del cuerpo. Es importante que el hombre comprende que el helado y los postres fríos han sido en más de una ocasión toda una fuente de enfermedad para su delicada garganta. En caso de ser fumador, cosa no muy común, debe poner especial atención y no forzar la voz.

La fuerza física no abandona al nativo de Tauro hasta una edad muy avanzada. Es capaz de hacer grandes esfuerzos, pero después su espalda debe descansar sobre cómodas y a la vez saludables estructuras pensadas y diseñadas para el descanso. Aunque la longevidad es mayor en las mujeres de este signo, el hombre Tauro siente gran apego por la vida, sabe nutrirse de ella como pocos y, sobretodo, una vez que ha cogido el ritmo, no sabe cuándo ponerle fin. Quizá si viera la muerte como el más placentero y absoluto de los descansos, se entregaría mucho antes y de mil amores en sus brazos.

La mujer Tauro

A la nativa de Tauro, nada se le pone por delante. Ella puede con todo, o por lo menos ésa es la impresión que da a quienes la conocen. Tiene mucho genio, su carácter es fuerte, pero rara vez llega a expresar o a sentir cólera contra alguien. Para verla realmente enfadada hay que colmar su paciencia a base de bien. Y una vez que desborde su furia, entonces no habrá manera de contener tan inminente descarga emocional. Gracias a este talante, es una gran organizadora. Logra mantenerse en su sitio al mismo tiempo que imprime todo su genio y lo proyecta hacia los demás, generalmente a los que quiere, pues suele ignorar a las personas que ni le van ni le vienen. A no ser que se metan con ella, o incluso peor, con los suyos, esta mujer siente gran respeto por la gente. Pero la cosa cambia si alguien pretende aprovecharse o valerse de ella sin tener ninguna relación personal. Su lema es: «las cosas claras y el chocolate espeso». Si alguien espera algo de ella, le conviene hablarlo y negociarlo con el debido respeto.

Su mente, lejos de pretender comprender grandes teorías, encierra un profundo sentido común. Respecto a la vida práctica hay pocas cosas que se le escapen a la mujer Tauro, y si es así no tardará en aprenderlaso. Todo conocimiento que sea aplicable y le ayude a mejorar su vida cotidiana, le interesa notablemente. Le gusta tener su hogar y sus cosas relucientes. Cualquier detalle o complemento que pueda enriquecer la belleza de su mundo circundante le interesa. La ropa y las telas la enloquecen. Tanto los estampados como el fino tacto de algunas tejidos son su perdición. En su casa no faltarán cortinas, colchas, edredones y alfombras. El desorden es algo o quizá lo único que la puede sacar de sus casillas. No se cansará de repetir una y otra vez la misma cantinela. Y si alguien se mofa por ello, más le vale que se vaya preparando para soportar el chaparrón emocional que caerá sobre él. La falta de esmero y la dejadez de los que quiere es algo que no entiende. Para ella es sinónimo de falta de amor propio y no está dispuesta a ver cómo una persona próxima a ella, se abandona poco a poco y se echa a perder.

La mujer Tauro y el amor

El gran valor emocional de esta mujer radica en el candor y en la honestidad con que encara las relaciones sentimentales. Toma a la gente tal y como es y prescinde de caquellas complicaciones que puedan alejar a las personas entre sí, lo que le facilita mucho las cosas a la hora de buscar pareja. Además, esta mujer se siente atraída por aquellas personas que se toman la vida con naturalidad. Puede que un hombre, obligado por su profesión, tenga que conducirse por complejos derroteros, pero si en su vida cotidiana mantiene una actitud serena y sensata, entonces estará dentro de los intereses de la mujer Tauro.

Su gusto por la belleza, la armonía y los detalles resulta primordial a la hora de querer obsequiar a esta mujer. Las flores y los buenos tejidos serán bien recibidos y dejarán bien claras las intenciones del hombre que se las ofrezca. Es una mujer que se deja conquistar, pero si de entrada sabe que ese hombre no le va, pronto se lo hará saber. Una cosa es dejarse agasajar y otra muy diferente aprovecharse de los sentimientos y buenas intenciones de los demás. En ese sentido es toda una señora. Para decidirse a aceptar un romance necesita tomarse su tiempo. No le gustan las cosas apresuradas. Y menos en el amor, pues para ella es un plato de gusto, y hay que saborearlo, y si para ello tiene que hacerse la difícil, no dudará en interpretar ese papel durante una temporada.

Como madre, esta mujer es muy tierna y dulce. Los primeros años de vida de sus hijos serán como un sueño hecho realidad. Pero pronto empezará a educarlos con mano firme y se convertirá en una inquebrantable institutriz. No soporta ver cómo unos magníficos muchachos se echan a perder por la desidia y la dejadez de una madre. Con su marido también se mostrará muy estricta. y si no cumple con las funciones típicas del hombre de la casa, ella se las recordará una y otra vez. Y es mejor así, porque cuando todo va bien, vivir con esta mujer es una verdadera delicia y un mar de sensualidad.

La mujer Tauro y el trabajo

Quien ponga a prueba a la nativa de Tauro, pronto verá de lo que es capaz. Si la mujer Tauro se compromete, eso quiere decir que hay que olvidarse de dicho asunto, es cosa suya. Y la verdad es que muy pocas veces la realidad supera sus cálculos. Es capaz incluso de prever posibles inconvenientes, como una enfermedad o un accidente, para que el trabajo no se quede sin hacer. Pero no se debe esperar que vaya más allá de sus obligaciones. No dará nada por sentado a no ser que se le pida y se negocie su retribución. En ese sentido es una dama de hierro y se mantendrá firme como una roca ante la tempestad.

Para trabajar como a ella le gusta, necesita libertad para organizar su tarea y su tiempo. No le gustan las prisas, aunque es capaz de ser muy competente cuando hay que sacar adelante gran cantidad de trabajo. Pero ante todo tiene que prepararse y mentalizarse. El trabajo bien hecho es su lema. Lo que cada persona produce habla por sí mismo. No está dispuesta a que su reputación sea puesta en duda. Tener gente a su cargo le gusta. Se preocupa por quienes dependen de ella, y es bastante justa a la hora de tomar una determinación. Pero dejará bien claro desde un principio que ella es la que manda.

Aunque a esta mujer le guste la vida laboral, nunca dejará de ser una perfecta ama de su casa. Su marido, sus hijos, la ropa y un confortable lugar donde descansar tras la dura jornada, son tan importantes para ella que rara vez permitirá que su carrera profesional la obligue a tener que desentenderse por completo de sus tareas domésticas. Las profesiones que más van con esta mujer son aquellas que tienen que ver con la vida femenina. La mujer Tauro figurará entre las mejores cocineras y jefas de personal de limpieza. Por otro lado, el mundo textil y de la moda también llaman su atención, así como el de la peluquería y la estética. El arte también ofrece a esta mujer un buen número de posibilidades. La pintura, la música y el comercio de productos de lujo, antigüedades u objetos de arte, serán otras de las facetas profesionales para esta mujer. Aquellas nativas de Tauro que realicen estudios superiores, se sentirán más inclinadas hacia los estudios empresariales y aquellos relacionados con el mundo inmobiliario y el campo.

La mujer Tauro y la salud

Está tan mal acostumbrada a que su cuerpo rebose vitalidad que, cuando se presenta el menor síntoma de debilidad, esta mujer se vuelve aprensiva y pesimista. Para ella, estar enferma es sinónimo de ser una carga para quienes dependen de ella. Sin embargo, sabe cuidar de sí misma. Prefiere los remedios caseros que ponerse en manos de médicos que ante sus ojos, tan sólo entienden de papeleos. Y a pesar de que la medicina alternativa se exhibe de una forma demasiado innovadora para ser entendida o aceptada, va más con la sensible naturaleza de esta mujer.

La garganta es sin duda el punto débil de la mujer Tauro. Cuando se encuentra en perfectas condiciones, su voz suena melodiosa y a menudo cautiva la atención de quien tenga la suerte de escucharla. Pero el menor cambio de tiempo, o bajón de defensas por agotamiento, se dejará sentir en esta parte de su cuerpo. Los pañuelos al cuello, los gargarismos con limón y los vahos estarán dentro de los remedios más efectivos que deberán ponerse en práctica antes de que la cosa empeore. Dentro de los remedios homeopáticos, la *Drosera rotundifolia* le será de gran ayuda.

Al igual que mantiene su salud en buen estado durante largos periodos de tiempo, le cuesta expulsar la enfermedad del cuerpo una vez contraída. Cuando realmente cae enferma, pasa mucho tiempo antes de que vuelva a ser la que era, ya que su cuerpo responde de forma lenta. Es importante que se cure por completo de los males si no quiere hacer de ellos algo crónico.

El niño Tauro: cómo educarlo amorosamente y descubrir sus talentos

El niño Tauro es una delicia para los padres. Un verdadero angelito, tranquilo y sereno…, pero tozudo hasta más allá de lo soportable. Cuando se le pretende enseñar algo que no le interesa o apetece, o si se quiere hacer algo con él sin preguntarle su opinión, entonces el niño Tauro mostrará todo su poderío y determinación para rebelarse. Afectivamente, resulta una maravilla criar a este niño. Es muy dulce, tierno y sensitivo ante las muestras de cariño que se le ofrezcan, además de amistoso y sonriente con las personas mayores que entran en su mundo.

En general son niños sanos y fuertes. Saben bien lo que quieren y cuando lo consiguen se pasan las horas muertas disfrutando plácidamente de ello. Su fuerza emocional es considerable, lo que les permite avanzar más rápidamente que otros niños de su edad. Saben cómo comportarse en cada ambiente desde muy pequeños. Les gusta compartir la estancia con los mayores sin molestar, simplemente jugando con sus cosas. Ante los ojos de los demás padres, este niño parece estar muy bien educado, aunque pronto descubrirán que no es así si se le ordena hacer algo que vaya en contra de su particular y firme sentido común.

No hay que olvidar que el mundo de los sentidos se abre ante él como un amplio abanico de gustos y placeres. Es importante que en su habitación haya muchas imágenes con diferentes tonalidades, a ser posible armónicas y nada chillonas. Los sonidos le ayudan a calmar y a templar sus nervios. Iniciar a este muchacho en el mundo de la música es permitirle disfrutar de una de las parcelas más placenteras de la vida.

En clase es un gran trabajador. Sus maestros estarán encantados con él. Las materias que exijan un mayor grado de abstracción, como las matemáticas, le costarán un poco más. Pero no dudará en aplicar un mayor esfuerzo para salir airoso. Su comportamiento es bueno hasta el día que explota. Es entonces cuando el profesor descubre sorprendido el volcán en potencia que tiene en la clase. Es muy posible que la causa de ese estallido la lleve arrastrando durante unos días, o incluso que el origen radique en algún problema del hogar. Por eso será realmente escandaloso.

El orden forma parte de su vida por naturaleza. Incluso, en el caso de que sus padres sean unos desordenados, llegará a dar lecciones a algunos mayores. Para el niño Tauro la rutina es muy importante. Encontrar las cosas en su sitio, que la comida o la cama estén preparadas con la suficiente antelación, le procura una paz y una tranquilidad como pocas cosas en esta vida. No es de extrañar que acuse profundamente los cambios de domicilio, o que le cuiden demasiadas personas, de manera que la incertidumbre predomine sobre la estabilidad.

Entre las facetas más interesantes a desarrollar por el niño Tauro, sin duda la imaginación ocupa un primer plano. Esta personita tan extremadamente realista necesita que su imaginación sea estimulada con historias de hadas, princesas, dragones y otros mundos de ensueño. La fantasía y la ilusión, cuando es pequeño, deben ser fomentadas al máximo, pues pronto su sentido común tomará el mando, y poco será lo que entonces se pueda hacer para que el niño Tauro abra su mente. La psicomotricidad suele ser muy buena en el pequeño Tauro, pero le costará aprender a hacer las cosas de forma rápida, como si carecieran de esfuerzo. El baile, la danza o la expresión corporal le ayudarán a conectar la alta sensibilidad de su mundo sentimental con el movimiento voluntario de sus miembros, de una forma armónica y muy beneficiosa para él de cara al futuro. El medio natural también es importante para este pequeñuelo, pues es sin duda un elemento en el que disfruta plenamente. No sólo le gusta retozar en plena naturaleza, sino que el mundo de los seres vivos estimula en él una sana curiosidad que le permite desarrollar a la par su metódica y lenta inteligencia, y sus sentidos, siempre deseosos de contemplar la belleza de la vida.

ASCENDENTES PARA EL SIGNO DE TAURO

El signo Ascendente es el que se encuentra en el horizonte Este en el momento exacto del nacimiento. Incide, entre otras cosas, en el carácter y en la personalidad, pues determina la forma o el escaparate a través del cual se expresa la esencia personal. También es importante a la hora de definir buena parte de los rasgos físicos del individuo.

Aries: Los que tengan al Carnero por Ascendente deberán enfrentarse a la vida de forma enérgica. Ante todo, lo que realmente cuenta es que el individuo exprese su energía sin tapujos ni limitaciones. De lo contrario, el nativo entrará en un estado de decepción permanente y se sentirá muy frustrado. Quienes tengan su Ascendente sobre el signo de Aries no deben mirar atrás. Y aunque pequen por exceso, y resulten un tanto egocéntricos o dominantes, será mejor eso que refrenarse y correr el peligro de caer en una depresión crónica. Las relaciones personales son sumamente importantes para un Ascendente Aries. Gracias a la interacción con otras personas es posible que el nativo aprenda a regular y a modular su forma de expresarse. Del mismo modo que le gusta ser respetado, intenta respetar a los demás; y como consecuencia de ello, el individuo que posea este Ascendente logrará un sano equilibrio, lo que permitirá que los demás tengan en cuentan sus opiniones.

Tauro: Quien tenga este signo sobre el horizonte Este en un tema natal ha de tomarse la vida con más calma. Las prisas son la lacra del mundo actual, con ellas no se hace nada bien y por tanto nunca se llega a disfrutar. El nativo con Ascendente Tauro está por ello obligado a planificar, estructurar y trabajar de forma sistemática. Ése es el único camino que le puede conducir a los deliciosos placeres terrenales que tanto le gustan. Eso sí, al dejar a un lado el factor tiempo, esta persona corre el riesgo de caer en la desidia y el abandono, no desde el punto de vista laboral –ya que es un trabajador infatigable– pero sí desde el punto de vista productivo, pues no tiene en cuenta las necesidades o prioridades de la sociedad. Es de vital importancia para el nativo con el Toro por Ascendente que aprenda a distinguir cuándo se puede permitir el lujo de centrarse en sí mismo y en su trabajo prescindiendo de todo lo demás, y cuándo tiene que abrirse y aceptar las mareas sociales que le rodean.

Géminis: Éste es probablemente el Ascendente que más despierta los sentidos. La persona que tiene a los Gemelos en el vértice Este de su tema natal, se enfrenta a la vida con gran curiosidad y con cierto espíritu inquisitivo. Para poder disfrutar y saciar su ansia de conocimiento, la naturaleza ha dotado a este individuo de una espectacular capacidad de adaptación. La versatilidad es su más destacada virtud, pero corre el riesgo de querer abarcar más de lo que es capaz de controlar. Aún así, no hay problema que se le ponga por delante, pues siempre conoce a alguien muy capacitado a su alrededor a quien pedir consejo. Géminis en el Ascendente otorga una maravillosa capacidad de comunicación, sin la cual el nativo no podría cotejar constantemente sus ideas y opiniones con las de los demás. Y ésta es la base sobre la que está construida toda su personalidad: necesita de los demás para establecer un marco de referencia que acote de alguna forma su mundo, de lo contrario correría el peligro de perderse en su laberinto de ideas.

Cáncer: Hay una sensibilidad extrema tras el duro caparazón del Cangrejo. Las emociones y los afectos son captadas y amplificadas al grado máximo. Pero la persona con este Ascendente no es dueña de sus respuestas, pues su enorme sensibilidad la hace muy vulnerable y justamente por eso, para protegerse, se crea un duro armazón bajo el que guardar su intimidad. El principal dilema que plantea este Ascendente es saber cómo utilizar o vivir con esta sensibilidad a flor de piel, sin que resulte abrumador. La única vía posible es la de aprender a reconocer y a respetar los sentimientos de los demás. De esta manera la persona con Ascendente Cáncer aprenderá a dosificar y a liberar respetuosamente sus emociones Se dice que el Ascendente Cáncer tiene una necesidad inminente de criar, alimentar o velar por algo. Ya sea la familia, una empresa, o una creencia, el nativo con este Ascendente entregará en sacrificio su propia existencia con el único propósito de impulsar a alguien o algo hasta lo más alto. El éxito conseguido lo tomará como suyo.

Leo: Indudablemente, éste es el Ascendente de las grandes eminencias. Leo en el vértice Este de la carta astral exige del individuo lo mejor de sí mismo. Hay en este caso una profunda necesidad de alcanzar y expresar todo el poder personal existente. La persona que disfrute de esta particularidad astrológica se entregará a la vida desde su corazón pero necesitará sentir el apoyo, el cariño y el aplauso de los demás. Y aunque corre el riesgo de ser un tanto extravagante y exhibicionista, antes se moriría que ser uno más del montón. Necesita sentirse admirado. Sobra decir que este nativo corre el riesgo de pecar de orgullo y que suele esperar demasiado de los demás. Todos sus actos deben ser reconocidos de inmediato, porque en caso contrario adoptará un comportamiento cínico y soberbio. La generosidad solar típica de Leo debe ser puesta en práctica. Dar sin esperar nada a cambio es la vía que más salud y satisfacción puede llevar a las personas de este Ascendente. Nada mejor que ser espectador del disfrute de los benéficos efectos que el amor puro del León emana a su alrededor.

Virgo: La inquieta energía de este signo afecta a sus hijos adoptivos de forma muy estimulante. Quienes tengan este Ascendente sentirán una gran urgencia por delimitar y conocer al detalle su identidad personal. Para ello, no dejarán de utilizar su incansable mente para autocriticarse constantemente, analizarse y compararse con la media nacional. Virgo en el Ascendente impulsa a la persona al perfeccionamiento, pero no de evolución interna, sino más bien de eficiencia práctica, resolutiva o profesional. No es de extrañar que el cuerpo físico, la apariencia y la salud ocupen puestos destacados en su tabla de valores personales. Los nativos que se ven sujetos a este Ascendente tienden a desmenuzar la vida y toda experiencia con el fin de analizarla, para luego poder emitir un acertado juicio acerca de lo que tienen entre manos. Sus valores principales son el orden, la corrección, la exactitud y la utilidad de las cosas. En las relaciones con los demás son grandes discutidores y argumentan desarmando a sus contrarios. Pero, en el fondo, lo que buscan es el amor universal, para así soportar mejor una vida demasiado práctica y materialista.

Libra: La persona con la Balanza como Ascendente tiene muy en cuenta la experiencia, las necesidades y los deseos de los demás. Sabe muy bien lo importante que puede resultar la iniciativa ajena, siempre y cuando no se pierdan de vista los propios intereses. Su gran problema surge en el momento en el que hay que barajar un gran número de puntos de vista diferentes. El juicio de valor, las normas y la responsabilidad ocuparán un primer plano en su rutina cotidiana. Lo que peor lleva este nativo es verse obligado a tomar una determinación, pues, aunque resulte paradójico, su misión en esta vida es aprender a tomar decisiones y a adquirir compromisos. No es de extrañar que la persona que tenga que vivir con este Ascendente encuentre refugio en la filosofía del hedonismo, que se moleste únicamente por hacer más placentera su existencia y que busque constantemente a personas que armonicen con su *modus vivendi*.

Escorpio: El signo del Escorpión atrae hacia los que tienen este Ascendente los trabajos y las luchas más lóbregas de la humanidad. Ésta es quizá la única manera de que el nativo entre en contacto directo con la vida instintiva, que es en definitiva lo que el Escorpión simboliza. Con este Ascendente el individuo está obligado a seguir luchando hasta el final, aunque sus fuerzas flaqueen una y otra vez, hasta que por fin sea capaz de conseguir sus propósitos. Puede que ante los ojos de los demás el camino de las personas con este Ascendente parezca excesivamente oscuro, complicado y tortuoso, y que para llegar a tales metas haya otras vías mucho más claras y productivas. Pero lo que importa en este caso es lo que no se ve, es decir, la transformación interior y la evolución personal que confiere pasar por esas circunstancias. Es importante que con el paso del tiempo la persona con este Ascendente aprenda a ser más constructiva y respetuosa, a no ir abriendo todas las puertas que se crucen en su camino y a detectar el peligro para poder evitarlo anticipadamente.

Sagitario: El Centauro tiene, por un lado, ideales y sentimientos humanos, pero por otro posee una naturaleza muy instintiva. La religión, la filosofía, las culturas remotas y los viajes ocupan constantemente la cabeza del individuo con este Ascendente. Ante él aparece un gran mundo de posibilidades, y por eso se pierde una y otra vez deleitándose en el placer de saborear una realidad nueva, diferente. Pero todo se esfuma cuando le cae el jarro de agua fría que con cierta frecuencia le arroja la realidad. Como noble animal que es, el Centauro necesita cuidados y las condiciones adecuadas para poder disfrutar de su bienestar. No le importa tener que trabajar duro para conseguir satisfacer sus necesidades; lo que realmente le cuesta es integrarse en la sociedad de forma sencilla, sin despertar la curiosidad ajena. La exageración y la extravagancia que confiere este Ascendente provienen del gran esfuerzo que hace el nativo para relacionarse y dar a conocer de forma precisa, concreta y verbalizada sus intereses, puntos de vista y la amplitud de sus ideales.

Capricornio: Con este Ascendente siempre aparece cierto sentimiento de culpa como mar de fondo. El individuo siente mucha urgencia por dirigir de forma constructiva su energía y entusiasmo, que bajo ningún concepto deben disiparse en el ambiente. Por tanto es lógico pensar que la persona con Ascendente Capricornio tienda a planear y a estructurar la vida cautelosamente. Además, tiene la imperiosa necesidad de hacer algo por sí mismo, como si tuviera que demostrarse el potencial de valores que posee. Pero si hay algo que se le escapa a Capricornio es el amor y la ternura. El nativo con este Ascendente en su tema natal, encontrará por medio de las relaciones personales el camino que le permitirá disfrutar de lo mundano, del contacto humano y del mundo natural tal y como es. El aislamiento es sumamente doloroso con este Ascendente, pues con ello alimenta cada vez más su ego personal, se siente muy importante y difícilmente acepta la valía de los demás.

Acuario: Este Ascendente invita al nativo a desapegarse de la realidad para poder contemplarla en su totalidad y, por supuesto, para observarse a sí mismo desempeñando su papel en el marco de la sociedad. Esta visión global da más importancia al grupo y al ambiente que rodea al individuo que a la propia persona. Pero siempre existirá la pregunta, ¿estoy o pertenezco al grupo adecuado? Aún así, el Ascendente Acuario siempre confiere al nativo la sensación de que hay algo más importante, valioso y poderoso que el yo individual. Por eso pondrá toda su energía en favor de la colectividad, ya que asume la causa social como si fuera suya. Pero al dar todo de sí mismo, también espera mucho de los demás; para él, el reconocimiento ajeno es de vital importancia, y la ausencia de éste le hace ensombrecerse. Quién tenga este Ascendente debe tener cuidado con su mente, pues puede complicarse la vida repasando situaciones, desplantes y toda clase de malas interpretaciones o suposiciones.

Piscis: El símbolo de los Peces nos da una idea de cómo es la persona que posee este Ascendente. Uno de estos vertebrados acuáticos se deja llevar por la corriente de la vida y su personalidad e individualidad son tan sólo el rol o el papel que ocupa en el río. Si embargo, el otro pez remonta la corriente con fuerza, tesón y decisión. Su vida va en ello, prefiere perecer antes que doblegar su individualidad ante las circunstancias adversas. Es por ello importante que el nativo que tenga este Ascendente tenga muy en cuenta a ambos peces. Tiene que dejarse llevar y fluir en la marea de la vida sin perder en ningún momento su propio sentido de la individualidad. Por eso se dice que Piscis siempre vive con cierto espíritu de sacrificio, que no es otra cosa que el ilimitado marco que engloba su mundo sentimental. El arte, la música, las terapias y el misticismo son las mejores profesiones para el desarrollo personal de este individuo, inmerso desde que nace en el profundo sentir de la humanidad.

LOS PLANETAS EN EL SIGNO DE TAURO

El Sol en Tauro

Algunos libros se limitan a decir que representa la estabilidad material, el sentimiento de seguridad y permanencia, o que es sensual y obstinado. Pero puede ser mejor verlos como seres que necesitan aprender a relacionarse con el mundo material de forma equilibrada, sin obsesionarse por acumular riqueza. El mundo de la oscuridad, del instinto y del oportunismo siempre representará una amenaza en su vida.

La Luna en Tauro

La tranquilidad emocional reposa sobre la estabilidad y seguridad material. Sensibilidad intensa pero que tiende al aquietamiento hay cierta necesidad del impulso de otras personas para que se inicie el movimiento. Sentimentalismo conservador, gusto por lo tradicional, culto a la tierra. Atracción por lo bello, el arte, la música y el bienestar material.

Mercurio en Tauro

Necesidad de un fuerte estímulo externo para poner en funcionamiento al individuo, que por lo general es lento a la hora de tomar decisiones y a la hora de formarse una opinión. Mente práctica basada más en el sentido común que en la originalidad. Gran concentración, aunque la mente necesita la exaltación que proporciona la conquista material para ponerse en funcionamiento. Fuerte testarudez, dificultad para cambiar de opinión, falta de reflejos mentales.

Venus en Tauro

Afectos cálidos, sensatos, altruistas y sanos. Estabilidad sentimental, que en caso de verse amenazada derivará en celos y posesividad. Fuerte atractivo y sensualidad que predispone a la persona al goce y disfrute de los placeres terrenales. Habilidad artística manual, voz musical y gusto por los objetos de arte.

Marte en Tauro

Agresividad atenuada, sin prisas y carente de exhibicionismo. Utilización de los propios recursos de forma práctica, facilidad para hacer dinero, pero también para perderlo. Gastos desmesurados. Mucha perseverancia: se suelen conseguir todos los propósitos. Individuo poco violento, con tendencia a la acumulación.

Júpiter en Tauro

Goce de los placeres terrenales. Florecimiento y éxito en la economía y en los bienes materiales, que deben de ser utilizados para mejorar las condiciones sociales del entorno del individuo. Tradicionalismo, optimismo sereno, plácido, alejado de toda crítica. Si está afligido puede ser también causa de autoindulgencia, de indiferencia ante las necesidades físicas de los demás.

Saturno en Tauro

La disciplina y el trabajo duro primarán para poder disfrutar de cierta estabilidad material. Sentido común y práctico muy desarrollados; la razón carece de intelectualidad, se acapara dinero para sentirse seguro. Tacañería, inquietud, a no ser que se sienta el deber cumplido.

Urano en Tauro

Representa la reforma de los bienes de producción, de la economía, teniendo en cuenta los principios humanitarios. Decisión práctica, basada en el sentido común. Poca originalidad.

Neptuno en Tauro

Intensidad a la hora mostrar la sensibilidad superior, pero siempre ligada a la búsqueda de placer y bienestar. Sencillez y facilidad para disfrutar de las fiestas tradicionales o populares. Aptitudes y gusto por la música.

Plutón en Tauro

El impulso de renovación queda totalmente apagado por la tendencia a la permanencia y al gusto por mantener lo establecido, propios del signo.

TAURO EN LAS CÚSPIDES DE LAS DOCE CASAS

Primera
Es lo mismo que decir que la persona tiene Ascendente Tauro. (Ver *Ascendentes.*)

Segunda
Marcado sentido de la posesión frente a las relaciones personales. Gusto por la comodidad física, gran atracción por la vida natural. Disposición práctica ante el dinero; gusto por objetos costosos.

Tercera

Lentitud mental, dificultad para cambiar de opinión y para la abstracción. Gran memoria y capacidad para retener el conocimiento adquirido. Necesidad de palpar la realidad para asimilarla.

Cuarta

La seguridad material es vital para este individuo, que establece la base de sus recursos sobre el dinero y las pertenencias. Cauto y muy conservador. El individuo canaliza los recursos materiales de forma bella, rodeándose de lujo y confort.

Quinta

Disfrute y búsqueda de satisfacción a través de los placeres terrenales. Dificultades para conceder autonomía a los hijos. Posesividad ante las propias creaciones.

Sexta

Sentido práctico y fortaleza que ayudan a la hora de enfrentarse a la rutina y al trabajo cotidiano. Capacidad de trabajar duro si hay una buena gratificación económica. Buena salud, tendencia a la obesidad y a comer en exceso.

Séptima

Constancia, fidelidad y devoción en las relaciones personales más íntimas. Cierta posesividad y celos en el amor. Búsqueda de pareja para conseguir una mayor estabilidad y seguridad personal.

Octava

Don para manejar los negocios y para hacer dinero. Enriquecimiento por medio de las relaciones íntimas. Gran capacidad de seducción y de atracción. Fuertes pasiones por celos o excesiva posesividad.

Novena

Las creencias religiosas se basan en algún tipo de sostén material o se aceptan las creencias tradicionales como propias. Aversión por las innovaciones y los grandes desplazamientos, a no ser que sean con mucho lujo.

Décima

Gran constancia para perseguir de unos fines concretos respecto a la carrera y la vida profesional. Se identifica el dinero con el poder y se busca la fama y el reconocimiento profesional. Profesiones en el medio natural o relacionadas con el arte.

Undécima

El individuo depende en exceso de los demás. Tendencia a aferrarse demasiado a las amistades. Esperanzas y proyectos concretos, basados en el sentido común. El individuo adquiere seguridad personal por pertenecer a un grupo.

Duodécima

Problemas por exceso de materialismo o terquedad. Avaricia y fijación material que suelen afectar negativamente al individuo. Las circunstancias del pasado afectan profundamente a la vida del nativo.

GÉMINIS:
EL MUNDO DE LAS POSIBILIDADES

Pertenecen a este signo las personas nacidas entre el 22 de mayo y el 21 de junio. Géminis es un signo de Aire que simboliza las ideas, la mente, el espacio y las comunicaciones entre otras muchas cosas. Los nativos de este elemento suelen ser fríos, distantes, calculadores, comunicativos y de emociones poco intensas. La naturaleza de Géminis es mutable, es decir doble; lo que significa que Géminis nunca aboga por una única solución, y, siempre que puede, prefiere andar con un pie por cada sendero antes que tener que tomar una determinación. Es la naturaleza del continuo movimiento, siempre operativo y de ubicación indeterminada que, junto a las particularidades del Aire, hace de los nativos Géminis personas sumamente cambiantes, de apariencia contradictoria y de una versatilidad tal, que uno llega a plantearse si realmente no tendrán un hermano gemelo.

Su planeta regente, Mercurio, que también rige a Virgo, es el causante de la infinita curiosidad de estos dos signos. Pero mientras que Virgo expresa su curiosidad a través de la experiencia, del contacto con la realidad y a base de discriminar entre objetos concretos, Géminis, al ser un signo de Aire, quiere saciar su sed de conocimiento por medio de la comparación de ideas y, para ello, necesita un buen interlocutor. De ahí nace su fama de charlatán y comerciante empedernido. Cualquier otra persona se volvería loca si le diera tantas vueltas a la cabeza como hace Géminis, y al final sería incapaz de saber qué es mejor o peor, qué conviene más o qué elección promete mayor futuro. Pero si tenemos en cuenta que Plutón se encuentra exaltado en Géminis, es posible que entonces se pueda entender que el nativo de Géminis libere sus dudas e inquietudes a través de la palabra. Géminis es un especialista nato en hacer partícipes a los demás de sus problemas, incluso en involucrarlos en la elaboración del más adecuado desarrollo mental, para después tomar una plutoniana decisión, basada más en la intuición que en el pensamiento. Posteriormente siempre encontrará argumentos –ya que nunca le faltan– y tiempo para justificarse y reafirmar su modo de obrar ante los demás. Desde el punto de vista de alguien que se tome en serio la vida, Géminis es un gran tramposo, que no hace más que liar a la gente. Pero, todo hay que decirlo, un Géminis es entretenido, te pone al día de los últimos cotilleos y noticias de interés y, en cosas poco importantes, siempre está dispuesto a compartir.

Naturaleza, simbología y mitología del signo

En la época en que el Sol está en el signo de Géminis, aseguradas ya la fecundación y la formación de los frutos, llega el momento de la distribución de las semillas. Para ello hay que contar con toda estrategia que pueda resultar válida. Sin duda la colaboración entre las especies animales y vegetales parece ser una de las elecciones de la evolución de los seres vivos. A la planta no le importa compartir sus deliciosos frutos con los animales, ya que se encargarán de distribuirlos por el mundo. Las estrategias de la naturaleza para sacar provecho a muy bajo coste son de lo más variopintas —ya sea desarrollando pequeñas alas a las semillas, o por medio de sabrosos frutos, o incluso poniendo pequeñas trampas, como las de las espigas, rascamoños, etc.— y no hacen más que ilustrar la forma de comportarse de este signo, así como las dotes comerciales de Mercurio, su regente.

En esta actitud del mundo vegetal del hemisferio Norte y de las zonas templadas, podemos observar un alto grado de expresión del individuo, es decir, una manifestación abierta y clara de la esencia propia de cada cual. No hay que olvidar que durante este periodo el Sol se aproxima al punto más alto, y que todos los seres vivos entran en un período de máxima presencia y actividad, ejerciendo gran presión unos sobre otros. Existe además cierto placer en el descubrimiento de la propia energía —al igual que ocurre en la adolescencia, también simbolizada por Géminis—, tanto que incluso se puede hablar de narcisismo. Enamorarse de uno mismo es lo mejor para reafirmarse, pisar fuerte y competir deportivamente. Esta actitud tan egocéntrica es muy propia de Plutón, que se encuentra exaltado en este signo. Es pues un mal momento para cambios sustanciales que requieran cierto grado de tranquilidad, sosiego y conexión con la energía universal. Aquellos seres que deban realizar algún tipo de metamorfosis en este momento, necesitarán algún tipo de estructura que los aísle y proteja de la vorágine natural del momento —exilio de Neptuno—. Tan sólo los medios acuáticos, lejos de la mundanal actividad de Mercurio y gobernados por Neptuno, son aptos para que se produzcan cambios estructurales significativos.

Hay que recordar que éste es el período del año en el que las alergias alcanzan su punto máximo. La alteración del sistema inmunológico es también propio de un Neptuno débil, es decir, hay que protegerse y cerrarse ante el exceso de información y distribución de tantas sustancias distintas. El mundo en estos días es bello por su diversidad. Los sentidos —reflejados también por Mercurio— disfrutan ante tan maravilloso abanico de tonos, aromas, y matices. Pero todos conocemos los primeros efectos de los calores sobre el cuerpo, los picores, las incomodidades ante el contacto desnudo con la naturaleza, donde ahora la actividad es frenética. Pues bien, esta incomodidad para el cuerpo físico viene reflejada por el exilio de Júpiter, planeta del bienestar y del disfrute de la vida.

En la vieja mitología griega –Hermes– y romana –Mercurio– este dios era considerado el mensajero de los dioses. Pero antes de ser nombrado para dicho cargo, su historia fue larga y, desde luego, nada monótona. Parece ser que de recién nacido este inquieto dios se aburría mucho en su cuna y la abandonaba con frecuencia y aprovechó el sueño de su madre para hacer fechorías nocturnas. Primero robó el carcaj de flechas de Cupido –lo que simboliza el poco efecto que puede ejercer el amor sobre los Géminis, ya que su dios fue dueño de las flechas de amor del Olimpo–. La segunda de las fechorías consistió en robar la espada a Marte, y esto hizo que los demás dioses se burlaran del dios de la guerra. En este segundo caso vemos cómo los Géminis hacen de su cerebro e inteligencia su mejor arma; la inteligencia siempre derrota a la fuerza. Como tercera fechoría, el pequeño Mercurio robó el tridente del respetado Neptuno, dios de las profundidades marinas cuya serenidad es capaz de gobernar y dirigir las más imperiosas fuerzas de la naturaleza. Y esto ilustra que, aunque los Géminis se creen que todo lo pueden a través de su inteligencia –y así lo demostró Mercurio con este hurto–, sin embargo carecen de la paciencia y la confianza suficientes para mantener tan titánica labor– lo que claramente se ve con la caída de Neptuno en Géminis–. Para terminar, desairó a Venus robándole su ceñidor, e incluso estuvo a punto de robar el cetro de Júpiter, al cual no le quedó más remedio que expulsar a su hijo del Olimpo. La pena de tan desdichada decisión se ve reflejada en el exilio de Júpiter en el signo de Géminis: la alegría, el júbilo y la generosidad propias de este planeta se ven claramente coartadas por dicho exilio. Según cuenta la mitología, los únicos dioses con que Mercurio llegó a entenderse fueron Plutón, al cual ayudó en el rapto de Proserpina –y en la Astrología queda plasmado como Plutón exaltado en Géminis– y a Apolo, el dios Sol, al que regaló su lira como pago –y esto puede ser interpretado como el apogeo del astro rey en el solsticio de verano.

El hombre Géminis

Al igual que su dios, Mercurio, este hombre es inquieto hasta decir basta. Con su incansable mente, repasará todos los temas disponibles hasta que por fin salte la liebre y con ella la conversación obtenga la emoción y la pasión de la que él tanto gusta. Su especialidad consiste en llevar la contraria, rebatir todos los puntos de vista y por fin conseguir provocar en los demás la reacción que tanto esperaba: el desborde emocional. En el fondo, lo que busca el hombre Géminis es apasionar y estimular a los demás –cosa que a veces consigue– aunque generalmente lo único que hace es irritar y crispar el ambiente.

Mercurio, el dios, demostró muy poco respeto por nada ni por nadie. Algo semejante le pasa al hombre Géminis; a pesar de su aparente adaptación y versatilidad, está cerrado a la magia sutil que suele aparecer entre las personas armoniosas que logran comunicarse y entenderse más allá de las palabras. Rápidamente encontrará cualquier pretexto para provocar la diferencia de opiniones, para incitar a la tertulia y llevar la reunión al punto donde él saca el mayor partido: la discusión acalorada.

También hay facetas de este hombre que le hacen gozar de gran popularidad. Para empezar sabe adaptarse a cualquier tipo conversación, independientemente del nivel social de los presentes. Su ingenio y rapidez mental siempre despiertan risas y renuevan las ilusiones de sus contertulios. Además, siempre aporta algún tipo de información útil, novedosa y en general de gran provecho, aunque posteriormente se compruebe que es un tanto incompleta.

Por más años que pasen, el hombre Géminis siempre mantendrá un espíritu jovial, desenfadado o incluso inmaduro. Se seguirá apasionando por temas tales como la tecnología –en la que siempre está a la última–, la mecánica, electrónica y en toda innovación audiovisual que deleite el imperio de sus sentidos. Tampoco se asentará con la edad, ni dejará de desplazarse continuamente entre sus múltiples domicilios. Y, por supuesto, siempre llevará un teléfono móvil en su bolsillo.

El hombre Géminis y el amor

La forma que tiene este hombre de amar resulta un tanto superficial y carente de peso. Su mejor faceta de cara al amor es la conquista y el juego que ésta supone. Realmente, cuando este hombre se enamora, lo está haciendo de un ideal, de un amor irreal y generalmente bastante platónico. Por eso suele estirar al máximo los primeros estadios de la relación sentimental, viviendo interminables y remotos episodios que mantengan viva la llama de la pasión.

Como cabe esperar de este hombre narcisista, enamorado de sí mismo, su comportamiento es impredecible. Por más compromisos que haya aceptado al formar una pareja estable, el hombre Géminis necesita y se toma un amplio margen de libertad individual. Y lo peor de todo es que, cuando su presencia resulta imprescindible, nunca está de cuerpo presente. Esto es algo que la pareja de este nativo tendrá que aceptar antes o después. Con su independencia para poder moverse a su antojo, el típico Géminis inculca en su compañera sentimental un profundo sentimiento de soledad, obligándola a valerse por sí misma y a tomar decisiones de suma importancia y que, por supuesto, conciernen a los dos. El hombre Géminis nunca llega a madurar y a asumir el papel de patriarca que el tiempo tiene reservado a todo hombre.

Con un hijo de Mercurio, el amor es sinónimo de diversión y entretenimiento; nada de compromiso, ni de obligaciones. Lo que busca Géminis es una compañera mental, alguien con quien compartir y comentar las experiencias de cada día. Además, para colmo, espera de su pareja un firme apoyo donde verter y consolar las infantiles emociones que mueven a este hombre tan poco maduro.

La fidelidad no es uno de sus puntos fuertes. Al hijo de Mercurio le gustaría vivir toda su vida como si de la adolescencia se tratara. Nada es lo suficientemente serio como para impedirle disfrutar de las pequeñas aventuras que le deparará el destino. Pero tras este febril comportamiento se esconde una gran inseguridad personal. Hay algo dentro del hombre Géminis que nunca se llega a asentar y posiblemente sea su vida emocional. Por eso, nada mejor para preservar la fidelidad de este hombre que mostrar una plena confianza en él. Eso le ayudará a reafirmar sus delicados valores y sentimientos personales, y no se verá tentado a paliar o a apagar su nerviosismo en caprichosas aventuras.

El hombre Géminis y el trabajo

Si repasamos en la mitología la vida de Mercurio, nos encontramos con que la primera profesión que asumió fue la de ladrón, causa principal de su destierro. Más tarde, en la Tierra, fue pastor. Al poco tiempo ya todos le pedían consejo y comprendió que poco más podría aprender allí. Entonces decidió marcharse a la ciudad, donde aprendió el arte del comercio y por último regreso al Olimpo, donde obtuvo el perdón de Júpiter y se convirtió en mensajero real.

Con este pequeño ejemplo queda patente la naturaleza inquieta que gobierna al hombre Géminis en su trabajo. La novedad estimula su inteligencia y curiosidad, y así el nativo de este signo acaba metiéndose hasta por los más insospechados resquicios de la empresa, obteniendo una información que muchos tardarían vidas enteras en descubrir. Pronto dará con los límites de su puesto laboral, hará una carrera de vertiginoso ascenso, y en poco tiempo estará plenamente seguro de haber llegado al tope. Y lo que peor le puede pasar a un Géminis en su trabajo es que le resulte monótono, rutinario y aburrido. Entonces, sin apenas ser consciente de ello, adoptará una postura destructiva que acabará minando su status laboral.

El hombre Géminis sabe resurgir de sus propias cenizas como pocos. Pronto encontrará una nueva ocupación, aunque a veces –todo hay que decirlo– no esté preparado para desempeñarla. Pero como logró documentarse lo suficiente en la sala de espera, justo antes de hacer la entrevista, el puesto será suyo. Eso es quizá lo que más le guste: el desafío de aprender una profesión sobre la marcha.

Las funciones que mejor desempeña el nativo de Géminis, independientemente del área en la que trabaje son: la organización de tareas y de horarios, la educación, la preparación de un equipo y la planificación para la optimización del trabajo. Además hay muchas profesiones que se asocian típicamente al hombre Géminis: locutor, *disc-jockey,* escritor, corredor de bolsa, viajante, presentador, relaciones públicas…

El hombre Géminis y la salud

El hombre Géminis posee dos cualidades muy buenas que ayudan a preservar su salud. La primera es que siempre es consciente de sí mismo, por lo menos en lo que respecta a hacer esfuerzos. En cuanto siente que empieza a recaer sobre él demasiado peso, pronto pone toda su atención para que se produzca un cambio. La verdad es que no tiene el menor espíritu de sacrificio, y eso a la larga va en beneficio de su cuerpo. La segunda es que, al desarrollar muchas tareas y tener numerosos contactos, tanto a lo largo de su vida privada como profesional, le es posible desfogar y liberar gran parte de sus tensiones y preocupaciones. Además, y aunque al principio de su vida laboral hiciera un trabajo físico fuerte, a la larga es raro que un hombre Géminis no haya encontrado un puesto relativamente cómodo.

Lo que más desgaste sufre a lo largo de su existencia son sin duda su cerebro y sus nervios. La disfunción que con los años se produzca en sus órganos de los sentidos –vista y oído principalmente– tendrá gran repercusión sobre su ánimo. Lo que peor puede llevar un hijo de Mercurio es sentirse aislado del mundo exterior. Tendrá la sensación de que le falta el aire para respirar. Pero la exaltación de Plutón siempre da con una solución. Lo mejor de Géminis es que se hace fuerte frente a las dificultades, pone todo su ingenio a trabajar, y lo que antes era un trauma ahora es fuente de vida. Si le falla por ejemplo el oído, entonces se documentará en los últimos avances de la audiofonía. Hará de la sordera su causa vital, se repondrá, agotará la paciencia de los que le rodeen e incluso acabará vendiendo aparatos para sordos. Ésa es la fuerza exaltada de Plutón en Géminis.

Pero ante lo que poco o nada puede hacer es frente a los trastornos respiratorios. El pulmón es el aparato más castigado en un hombre Géminis. Tanto habla, que se acostumbra a mantener una respiración muy corta y breve. Y si rara es la vez que hace una inspiración profunda, encima, los deportes oxidativos que abren el pecho no suelen ser de su agrado. Así que las bronquitis, pulmonías, asma y otras insuficiencias respiratorias probablemente hagan acto de presencia a lo largo de su vida.

La mujer Géminis

Puede que ésta sea la mujer del Zodíaco que mejor rompa todos los patrones de la condición femenina. Lejos de verse atrapada por la pasión terrenal que generalmente ata al sexo femenino, la mujer Géminis permite que su mente vague por los aires participando sólo de aquellas cosas que llaman su atención, sin profundizar en nada. Le gusta hacer comentarios de todo cuanto observa y puede parecer a veces fría, despiadada o falta de corazón. Pero no hay que olvidar que los Gemelos son un signo múltiple, es decir, que encierra más de una personalidad. Por supuesto que bajo las muchas capas de su personalidad se encuentra una vida instintiva muy pura, llena de pasión y de romanticismo. Pero no es nada fácil llegar a descubrirla. Tan sólo en situaciones excepcionales, donde la coraza de la personalidad se rompe, es posible llegar a conocer su dulce esencia. La música, el espectáculo, el baile y en general todos los medios de expresión que permitan al cuerpo manifestar su sentir, abren el camino que permite a los demás llegar a conocerla tal y como es.

En principio esta mujer puede parecer mucho más dura, despiadada y calculadora de lo que es en realidad. Por ello, en muchas ocasiones le toca cargar con un papel de chica dura que los demás le adjudican injustamente. En realidad, ella es mucho más sensible de lo que mucha gente podría imaginar, y está tan necesitada de cariño, de comprensión y compasión como las demás.

Descubrir todas y cada una de las facetas de esta mujer es una tarea que puede durar toda una vida. Además, como puede adoptar un sinfín de diferentes papeles, siempre se comporta en función del ambiente. Pero en general se puede decir que esta jovial dama jamás se quedará callada si se le presenta la oportunidad de intervenir en una conversación, así como tampoco escurrirá el bulto si puede echar una mano y colaborar con los demás.

La mujer Géminis y el amor

Nada más grato podría suceder a esta mujer en la vida que caer profundamente enamorada de un hombre. Quizá esto sea debido a que por su personalidad múltiple, la mujer Géminis nunca llega a enamorarse plenamente. Siempre surgirá una parte de su ser que tenga algo que objetar a todo hombre, incluso al suyo. Pero como su inteligencia manda y le dice que los ideales no son de este mundo, al final se contenta con el mejor hombre del montón, e intenta olvidarse del príncipe de sus sueños.

Claro que ella como mujer también deja mucho que desear. Lejos de interpretar un papel hasta el final, esta nativa salta de un rol a otro sin el menor complejo. Puede ser una madre estupenda y estar jugando divertidamente con sus hijos y de repente sentir la necesidad de estar sola o de hacer sus cosas. En el mismo instante en que lo piense ya habrá tomado la determinación de poner punto y aparte, sin importarle lo que deja tras su decisión. Es posible que este comportamiento oculte un miedo profundo de difícil comprensión que no la deje mirar atrás. Con el amor, la mujer Géminis buscará una mano firme que la ayude en cierta medida a parar para poder disfrutar un poco más de la vida. En realidad, lo que esta mujer anhela, es poder descansar un poco de sí misma.

La fidelidad y la relación estable es algo que le cuesta mantener. A no ser que la presencia del amado sea intensa, pronto empezará a fijarse en otros, y probablemente otro cualquiera caiga en sus brazos si no hay algo, una llamada o una carta que le recuerde que el hombre de su vida no la olvida y que pronto se reunirá con ella. Lo que le ocurre a esta hija de Mercurio es que no entiende eso de estar en reposo esperando que su compañero vuelva al hogar. Su constante actividad es la que la impulsa a buscar a otros hombres. Pero la necesidad de pasar por periodos de inactividad y reposo, es algo que, antes o después, tendrá que aceptar y, sobre todo, practicar en cada uno de los diferentes planos de su existencia.

Como madre, seguramente sus hijos la recordarán como una mujer risueña y alegre. De ella aprenderán a ser independientes y a valerse por sí mismos. Para esta mujer la maternidad no es más que una función biológica que se dilata en el tiempo un poco más de la cuenta. Aunque la educación es uno de los fuertes de Géminis, es muy probable que los hijos de esta mujer sean bastante desobedientes y rebeldes. Sin embargo, pronto aprenderán a valerse por sí mismos y tendrán un desarrollo intelectual del que podrá sentirse orgullosa esta madre tan poco convencional.

La mujer Géminis y el trabajo

Rara es la Géminis que opta por quedarse en su casa y dedicarse plenamente a las tareas del hogar. Y, en caso de hacerlo, no tardará en implicar y hacer partícipe a su pareja. Pronto se rodeará de todo tipo de electrodomésticos, novedades, libros de cocina y útiles de lo más variopinto. Pero ¿cuánto tiempo pasará antes de que su actividad se vea frenada por sí misma? Llegará el momento en que la casa se le quede pequeña, sobre todo porque ya habrá probado y agotado todas las posibilidades y ya nada le dará juego. Entonces, o bien convence a su pareja para cambiar de domicilio −algo que le encanta− o bien abrirá la puerta del rellano de la escalera y entablará interminables conversaciones con las vecinas.

Si, por el contrario, prefiere tener una vida laboral y un desarrollo profesional, entonces alguien tendrá que hacerse cargo de la casa porque ella tendrá muy claro que no es cosa suya. En cambio, en el trabajo se entregará en cuerpo y alma; no estará dispuesta a que la descalifiquen o la infravaloren por un simple descuido. Laboralmente es competente y sanamente competitiva. Las profesiones en las que más vistosamente afloran sus virtudes son aquellas que tienen que ver con las relaciones personales. Como azafata de viaje es envidiable su capacidad para captar las necesidades de cada uno y al mismo tiempo imponer un equilibrado orden del día. Los idiomas son también su fuerte, y como intérprete pocas personas de otros signos la superarán. El campo de la educación, del periodismo e incluso en el de la música o el teatro son muy fructíferos para el desarrollo profesional de la mujer Géminis. Sin embargo la reconoceremos rápidamente, independientemente de la tarea que desempeñe, por la rapidez y agilidad con que solucionará los pequeños obstáculos que se le presenten. Siempre contará con la experiencia de otros antes de valorar o tomar una decisión importante, pero rara será la vez que delegue en terceros cosas de las que ella misma se siente perfectamente capaz.

La mujer Géminis y la salud

Por lo general, la mujer de este signo dispone de una musculatura muy elástica que le otorga un aire grácil, bello y juvenil. Pero, al igual que ocurre con el hombre Géminis, esta mujer sufre las consecuencias del tremendo desgaste nervioso que azota continuamente a su cuerpo. Al nivel de piernas y caderas no suele sufrir mayores molestias, pero son los brazos y el pecho los que se llevan la peor parte. Espasmos, mala circulación en el final de las extremidades, contracturas en la parte superior de la espalda −que suelen derivar en molestias cervicales−, son los principales síntomas que le están indicando que hay algo que no funciona bien. Es común que esta mujer lo haga todo con la cabeza, y que, por tanto, no le conceda al cuerpo el suficiente tiempo como para prepararse y acomodarse a las contínuas órdenes que el sistema nervioso central no cesa de enviar. Por eso, cualquier actividad que obligue a la mente a perder protagonismo y que permita al cuerpo liberar tensiones, será una auténtica terapia. El baile por una parte compensará a la musculatura de piernas y brazos, el canto actuará a nivel más interno ejercitando la respiración y los pulmones –otra de las deficiencias de Géminis–. Actividades no profesionales de este estilo ayudarán a esta mujer a mantener controlados los niveles de estrés que suelen atacarla.

Por último, queremos decir que los órganos que constituyen el aparato reproductor son potencialmente frágiles en la mujer Géminis. Por tanto, deberá prestar atención a éstos por medio de revisiones periódicas que ayuden a prevenir el desarrollo de enfermedades peligrosa.

El niño Géminis: cómo educarlo amorosamente y descubrir sus talentos

El desarrollo mental y psicomotriz del niño Géminis es verdaderamente espectacular. Aprende a hablar y a andar mucho antes que los demás niños. Y a partir de ahí, los avances van en aumento. Dará tremendas pasadas con su bicicleta a sus compañeros de guardería que todavía no se manejan bien con el triciclo. El ordenador será el vicio preferido del joven Géminis. Pronto superará a sus padres, que al poco tiempo de haber iniciado a este muchacho en este mundo, ya le estarán pidiendo consejo.

Pero está claro que cuando una parte de la personalidad se hiperdesarrolla, por compensación tiene que existir una carencia por algún lado. En el caso del niño Géminis, la vida afectiva y emocional permanecerá en un estadio muy infantil durante gran parte de su vida. Y aunque en la adolescencia es uno de los muchachos mejor preparados, por su clara ventaja física y mental, además de por la naturaleza de su signo, tardará en alcanzar la madurez emocional.

Con su hiperactividad el pequeño Géminis pone nervioso hasta al padre más paciente, que tendrá ganas de atarlo para que se esté quieto. Es tan entusiasta que cuesta mucho encauzarlo en una dirección determinada. Su fuerte es llevar un montón de actividades en paralelo: estudios, deportes, música, informática etc. Quizá la misión de los padres de un Géminis sea preocuparse por su sistema nervioso, ya que es posible que agote más energía de la que dispone. Un poco de calma y sosiego resultan vitales para él. Pero como hasta en las áreas más tranquilas de la vida, Géminis siempre saca a relucir su potente energía mental, es casi imposible dar con una solución. Como tiene gran capacidad de imitación, quizá si sus padres le dieran el ejemplo de técnicas como el yoga o la relajación, este muchacho contaría con una importante herramienta que le ayudaría notablemente en su futuro personal.

Desde luego su talento es muy particular. No hay que enseñarle nada en plan tradicional. Lo más importante es dejar que exprese lo que lleva dentro, que adopte el método que mejor le vaya. Es un auténtico autodidacta y obligarle, por ejemplo, a coger el bolígrafo de una manera determinada podría generar en él un trauma o complejo. No es raro encontrar entre los niños Géminis a ambidiestros, o zurdos de la mano pero diestros de los pies. Son muy particulares y su educación resulta resultya a veces delicada para unos padres concienciados.

Las normas, los horarios y cumplir con cierto orden, son cosas que le cuestan muchísimo a un niño Géminis. Es en esto, pues, en lo que se debe hacer más hincapié a la hora de educarle. Si los padres se arman de paciencia y son capaces de guiarlo serenamente para que aprenda a cumplir con las imposiciones de esta sociedad y de esta vida, entonces, realmente estarán haciendo algo importante para que el futuro del niño Géminis se abra y aparezca ante él como una experiencia serena, esperanzadora y deseosa de ser vivida.

ASCENDENTES PARA EL SIGNO DE GÉMINIS

El signo Ascendente es el que se encuentra en el horizonte Este en el momento exacto del nacimiento. Incide, entre otras cosas, en el carácter y en la personalidad, pues determina la forma o el escaparate a través del cual se expresa la esencia personal. También es importante a la hora de definir buena parte de los rasgos físicos del individuo.

Aries: Los que tengan al Carnero por Ascendente deberán enfrentarse a la vida de forma enérgica. Ante todo, lo que realmente cuenta es que el individuo exprese su energía sin tapujos ni limitaciones. De lo contrario, el nativo entrará en un estado de decepción permanente y se sentirá muy frustrado. Quienes tengan su Ascendente sobre el signo de Aries no deben mirar atrás. Y aunque pequen por exceso, y resulten un tanto egocéntricos o dominantes, será mejor eso que refrenarse y correr el peligro de caer en una depresión crónica. Las relaciones personales son sumamente importantes para un Ascendente Aries. Gracias a la interacción con otras personas es posible que el nativo aprenda a regular y a modular su forma de expresarse. Del mismo modo que le gusta ser respetado, intenta respetar a los demás; y como consecuencia de ello, el individuo que posea este Ascendente logrará un sano equilibrio, lo que permitirá que los demás tengan en cuentan sus opiniones.

Tauro: Quien tenga este signo sobre el horizonte Este en un tema natal ha de tomarse la vida con más calma. Las prisas son la lacra del mundo actual, con ellas no se hace nada bien y por tanto nunca se llega a disfrutar. El nativo con Ascendente Tauro está por ello obligado a planificar, estructurar y trabajar de forma sistemática. Ése es el único camino que le puede conducir a los deliciosos placeres terrenales que tanto le gustan. Eso sí, al dejar a un lado el factor tiempo, esta persona corre el riesgo de caer en la desidia y el abandono, no desde el punto de vista laboral —ya que es un trabajador infatigable— pero sí desde el punto de vista productivo, pues no tiene en cuenta las necesidades o prioridades de la sociedad. Es de vital importancia para el nativo con el Toro por Ascendente que aprenda a distinguir cuándo se puede permitir el lujo de centrarse en sí mismo y en su trabajo prescindiendo de todo lo demás, y cuándo tiene que abrirse y aceptar las mareas sociales que le rodean.

Géminis: Éste es probablemente el Ascendente que más despierta los sentidos. La persona que tiene a los Gemelos en el vértice Este de su tema natal, se enfrenta a la vida con gran curiosidad y con cierto espíritu inquisitivo. Para poder disfrutar y saciar su ansia de conocimiento, la naturaleza ha dotado a este individuo de una espectacular capacidad de adaptación. La versatilidad es su más destacada virtud, pero corre el riesgo de querer abarcar más de lo que es capaz de controlar. Aún así, no hay problema que se le ponga por delante, pues siempre conoce a alguien muy capacitado a su alrededor a quien pedir consejo. Géminis en el Ascendente otorga una maravillosa capacidad de comunicación, sin la cual el nativo no podría cotejar constantemente sus ideas y opiniones con las de los demás. Y ésta es la base sobre la que está construida toda su personalidad: necesita de los demás para establecer un marco de referencia que acote de alguna forma su mundo, de lo contrario correría el peligro de perderse en su laberinto de ideas.

Cáncer: Hay una sensibilidad extrema tras el duro caparazón del Cangrejo. Las emociones y los afectos son captadas y amplificadas al grado máximo. Pero la persona con este Ascendente no es dueña de sus respuestas, pues su enorme sensibilidad la hace muy vulnerable y justamente por eso, para protegerse, se crea un duro armazón bajo el que guardar su intimidad. El principal dilema que plantea este Ascendente es saber cómo utilizar o vivir con esta sensibilidad a flor de piel, sin que resulte abrumador. La única vía posible es la de aprender a reconocer y a respetar los sentimientos de los demás. De esta manera la persona con Ascendente Cáncer aprenderá a dosificar y a liberar respetuosamente sus emociones Se dice que el Ascendente Cáncer tiene una necesidad inminente de criar, alimentar o velar por algo. Ya sea la familia, una empresa, o una creencia, el nativo con este Ascendente entregará en sacrificio su propia existencia con el único propósito de impulsar a alguien o algo hasta lo más alto. El éxito conseguido lo tomará como suyo.

Leo: Indudablemente, éste es el Ascendente de las grandes eminencias. Leo en el vértice Este de la carta astral exige del individuo lo mejor de sí mismo. Hay en este caso una profunda necesidad de alcanzar y expresar todo el poder personal existente. La persona que disfrute de esta particularidad astrológica se entregará a la vida desde su corazón pero necesitará sentir el apoyo, el cariño y el aplauso de los demás. Y aunque corre el riesgo de ser un tanto extravagante y exhibicionista, antes se moriría que ser uno más del montón. Necesita sentirse admirado. Sobra decir que este nativo corre el riesgo de pecar de orgullo y que suele esperar demasiado de los demás. Todos sus actos deben ser reconocidos de inmediato, porque en caso contrario adoptará un comportamiento cínico y soberbio. La generosidad solar típica de Leo debe ser puesta en práctica. Dar sin esperar nada a cambio es la vía que más salud y satisfacción puede llevar a las personas de este Ascendente. Nada mejor que ser espectador del disfrute de los benéficos efectos que el amor puro del León emana a su alrededor.

Virgo: La inquieta energía de este signo afecta a sus hijos adoptivos de forma muy estimulante. Quienes tengan este Ascendente sentirán una gran urgencia por delimitar y conocer al detalle su identidad personal. Para ello, no dejarán de utilizar su incansable mente para autocriticarse constantemente, analizarse y compararse con la media nacional. Virgo en el Ascendente impulsa a la persona al perfeccionamiento, pero no de evolución interna, sino más bien de eficiencia práctica, resolutiva o profesional. No es de extrañar que el cuerpo físico, la apariencia y la salud ocupen puestos destacados en su tabla de valores personales. Los nativos que se ven sujetos a este Ascendente tienden a desmenuzar la vida y toda experiencia con el fin de analizarla, para luego poder emitir un acertado juicio acerca de lo que tienen entre manos. Sus valores principales son el orden, la corrección, la exactitud y la utilidad de las cosas. En las relaciones con los demás son grandes discutidores y argumentan desarmando a sus contrarios. Pero, en el fondo, lo que buscan es el amor universal, para así soportar mejor una vida demasiado práctica y materialista.

Libra: La persona con la Balanza como Ascendente tiene muy en cuenta la experiencia, las necesidades y los deseos de los demás. Sabe muy bien lo importante que puede resultar la iniciativa ajena, siempre y cuando no se pierdan de vista los propios intereses. Su gran problema surge en el momento en el que hay que barajar un gran número de puntos de vista diferentes. El juicio de valor, las normas y la responsabilidad ocuparán un primer plano en su rutina cotidiana. Lo que peor lleva este nativo es verse obligado a tomar una determinación, pues, aunque resulte paradójico, su misión en esta vida es aprender a tomar decisiones y a adquirir compromisos. No es de extrañar que la persona que tenga que vivir con este Ascendente encuentre refugio en la filosofía del hedonismo, que se moleste únicamente por hacer más placentera su existencia y que busque constantemente a personas que armonicen con su *modus vivendi.*

Escorpio: El signo del Escorpión atrae hacia los que tienen este Ascendente los trabajos y las luchas más lóbregas de la humanidad. Ésta es quizá la única manera de que el nativo entre en contacto directo con la vida instintiva, que es en definitiva lo que el Escorpión simboliza. Con este Ascendente el individuo está obligado a seguir luchando hasta el final, aunque sus fuerzas flaqueen una y otra vez, hasta que por fin sea capaz de conseguir sus propósitos. Puede que ante los ojos de los demás el camino de las personas con este Ascendente parezca excesivamente oscuro, complicado y tortuoso, y que para llegar a tales metas haya otras vías mucho más claras y productivas. Pero lo que importa en este caso es lo que no se ve, es decir, la transformación interior y la evolución personal que confiere pasar por esas circunstancias. Es importante que con el paso del tiempo la persona con este Ascendente aprenda a ser más constructiva y respetuosa, a no ir abriendo todas las puertas que se crucen en su camino y a detectar el peligro para poder evitarlo anticipadamente.

Sagitario: El Centauro tiene, por un lado, ideales y sentimientos humanos, pero por otro posee una naturaleza muy instintiva. La religión, la filosofía, las culturas remotas y los viajes ocupan constantemente la cabeza del individuo con este Ascendente. Ante él aparece un gran mundo de posibilidades, y por eso se pierde una y otra vez deleitándose en el placer de saborear una realidad nueva, diferente. Pero todo se esfuma cuando le cae el jarro de agua fría que con cierta frecuencia le arroja la realidad. Como noble animal que es, el Centauro necesita cuidados y las condiciones adecuadas para poder disfrutar de su bienestar. No le importa tener que trabajar duro para conseguir satisfacer sus necesidades; lo que realmente le cuesta es integrarse en la sociedad de forma sencilla, sin despertar la curiosidad ajena. La exageración y la extravagancia que confiere este Ascendente provienen del gran esfuerzo que hace el nativo para relacionarse y dar a conocer de forma precisa, concreta y verbalizada sus intereses, puntos de vista y la amplitud de sus ideales.

Capricornio: Con este Ascendente siempre aparece cierto sentimiento de culpa como mar de fondo. El individuo siente mucha urgencia por dirigir de forma constructiva su energía y entusiasmo, que bajo ningún concepto deben disiparse en el ambiente. Por tanto es lógico pensar que la persona con Ascendente Capricornio tienda a planear y a estructurar la vida cautelosamente. Además, tiene la imperiosa necesidad de hacer algo por sí mismo, como si tuviera que demostrarse el potencial de valores que posee. Pero si hay algo que se le escapa a Capricornio es el amor y la ternura. El nativo con este Ascendente en su tema natal, encontrará por medio de las relaciones personales el camino que le permitirá disfrutar de lo mundano, del contacto humano y del mundo natural tal y como es. El aislamiento es sumamente doloroso con este Ascendente, pues con ello alimenta cada vez más su ego personal, se siente muy importante y difícilmente acepta la valía de los demás.

Acuario: Este Ascendente invita al nativo a desapegarse de la realidad para poder contemplarla en su totalidad y, por supuesto, para observarse a sí mismo desempeñando su papel en el marco de la sociedad. Esta visión global da más importancia al grupo y al ambiente que rodea al individuo que a la propia persona. Pero siempre existirá la pregunta, ¿estoy o pertenezco al grupo adecuado? Aún así, el Ascendente Acuario siempre confiere al nativo la sensación de que hay algo más importante, valioso y poderoso que el yo individual. Por eso pondrá toda su energía en favor de la colectividad, ya que asume la causa social como si fuera suya. Pero al dar todo de sí mismo, también espera mucho de los demás; para él, el reconocimiento ajeno es de vital importancia, y la ausencia de éste le hace ensombrecerse. Quién tenga este Ascendente debe tener cuidado con su mente, pues puede complicarse la vida repasando situaciones, desplantes y toda clase de malas interpretaciones o suposiciones.

Piscis: El símbolo de los Peces nos da una idea de cómo es la persona que posee este Ascendente. Uno de estos vertebrados acuáticos se deja llevar por la corriente de la vida y su personalidad e individualidad son tan sólo el rol o el papel que ocupa en el río. Si embargo, el otro pez remonta la corriente con fuerza, tesón y decisión. Su vida va en ello, prefiere perecer antes que doblegar su individualidad ante las circunstancias adversas. Es por ello importante que el nativo que tenga este Ascendente tenga muy en cuenta a ambos peces. Tiene que dejarse llevar y fluir en la marea de la vida sin perder en ningún momento su propio sentido de la individualidad. Por eso se dice que Piscis siempre vive con cierto espíritu de sacrificio, que no es otra cosa que el ilimitado marco que engloba su mundo sentimental. El arte, la música, las terapias y el misticismo son las mejores profesiones para el desarrollo personal de este individuo, inmerso desde que nace en el profundo sentir de la humanidad.

LOS PLANETAS EN EL SIGNO DE GÉMINIS

El Sol en Géminis

Facilidad de expresión y para el aprendizaje. Vivacidad, deseos de estimulantes contactos con el mundo circundante. Actitud alegre, jovial y curiosa ante la vida. Necesidad de aprender a discriminar entre la multitud de pensamientos y a ordenarlos adecuadamente para poder saber más acerca del mundo que le rodea.

Luna en Géminis

Sensibilidad algo fría, frívola y cambiante. Interferencia de la mente en las emociones; dificultades para saber lo que se siente. La receptividad se torna curiosa, entrometida y muy lúcida. Sentidos muy despiertos y sensibles, gran habilidad práctica. Gusto por la vida social, las tertulias y los medios de comunicación.

Mercurio en Géminis

Todas las facetas de la mente se hallan en su estado puro. Se dispone de una gran sagacidad, astucia, curiosidad y sentido del humor. También se harán patentes la ironía, el sarcasmo, la ausencia de prejuicios y la insolencia El individuo es de lo más versátil, dispone de gran facultad de comunicación y baraja siempre un gran número de posibilidades en su mente. La soledad y la honestidad son muy favorables para disfrutar de buena salud mental.

Venus en Géminis

Curiosidad sentimental, gusto por probar experiencias variadas. Inestabilidad en las relaciones amorosas, escasa entrega afectiva y calor humano. Exceso de exhibicionismo y narcisismo. La necesidad de amar es una necesidad de ser amado, mimado y admirado. Afirmación personal por medio de la aventura sentimental; gran chispa y simpatía hacia los demás. Ingenuidad amorosa, se desconocen los verdaderos valores del amor, del altruismo, de la entrega, etc.

Marte en Géminis

Competitividad intelectual exacerbada, carácter crítico, habilidad técnico-práctica. Violencia y agresividad que se descargan por pretextos superficiales, poco profundos, susceptibilidad e incluso malignidad astuta. Cólera, rencor y otros comportamientos caprichosos propios de la infancia. Constantes cambios de ocupación, de opinión y propósito que desembocan en una pérdida de vigor y vitalidad.

Júpiter en Géminis

La pereza física impide el goce alegre y despreocupado de la vida. La lucidez irónica del signo corta de raíz el ingenuo optimismo del planeta, y la simplicidad amistosa que éste sugiere. No se consigue llegar a la despreocupación ya que se sobreponen el humor y la mente a la cómoda indulgencia corporal. Buena educación, diplomacia, facilidad literaria y desarrollo de un nuevo idealismo social.

Saturno en Géminis

El planeta de la madurez en el signo de la eterna juventud no se encuentra del todo bien. Hay un exceso de energía mental al unir razón con la inteligencia, exceso de concentración, de metodología y cálculo que producen una gran frialdad deshumanizada. Es fundamental renovar las viejas estructuras mentales. De lo contrario, habrá riesgo de sufrir dudas existenciales, sospechas exageradas y de tener una actitud excesivamente crítica frente a los demás.

Urano en Géminis

Carácter práctico y muy oportunista. Interés por el mundo circundante y capacidad para escoger con rapidez lo que resulta de mayor interés personal. Mente muy brillante, original y capaz. Deseos de romper la rutina y las normas sociales establecidas, pero siempre de forma diplomática.

Neptuno en Géminis

La presencia casi constante de la mente y una predominante actitud crítica hace muy difícil que el individuo sintonice con las grandes masas. Quiere fundirse con los demás a través del lenguaje. Dificultad para dejar a un lado la propia personalidad y miedo a que los demás no le valoren.

Plutón en Géminis

La mente está a disposición plena de la creatividad. Intelectualidad muy viva y deseosa de afirmarse ante los demás. Fuerte crítica ante la ideología de los demás, sobre todo las quese oponen al individuo.

GÉMINIS EN LAS CÚSPIDES DE LAS DOCE CASAS

Primera
Es lo mismo que decir que el nativo tiene Ascendente Géminis. (Ver *Ascendentes.*)

Segunda
Bienes materiales de muy distintas procedencias. Ingresos económicos por diferentes fuentes. Ideas prácticas, pensamiento lógico basado en la realidad material. Buenas facultades para dedicarse al comercio en pequeña escala.

Tercera
Mente muy alerta y despierta. Tendencia a expresar más de lo que es conveniente comunicar. Gusto y disfrute de la discusión. Se concede gran importancia a las relaciones con hermanos y vecinos.

Cuarta
La mente es una trampa para el individuo, ya que pretende comprender la vida a través de ella, puesto que el alma posee una naturaleza dual y contradictoria muy fuerte. Hogar como lugar de reunión y esparcimiento social.

Quinta
Facilidad de expresar la propia creatividad por medio de la palabra o la escritura. Gran agilidad mental y física que acapara la atención de los demás. A la hora de enamorarse resulta de vital importancia la intelectualidad de la otra persona.

Sexta
Ingenio y versatilidad a la hora de establecer un orden en la vida rutinaria y en el trabajo. Excesivo desgaste nervioso por no dejar de mantener un auténtico diálogo consigo mismo. Hay una gran urgencia por mantenerse siempre ocupado.

Séptima
Es común que se viva más de una relación íntima o que el individuo se case varias veces. La persona atrae a personas inteligentes y cultivadas. Habilidad para la diplomacia y las relaciones personales.

Octava

Actividad mental de clara naturaleza investigadora. Gran capacidad para estudiar o trabajar con temas espeluznantes de una forma desapegada y distante. Atracción por lo esotérico y por el más allá.

Novena

Necesidad de conocer culturas diferentes para llegar a comprender las distintas filosofías de la vida. Buena disposición frente a la comunicación. Individuo autodidacta. Gusto por los viajes.

Décima

Reconocimiento social de la persona por más de una actividad o profesión. Cierta inestabilidad laboral y dispersión a la hora de hacer algo, pocas realizaciones efectivas. Afición por el bricolaje.

Undécima

Dificultad para decidirse por un proyecto concreto. Se crean con facilidad falsas esperanzas. Amigos distinguidos y cultivados intelectualmente. Se tiene mucho que decir a la hora de funcionar en grupo.

Duodécima

Preocupaciones e inquietudes que podrían generar enfermedades mentales y pulmonares. Claridad de pensamiento bloqueada por complejos emocionales. Tendencia a mantener en secreto los propios pensamientos.

CÁNCER:
AMOR SIN CONDICIONES

Las personas nacidas entre el 22 de junio y el 23 de julio pertenecen al signo del Cangrejo. Sobra decir que es un signo de Agua, es decir, que la experiencia vital a la que se aferra el nativo de este signo es aquella en la que los afectos cobran un primer plano: el amor, la ternura, el cariño desde el plano físico –casi hormonal– de los instintos. Aquellas sensaciones que producen los sentimientos sobre el cuerpo físico, son de las que se alimenta el nativo de Cáncer. La naturaleza del Cangrejo es cardinal, puramente impulsiva, y necesita de la actividad, del propósito, de una dirección clara hacia la que dirigir su energía personal. La combinación de ambos factores determina las características propias del Cangrejo. Como se puede ver, el amor debe tener una meta clara, dirigida y concreta por la que poder luchar. Y nada mejor que la vida de un hijo para que esa meta nunca desaparezca. La mejor excusa para el nativo de Cáncer es el amor que siente por su vástago, uno de los más fuertes sobre la Tierra, pues le permite luchar por el bien de otro, aunque en verdad lo que busca es la propia satisfacción personal. La energía de Cáncer es la de la Madre, la de una existencia entregada a la reproducción y un tanto alejada de lo que ocurre a su alrededor, con la que busca participar y sentir el pulso de la vida en su propia piel a través de la experiencia de su propio hijo.

La Luna es el planeta –así considerado en Astrología– propio de Cáncer. Como carece de luz propia, se limita a reflejar la experiencia vital y diurna del Sol. Su mundo es el de la noche, es el espejo en el que nos miramos y por tanto tomamos conciencia de nosotros. La Luna simboliza la manera en que nos adaptamos a lo que hay, a lo que se nos impone. Es una actitud cómoda, no hay que luchar por expresar lo que uno es sino encontrar el propio lugar entre lo impuesto por los demás. Hablar de la Luna es también hablar del mundo de los sueños, del inconsciente, de la psicología del individuo. Está claro que éste es el planeta que marca al signo del Cangrejo, cuya vida es una entrega incondicional por aquellos a los que quiere y que forman parte de su misma sangre. En Cáncer la esencia individual se apaga para ponerse al servicio de los instintos, de la perpetuación de la especie, y por tanto se debe amoldar a las propias leyes de la naturaleza.

Naturaleza, simbología y mitología del signo

Con Cáncer como telón de fondo en el periplo solar asistimos a la ascensión a un nivel de mayor complejidad. La fecundidad es la base que permite al gran reino de los seres vivos aumentar e ir un poco más allá del nivel de organización primario, subir un peldaño más de la gran escalera de la evolución biológica. Con la primavera, el mensaje celosamente guardado por las semillas u otras formas de resistencia vuelve a ser descodificado, y por tanto a generar una vez más el ambiente propicio para la vida. Pero una vez alcanzada la madurez de dicho estado, es decir, cuando se ha llegado a un punto de máxima energía y los frutos maduros abundan por todas partes, habrá llegado el momento de dar un salto y atreverse a ir más allá. Sería lo que los físicos llaman pasar a un orbital de mayor energía. Ésta es la ambición de toda madre, la ambición de Cáncer: los hijos deben escalar y subir más alto que ella misma.

Si en la primavera se habló de la vida vegetal, sin duda ahora hay que empezar a hablar de la vida animal. Ahí es donde se empiezan a manifestar los primeros síntomas de afectividad, emoción y sensación. La energía de Cáncer nos hace elevarnos más allá de lo material; es el riesgo que corre una madre al proteger a sus hijos frente a un posible depredador. Jamás una planta se «preocupó» del destino de sus hijos y mucho menos puso en riesgo su propia vida por ellos. La fuerza de este nuevo nivel, que no hay que olvidar que se apoya en el mundo vegetal para su subsistencia, es la fuerza del cariño, es la base de la cual parten todas las vías que conducen a las diferentes manifestaciones del amor.

En la mitología se encuentra a la Luna personificada en la figura de Diana, la diosa de la caza. El episodio que trata de la vida de Acteón, un devoto cazador, y de su desafortunado encuentro con la diosa, puede servir para explicar parte de la esencia de Cáncer. Según cuenta la mitología, Acteón después de un día de muy buena caza, satisfecho, ordenó a sus sirvientes que se fueran a descansar. Él se dedicó a pasear y a curiosear. Posiblemente, con esta parte del mito se pretenda reflejar la energía propia de la madre: resulta peligroso y poco conveniente abandonarse al ocio cuando hay tantas cosas por hacer. Siguiendo con la historia, el cazador se introdujo en un valle que estaba consagrado a la diosa Diana, y su curiosidad lo empujó hasta el mismo curso del río en el que se estaba bañando la diosa. Ésta, enojada, le roció de agua y en ese mismo momento del cuero cabelludo de Acteón surgieron dos cuernos astados, su cuello se alargó y sus piernas se estilizaron. Como resultado final se convirtió en ciervo, y cuando llegó a su campamento sus propios perros no lo reconocieron y lo devoraron.

Este mito, algo despiadado, nos enseña varias cosas. En la primera parte se puede observar cómo la diosa de la caza, Diana o la Luna, premia y beneficia a sus hijos con una buena jornada en el campo. Éste es el amor incondicional de la Luna en su propio domicilio de Cáncer. Pero todo aquello que se ofrece se debe aprovechar y no consumir alegremente, como hace Acteón, que en lugar de ponerse a desollar las piezas cobradas se permite dar un paseo. Saturno exiliado en Cáncer está claramente reflejado en el comportamiento descuidado del cazador. Más adelante, el valle sagrado de la diosa viene a simbolizar el feudo, el territorio reproductivo de toda hembra, en el cual su agresividad alocada no le permite ni siquiera reconocer a los hijos de anteriores camadas. Acteón era el mejor de los cazadores, sin embargo su diosa ni siquiera se se da cuenta de quién es. Al convertirse en ciervo y no ser reconocido por sus propios perros, Acteón cae víctima de sí mismo. En este apartado se trata el tema de la agresividad. Por una parte, una Madre, guiada desaforadamente por la vida instintiva, es capaz de enviar, sin saberlo o ni siquiera poderlo imaginar, a su propio hijo a la muerte. La razón –simbolizada por Saturno– está desterrada en Cáncer, el cuerpo está en poder de las hormonas y el instinto nubla toda lógica. Y por otra parte, cuando Acteón se deja llevar por sus impulsos y como consecuencia es devorado por sus perros, se está manifestando la energía de Marte, que en Cáncer se encuentra en el exilio. El nativo es víctima de sus propios impulsos, sobre todo cuando éstos no están guiados por un Saturno fuerte.

El hombre Cáncer

Lo más particular de este hombre es su forma natural y un tanto exagerada e infantil de expresar sus emociones e inquietudes. A pesar de las apariencias, y al igual que el Cangrejo, el hombre Cáncer muestra una apariencia dura y segura –cuando en realidad su mundo interior es inseguro, fluctuante, y en definitiva está sujeto a los caprichos de sus fluidos corporales. Los nativos de Cáncer buscan continuamente y se aferran a experiencias intensas que les hagan sentirse vivos. Realmente lo que más placer les produce es sentir la intensidad de la emoción en cada uno de los poros de su piel. Parece ser que eso centra al hombre Cáncer. Seguramente esta búsqueda de intensidad y emoción se deba a su fluctuante carácter. Su energía vital está gobernada por las mareas lunares y por sus ciclos. Hay momentos en los que el hombre Cáncer se apaga, y si se esfuerza o pretende luchar contra esto y apela a la energía del poco maduro Marte, entonces es cuando todo se puede volver en su contra. Los ataques de extravagancia de este lunático suelen coincidir con los momentos más excepcionales del ciclo Lunar –Luna llena y Luna nueva– y resultan muy difíciles de encajar para aquellos que tengan que contemplar el espectáculo.

La intimidad es algo que el hombre Cáncer sabe guardar muy bien y no resulta nada sencillo llegar a traspasar el duro caparazón con el que anda por la vida. Hay que inmiscuirse en su vida privada o familiar para poder conocerlo a fondo. Su naturaleza es ambiciosa, y sabe de sobra que para llegar lejos hay que mostrar y hacer uso de su coraza. Pero lo que resulta curioso es que generalmente no sabe qué es lo que quiere o persigue. Más bien se mueve por instinto, en el día a día, y si tuviera que pedir un deseo seguramente sería incapaz de llegar a formularlo.

Este hombre es un gran romántico que prefiere no olvidar y llevar consigo y durante toda su vida los recuerdos de su infancia. Cuando las cosas van mal, entonces es el momento de hacer un repaso retrospectivo y volver al mundo de cuando era niño. La familia, las tradiciones y el pasado simbolizan algo sagrado para este hombre, que no es capaz de concebir la existencia sin el recuerdo de los aromas del hogar.

El hombre Cáncer y el amor

Para conseguir enamorar a un hombre Cáncer hay que enfrentarse con una fuerte competidora: su madre. Es un hombre que aprecia la ternura, la delicadeza y el cariño como pocos. Su sensibilidad extrema necesita la fuerza, aplomo, o seguridad femenina un tanto difícil de compaginar con tan alto grado de sensibilidad. Este hombre ante todo se deja querer, se entrega en manos de su pareja abiertamente, como un niño. Su amor y cariño puede que sean de la más alta estirpe sentimental, pero para conseguirlo habrá que saber llegar a su fibra sensible o de lo contrario se mostrará un tanto inaccesible.

En las formas es un gran clásico, un romántico a la antigua. Pero cuando se está en privado con él todo se olvida, pues sólo hay expresión corporal y afectiva sin límite. Para él el acto amoroso es único, irrepetible y pasional. En general suele dejarse llevar con gran aceptación. Es muy receptivo y sensible frente a las necesidades de los que quiere. Pero de vez en cuando, y generalmente coincidiendo con la Luna llena, este hombre se vuelve un excéntrico que, como las mareas vivas, inunda a todos los presentes con sus emociones. En más de una ocasión, un hombre Cáncer ha sido capaz de contagiar a todo un ambiente con su depresión y pesimismo absoluto. El otro lado de la moneda también se da en él. Con su entusiasmo es capaz de levantar el ánimo de la audiencia más fría e indiferente.

Tras la apariencia masculina de este hombre se esconde un gran corazón maternal. En su papel de progenitor sorprenderá a propios y a extraños por su virtuosismo y total entrega. Como padre es atento, gentil, tierno, comprensivo. Su paciencia rozará los límites de lo divino, y su atención llegará hasta límites insospechados, antes que molestar al pequeño. Todo esto lo aprendió durante su infancia y se le quedó grabado con fuego en su memoria instintiva. Más adelante, a medida que los muchachos se vayan haciendo mayores, el padre Cáncer se mostrará comprensivo, y escuchará con detalle las explicaciones y peticiones de sus hijos. Sabe que ésa es la mejor manera para poder guiar sus vidas e inculcarles el gusto por una ambición sana que les conduzca hasta lo más alto.

El hombre Cáncer y el trabajo

La seguridad económica es algo que puede quitarle el sueño al hombre Cáncer, por lo que la estabilidad profesional es de gran importancia para él. En ese sentido suele ser bastante prudente y conformista. En ningún momento saldrá en defensa de los intereses comunes ni abandonará sus responsabilidades para ayudar a otros. No es que sea egoísta, pero es de la opinión de que cada uno tiene que aprender a solucionar sus problemas, y que si ayuda a otros quizá ellos sacarán provecho a su costa.

Además, su gusto por el dinero va más allá de una estabilidad o un status. Desde bien pequeño es consciente de su importancia y poder. Es algo que se le ha quedado grabado. Su fervor por acaparar riqueza es algo excitante para el hombre Cáncer, aunque su forma de vida suele ser bastante humilde, y o le gusta hacer propaganda de su poderío; sin embargo poder gastar y consumir productos de calidad o de cierta exclusividad es algo que siempre le ha motivado.

Este hombre es todo un profesional. Desde siempre ha sabido aceptar que sólo hay una forma de hacer bien las cosas y eso es justamente lo que hay que aprender. Es hombre práctico, que atiende y se deja aconsejar incluso hasta muy avanzada edad. Siempre está dispuesto a formarse en algo que pueda beneficiar a su faceta profesional, lo que a veces le puede llevar a cambiar de empleo una y otra vez a lo largo de su vida. Sin embargo hay algo imposible para el hombre Cáncer, y es la facultad de poder aventurarse por libre en el mundo laboral. Las grandes decisiones no son su fuerte; es más, él se fía de su instinto de supervivencia, pero se siente incapaz de establecer una sólida estructura competitiva y funcional que le permita ser su propio jefe, e incluso dar trabajo a alguien más. En cierto modo, le falta agresividad, y si en ocasiones se comporta rápidamente frente a los demás, es resultado de su avidez por la vida, no de su espíritu competitivo. Eso sí, la falta de iniciativa personal queda compensada por la ductilidad genial de la intuición, que en su caso funciona a las mil maravillas, y le permite disfrutar y alcanzar ciertos objetivos.

Entre las profesiones en que más habitualmente encontraremos al hombre Cáncer están todos los empleos públicos –funcionarios, políticos, etc.– o incluso domésticos –hosteleros, cocineros–. Las pequeñas tiendas o empresas familiares también son de su agrado. Además le atraen aquellas profesiones que le permitan sacar a la luz su oculto talento artístico y ponerlo a disposición del gran público, y por ello puede resultar un excelente escritor, músico o actor.

El hombre Cáncer y la salud

La nutrición es vital para Cáncer. El gusto por la buena comida y su buen manejo en la cocina así lo demuestran. El equilibrio es algo que el hombre Cáncer apenas llega a experimentar a lo largo de su vida. Sin embargo parece ser el rey de las fluctuaciones y de los cambios. Seguramente de ahí provengan buena parte de sus energías. Su carácter es tan voluble que emocionalmente puede llegar a sondear terrenos que resultarían inimaginables para otros signos del zodíaco, y justamente eso es lo que le permite posteriormente alcanzar cotas anímicamente superiores a la de los demás mortales.

Su cuerpo funciona de la misma manera que sus emociones. Puede pasar de una etapa de dejadez y abandono, a otra que se tragará todo lo que encuentre a su paso. Pero si se trata de Cáncer no hay que preocuparse. A lo mejor habría que observar las fases lunares o los tránsitos sobre su Luna natal. Pronto su actividad será frenética, no se acordará siquiera de comer o lo hará de forma frugal. Quemará sus reservas tan rápidamente como las acumuló.

No cabe duda de que su estómago se verá afectado en más de una ocasión. Con este estilo de vida no es difícil que todo recaiga sobre él. Si el hombre Cáncer lleva un alto nivel de estrés, cabe la posibilidad de que padezca agudas gastritis o, en el peor de los casos, úlcera gastroduodenal. Todo el sistema digestivo tiene que ver con Cáncer. La eliminación es otro de los puntos delicados para este hombre –aunque las que de verdad salen peor paradas son las mujeres Cáncer– y para ellos la retención de líquidos es algo común. Para contrarrestarla deben beber mucha agua, tomar poca sal y hacer el ejercicio necesario para mantenerse en forma.

La mujer Cáncer

Es una persona excesivamente sensible a todo cuanto ocurre a su alrededor. Por ejemplo, las inclemencias atmosféricas la afectan de tal modo que en la temporada lluviosa andará deprimida o malhumorada sin saber bien por qué. Por ello busca seguridad y estabilidad a toda costa. Y como lo primero es lo primero, el dinero nunca debe de faltar y siempre debe tener un extra para los casos de necesidad. Pero la cosa no acaba ahí, pues siempre temerosa de que las cosas puedan ir a peor, esta mujer busca continuamente el apoyo de un hombre económicamente solvente que la tranquilice o, si no lo tiene, busca seguridad confiando de forma un tanto infantil en instituciones bancarias y seguros de vida.

La mujer Cáncer necesita liberarse con cierta frecuencia de sus obsesiones materiales. Para ello nada como el contacto con la naturaleza. Una noche junto a un río o un paseo por la orilla del mar alejarán sus preocupaciones de manera sorprendente. Esta lunática necesita entrar en contacto directo con los elementos de la naturaleza para conectar con su intensa vida instintiva. No es de extrañar, por tanto, que la ajetreada vida occidental resulte extremadamente dañina para ella.

Las personas que apenas conozcan la intimidad de la hija de la Luna, puede que no encuentren sentido a todo lo que se ha dicho sobre ella. Eso se debe a la coraza típica de Cáncer. A primera vista se muestra muy segura de sí misma, no da opción a ser rebatida e incluso puede resultar un tanto despreciativa. Pero en el fondo se oculta una timidez natural, un cierto pudor a mostrarse tal y como ella realmente es, porque sabe bien que su amor incondicional por la vida podría ser un gran atractivo para los peligrosos depredadores que andan sueltos por el mundo.

La inseguridad es otra de sus particularidades más notables. Siempre piensa que no va a saber hacer las cosas, e incluso si en su trabajo cotidiano se siente demasiado observada, pronto se bloqueará y dudará de sus capacidades. La compleja vida emocional de la mujer Cáncer puede resultar un estorbo a la hora de destacar en esta sociedad de superhéroes, pero a la hora de dar amor y ternura al formar una familia, todo son ventajas y satisfacciones para ella y sus descendientes.

La mujer Cáncer y el amor

El amor es sin duda la causa vital de la nativa de Cáncer. Todo cuanto ella hace lo hace por este noble e instintivo sentimiento. Si se le dice a la mujer Cáncer que tras esa dulce apariencia que muestra ante los que quiere se oculta la ambición y en cierto modo el egoísmo, jamás llegará a comprenderlo. Ella se embebe en el sentimiento rosa al igual que un abejorro se deja embriagar con el aroma y el néctar de las flores. Si se le explicara al pequeño insecto que tras el dulce sabor se esconde toda una estrategia por parte de la flor y que es en parte utilizado por ésta con el fin egoísta de la reproducción, jamás daría crédito. La mujer Cáncer entrega su propia vida en beneficio de aquellos a los que quiere, pero en ningún momento permite que sus hijos hagan lo mismo que ella, es decir, renunciar a su evolución personal y convertir el éxito social de sus hijos en su propio logro personal.

En parte todo esto es verdad, pero también es cierto que la ternura, el encanto y el mimo con que esta mujer se entrega en el amor, no admiten comparación posible. Sus emociones más profundas las guarda muy celosamente para su intimidad. Tan sólo aquellos privilegiados que estén al amparo de esta mujer sabrán lo que es realmente sentirse queridos y cuidados con esmero. Y del mismo modo que le gusta la intimidad, resulta obvio que no permitirá en ningún momento los devaneos de su hombre con otras mujeres. En este sentido es tan celosa como una hembra con crías. Pobre de la mujer que despierte los celos de esta poderosa Cangrejo: lo que es suyo lo tiene bien agarrado con su poderosa pinza y aún puede hacer uso de la otra para cortar la cabeza de cualquier competidora.

La familia es su gran obra, es realmente la empresa de su vida. Por más que esta mujer trabaje fuera de casa, nunca descuidará el hogar, jamás faltará comida en la despensa y siempre volverá a casa con la sonrisa en los labios. Y como piensa que nada es lo suficientemente bueno para los suyos, en este sentido es toda una profesional de la vida en familia. Es su instinto el que la hace ser así y lo mejor es aceptarlo sin mayores complejos. Sus hijos representan el gran reto de su vida, y conseguir que hagan en todo momento lo mejor para ellos mismos, es algo que preocupa a la madre Cáncer constantemente. Pero tanta devoción puede resultar asfixiante para un hijo, y ella sabe bien que las verdaderas dificultades aparecerán cuando sus polluelos abandonen el nido y ella deba dejarlos partir para que remonten el vuelo.

La mujer Cáncer y el trabajo

El sentido de la responsabilidad es algo que tiene bien aprendido. La mujer Cáncer sabe bien lo que ello significa y lo que supondría no cumplir con lo acordado. Los miedos y las inseguridades son inherentes a ella. Siempre duda de sus capacidades, incluso de aquellas que realizó y dominó en un tiempo pasado. Su devoción por todo lo que hace es claramente su gran virtud. Con ese espíritu y total entrega es raro que las cosas no salgan y resulten como deben ser. Quizá a la mujer Cáncer lo que le falte o lo que le cueste percibir de las cosas es el esquema general que le permita valorar adecuadamente y discriminar entre lo que es realmente importante y lo que no.

La seguridad material es algo que siempre preocupa a la Cáncer. El dinero, los ahorros y las cuentas bancarias de toda la familia acabarán por estar bajo su más estricto control. La economía familiar con una madre Cáncer suele marchar a las mil maravillas. Con muy poco es capaz de conseguir grandes logros, y su éxito radica en inculcar el ahorro a todos y cada uno de los miembros de la unidad familiar. A veces se llega a exceder negándose a tirar o deshacerse de trastos que todavía podrían ofrecer algún servicio. No hay más que ver los retales, los frascos, las medias, y demás reliquias celosamente guardadas con el único fin de encontrarles algún día una utilidad.

Cuando se trata de alimentar a algo, ya se trate de un hijo, de un animal de compañía o de una empresa, la mujer Cáncer es la persona indicada. Puede que se pierda en las formas adecuadas de plantear una explotación pero, una vez establecidos los márgenes, ella se convertirá en el espíritu del negocio. Por eso esta mujer es una pequeña empresaria en potencia que sólo necesita una estructura bien planteada sobre la que trabajar. Su sana ambición mantendrá vivo el negocio, y, por supuesto, en sus dominios, siempre habrá un sitio para todos aquellos seres queridos que necesiten un puesto de trabajo.

La mujer Cáncer y la salud

Dice el refrán que «mujer enferma, mujer eterna». Algo así se le podría aplicar a la nativa del Cangrejo. Sus miedos e intranquilidades le confieren un alto grado de sensibilidad ante la enfermedad. Posiblemente con ella misma no sea tan exagerada, pero cuando se trata de cuidar a un ser querido se vuelve muy exagerada. Sus hijos acatarrados no podrán salir si no se abrigan hasta el gorro, a los ancianos les acechará para que no descuiden las prescripciones del médico, y con su marido se volcará en mimos y atenciones. Pero… a ella ¿quién la cuida? Ése es el gran dilema. Por más que su hombre la colme de atenciones y cuidados siempre le faltará algo. Lo que ella necesita es alejarse del hogar, salir y distraerse de una forma sana y natural. El contacto con la naturaleza le carga las baterías casi de inmediato. Es como si necesitara volver a sentir el cielo como único techo de su hogar universal, y a la tierra bajo sus pies para recuperar la seguridad en sí misma.

En general las enfermedades de la mujer Cáncer suelen ser procesos agudos, es decir, la respuesta de su cuerpo frente a la enfermedad es violenta y drástica. Los vómitos, la fiebre, y otras formas de eliminación y de limpieza del cuerpo de esta mujer recuerdan en gran medida a las de un niño. Aunque pueda resultar muy desagradable, ello es un claro síntoma de lo viva y sana que, por lo general, esta mujer se mantiene. Donde sí debe poner especial atención es en las funciones propias de su sexo, como son las menstruaciones, que pueden ser dolorosas o conllevar hemorragias intensas. La lactancia además de ser una experiencia sin igual para esta mujer, puede ser fuente de conflictos por la obturación de conductos o las desagradables grietas en las mamas. Otro de sus puntos flacos es la retención de líquidos. A causa de esto, el aspecto de esta mujer suele cambiar con frecuencia, ya que tiende a hincharse con suma facilidad.

El niño Cáncer: cómo educarlo amorosamente y descubrir sus talentos

El mundo de la infancia es algo superior, mágico e inolvidable para el niño más sensible y delicado de todo el Zodíaco. Hay que tener en cuenta que un Cáncer jamás olvidará su infancia y que se remontará a ella y sus recuerdos en los momentos de máxima debilidad. Aunque sólo sea por esto, se debería hacer un esfuerzo para ofrecer al niño Cáncer el mejor regalo que jamás pudiera soñar: una infancia feliz. A primera vista podría parecer muy sencillo obsequiar a este pequeño, pero si se tiene en cuenta que las necesidades emocionales de este Cangrejillo son inconmensurables, entonces la cosa cambia. La atmósfera que este niño respira está siempre cargada de emociones, y no es nada fácil conseguir un ambiente libre de malos humores. Es una personita tan sumamente dependiente de las reacciones de los padres ante la vida cotidiana, que a veces recuerda a una esponja que recoge toda la carga emocional sobrante.

Nadie mejor que el pequeño Cáncer conoce el sentido del dicho « el que no llora no mama». Por encima y a primera vista puede parecer un niño mal criado, lloricón y un tanto inestable. La verdad es que exige una gran paciencia y flexibilidad por parte de los padres, que tendrán que aprender a reír y a llorar con él. Pero es que sus miedos e intranquilidades necesitan mucha atención para ser superados y estar a su lado es lo único que él solicita. Para poder expresar lo que lleva dentro de sí, el niño Cáncer tiene que vivir en un ambiente con un amplio margen de confianza y seguridad. De no ser así, reprimirá parte de su ser, y esto en un futuro podría convertirse en una fuente de prejuicios ilógicos, manías, miedos, desconfianzas e incluso ataques de nervios. Pero no hay que asustarse, pues no hay nada que el cariño y el mimo no puedan hacer en este pequeño. Aunque a veces hasta lo más elemental resulta complicado de ofrecer.

La memoria es una de sus mayores virtudes. El gusto por la historia y la geografía –que en definitiva representan el pasado y las raíces, tan propias de Cáncer– destacarán entre sus materias predilectas. El niño Cáncer revive el pasado como si realmente formara parte de él. La representación escénica de dichos episodios históricos es uno de sus pasatiempos favoritos. El gusto por la imagen, el teatro y el arte dramático es propio de este signo, y desde muy temprana edad se podrá comprobar al escuchar la peculiar y grandilocuente forma de narrar sus experiencias. La imaginación que Cáncer desborda por los cuatro costados, forma parte de su intensa vida interior, y generalmente resulta más fructífera en temas literarios que científicos.

El sentido del humor de este pequeño es contagioso. Con su forma de reír, las bromas que gasta y su gran memoria para los chistes, hará pasar a sus padres entretenidísimas veladas. La verdad es que le gusta lo más sencillo y natural de la vida, y lo manifiesta de esa manera. Este muchacho es feliz regando las macetas, ayudando en un pequeño huerto o jugando con los animales. ¡Y no digamos en la cocina! Nada le hará mayor ilusión que ayudar a preparar un buen bizcocho casero. Ciertamente no aprovechar estas virtudes naturales para involucrar al niño Cáncer en las tareas del hogar y ayudarle a conseguir aquello que él tanto valora, sería una verdadera lástima.

ASCENDENTES PARA EL SIGNO DE CÁNCER

El signo Ascendente es el que se encuentra en el horizonte Este en el momento exacto del nacimiento. Incide, entre otras cosas, en el carácter y en la personalidad, pues determina la forma o el escaparate a través del cual se expresa la esencia personal. También es importante a la hora de definir buena parte de los rasgos físicos del individuo.

Aries: Los que tengan al Carnero por Ascendente deberán enfrentarse a la vida de forma enérgica. Ante todo, lo que realmente cuenta es que el individuo exprese su energía sin tapujos ni limitaciones. De lo contrario, el nativo entrará en un estado de decepción permanente y se sentirá muy frustrado. Quienes tengan su Ascendente sobre el signo de Aries no deben mirar atrás. Y aunque pequen por exceso, y resulten un tanto egocéntricos o dominantes, será mejor eso que refrenarse y correr el peligro de caer en una depresión crónica. Las relaciones personales son sumamente importantes para un Ascendente Aries. Gracias a la interacción con otras personas es posible que el nativo aprenda a regular y a modular su forma de expresarse. Del mismo modo que le gusta ser respetado, intenta respetar a los demás; y como consecuencia de ello, el individuo que posea este Ascendente logrará un sano equilibrio, lo que permitirá que los demás tengan en cuentan sus opiniones.

Tauro: Quien tenga este signo sobre el horizonte Este en un tema natal ha de tomarse la vida con más calma. Las prisas son la lacra del mundo actual, con ellas no se hace nada bien y por tanto nunca se llega a disfrutar. El nativo con Ascendente Tauro está por ello obligado a planificar, estructurar y trabajar de forma sistemática. Ése es el único camino que le puede conducir a los deliciosos placeres terrenales que tanto le gustan. Eso sí, al dejar a un lado el factor tiempo, esta persona corre el riesgo de caer en la desidia y el abandono, no desde el punto de vista laboral –ya que es un trabajador infatigable– pero sí desde el punto de vista productivo, pues no tiene en cuenta las necesidades o prioridades de la sociedad. Es de vital importancia para el nativo con el Toro por Ascendente que aprenda a distinguir cuándo se puede permitir el lujo de centrarse en sí mismo y en su trabajo prescindiendo de todo lo demás, y cuándo tiene que abrirse y aceptar las mareas sociales que le rodean.

Géminis: Éste es probablemente el Ascendente que más despierta los sentidos. La persona que tiene a los Gemelos en el vértice Este de su tema natal, se enfrenta a la vida con gran curiosidad y con cierto espíritu inquisitivo. Para poder disfrutar y saciar su ansia de conocimiento, la naturaleza ha dotado a este individuo de una espectacular capacidad de adaptación. La versatilidad es su más destacada virtud, pero corre el riesgo de querer abarcar más de lo que es capaz de controlar. Aún así, no hay problema que se le ponga por delante, pues siempre conoce a alguien muy capacitado a su alrededor a quien pedir consejo. Géminis en el Ascendente otorga una maravillosa capacidad de comunicación, sin la cual el nativo no podría cotejar constantemente sus ideas y opiniones con las de los demás. Y ésta es la base sobre la que está construida toda su personalidad: necesita de los demás para establecer un marco de referencia que acote de alguna forma su mundo, de lo contrario correría el peligro de perderse en su laberinto de ideas.

Cáncer: Hay una sensibilidad extrema tras el duro caparazón del Cangrejo. Las emociones y los afectos son captadas y amplificadas al grado máximo. Pero la persona con este Ascendente no es dueña de sus respuestas, pues su enorme sensibilidad la hace muy vulnerable y justamente por eso, para protegerse, se crea un duro armazón bajo el que guardar su intimidad. El principal dilema que plantea este Ascendente es saber cómo utilizar o vivir con esta sensibilidad a flor de piel, sin que resulte abrumador. La única vía posible es la de aprender a reconocer y a respetar los sentimientos de los demás. De esta manera la persona con Ascendente Cáncer aprenderá a dosificar y a liberar respetuosamente sus emociones Se dice que el Ascendente Cáncer tiene una necesidad inminente de criar, alimentar o velar por algo. Ya sea la familia, una empresa, o una creencia, el nativo con este Ascendente entregará en sacrificio su propia existencia con el único propósito de impulsar a alguien o algo hasta lo más alto. El éxito conseguido lo tomará como suyo.

Leo: Indudablemente, éste es el Ascendente de las grandes eminencias. Leo en el vértice Este de la carta astral exige del individuo lo mejor de sí mismo. Hay en este caso una profunda necesidad de alcanzar y expresar todo el poder personal existente. La persona que disfrute de esta particularidad astrológica se entregará a la vida desde su corazón pero necesitará sentir el apoyo, el cariño y el aplauso de los demás. Y aunque corre el riesgo de ser un tanto extravagante y exhibicionista, antes se moriría que ser uno más del montón. Necesita sentirse admirado. Sobra decir que este nativo corre el riesgo de pecar de orgullo y que suele esperar demasiado de los demás. Todos sus actos deben ser reconocidos de inmediato, porque en caso contrario adoptará un comportamiento cínico y soberbio. La generosidad solar típica de Leo debe ser puesta en práctica. Dar sin esperar nada a cambio es la vía que más salud y satisfacción puede llevar a las personas de este Ascendente. Nada mejor que ser espectador del disfrute de los benéficos efectos que el amor puro del León emana a su alrededor.

Virgo: La inquieta energía de este signo afecta a sus hijos adoptivos de forma muy estimulante. Quienes tengan este Ascendente sentirán una gran urgencia por delimitar y conocer al detalle su identidad personal. Para ello, no dejarán de utilizar su incansable mente para autocriticarse constantemente, analizarse y compararse con la media nacional. Virgo en el Ascendente impulsa a la persona al perfeccionamiento, pero no de evolución interna, sino más bien de eficiencia práctica, resolutiva o profesional. No es de extrañar que el cuerpo físico, la apariencia y la salud ocupen puestos destacados en su tabla de valores personales. Los nativos que se ven sujetos a este Ascendente tienden a desmenuzar la vida y toda experiencia con el fin de analizarla, para luego poder emitir un acertado juicio acerca de lo que tienen entre manos. Sus valores principales son el orden, la corrección, la exactitud y la utilidad de las cosas. En las relaciones con los demás son grandes discutidores y argumentan desarmando a sus contrarios. Pero, en el fondo, lo que buscan es el amor universal, para así soportar mejor una vida demasiado práctica y materialista.

Libra: La persona con la Balanza como Ascendente tiene muy en cuenta la experiencia, las necesidades y los deseos de los demás. Sabe muy bien lo importante que puede resultar la iniciativa ajena, siempre y cuando no se pierdan de vista los propios intereses. Su gran problema surge en el momento en el que hay que barajar un gran número de puntos de vista diferentes. El juicio de valor, las normas y la responsabilidad ocuparán un primer plano en su rutina cotidiana. Lo que peor lleva este nativo es verse obligado a tomar una determinación, pues, aunque resulte paradójico, su misión en esta vida es aprender a tomar decisiones y a adquirir compromisos. No es de extrañar que la persona que tenga que vivir con este Ascendente encuentre refugio en la filosofía del hedonismo, que se moleste únicamente por hacer más placentera su existencia y que busque constantemente a personas que armonicen con su *modus vivendi.*

Escorpio: El signo del Escorpión atrae hacia los que tienen este Ascendente los trabajos y las luchas más lóbregas de la humanidad. Ésta es quizá la única manera de que el nativo entre en contacto directo con la vida instintiva, que es en definitiva lo que el Escorpión simboliza. Con este Ascendente el individuo está obligado a seguir luchando hasta el final, aunque sus fuerzas flaqueen una y otra vez, hasta que por fin sea capaz de conseguir sus propósitos. Puede que ante los ojos de los demás el camino de las personas con este Ascendente parezca excesivamente oscuro, complicado y tortuoso, y que para llegar a tales metas haya otras vías mucho más claras y productivas. Pero lo que importa en este caso es lo que no se ve, es decir, la transformación interior y la evolución personal que confiere pasar por esas circunstancias. Es importante que con el paso del tiempo la persona con este Ascendente aprenda a ser más constructiva y respetuosa, a no ir abriendo todas las puertas que se crucen en su camino y a detectar el peligro para poder evitarlo anticipadamente.

Sagitario: El Centauro tiene, por un lado, ideales y sentimientos humanos, pero por otro posee una naturaleza muy instintiva. La religión, la filosofía, las culturas remotas y los viajes ocupan constantemente la cabeza del individuo con este Ascendente. Ante él aparece un gran mundo de posibilidades, y por eso se pierde una y otra vez deleitándose en el placer de saborear una realidad nueva, diferente. Pero todo se esfuma cuando le cae el jarro de agua fría que con cierta frecuencia le arroja la realidad. Como noble animal que es, el Centauro necesita cuidados y las condiciones adecuadas para poder disfrutar de su bienestar. No le importa tener que trabajar duro para conseguir satisfacer sus necesidades; lo que realmente le cuesta es integrarse en la sociedad de forma sencilla, sin despertar la curiosidad ajena. La exageración y la extravagancia que confiere este Ascendente provienen del gran esfuerzo que hace el nativo para relacionarse y dar a conocer de forma precisa, concreta y verbalizada sus intereses, puntos de vista y la amplitud de sus ideales.

Capricornio: Con este Ascendente siempre aparece cierto sentimiento de culpa como mar de fondo. El individuo siente mucha urgencia por dirigir de forma constructiva su energía y entusiasmo, que bajo ningún concepto deben disiparse en el ambiente. Por tanto es lógico pensar que la persona con Ascendente Capricornio tienda a planear y a estructurar la vida cautelosamente. Además, tiene la imperiosa necesidad de hacer algo por sí mismo, como si tuviera que demostrarse el potencial de valores que posee. Pero si hay algo que se le escapa a Capricornio es el amor y la ternura. El nativo con este Ascendente en su tema natal, encontrará por medio de las relaciones personales el camino que le permitirá disfrutar de lo mundano, del contacto humano y del mundo natural tal y como es. El aislamiento es sumamente doloroso con este Ascendente, pues con ello alimenta cada vez más su ego personal, se siente muy importante y difícilmente acepta la valía de los demás.

Acuario: Este Ascendente invita al nativo a desapegarse de la realidad para poder contemplarla en su totalidad y, por supuesto, para observarse a sí mismo desempeñando su papel en el marco de la sociedad. Esta visión global da más importancia al grupo y al ambiente que rodea al individuo que a la propia persona. Pero siempre existirá la pregunta, ¿estoy o pertenezco al grupo adecuado? Aún así, el Ascendente Acuario siempre confiere al nativo la sensación de que hay algo más importante, valioso y poderoso que el yo individual. Por eso pondrá toda su energía en favor de la colectividad, ya que asume la causa social como si fuera suya. Pero al dar todo de sí mismo, también espera mucho de los demás; para él, el reconocimiento ajeno es de vital importancia, y la ausencia de éste le hace ensombrecerse. Quién tenga este Ascendente debe tener cuidado con su mente, pues puede complicarse la vida repasando situaciones, desplantes y toda clase de malas interpretaciones o suposiciones.

Piscis: El símbolo de los Peces nos da una idea de cómo es la persona que posee este Ascendente. Uno de estos vertebrados acuáticos se deja llevar por la corriente de la vida y su personalidad e individualidad son tan sólo el rol o el papel que ocupa en el río. Si embargo, el otro pez remonta la corriente con fuerza, tesón y decisión. Su vida va en ello, prefiere perecer antes que doblegar su individualidad ante las circunstancias adversas. Es por ello importante que el nativo que tenga este Ascendente tenga muy en cuenta a ambos peces. Tiene que dejarse llevar y fluir en la marea de la vida sin perder en ningún momento su propio sentido de la individualidad. Por eso se dice que Piscis siempre vive con cierto espíritu de sacrificio, que no es otra cosa que el ilimitado marco que engloba su mundo sentimental. El arte, la música, las terapias y el misticismo son las mejores profesiones para el desarrollo personal de este individuo, inmerso desde que nace en el profundo sentir de la humanidad.

LOS PLANETAS EN EL SIGNO DE CÁNCER

El Sol en Cáncer

Sensibilidad, cariño, ternura. Necesidad de cuidar, alimentar y nutrir a los demás. Naturaleza sensible y emotiva. Es interesante verlo como una inminente necesidad de abrir el poderoso caudal de sus más íntimos sentimientos para entregarlos a las personas a las que ama, con el fin de alimentar y nutrir su espíritu.

La Luna en Cáncer

La persona es extremadamente sensible, conecta fácilmente con la experiencia arquetípica de la Madre, y tiene mucha intuición. Fuertes ligaduras con la familia y el hogar. Hipersensibilidad ante las emociones de los demás y frente a la vida psíquica. Sensualidad, dulzura y docilidad. Tendencia a la pereza, necesidad de apoyo en el caso de una mujer. Nostalgia por la infancia.

Mercurio en Cáncer

Aumento de la percepción, gran sensibilidad y receptividad y grandes dotes intuitivas, pero se carece del suficiente rigor lógico y crítico como para aprovechar y sacar partido de la experiencia. Se opta por métodos y valores tradicionales que dan mayor seguridad personal. Interés por el pasado, más que por los últimos acontecimientos. Se profundiza en la vida afectivamente y existe escaso interés por las soluciones prácticas o tecnológicas.

Venus en Cáncer

La satisfacción natural se hace posible a través del disfrute del amor, los afectos y los placeres. Gran sensibilidad, en parte desprotegida y que puede ser fácilmente herida. Por eso se busca un medio externo estable y seguro. Poco sentido práctico en el amor, madurez deficiente; ternura, comprensión y sensualidad basados en la experiencia pasada, en la infancia. Búsqueda de estabilidad material y afectiva a través de una relación sentimental, no de uno mismo.

Marte en Cáncer

Humor emocionalmente dependiente que puede conducir a la frustración y a la ira. Rencor exagerado que perdura en el tiempo, cólera exaltada, fanatismo. Relaciones con los padres dificultosas, o malas relaciones en el hogar que en edad madura pueden ser causa de problemas psicológicos. Peligrosos accidentes en el hogar.

Júpiter en Cáncer

Bienestar basado en el hedonismo, en el amor y la ternura. Principios morales traspasados de padres a hijo, carácter acomodaticio y gusto por la vida tranquila. Expansión personal poco práctica, caprichosa y carente de objetivos. Encantos muy sugestivos que atraen e invitan a los demás a mostrar su faceta más tierna y cariñosa. El individuo va por la vida como si se tratara de una gran madre que ofrece su ternura y cariño sin condiciones. Se pueden sufrir espejismos de éxito cuyo único fundamento es la fantasía.

Saturno en Cáncer

Inhibición a la hora de expresar las emociones. Infancia difícil, casi inexistente, que empujó al individuo a valerse por sí mismo desde muy temprana edad. Aislamiento emocional, tendencia a crear una muralla protectora e impenetrable. Necesidad de encontrar la auto aceptación en el propio interior de la persona, de lo contrario siempre achacará el fracaso social a su pasado, a la infancia o a la relación con uno de los padres.

Urano en Cáncer

Dificultad para decidir prácticamente sobre los problemas prácticos del momento. La nostalgia por el pasado es una fuente de conflictos a la hora de expresar libremente las emociones. Necesidad de romper y renovar los valores emocionales de la familia de origen.

Neptuno en Cáncer

Maravillosa sensibilidad e intuición que ayudan a fluir con el ambiente y a disfrutar de las buenas relaciones con todo el mundo. Cierto pudor que podría cortar la inmersión emocional del individuo. Riesgo de abusar de ciertos estado emocionales que se quieren revivir una y otra vez.

Plutón en Cáncer

Se indaga de forma exagerada en las profundidades psicoemocionales del individuo. La creatividad se interioriza. Búsqueda de un hedonismo basado en el pasado. Vulnerabilidad sentimental por recrearse en fantasías e irrealidades, lo que, para Plutón, es igual que el agua pasada para el molino, pues de poco le sirve.

CÁNCER EN LAS CÚSPIDES DE LAS DOCE CASAS

Primera

Es lo mismo que decir que la persona tiene Ascendente Cáncer. (Ver *Ascendentes.*)

Segunda

Fuertes fluctuaciones en los bienes materiales y en las fuentes de ingresos. Intuición para saber lo que los demás necesitan para su progreso personal. Trabajos públicos relacionados con la alimentación que darán beneficios.

Tercera

Imaginación y memoria que a la hora de expresarse manifiesta el estado emocional de la persona. Popularidad, pues se tiende a movilizar los sentimientos de los demás con facilidad. Se realizan cortos desplazamientos con frecuencia.

Cuarta

Se busca la paz y la calma para empezar a construir desde ahí las bases de la propia personalidad. Porvenir un tanto inestable que es fuente de inseguridad personal. La familia y las raíces son la base que permite operar al nativo.

Quinta

Popularidad ante las relaciones sentimentales y amorosas. Fecundidad y posibilidad de progenie numerosa. Atracción por relaciones sentimentales en las que los papeles madre e hijo se intercambian. Gran sentimentalismo con las propias creaciones.

Sexta

Gusto en satisfacer las necesidades materiales y sentimentales de otras personas. Profundas relaciones afectivas con los compañeros de trabajo. Salud inestable, trastornos funcionales, sobre todo del estómago.

Séptima

Cónyuge por el que se siente una fuerte ligazón emocional, que puede tornarse caprichoso y de comportamiento infantil. Persona que se preocupa por mantener las relaciones personales al día.

Octava

Posibilidad de herencias de tierras o bienes inmuebles. Pareja con complejos traumas emocionales o sexualidad complicada. Preocupación por la muerte; se intenta dejar todo bien atado. Posibilidad de divorcio o separaciones.

Novena

Tradición y apego a las creencias de la familia de origen. Devoción por los valores espirituales, adaptación a otras culturas gracias a la afinidad emocional que se establece más allá de las apariencias. Viajes largos, familia que vive lejos.

Décima

Al individuo le afecta demasiado su reputación personal y lo que los demás puedan opinar de él. Exito personal y profesional que depende de la opinión pública. Posición social un tanto inestable. Éxito tardío. Posibilidad de trabajar en el hogar.

Undécima

Amigos numerosos pero algo inestables. El individuo goza de gran popularidad entre ellos. Proyectos desbordantes y carentes de sentido práctico. Esperanzas basadas en la imaginación y la fantasía más que en la realidad.

Duodécima

Problemas familiares. Gran vulnerabilidad emocional que hace que el individuo crezca y reafirme los límites de su personalidad. Necesidad de cuidar y alimentar a otros.

LEO:
EL LEGADO DE LOS DIOSES

En el corazón del verano, entre los días 24 de julio y el 23 de agosto, se encuentra el reinado de Leo. Signo de Fuego por excelencia, basa toda su existencia en la experiencia personal, y la intuición, su más destacada virtud, es la que guía todas las decisiones importantes de su vida. Los nativos de Fuego son especialistas en obtener toda la energía disponible del ambiente. El amor y el cariño son su lema y ellos los protagonistas de todo cuanto acontece en su mundo. Por un lado el Fuego les aporta calidez y simpatía, facilitándoles las relaciones personales pero, por otro, cuando se producen conflictos, todo lo que tocan queda reducido a cenizas. La naturaleza de Leo es fija, símbolo del mes central del verano. Esta particularidad hace que estos nativos tiendan al conservadurismo atroz, es decir, que se contenten y no esperen más de la vida, que mantener y disfrutar de lo que tienen. Su gran tarea consiste en velar por el orden y el equilibrio dentro de su mundo, y no sólo se preocupan de mantener unas sanas relaciones con los de su entorno, sino que además se encargan de que se lleven bien unos con otros.

El Sol es el planeta –a pesar de ser una estrella, así es considerado astrológicamente, como luminar– propio de Leo. Simboliza la energía personal, la esencia del individuo, la voluntad consciente y el espíritu de una persona. Es el encargado de otorgar al nativo de Leo sus más distinguidos atributos: la generosidad, el orgullo, la autoridad, la fidelidad y la magnanimidad. Mas, aunque se trate del astro rey, el Sol también posee una sombra, que es la encargada de generar los más feos y grotescos atributos del León. La arrogancia es algo que antes o después aflora en todo Leo, así como el comportamiento despótico, y en ocasiones la tiranía y la crueldad. Dicen que el Sol es el sanador por excelencia, pero también –tan sólo en contadas ocasiones– es el gran aniquilador que no descansa hasta ver a sus enemigos humillados bajo su propio poder. Está claro que como con toda forma de energía, por muy renovable que sea, se debe de tener cuidado con ella y administrarla con equidad y buen propósito. Y en el caso de Leo es su gran corazón el encargado de salvaguardar las casi inagotables reservas de esta peligrosa y al mismo tiempo benéfica arma: el Sol.

Naturaleza, simbología y mitología del signo

La plenitud del verano en el hemisferio Norte, época en la que por fin el Sol se encuentra en su propio domicilio tras el largo viaje virtual a través del Zodíaco, es el tiempo de Leo. Si nos atenemos a la vida de todos los seres vivos durante la época del reinado del León, podremos comprobar que en su totalidad han hecho acopio de todo lo necesario para pasar el próximo invierno. El fuerte calor, el Sol, que todo lo agosta, representa simbólicamente una muerte similar a la del invierno. Tan sólo los mejor adaptados y los más privilegiados manifiestan su orgulloso poderío. En general todos lo árboles pierden una buena cantidad de hojas a causa de la falta de agua, las hierbas se secan casi en su totalidad y los grandes depredadores esquilman sus presas. Tan sólo prevalece la riqueza de unos pocos, los privilegiados reyes del verano que cuentan con la riqueza del aporte de agua o con una oligárquica posición dentro de la jerarquía natural. Pero hay una diferencia muy significativa entre la muerte invernal y la muerte por exceso de temperatura, y es la siguiente: mientras que en el invierno el ser vivo se ve sometido a la más estrecha escasez y duda de sus fuerzas y de sus reservas, en el verano, y más concretamente en la plenitud de Leo, hay un pequeña y esperada muerte –agostamiento–, pero las reservas, las despensas y los graneros están repletos. No es de extrañar que Leo represente el oro, la riqueza y el disfrute que da el saber que las arcas se encuentran a rebosar –el Sol se encuentra en su propio signo–. Es el momento del derroche, ya no cabe más grano en los graneros y todo cálculo y cautela quedan descartados, lo cual es simbolizado por el exilio de Saturno en este signo.

La muerte de unos pocos a causa del exceso calor viene bien a otros. Digamos que la competencia desaparece, el que es privilegiado en esta época por no carecer de agua o por su excelente posición en la gran pirámide trófica de la vida, lo es plenamente ya que no tiene quien le haga sombra; el exilio de Urano –planeta de la fraternidad y de la colectividad– simboliza concretamente esta injusta pero natural desigualdad, capricho del destino. Por ello a Leo no le gustan los cambios, quiere que las cosas permanezcan tal y como están, ya que el movimiento genera intranquilidad y él solo desea disfrutar, celebrar su propio éxito y, ante todo, mantener su riqueza a toda costa. Este deseo de perdurabilidad y de permanencia atemporal queda también reflejado por la caída de Neptuno –planeta del cambio y de la distribución incondicional de las aguas para el beneficio y disfrute de todos– en el signo de Leo.

En la antigua mitología el encargado de representar al astro rey era el dios Apolo. A veces se le considera tan sólo como el conductor del carro utilizado por el Sol en su periplo, pero en muchas otras se le toma por el mismo Sol. Apolo padeció en gran medida su propia condición. Por un lado cayó profundamente enamorado al ser alcanzado por las flechas de Cupido, lo que fue causa y origen de sus desventuras. Además de caer presa del amor, el orgullo fue quizá el más grave de sus pecados. Cuenta la historia que el dios Apolo benefició a su hijo Esculapio en una ocasión, haciendo uso indebido de su poder. Júpiter, como castigo por tan soberbia actitud, descargó su ira en forma de rayo causando la muerte del pobre médico, hijo de Apolo. Éste, cegado por su ira y dolor, no se atrevió a desafiar al gran dios y se vengó sobre los cíclopes, creadores del rayo. Por cometer un acto tan ruin, miserable y cobarde, Apolo fue desterrado del Olimpo. Con este pequeño ejemplo se puede entender la gran necesidad y urgencia de Leo por hacer uso pleno de su poder, protegiendo y beneficiando a lo que él considera su propio pueblo, descendencia o reino. Pero por grande que sea la hegemonía de un dios, siempre se debe tener consideración y veneración por lo que es más grande que uno. La arrogancia de Apolo no atendió a dicha premisa y una vez más el amor que sentía por su hijo se transformó en fuente de desgracia y dolor. Los bajos instintos del León, que en este caso sí reconocen la supremacía de un poder superior, abusan una vez más de su posición, castigando de forma humillante a los pobres cíclopes, que cumplen de forma honesta con su papel. Una y otra vez vuelve Apolo a caer en el orgullo más despiadado y egoísta, como en otro de los múltiples episodios que narran su destierro: En este caso participó en una concurso musical para retarse con un sátiro de gran renombre, siendo el público el encargado de juzgar los meritos y elegir al ganador. A pesar de la gran actuación del sátiro, Apolo logró infundir gran melancolía y sentimiento en los corazones de los observadores, obteniendo el arrobamiento de la gran masa, que lo eligió como vencedor del concurso. Tanta belleza, musicalidad y arte escénico – propio de Leo– fue arruinado cuando Apolo se cobró cruelmente el premio obtenido con su arte: ató a su rival al tronco de un abeto y lo despellejó vivo. Con esta atrocidad recreada en un ambiente artístico se pretende explicar cómo Leo es capaz de sentir un amor sublime y poseer dones artísticos y una expresividad propia de un dios, y a la vez hacer gala e incluso alimentarse de las más bajas pasiones de la vida. Es un gran depredador que no dudará en devorar y valerse de sus rivales más directos, vanagloriándose ante sus súbditos y más fieles admiradores.

El hombre Leo

El signo del León es uno de los más viriles de todo el Zodíaco, aunque no resulta tan instintivo ni mezquino como Escorpio. Para Leo lo más importante es la gloria y la admiración de los demás, por lo que sus causas deben ser nobles –amor, protección, justicia, reconciliación, etc.–. La verdad es que el hombre Leo lo dará todo por aquellos que él considera que están bajo su tutela, y muchos serán los que gustosamente busquen el amparo de este gran protector. Pero tanta bondad y generosidad también genera residuos, que son arrojados sin piedad al mundo de las bestias y de los instintos donde impera la ley del más fuerte. Esto lo sabe el León y por eso lucha sin piedad contra sus enemigos, comportándose de forma ruin, mezquina y despiadada.

La paciencia es una de sus grandes virtudes. Por quien ama realmente, el hombre Leo es capaz de esperar toda una vida. Es leal y fiel a sí mismo como pocos, y dentro de su feudo particular desempeña el rol de padre, rey y dios que todo lo comprende, pero que no está dispuesto a cambiar sus valores. Sabe que al final todos sus protegidos entrarán en razón y se lo demostrarán con su agradecimiento por tan sabia actitud. Aquel que genera la luz y el calor muy difícilmente puede tener una visión objetiva de sí mismo. El hombre Leo normalmente no se ve –a no ser que en su carta haya una Luna poderosa –, por lo que es casi imposible que la experiencia arroje sobre él el más mínimo reflejo de su persona. Y aunque fuera así, rara vez lo tendría en consideración.

Tan extrema puede ser la vanidad de este hombre que siempre le acosará el fantasma del ridículo y del fracaso. Pero en general suele poder con todos sus miedos, se arma de valor apelando a la noble causa que siempre puede justificar toda derrota, y se lanza una y otra vez en busca de nuevas experiencias de las que extraer nuevos triunfos, valiosas retribuciones por tan bravío comportamiento. El hombre Leo no se anda con contemplaciones. Le gusta la acción directa, pero ésta debe de merecer la pena. Abandonar el cómodo trono es algo que sólo se debe de hacer en contadas ocasiones. Para ello el hombre Leo suele contar con numerables súbditos, vasallos dispuestos a hacer el trabajo sucio a cambio de unas insignes migajas.

El hombre Leo y el amor

Hablar de amor para un hombre Leo es hablar de la más sagrada y noble experiencia que un mortal puede vivir en su corta vida terrenal. El amor ofrece al orgulloso León la oportunidad de entregarse, de manifestar plenamente su energía y de obtener el más valioso de los tesoros: el corazón de su amada con su consiguiente entrega incondicional.

El hombre Leo se maneja a las mil maravillas en las artes del amor y de la conquista. Pocos como él saben de cortejos y galantería. Además, se muestra sentimentalmente afectuoso con tal naturalidad, que algunas veces dará la sensación de estar interpretando un papel adrede. Rara vez el hombre Leo se ahorrará los preámbulos del amor, pues con el galanteo y todo lo que ello conlleva – invitaciones, regalos, lujos y todo tipo de disfrute – ablandará y preparará hasta al más duro de los corazones. Es un caballero nato, un gran anfitrión, pero tiene un punto débil que surge de su vanidad. Se derretirá adulando su maravilloso comportamiento, bajará la guardia y se entregará a la más absoluta condescendencia.

Una vez establecida la relación amorosa, por más cariño que el hombre Leo esté dispuesto a ofrecer a su compañera, jamás abandonará la distinguida posición de macho protector y jefe supremo. Como los tiempos están cambiando y el machismo ya no se lleva, el León tendrá que hacer las debidas concesiones que socialmente son reclamadas. Él lo justificará como una muestra más de su benevolencia y deferencia hacia su dama, pero la última palabra será la suya. En caso de tener una familia más o menos numerosa, el papel de padre lo desempeñará a las mil maravillas. Le gustará educar y disfrutar de sus hijos, pero pronto ellos aprenderán a manejarlo a su antojo y en más de una ocasión el León tendrá que hacer una dramática demostración de su fuerza, creyéndose que así obtiene su respeto, cuando a la larga sólo provocará la risa y el distanciamiento de los suyos.

El hombre Leo y el trabajo

La inspiración es la que gobierna los actos de este hombre, y aunque él jamás lo reconozca así y haga alarde de su experiencia y de su preparación, su proceder es bastante caprichoso. Este hombre acata compromisos con gran facilidad, dando incluso la sensación de que ni siquiera es consciente de lo que ello conlleva, pero en el fondo sabe que cuando él dice algo es porque realmente es capaz de realizarlo. Las dificultades y los retos parecen atraerlo como el imán al hierro. A medida que el desafío es aún mayor, este hombre se crece ante las dificultades, y ciertamente, hay momentos en los que verle operar es un auténtico deleite. Pero pobres de aquellos que dependan de él, pues nunca sabrán qué hacer. Cuando este hombre trabaja en serio es muy difícil seguirle. Soportar y cumplir sus ordenes, que parecen fruto de sus antojos, es un difícil desafío. Sin embargo, si se es capaz de permanecer a su lado hasta el final, entonces habrá merecido la pena y se sabrá lo que es degustar el sabor de los laureles de la gloria.

Los que dependan económicamente del hombre Leo, vivirán con el corazón en un puño. La riqueza es algo que entusiasma a Leo, pero no desea acuñarla y así sentirse seguro y estable; ni mucho menos. A Leo le gusta vivir por encima de sus posibilidades. Puede amasar una fortuna, pero al igual que se esfuerza por ganarla es capaz de jugárselo todo a una sola carta. Su familia debe de confiar en él, no le queda más remedio. Han de saber que mientras él viva jamás les faltará nada. Pero lo que Leo desconoce es que la tranquilidad y el sosiego no tienen precio. De poco vale todo cuanto él haga por los demás si no se preocupa en crear un clima de tranquilidad y confianza real, basado en algo más que la apariencia social.

Leo funciona bien como jefe. Necesita dirigir algo o a alguien. Se cuida y preocupa por su equipo, pero jamás da explicaciones. Suele comportarse de forma despótica por puro capricho, pero tiene un talento envidiable a la hora de seleccionar gente y mandar a cada uno la tarea que mejor le va. Como empleado, el hombre Leo tampoco pasará desapercibido. Sus jefes pronto se darán cuenta de su arrogancia, de la importancia que se da, aunque lo cierto es que cuida mucho su trabajo y jamás permite que un tachón ensucie su historial. Y en poco tiempo destacará de tal forma que no habrá otro mejor que él a quien confiar cualquier tipo de responsabilidad. Cuando Leo hace méritos no le importa el dinero, sólo se preocupa de que nada de lo que hace pase desapercibido ante sus superiores.

El hombre Leo y la salud

Pocos son los que podrían aguantar las barbaridades que este hombre inflige a su cuerpo sin enfermar gravemente. Hay algo en el hombre Leo que lo hace parecer sobrenatural, capaz de desafiar las leyes de lo material. Puede que el dicho popular de «la fe mueve montañas» valga para este hombre. Tiene tal confianza en sí mismo que da la sensación de estar protegido por un escudo invisible que lo libra de todo mal. Una vez más la fuerza interna del ser se manifiesta en la potencia del hombre Leo.

Aunque no lo parezca, la salud es algo que preocupa bastante a este individuo. Eso sí, generalmente cuida más de los seres queridos que de sí mismo. Él parece saber bien lo que le conviene, y aunque tenga grandes vicios, si él afirma convencido que no le hacen un gran mal, los demás creerán que en verdad es así. Pero tanto derroche de energía acaba por pasar factura cuando uno menos se lo espera. El hombre Leo es un hombre de plenitud. A los cuarenta no habrá quien le haga sombra, pero cuando se acerque a la jubilación entonces su corazón, órgano regido por Leo, empezará a resentirse de los esfuerzos realizados. No es raro que en los peores momentos de su vida, el hombre Leo haya padecido alguna vez palpitaciones, arritmias o latidos sincopados. Las fiebres y las enfermedades inflamatorias también son bastante alarmantes en este hombre, que todo lo supera aumentando su metabolismo hasta niveles más allá de lo establecido.

Otro de sus puntos flacos es la espalda, que suele ser la que acumula toda la tensión con la que el nativo de este signo está acostumbrado a operar. Por eso, los masajes, el yoga o cualquier actividad que le obligue a tomar conciencia de la postura, resultarán muy beneficiosas para su cuerpo aunque, a decir verdad, bastante aburridos para su espíritu.

La mujer Leo

Esta mujer ha nacido para ser, si no reina, al menos primera dama. Jamás aceptaría el papel de cenicienta, pues su deber es brillar y ser admirada por todos, tanto hombres como mujeres. Se la reconoce por el séquito que siempre la acompaña. Rara vez una mujer Leo se encontrará sola, sin nadie que la aconseje, escuche y le diga lo guapa que está y cuántos hombres hay detrás de ella. La mujer Leo sabe mejor que ninguna sacar el máximo partido a su propia persona. Es capaz de hacer famosas o incrementar su atractivo remarcando justamente aquellas partes de su cuerpo o de su personalidad que para otros serían fuente de complejos o traumas.

Su carácter es muy fuerte y le gusta alternar con personas que tengan algo que decir. La condición social no es algo a lo que a primera vista ella dé demasiada importancia, pero desde luego, lo que no le atraen lo más mínimo son las personas mediocres, cobardes y con poco espíritu. Aún así, si se mira alrededor de esta admirada dama, habrá siempre un buen número de mujeres de este último tipo que no dejen de adularla, lo cual no es un problema para la mujer Leo, pues siempre está dispuesta a recibir un cumplido. La verdad es que a su lado se está de maravilla, como si con su luminiscencia fuera capaz de generar la alegría en el lugar que ocupa.

El gran problema de la mujer Leo es que acaba por echar por tierra la personalidad de los demás. Al final, muchas de sus amistades dependerán de ella como un niño pequeño depende de su madre. Y como la única manera que conoce esta mujer para solucionar este tipo de problemas es reafirmarse aún más, las rupturas amistosas y románticas estarán en su orden del día. Ella misma es siempre un poco polémica; conseguirá separar a amigos del alma con su intromisión, su comportamiento pondrá en su contra a muchas mujeres y romperá el corazón de algún pobre muchacho por el cual en un momento de debilidad sintió lástima. En definitiva, la vida de esta mujer se parece en parte a los antiguos musicales de Hollywood.

La mujer Leo y el amor

El amor es la máxima preocupación de la mujer Leo. Sin él no tendría sentido su vida, no sabría cómo operar en el mundo y, sobre todo, perdería la causa, el móvil de todos sus actos. Ardiente, apasionada, magnífica, siempre robará aunque sea sólo una pequeña parte del corazón de todos lo hombres que la hayan conocido. Ella, por su parte, guardará un grato recuerdo de aquellos a los que haya conquistado como si de un trofeo se tratara, y todavía se comerá por dentro cuando recuerde a los hombres que no sucumbieron ante sus encantos. Orgullosa, atrevida y vivaz, luce su *sex appeal* sin el menor recato, pues le gusta tentar a los hombres para ver cómo responden, pero sin más intención que conocerlos tal y como son en el menor tiempo posible. También desea saber lo que un hombre es capaz de hacer por amor, y para eso hay que apostar fuerte.

Conquistar a una Leona no es algo fácil ni sencillo. Para cortejarla, habrá que gastar una considerable suma de dinero, además de deslumbrarla constantemente con proezas, alardes de creatividad e ingenio. Los halagos y piropos deberán de ser genuinos y originales para que lleguen al corazón de esta dama y no se estrellen contra la poderosa muralla de su personalidad. En el amor maduro esta mujer es leal y fiel, pero exigirá lo mismo de su pareja. Al menor indicio de infidelidad ella se lanzará a la aventura por libre. Pero como el amor libre es algo de lo que ya ha tenido bastante en su juventud y hombres no le han faltado jamás, le resultará mucho más sugestivo apostar por un amor más elaborado que le ofrezca algo más que la simple aventura.

Aunque el amor sea el más alto exponente de su vida, el sexo no debe de ser menos. Para la mujer Leo, la relación carnal entre hombre y mujer simboliza la manifestación física del más preciado de los sentimientos. Pero si la cosa no funciona bien, ella se mostrará paciente y comprensiva y asumirá su parte de responsabilidad. Con una mujer Leo el amor lo puede todo, pero si con los años la pasión se va apagando, la relación sentimental estará condenada al fracaso.

La mujer Leo y el trabajo

Esta mujer es de armas tomar. Le planta cara a la vida y se siente tan capaz o más que muchos hombres. Aún así, suele dejar las tareas más desagradables y violentas en mano de ellos y prefiere dedicarse a las labores de dirección y gestión. Las dotes de mando, innatas en la mujer Leo, hacen de ella una perfecta directora. En general, lo que más la atrae es el mundo del arte, de los objetos preciosos y del lujo. Puede ser una estupenda directora artística, de alguna revista de moda o similar. Pero de lo que no hay duda es, de que la mujer Leo busca con la vida profesional una forma de dar salida a su naturaleza creativa y a su permanente necesidad de expresarse públicamente.

Una Leo también puede ser una magnífica ama de casa. Como esposa, la mujer Leo es una alhaja. Se preocupará por tener la casa más deslumbrante de todas sus amistades. Tendrá tanto servicio doméstico como su economía se lo permita, cada estancia de su casa tendrá su propio estilo y habrá todo tipo de comodidades que faciliten el disfrute de la vida. Todo hay que decirlo, la economía no es su fuerte. Su marido no dejará de alarmarse cuando vea las facturas del supermercado, de la tienda de electrodomésticos y de la peluquería. Pero la perfecta Leona no dará su brazo a torcer, ella actúa así para el bien y el disfrute de todos. Si no hay suficiente dinero, su marido tendrá que buscarle un puesto de trabajo, pero no cualquier cosa, algo que a ella le guste. Así que habrá que invitar al jefe, obsequiarle con una cena fuera de lo común y deslumbrarle con sus sutiles artes femeninas para más tarde dejarle caer lo del trabajo como si nada.

Como madre no habrá nadie mejor que ella. A la hora de derramar generosamente su amor y cariño sobre sus hijos la mujer Leo no tendrá límite. Le encantará retozar con ellos y compartir largas charlas de camaradas. Eso sí, inculcar una disciplina amorosamente es algo que la aburre demasiado. O bien enseña a sus hijos y los educa jugando y divirtiéndose con ellos, o por el contrario instaura el toque de queda y obliga a acatar la más marcial de las enseñanzas. En caso de tener una actividad remunerada fuera de su casa, la mujer Leo hará maravillas para que sus hijos estén perfectamente atendidos y no carezcan de nada de lo que ella considera vital: cariño, comodidad y alegría.

La mujer Leo y la salud

La hija predilecta del astro rey se preocupa mucho de su cuerpo. Para ella, salud es sinónimo de belleza y atractivo, por lo tanto estará siempre muy pendiente del físico. Los regímenes, la gimnasia de mantenimiento, el aeróbic y los cien mil potingues hechos a base de exquisitas sustancias, formarán parte de su vida cotidiana. Su constitución suele ser bastante atlética, y no es extraño que desde muy joven haya sentido auténtica devoción por algún tipo de deporte. Su vitalidad es formidable, todos los días descarga al máximo sus baterías y las vuelve a cargar sin el menor problema. Quizá lo que más incomode a esta nativa sean los ciclos lunares a los que todas mujeres se ven sometidas. Su cuerpo y temperamento son bastante masculinos, por eso verse bajo el dominio de las hormonas es algo que la irrita profundamente.

El exceso de vitalidad también puede ser causa de enfermedad. En la juventud y en la primera parte de la madurez el influjo solar es algo digno de envidiar. Pero el fuerte temperamento, la irritación y el enfado acabarán por pasar factura. El corazón, órgano principal de Leo, no suele presentar mayores complicaciones en esta mujer. Sin embargo los trastornos biliares pueden causar molestias de lo más variado. Los dolores de cabeza o cefaleas son un malestar bastante común, así como las malas digestiones. Esto también suele afectar a los ojos de la mujer Leo, provocándole dolores, cansancio y molestias por el exceso de luz. Otra de sus dolencias más comunes y que más incomoda a las Leo es la aparición de hemorroides. La alimentación es la única solución que puede aliviar tales síntomas. Y como a la a la Leona típica le gustan los sabores fuertes, la sal, el picante, así como las grasas y los fritos, debería retirarlas de la dieta por un tiempo para que las molestias que tanto le incomodan, desaparezcan.

El niño Leo: cómo educarlo amorosamente y descubrir sus talentos

El pequeño León es alegre, risueño, juguetón y da la sensación de ser en todo momento un niño feliz, pero en ocasiones también es capaz de rugir y enfadarse como auténtico rey de la selva. Es importante dejar que este niño exprese todo lo que lleva en su interior a pesar de lo desagradable que pueda resultar a sus padres, ya que si se le coarta demasiado, se corre el riesgo de ocasionar profundas cicatrices, que aflorarán cuando el pequeño crezca. Imponer restricciones al futuro rey es algo siempre delicado pero necesario. El gran orgullo que este niño no se avergüenza de manifestar, es algo que estimula a los mayores incitándoles a tomar medidas más fuertes y drásticas. Para no herir la vanidad del niño Leo, hay que enseñarle con el ejemplo a amar a los demás y mostrarle las normas cívicas de una forma práctica, respetuosa y divertida.

Su natural capacidad de liderazgo a veces se manifiesta de forma un tanto competitiva y molesta. Ser el primero en todo, hacer lo que él diga, manejotear a los amigos a su antojo y despreciar lo que hagan los demás, es algo innato en él, pero sin duda educable. Con un poco de paciencia será sencillo inculcarle el sentido de la justicia, el respeto y las normas del juego. Rápidamente el niño Leo hará uso de esta herramienta para someter a los de su entorno, pero por lo menos permitirá que los demás se expresen.

A grandes rasgos aparecen dos tipos predominantes en el niño Leo: uno es el extravertido y otro el impasible. El primero lo expresa todo: su alegría, su pena, divertido y cálido. El segundo tipo suele corresponder al que ha sufrido un gran golpe en su vida. Exterioriza cierta vergüenza de sí mismo, porque se ha visto privado de la posición central que tanto necesita y en definitiva ha perdido el aplauso de los demás. Si el niño en cuestión pertenece a este segundo tipo es importante lograr que vuelva a expresarse como realmente él es ante sus seres queridos. Para ello habrá que hacer un esfuerzo y realizar actividades en grupo –de niños, padres y monitores– que resulten divertidas y atractivas para todos. Cuanto antes se trate dicho comportamiento, menos riesgo habrá de que el muchacho se sienta atraído por circunstancias oscuras, donde el desafío, el peligro, la audacia y la valentía se pongan en juego. Las tareas domésticas repelen desde un principio al rey de la casa.

En la escuela no suele ser nada conflictivo. Acata bien y desde un primer momento la autoridad. Además, para él la escuela es el escenario perfecto para sus correrías, así que estará encantado de ir. El estudio es otra cosa; aunque competitivo y luchador, es poco constante en sus esfuerzos, por lo menos hasta que haya cogido el hábito. Por ello bastará prepararle un buen sitio en casa para estudiar, poner a su disposición el material adecuado y ofrecerle un poco de atención, para que una vez asumida la tarea, el niño Leo aprenda a disfrutar y a sacar partido del estudio.

La economía es algo que interesa a este muchacho desde el día en que descubre el dinero. Gasta más de lo debido, siempre quiere tenerlo en sus manos e incita a sus padres para que ganen más. Si se le malcría en este aspecto se estará cometiendo un grave error, pues de mayor será consumista, caprichoso e insaciable en el plano material. Enseñarle a ahorrar y a compartir es algo bastante complicado y muy necesario en este caso particular. Pero, como siempre, con un poco de amor y, sobre todo, dando un claro y buen ejemplo, no habrá nada que este niño no sea capaz de aprender.

ASCENDENTES PARA EL SIGNO DE LEO

El signo Ascendente es el que se encuentra en el horizonte Este en el momento exacto del nacimiento. Incide, entre otras cosas, en el carácter y en la personalidad, pues determina la forma o el escaparate a través del cual se expresa la esencia personal. También es importante a la hora de definir buena parte de los rasgos físicos del individuo.

Aries: Los que tengan al Carnero por Ascendente deberán enfrentarse a la vida de forma enérgica. Ante todo, lo que realmente cuenta es que el individuo exprese su energía sin tapujos ni limitaciones. De lo contrario, el nativo entrará en un estado de decepción permanente y se sentirá muy frustrado. Quienes tengan su Ascendente sobre el signo de Aries no deben mirar atrás. Y aunque pequen por exceso, y resulten un tanto egocéntricos o dominantes, será mejor eso que refrenarse y correr el peligro de caer en una depresión crónica. Las relaciones personales son sumamente importantes para un Ascendente Aries. Gracias a la interacción con otras personas es posible que el nativo aprenda a regular y a modular su forma de expresarse. Del mismo modo que le gusta ser respetado, intenta respetar a los demás; y como consecuencia de ello, el individuo que posea este Ascendente logrará un sano equilibrio, lo que permitirá que los demás tengan en cuentan sus opiniones.

Tauro: Quien tenga este signo sobre el horizonte Este en un tema natal ha de tomarse la vida con más calma. Las prisas son la lacra del mundo actual, con ellas no se hace nada bien y por tanto nunca se llega a disfrutar. El nativo con Ascendente Tauro está por ello obligado a planificar, estructurar y trabajar de forma sistemática. Ése es el único camino que le puede conducir a los deliciosos placeres terrenales que tanto le gustan. Eso sí, al dejar a un lado el factor tiempo, esta persona corre el riesgo de caer en la desidia y el abandono, no desde el punto de vista laboral −ya que es un trabajador infatigable− pero sí desde el punto de vista productivo, pues no tiene en cuenta las necesidades o prioridades de la sociedad. Es de vital importancia para el nativo con el Toro por Ascendente que aprenda a distinguir cuándo se puede permitir el lujo de centrarse en sí mismo y en su trabajo prescindiendo de todo lo demás, y cuándo tiene que abrirse y aceptar las mareas sociales que le rodean.

Géminis: Éste es probablemente el Ascendente que más despierta los sentidos. La persona que tiene a los Gemelos en el vértice Este de su tema natal, se enfrenta a la vida con gran curiosidad y con cierto espíritu inquisitivo. Para poder disfrutar y saciar su ansia de conocimiento, la naturaleza ha dotado a este individuo de una espectacular capacidad de adaptación. La versatilidad es su más destacada virtud, pero corre el riesgo de querer abarcar más de lo que es capaz de controlar. Aún así, no hay problema que se le ponga por delante, pues siempre conoce a alguien muy capacitado a su alrededor a quien pedir consejo. Géminis en el Ascendente otorga una maravillosa capacidad de comunicación, sin la cual el nativo no podría cotejar constantemente sus ideas y opiniones con las de los demás. Y ésta es la base sobre la que está construida toda su personalidad: necesita de los demás para establecer un marco de referencia que acote de alguna forma su mundo, de lo contrario correría el peligro de perderse en su laberinto de ideas.

Cáncer: Hay una sensibilidad extrema tras el duro caparazón del Cangrejo. Las emociones y los afectos son captadas y amplificadas al grado máximo. Pero la persona con este Ascendente no es dueña de sus respuestas, pues su enorme sensibilidad la hace muy vulnerable y justamente por eso, para protegerse, se crea un duro armazón bajo el que guardar su intimidad. El principal dilema que plantea este Ascendente es saber cómo utilizar o vivir con esta sensibilidad a flor de piel, sin que resulte abrumador. La única vía posible es la de aprender a reconocer y a respetar los sentimientos de los demás. De esta manera la persona con Ascendente Cáncer aprenderá a dosificar y a liberar respetuosamente sus emociones Se dice que el Ascendente Cáncer tiene una necesidad inminente de criar, alimentar o velar por algo. Ya sea la familia, una empresa, o una creencia, el nativo con este Ascendente entregará en sacrificio su propia existencia con el único propósito de impulsar a alguien o algo hasta lo más alto. El éxito conseguido lo tomará como suyo.

Leo: Indudablemente, éste es el Ascendente de las grandes eminencias. Leo en el vértice Este de la carta astral exige del individuo lo mejor de sí mismo. Hay en este caso una profunda necesidad de alcanzar y expresar todo el poder personal existente. La persona que disfrute de esta particularidad astrológica se entregará a la vida desde su corazón pero necesitará sentir el apoyo, el cariño y el aplauso de los demás. Y aunque corre el riesgo de ser un tanto extravagante y exhibicionista, antes se moriría que ser uno más del montón. Necesita sentirse admirado. Sobra decir que este nativo corre el riesgo de pecar de orgullo y que suele esperar demasiado de los demás. Todos sus actos deben ser reconocidos de inmediato, porque en caso contrario adoptará un comportamiento cínico y soberbio. La generosidad solar típica de Leo debe ser puesta en práctica. Dar sin esperar nada a cambio es la vía que más salud y satisfacción puede llevar a las personas de este Ascendente. Nada mejor que ser espectador del disfrute de los benéficos efectos que el amor puro del León emana a su alrededor.

Virgo: La inquieta energía de este signo afecta a sus hijos adoptivos de forma muy estimulante. Quienes tengan este Ascendente sentirán una gran urgencia por delimitar y conocer al detalle su identidad personal. Para ello, no dejarán de utilizar su incansable mente para autocriticarse constantemente, analizarse y compararse con la media nacional. Virgo en el Ascendente impulsa a la persona al perfeccionamiento, pero no de evolución interna, sino más bien de eficiencia práctica, resolutiva o profesional. No es de extrañar que el cuerpo físico, la apariencia y la salud ocupen puestos destacados en su tabla de valores personales. Los nativos que se ven sujetos a este Ascendente tienden a desmenuzar la vida y toda experiencia con el fin de analizarla, para luego poder emitir un acertado juicio acerca de lo que tienen entre manos. Sus valores principales son el orden, la corrección, la exactitud y la utilidad de las cosas. En las relaciones con los demás son grandes discutidores y argumentan desarmando a sus contrarios. Pero, en el fondo, lo que buscan es el amor universal, para así soportar mejor una vida demasiado práctica y materialista.

Libra: La persona con la Balanza como Ascendente tiene muy en cuenta la experiencia, las necesidades y los deseos de los demás. Sabe muy bien lo importante que puede resultar la iniciativa ajena, siempre y cuando no se pierdan de vista los propios intereses. Su gran problema surge en el momento en el que hay que barajar un gran número de puntos de vista diferentes. El juicio de valor, las normas y la responsabilidad ocuparán un primer plano en su rutina cotidiana. Lo que peor lleva este nativo es verse obligado a tomar una determinación, pues, aunque resulte paradójico, su misión en esta vida es aprender a tomar decisiones y a adquirir compromisos. No es de extrañar que la persona que tenga que vivir con este Ascendente encuentre refugio en la filosofía del hedonismo, que se moleste únicamente por hacer más placentera su existencia y que busque constantemente a personas que armonicen con su *modus vivendi.*

Escorpio: El signo del Escorpión atrae hacia los que tienen este Ascendente los trabajos y las luchas más lóbregas de la humanidad. Ésta es quizá la única manera de que el nativo entre en contacto directo con la vida instintiva, que es en definitiva lo que el Escorpión simboliza. Con este Ascendente el individuo está obligado a seguir luchando hasta el final, aunque sus fuerzas flaqueen una y otra vez, hasta que por fin sea capaz de conseguir sus propósitos. Puede que ante los ojos de los demás el camino de las personas con este Ascendente parezca excesivamente oscuro, complicado y tortuoso, y que para llegar a tales metas haya otras vías mucho más claras y productivas. Pero lo que importa en este caso es lo que no se ve, es decir, la transformación interior y la evolución personal que confiere pasar por esas circunstancias. Es importante que con el paso del tiempo la persona con este Ascendente aprenda a ser más constructiva y respetuosa, a no ir abriendo todas las puertas que se crucen en su camino y a detectar el peligro para poder evitarlo anticipadamente.

Sagitario: El Centauro tiene, por un lado, ideales y sentimientos humanos, pero por otro posee una naturaleza muy instintiva. La religión, la filosofía, las culturas remotas y los viajes ocupan constantemente la cabeza del individuo con este Ascendente. Ante él aparece un gran mundo de posibilidades, y por eso se pierde una y otra vez deleitándose en el placer de saborear una realidad nueva, diferente. Pero todo se esfuma cuando le cae el jarro de agua fría que con cierta frecuencia le arroja la realidad. Como noble animal que es, el Centauro necesita cuidados y las condiciones adecuadas para poder disfrutar de su bienestar. No le importa tener que trabajar duro para conseguir satisfacer sus necesidades; lo que realmente le cuesta es integrarse en la sociedad de forma sencilla, sin despertar la curiosidad ajena. La exageración y la extravagancia que confiere este Ascendente provienen del gran esfuerzo que hace el nativo para relacionarse y dar a conocer de forma precisa, concreta y verbalizada sus intereses, puntos de vista y la amplitud de sus ideales.

Capricornio: Con este Ascendente siempre aparece cierto sentimiento de culpa como mar de fondo. El individuo siente mucha urgencia por dirigir de forma constructiva su energía y entusiasmo, que bajo ningún concepto deben disiparse en el ambiente. Por tanto es lógico pensar que la persona con Ascendente Capricornio tienda a planear y a estructurar la vida cautelosamente. Además, tiene la imperiosa necesidad de hacer algo por sí mismo, como si tuviera que demostrarse el potencial de valores que posee. Pero si hay algo que se le escapa a Capricornio es el amor y la ternura. El nativo con este Ascendente en su tema natal, encontrará por medio de las relaciones personales el camino que le permitirá disfrutar de lo mundano, del contacto humano y del mundo natural tal y como es. El aislamiento es sumamente doloroso con este Ascendente, pues con ello alimenta cada vez más su ego personal, se siente muy importante y difícilmente acepta la valía de los demás.

Acuario: Este Ascendente invita al nativo a desapegarse de la realidad para poder contemplarla en su totalidad y, por supuesto, para observarse a sí mismo desempeñando su papel en el marco de la sociedad. Esta visión global da más importancia al grupo y al ambiente que rodea al individuo que a la propia persona. Pero siempre existirá la pregunta, ¿estoy o pertenezco al grupo adecuado? Aún así, el Ascendente Acuario siempre confiere al nativo la sensación de que hay algo más importante, valioso y poderoso que el yo individual. Por eso pondrá toda su energía en favor de la colectividad, ya que asume la causa social como si fuera suya. Pero al dar todo de sí mismo, también espera mucho de los demás; para él, el reconocimiento ajeno es de vital importancia, y la ausencia de éste le hace ensombrecerse. Quién tenga este Ascendente debe tener cuidado con su mente, pues puede complicarse la vida repasando situaciones, desplantes y toda clase de malas interpretaciones o suposiciones.

Piscis: El símbolo de los Peces nos da una idea de cómo es la persona que posee este Ascendente. Uno de estos vertebrados acuáticos se deja llevar por la corriente de la vida y su personalidad e individualidad son tan sólo el rol o el papel que ocupa en el río. Si embargo, el otro pez remonta la corriente con fuerza, tesón y decisión. Su vida va en ello, prefiere perecer antes que doblegar su individualidad ante las circunstancias adversas. Es por ello importante que el nativo que tenga este Ascendente tenga muy en cuenta a ambos peces. Tiene que dejarse llevar y fluir en la marea de la vida sin perder en ningún momento su propio sentido de la individualidad. Por eso se dice que Piscis siempre vive con cierto espíritu de sacrificio, que no es otra cosa que el ilimitado marco que engloba su mundo sentimental. El arte, la música, las terapias y el misticismo son las mejores profesiones para el desarrollo personal de este individuo, inmerso desde que nace en el profundo sentir de la humanidad.

LOS PLANETAS EN EL SIGNO DE LEO

El Sol en Leo

Seguridad y confianza en uno mismo. Conciencia y reconocimiento de la propia fuerza. Orgullo, necesidad de destacar, rechazo al pesimismo, fe en la vida. En general representa el esfuerzo creativo que permite a la persona conectar con su propia esencia y reconocer al dios que lleva en su interior.

La Luna en Leo

La intuición es poco intensa y el individuo poco receptivo y poco dado a la introspección. Hay una necesidad emocional intensa de ser admirado, respetado y querido por los demás. Tendencia a dramatizar los sentimientos y acaparar el centro de atención. Gusto exagerado por el lujo, el confort y los privilegios.

Mercurio en Leo

Falta de objetividad debida a la omnipresencia solar. En lugar de cultivar la inteligencia sólo se hace uso de los efectos más brillantes y destacados. Honestidad y concentración a la hora de operar. Ideas elevadas y destacadas, con buena disposición organizativa para llevarlas a cabo. Se pasan por alto los detalles, e incluso se menosprecian.

Venus en Leo

Tendencia a dramatizar en exceso para conseguir acaparar el afecto y la atención de los demás. La sensibilidad y la ternura quedan relegadas a un segundo plano por el entusiasmo y la necesidad de dominar. Amor propio exagerado, lealtad sentimental, afectos sinceros. Peligro de volverse vanidoso, celoso y autoritario en las relaciones íntimas.

Marte en Leo

Espíritu competitivo, gran energía y vitalidad, carácter independiente, necesidad de estar al frente de todo cuanto ocurra a su alrededor. Ardor a la hora de defender el prestigio y la autoridad personal. Tendencia a imponerse. Fuertes deseos de conquista de un mayor nivel de confort y lujo. Actitud honesta, intensa, franca y claramente manifiesta.

Júpiter en Leo

Expansión personal magnificada, a veces excesiva, que deriva en dramatismo y teatralidad. Gran generosidad, paternalismo y benevolencia, pero con ciertas expectativas hacia el aplauso y el aprecio de los demás. Dificultad para colaborar impersonalmente con la sociedad. Todo cuanto se hace ha de llevar el sello de autor, que encierra un deseo de llamar la atención. Satisfacción sentimental y amorosa, ideal para enseñar a los niños.

Saturno en Leo

Compulsividad que conduce a controlar personalmente el entorno de forma impetuosa. Buena posición planetaria para desempeñar puestos de responsabilidad que requieran mando sobre un equipo. Fuerte deseo de triunfo y necesidad de que se reconozca la valía personal. Ausencia de cordialidad en el trato con los demás.

Autorrealización en una etapa tardía de la vida. Si está afligido se puede adoptar la envidia como estímulo creativo.

Urano en Leo

Determinación y capacidad de decisión bloqueada por la generosidad, la cordialidad y la necesidad de reconocimiento personal del signo. Más que elegir y seleccionar la realidad de forma objetiva y racional, se considera lo que llama la atención de los demás –como aclamar el aplauso– y en definitiva se toman decisiones egocéntricas. Liberación del amor y de las ideas moralistas convencionales.

Neptuno en Leo

La personalidad es tan fuerte que no se deja arrastrar por los sentimientos de las grandes masas. La influencia del planeta incide en la faceta creativa del individuo, ya que para expresarse se han de abrir los canales que comunican al ser con el mundo exterior y con los sentimientos. Gran talento artístico, espíritu teatral e inspiración romántica muy rica.

Plutón en Leo

Gran creatividad, se imponen los gustos, el arte y el estilo. Vitalidad intensificada ante el peligro. Comportamiento exhibicionista. Destrucción de los antiguos valores tradicionales con la intención de crear otros totalmente renovados.

LEO EN LAS CÚSPIDES DE LAS DOCE CASAS

Primera

Es lo mismo que decir que la persona tiene Ascendente Leo. (Ver *Ascendentes.*)

Segunda

Finanzas y negocios donde la especulación juega un papel importante. Ingresos elevados, pero gastos considerables. Orgullo por los propios bienes materiales. Negocios relacionados con el ocio.

Tercera

El orgullo irrumpe de forma negativa en la expresión intelectual del individuo. La genialidad personal se manifiesta mejor de forma artística. Facultad para la organización. Hermanos bien situados y buena relación con ellos.

Cuarta

El individuo actúa con gran autoridad en el hogar. Se defiende la intimidad familiar. Se muestra con orgullo la unión y el orden familiar. Éxito al final de la vida.

Quinta

Fuerte necesidad de expresar la propia creatividad individual. Gusto por la educación de los hijos. Romanticismo y ardor en las relaciones amorosas. Necesidad de incrementar el poder personal.

Sexta

Deseo de dominar en las relaciones laborales. El individuo se muestra altivo en las relaciones con la servidumbre. Pérdida inútil de la propia energía, lo que afectará al corazón o a la tensión sanguínea.

Séptima

Es importante que el individuo aprenda a verse reflejado en las relaciones con los demás o de lo contrario se encontrará con enemigos poderosos. En las relaciones personales se es dominante e independiente.

Octava

Riqueza y éxito por matrimonio o por asociaciones estrechas con personas destacadas. Necesidad de controlar los bienes compartidos y las finanzas de los socios. Gran pasión y orgullo en las relaciones sexuales.

Novena

Nobles ideales por los que luchar. Metas personales muy lejanas y un tanto difusas. Fuertes deseos de destacar y ser considerado una eminencia. Sinceridad y honestidad. Éxito por empresas o negocios en el extranjero.

Décima

El nativo cuenta con el honor y el crédito que le otorguen los demás. Fuerte deseo de mostrar la propia creatividad ante los demás. Facilidad para alcanzar posiciones de autoridad y respeto.

Undécima

El individuo se puede fiar de sus amistades, que se muestran fieles y entusiastas en todo momento. Deseo de ser líder entre los amigos, que ya de por sí son gente poderosa y destacada en el mundo del arte.

Duodécima

Se desconoce el poder personal, que sólo aflora en momentos de gran necesidad. Se puede alimentar el odio y la envidia de otros, creándose así poderosos enemigos. El individuo puede ser víctima de su propio orgullo.

VIRGO:
EL ESCRUTINIO DE LA REALIDAD

Coincidiendo con el último mes del verano, la energía de Virgo se distribuye entre los nacidos entre el 24 de agosto y el 23 de septiembre. Pertenece al grupo de los signos del elemento Tierra. Es por tanto realista, sólo se fía de lo que sus sentidos le permitan comprobar. Tradicionalista, se quita el sombrero ante el saber popular, ante todo lo que se ha heredado a través de los años. Materialista, venera ante todo la riqueza, los bienes de producción y el dinero. Todos sus juicios de valor estarán basados fundamentalmente en estos tres aspectos. Por otro lado los signos de Tierra menosprecian todo lo que sea de origen intuitivo, el sentimentalismo exacerbado y la ilusión. La naturaleza del signo de Virgo es de carácter mutable, es decir, flexible, comparativa, transformadora y comunicativa. Ideal para realizar cambios, reformas, organizar y discriminar. Si ahora juntamos el elemento Tierra con la naturaleza mutable, encontraremos a Virgo con mayor detalle. Discernir en el mundo material separando lo útil y valioso de lo inservible es una de las tareas que determinan al signo. Virgo es como una gran digestión que separa uno a uno los elementos que conforman los alimentos, con el único fin de poder aprovechar las sustancias beneficiosas y eliminar los elementos de desecho. Esta pequeña imagen nos permite entender que la vida de Virgo se basa en lo concreto, lo cotidiano y sobre todo en el perfeccionamiento.

Mercurio es el planeta regente de este signo. También lo es de Géminis, pero en el caso concreto de Virgo será su faceta más puramente terrenal la que será puesta de manifiesto. La naturaleza del planeta, tal y como la estudiaría un científico, es sumamente interesante. Para empezar, en este planeta los días son más largos que los años. Es decir, da vueltas sobre sí mismo más despacio de lo que lo hace alrededor del Sol, lo que significa que está muy sujeto a la influencia del entorno y muy poco a la suya propia. En su interior se encuentran yacimientos de preciosos y nobles metales que hacen recordar la naturaleza comunicativa y superconductora del planeta. Todo lo que sea interioridad es un auténtico tesoro para Virgo, que por tener a Mercurio como planeta regente es rápidamente relacionado con el mundo exterior. Por estar tan próximo al Sol –que en cierto sentido representa a la autoridad– el regente de Virgo queda relegado a un lugar subalterno y su brillo ensombrecido por el del gran gigante de Fuego. Por eso Mercurio dota al nativo de Virgo de una de sus principales y más terrenales propiedades, la de ocupar un lugar siempre a la sombra y trabajar para el engrandecimiento o el beneficio de otros. Pero esto también tiene muchas ventajas. No hay más responsabilidad que la del trabajo bien hecho, se pueden echar siempre las culpas a los de arriba y en definitiva permite que el opresivo mundo interior no llegue nunca a agobiar, pues antes de que esto pueda suceder se libera a través de los canales que el planeta Mercurio abre para sus hijos.

Naturaleza, simbología y mitología del signo

A veces resulta difícil entender un signo mutable sin atender un poco a la energía del inmediatamente anterior. Bien, en este caso concreto Leo ya se ha encargado de disfrutar y celebrar el triunfo de haber llenado las arcas hasta los topes. El oro, la riqueza y las golosinas de mamá Naturaleza han llegado al seno de cada hogar. Pero con el tiempo de Virgo llegan las primeros y esperadísimos chaparrones y un cambio inminente se plasma en el ambiente: el aire es un poco más frío, las noches claramente más largas y las nubes aparecen más estilizadas, caracterizando estos días. Con el Sol en Virgo no basta con tener la despensa llena, hay que ordenarla, limpiarla, evitar las posibles podredumbres; en una palabra, asegurar el éxito de lo cosechado con un exhaustivo trabajo. Tras la euforia del éxito reproductor que simboliza Leo, llega Virgo con su gran sentido práctico –exaltación de Urano –. Si se quiere volver a repetir el año que viene, ahora habrá que tomar las medidas pertinentes. Se puede entonces observar a los árboles, ver cómo pierden buena parte de sus hojas, que son descuidadas porque el vegetal está centrado en preparar las yemas de los futuros brotes para próximo año. Hay que ser lo más exacto y preciso o de lo contrario el resultado podría ser fatal. No hay tiempo para las inseguridades, afectos y sensiblerías propias de la Luna –simbolizado como la Luna en caída en Virgo–. Durante el mes de Virgo, hay que saber aprovechar hasta el último minuto del día, aunque sea para descansar. Los últimos rayos del Sol son vitales para la maduración de los frutos más rezagados y perezosos, que si no se recogen a su debido tiempo se estropearán. Por lo tanto hay que estar plenamente pendiente de cuanto ocurre a cada instante, y según llueva o brille el astro rey habrá que hacer una cosa u otra. Los insectos ponen a prueba sus moradas para el invierno, tienen que asegurarse de que las aguas no estropeen lo que tanto trabajo les ha costado juntar. De poco valen ahora las abstracciones, los rezos u otro tipo de sugestiones –exilio de Neptuno–, pues lo que en estos momentos prima es el trabajo cotidiano, hecho a conciencia, perfeccionando aún más lo acontecido en años anteriores.

En la antigua mitología grecorromana Mercurio aparece en dos etapas claramente diferenciadas. La primera hace gala de su juventud y narra las mil diabluras que este inquieto dios realizó en el Olimpo. La juventud de Mercurio es la que mejor simboliza el signo de Géminis. Harto de tan descarada actitud, Júpiter decidió desterrar a Mercurio y lo mandó al reino de los mortales. En la vida en la Tierra, el joven dios desempeño múltiples oficios, maduró y se perfeccionó. Y así consiguió regresar al reino de los dioses, gracias a su buena conducta, donde le fue otorgado el papel de mensajero de los dioses. Este papel segundón, pero al mismo tiempo distinguido, resulta muy oportuno para entender la energía de Virgo.

Mercurio como dios nunca hizo nada por su cuenta y riesgo. Durante esta segunda etapa todo lo realizaba por petición de otros. Así se encargaba de llevar almas a Plutón, conducía a Baco al paradero de las ninfas, a Marte lo liberó de los gigantes, y sirvió de intérprete y de mensajero hasta del mismo Júpiter. Pero por muy poderoso que sea un dios, debe ser capaz de expresarse y comportarse socialmente, y de eso Mercurio había aprendido mucho en su vida terrenal. Además, aunque desempeñara las tareas más viles, él no se implicaba en ellas, simplemente estaba desempeñando su papel de funcionario celestial. Eso es justamente lo que nos sugiere Virgo: trabaja, hazlo lo mejor que puedas, así quedarás satisfecho de ti mismo, y no hagas más que cumplir con tu misión; el resto de las responsabilidades no dependen de ti. El exilio del planeta Neptuno en Virgo viene más o menos a representar lo poco que le importan las generalidades y los planes divinos al frívolo dios Mercurio, que sólo se preocupa de cumplir con su función.

El hombre Virgo

De naturaleza claramente inquieta, da siempre la sensación de estar dispuesto para la acción. El reposo, la calma y el sosiego no son sus fuertes. Por eso muchas veces prefiere hacer algo por alguien que quedarse aguardando el paso del tiempo. Tanto dinamismo no es en absoluto desperdiciado por el hombre Virgo. Al contrario, sabe bien que hay mil cosas por hacer, desde ordenar un cajón hasta hacer una llamada telefónica. Además, y todo hay que decirlo, a este hombre le gusta el orden tanto que lo tiene totalmente mitificado. Si pudiéramos echar una ojeada a su bolsa de viaje, nos haríamos una idea de lo escrupuloso que puede llegar a ser consigo mismo. No deja nada importante sin prever, ni una carta por contestar, ni mucho menos descuida el mantenimiento de su vehículo. Está en todo.

Y a pesar de todo nunca da sensación de tranquilidad o calma, lo que cabría esperar de una persona tan eficiente. Lo que le hace falta al hombre de este signo es un poco más de confianza en la vida. Su visión general deja mucho que desear. Puede fijarse en la mancha que llevas en el pantalón, pero no se percata de lo diferente y especial que puede ser cada día del año. Virgo es un ser muy sociable que respeta las normas sociales y paga sus impuestos, pero es incapaz de alterar sus rígidos planteamientos. En sus relaciones con los demás siempre saca a relucir su espíritu crítico, puntualizando y matizando como pocos, pudiendo llegar a resultar bastante corrosivo. La crítica es algo que se le da de maravilla, y en muchos casos acierta, sobretodo cuando se trata de ser práctico en los pequeños detalles. Pero si hay algo casi imposible es hacerle entrar en razón. El hombre Virgo siente que nada debe de cambiar la buena y simplista opinión que él tiene del mundo. Ver más allá es algo que le produce vértigo, pues es dejar de ser él mismo. Se dice que Virgo tiende a la servidumbre y eso es cierto, pero esto no quiere decir que su yo personal tenga por qué desaparecer, al contrario, es muy capaz de mantener su individualidad independientemente. Trabajar es algo que le reafirma aún más.

El hombre Virgo y el amor

Habría que empezar por preguntar a este hombre qué es para él realmente el amor. Una persona cuyo signo astrológico pertenezca al elemento Fuego se quedaría realmente asombrada de las respuestas de este hombre al respecto. Posiblemente le tacharía de ignorante, materialista, egocéntrico y despiadado. El calor, la ilusión, el cariño y el sentimentalismo, tan propios de la gente de Fuego, quedan escondidos en el caso del hombre Virgo. Puede ser que la caída de la Luna en Virgo sea la causa principal de su frialdad, del control sobre la afectividad y de la poca sensibilidad que muestra ante el amor.

Muchos hombres Virgo llegan solteros a edades muy avanzadas, en las que el emparejamiento ya resulta un tanto más complicado. En el matrimonio hay algo que asusta por lo general al hombre Virgo, que en realidad no está dispuesto a perder su libertad personal. El trabajo remunerado es una cosa, es un justo contrato de compraventa, pero el matrimonio es demasiado difuso para él, que no entiende qué tiene de beneficioso el no poder ausentarse del hogar tres días sin ser denunciado por abandono de domicilio, ni muchas otras cláusulas del contrato matrimonial.

Los sentimientos de la gente de Tierra son profundos y da la sensación de que están arraigados en la tradición y en el colectivo. El hombre Virgo es especialmente afable y divertido con los niños. Sabe cómo tratarles, entrar o romper las barreras que los pudieran distanciar. Además comparte con ellos el gusto por el juego y el entretenimiento. Como padre Virgo es todo ejemplo, un modelo a seguir. Enseñará a su hijo desde muy joven a ser práctico, para que no sea víctima de sí mismo. La verdad, puede que el amor del hombre Virgo no sea de los que queman, pero sin lugar a dudas hay entrega y dedicación por su parte. ¿Qué más se puede pedir?

El hombre Virgo y el trabajo

El trabajo es sin duda el punto central de la personalidad de este hombre. Existe cierta compulsión obsesiva en él, pero hay que estar en su pellejo para poder comprender esto. El dicho de que el trabajo es salud puede tener algo que ver con el espíritu del hombre Virgo. Por lo menos él así se toma su tarea, con cierta deportividad. Sabe bien que de nada vale pensar y obsesionarse con el trabajo, que lo mejor que se puede hacer es realizarlo sin más, y con la mejor intención posible. Es un perfeccionista nato. Aquí es donde se ve la vanidad de Virgo: hace las cosas como hay que hacerlas. Es muy escrupuloso, y con el trabajo, aún más. Y si hay alguien que entienda de verdad de trabajo ése es Virgo.

Hay cosas para las que Virgo no vale. Los puestos de dirección no le van. Se desespera al ver los errores en el trabajo de las personas que tiene a su cargo y al final opta por hacer él mismo las tareas de los demás. Mandar no es su fuerte, pero a la hora de organizar y seleccionar personal para los diferentes puestos y tareas, resulta muy valioso. La supervisión, el seguimiento y las correcciones se le dan de maravilla al hombre Virgo. Pero lo que nunca se le debe exigir, o por lo menos no se debe esperar de él, es que abarque el amplio mundo de las generalidades y de la abstracción. Ésta es una cosa que escapa a su entendimiento y que además ni siquiera capta su interés.

Todos los libros de Astrología coinciden en que el trabajo subordinado es algo propio de Virgo. Eso quiere decir que no es muy dado a aventurarse por libre en ningún tipo de mercado. Las materias que más le van son aquellas que precisan de un alto grado de pulcritud, metodología y exactitud, como son la fotografía, la electrónica y cualquier trabajo de laboratorio. La salud también es un tema que acapara la atención de Virgo: enfermeros, farmacéuticos, terapeutas, masajistas... son profesiones en las que el hombre Virgo encontrará la horma de su zapato.

El hombre Virgo y la salud

De naturaleza claramente aprensiva, para el hombre Virgo la salud es una de las principales preocupaciones. En algún momento de su vida, el hijo terrenal de Mercurio tendrá que replantearse su ritmo a consecuencia de algún desequilibrio orgánico. La apariencia física, el atractivo y el vigor son cosas que al hombre Virgo le interesan de forma exagerada. Lo que se esconde en esta conducta es terror a la vejez y a la decadencia orgánica. El hombre Virgo es uno de los más coquetos de todo el Zodíaco, o por lo menos de los que más productos de belleza consume.

Las enfermedades que suelen afectar a este varón tienen que ver fundamentalmente con el sistema nervioso. Aunque aparentemente sus manifestaciones tienen poco que ver con los nervios, siempre en la enfermedad de Virgo se esconde un fuerte componente psicosomático. Su naturaleza sumamente escrupulosa, le lleva en numerosas ocasiones al consumo de productos o a adoptar conductas poco sanas. El sistema digestivo suele ser el primero en manifestar los desequilibrios nerviosos. El dolor de estómago, la gastritis o la úlcera atacan normalmente a los varones de este signo. También las afecciones infecciosas del sistema digestivo son bastante frecuentes en el hombre Virgo. Siempre que realice un viaje a países donde el cólera, la disentería o la difteria estén al orden del día, el nativo de Virgo deberá poner mucha atención. El escrupuloso comportamiento de Virgo tiene su porqué, sabe realmente lo que debe de evitar a su naturaleza, cuyo vigor deja mucho que desear.

La mujer Virgo

Esta mujer es básicamente tímida, pero dispone de todas las armas y de todas las astucias necesarias para conseguir ser feliz. La imagen virginal y pura que puede dar al principio no se corresponde en absoluto con la realidad. Es perfeccionista pero no perfecta, como pintan algunas religiones a sus vírgenes. Sabe lo que quiere, y en cuanto encuentre la vía para conseguirlo no dudará un momento en hacer todo lo que sea necesario para satisfacer sus deseos. Para algunos románticos, la mujer Virgo puede parecer un tanto desalmada, fría y calculadora, pero es su manera particular de entender el amor. Para ella querer o amar algo es preocuparse por ello desde el punto de vista más físico y material: que no le falte nada, que vaya limpio, que no llegue tarde…

Su actitud crítica natural le resta parte de encanto. Es muy meticulosa e incluso quisquillosa, por no decir maniática. En todo tiene que tener razón, discutir con ella es entrar en un túnel cuya única salida la encontrarás en tu propia retirada. Cuando se la aprieta tanto que al final tiene que reconocer sus propios errores, esta mujer sufre serios bloqueos mentales. En su interior reina cierta falta de confianza pero una vez recuperada no es nada rencorosa, aunque puede comportarse como un animal herido durante todo el proceso. Pocas veces merece la pena acorralarla, pues en la vida práctica, esta mujer suele tener razón.

Inherente a la mujer Virgo hay cierto espíritu de bondad y servidumbre hacia los demás. Pero no de sacrificio, ya que en ningún momento permitirá que nadie se aproveche de sus buenas intenciones. Lo que ella quiera hacer por los demás lo hará por su buena fe, nunca por pena, compasión y mucho menos por chantaje emocional. Esta mujer es tan realista que no es posible engañarla. Tampoco va en pos de ilusiones ni sueños dorados. Sus metas son muy claras y, de vez en cuando, le gusta ayudar a otros a alcanzar las suyas.

La mujer Virgo y el amor

En lugar de perseguir el espejismo del príncipe azul, la mujer Virgo busca en su pareja alguien puro y honesto con quien compartir la vida cotidiana. Es raro que esta mujer se equivoque a la hora de elegir a su pareja pero, en caso contrario y si el destino le presenta una segunda oportunidad para el amor, entonces no dudará ni un solo momento en cortar por lo sano y empezar una nueva vida.

En la mujer Virgo los aspectos más ardientes y manifiestos del amor pueden brillar por su ausencia o mostrarse de forma tan sutil que apenas puedan apreciarse. Su forma serena de amar puede resultar desesperante para los hombres más fogosos del Zodíaco, pero puede resultar muy sugerente para aquellos que busquen un espíritu refinado, que gusten de ir paso a paso, sin prisas, descubriendo poco a poco sus encantos. Para encender el corazón de esta dama hay que ser perseverante y original, y demostrarle una dedicación exclusiva. La falta de modales, de formas, un lenguaje y una higiene son cosas que pueden echar para atrás una posible relación sentimental con una mujer Virgo. Hay cosas que ella sabe de sobra que no aguantará en un futuro. No le importa probar, intentar educar a su pareja para que repare en sus descuidos, para que no se muestre de cualquier manera ante ella. Pero no habrá una segunda oportunidad: Si no captas sus directas, entonces ella sacará sus propias conclusiones acerca del tipo de hombre que la está cortejando.

La fidelidad no es uno de sus puntos fuertes. Sus emociones están fuertemente contenidas en su interior, pero hay algo que la incita a demostrarse a sí misma de lo que es capaz. Su corazón es más cálido y humano de lo que a primera vista se puede pensar y, si realmente está enamorada de su hombre se verá empujada a, seguir una vida llena de virtudes y dedicación exclusiva.

Como madre la mujer Virgo deja mucho que desear. Desde el punto de vista práctico su comportamiento resultará perfecto, sin mácula. La comida estará a punto y será de lo más completa y equilibrada. La ropa de sus pequeños estará siempre como el primer día. El orden y la higiene están asegurados con una mujer de este signo. Sin embargo, afectivamente hay cierta carencia en la madre Virgo. Hay que recordar que la Luna está en caída y por lo tanto la ternura y el cariño también. No es que la mujer Virgo no quiera a sus hijos, sino que su manera de hacerlo resulta un tanto deficiente para el sensible mundo de los infantes.

La mujer Virgo y el trabajo

Realmente esta mujer tiene mucho que decir en el aspecto laboral. No busca puestos relevantes ni tener grandes responsabilidades a su cargo, pero su maravillosa manera de percibir y discriminar entre lo que tiene mayor o menor importancia, hace que la mujer Virgo sea profesionalmente muy valiosa. Su misión es la lucha contra el caos que suele generar grandísimas pérdidas. Lo eficiente que puede resultar una mujer de este signo en un equipo de trabajo, se percibirá en el momento en que tenga que ser remplazada por cualquier motivo. Entonces todos se percatarán de lo apoyados que estaban en el orden generado por ella.

En general esta mujer suele asumir más funciones de las que le competen, simplemente para no tener que depender de la labor de otras personas. Pero, eso sí, de lo que no es de su incumbencia no quiere saber nada, aunque si se lo piden como un favor, la cosa cambia. Es muy escrupulosa y perfeccionista y es difícil tener queja de la labor de esta mujer. Aunque trabaje fuera de casa, la mujer Virgo nunca descuidará su hogar, ni la ropa ni, mucho menos, la economía doméstica. Es una auténtica maga del tiempo, sabe sacar siempre un ratito para cada cosa, o mejor dicho, según el tiempo del que disponga, siempre tendrá una tarea que se acople perfectamente a dicho intervalo.

Las tareas que los libros clásicos asignan a la mujer Virgo hacen siempre alusión a su extraordinario sentido del orden: secretarias de dirección, bibliotecarias, procesadores de datos, etc. También se hace una clara referencia al gusto de Virgo por los temas de salud, pero siempre en puestos subordinados como enfermeras, auxiliares de clínica, cuidadoras. Los temas relacionados con la estética personal y la higiene son también muy adecuados para la mujer Virgo, que claramente podría desempeñar un buen papel como peluquera, esteticien o manicura.

La mujer Virgo y la salud

El aspecto físico es algo que concierne de forma directa al signo de Virgo, y si el nativo pertenece al sexo femenino, entonces le tocará por partida doble. La mujer de este signo lucha desde muy temprana edad contra las pequeñas secuelas que el paso del tiempo deja sobre su cuerpo. A pesar de su gusto por lo natural, esta dama es muy amiga de potingues de todo tipo que la protejan de los devastadores efectos del paso del tiempo. Para ella, la imagen es tan importante que muchas veces da la sensación de que se cree que mientras siga pareciendo bella y jovial, no habrá ningún mal que pueda minar su salud. La verdad es que en la mayoría de los casos esta mujer peca de fijarse en los pequeños detalles, cuando seguramente está dejando pasar otros de carácter general mucho más importantes a la hora de mirar por la salud.

Los productos de limpieza, así como el uso de insecticidas, pueden ejercer un efecto devastador en la salud familiar. Es tan amiga de la limpieza, que muchas veces está sometiendo a sus pequeños a respirar e inhalar efluvios de productos no del todo inocuos. Creer que la limpieza es sinónimo de esterilidad es una de las más frecuentes equivocaciones que suelen cometer las mujeres de este signo. La casa no tiene por qué ser tratada químicamente, como si fuera un quirófano, es más, es conveniente permitir que en una casa haya sus ácaros, bacterias y hongos. La mujer Virgo debería leer e informarse a cerca de la ecología del hogar y así entender que en la higiene y la salud doméstica nada tiene que ver con la esterilidad.

Los achaques que más frecuentemente afectan a la nativa de Virgo tienen que ver con una deficiente actividad del aparato digestivo. Su intestino no es tan fuerte como ella desearía y por eso los excesos los paga con creces. Su vesícula biliar está siempre a punto de dar la señal de alarma y lo hace a través de desagradables dolores de cabeza, jaquecas, náuseas y vómitos. Es importante que la mujer Virgo atienda a su alimentación y descubra cuáles son las comidas o alimentos que peor le van. Normalmente serán los fritos y las grasas las que peor le sienten. Por otra parte su sistema nervioso sufrirá un gran desgaste si no se cuida. Para ella, el descanso y el reposo resultan vitales, del mismo modo que no abusar de sustancias excitantes ni del tabaco.

El niño Virgo: cómo educarlo amorosamente y descubrir sus talentos

Si una cosa caracteriza al niño de este signo es que desde muy temprana edad mostrará claras preferencias con las comidas. Además no es fácil convencerle de que altere sus gustos, él los tiene claramente definidos y sería una pérdida de tiempo intentar convencerle de lo que es mejor para él. Pero no hay que subestimarle; la verdad es que los problemas intestinales son frecuentes en los niños de este signo, y sus gustos y apetencias suelen estar bien fundados.

En líneas generales educar a este muchacho es una delicia. Normalmente acepta la disciplina y le gusta aprender de forma tradicional. Además, la facilidad que muestra para el lenguaje le facilita mucho las cosas. Sabe ganarse la simpatía de sus mayores, tanto de padres como de maestros, y es raro que resulte un niño problemático, pues lo normal es que lo acepte todo sin que haga falta reñirle. Las obligaciones, ayudar en casa o hacer los deberes del colegio, que siempre son un engorro, para el niño Virgo pueden ser una fuente de distracción y entretenimiento.

La vergüenza de aparecer o actuar públicamente es muy propia de este recatado muchacho. Pero si se le ayuda y se le anima podrá vencer fácilmente el miedo y demostrar una de sus capacidades más destacables: el arte escénico. Dispone de un don natural para el habla, y como es capaz de distinguir perfectamente aquello que caracteriza a cada rol social, sabe dar el toque más realista a cada uno de los personajes de la vida. También posee un sexto sentido para las relaciones sociales, pues su forma instintiva de conocer las bromas o los gustos que van con cada cual es automática, lo que le facilita mucho las cosas a la hora de relacionarse.

Con el niño Virgo hay que tener en cuenta algo importante: por naturaleza tiende a sentirse inferior y justamente por eso los juguetes educativos, las actividades extraescolares y demás componentes que apoyen su educación los tomará como un aliciente al que se aferrará para afianzar su delicada posición ante los demás. Emocionalmente, el niño Virgo es un caso muy particular y delicado. Su infancia no suele ser una experiencia de plenitud, pues siempre anda entre complejos y traumas que podrían complicarse en cualquier momento. Los padres deben saber mantenerse a una distancia sentimental prudente, que no avasalle por una parte ni resulte demasiado fría o distante por otra. La camaradería y la comunicación le sientan estupendamente pues por el mero hecho de no dejar de hablar, es capaz de llegar a contar sus intimidades al adulto que sepa ganárselo. Todos los elogios son pocos para un niño de este signo. Si además pertenece al género femenino, es importantísimo hacerle ver que sus valores son tan buenos como los de los demás, ya que la complejidad de su mente la lleva a menospreciarse e incluso a adoptar una postura autodestructiva.

Detallista y meticuloso hasta decir basta, generalmente castiga a su madre con sus manías y exigencias. No soporta la presencia de cierto tipo de vegetales en el plato, la menor arruga será suficiente para tener que volver a planchar la prenda y los vasos tendrán que estar más claros que los cristales de una óptica. En lugar de dejarse arrastrar de forma apasionada, el padre o la madre de este pequeño deberán armarse de paciencia y enseñarle a solucionar por sí mismo sus problemas. De esta manera el niño prestará atención a lo que le dicen y los padres se ahorrarán una pataleta que parecía inevitable.

La imaginación del niño Virgo necesita un constante estímulo para que no se apague. Fomentar el dibujo, jugar con él a las palabras encadenadas o a visualizar objetos o situaciones, son uno de los caminos más fáciles para que los padres comprueben cuán desarrollada está la imaginación de su hijo. También los cuentos y el contacto con el mundo mágico de los personajes mitológicos ayudarán a desarrollar una de las facetas de este muchacho que más atrofiada se encuentra en su mente. Además, le serán de gran ayuda en su futura vida profesional, ya que le permitirán disfrutar de un mayor marco de referencia y de una visión más general de la vida.

ASCENDENTES PARA EL SIGNO DE VIRGO

El signo Ascendente es el que se encuentra en el horizonte Este en el momento exacto del nacimiento. Incide, entre otras cosas, en el carácter y en la personalidad, pues determina la forma o el escaparate a través del cual se expresa la esencia personal. También es importante a la hora de definir buena parte de los rasgos físicos del individuo.

Aries: Los que tengan al Carnero por Ascendente deberán enfrentarse a la vida de forma enérgica. Ante todo, lo que realmente cuenta es que el individuo exprese su energía sin tapujos ni limitaciones. De lo contrario, el nativo entrará en un estado de decepción permanente y se sentirá muy frustrado. Quienes tengan su Ascendente sobre el signo de Aries no deben mirar atrás. Y aunque pequen por exceso, y resulten un tanto egocéntricos o dominantes, será mejor eso que refrenarse y correr el peligro de caer en una depresión crónica. Las relaciones personales son sumamente importantes para un Ascendente Aries. Gracias a la interacción con otras personas es posible que el nativo aprenda a regular y a modular su forma de expresarse. Del mismo modo que le gusta ser respetado, intenta respetar a los demás; y como consecuencia de ello, el individuo que posea este Ascendente logrará un sano equilibrio, lo que permitirá que los demás tengan en cuentan sus opiniones.

Tauro: Quien tenga este signo sobre el horizonte Este en un tema natal ha de tomarse la vida con más calma. Las prisas son la lacra del mundo actual, con ellas no se hace nada bien y por tanto nunca se llega a disfrutar. El nativo con Ascendente Tauro está por ello obligado a planificar, estructurar y trabajar de forma sistemática. Ése es el único camino que le puede conducir a los deliciosos placeres terrenales que tanto le gustan. Eso sí, al dejar a un lado el factor tiempo, esta persona corre el riesgo de caer en la desidia y el abandono, no desde el punto de vista laboral –ya que es un trabajador infatigable– pero sí desde el punto de vista productivo, pues no tiene en cuenta las necesidades o prioridades de la sociedad. Es de vital importancia para el nativo con el Toro por Ascendente que aprenda a distinguir cuándo se puede permitir el lujo de centrarse en sí mismo y en su trabajo prescindiendo de todo lo demás, y cuándo tiene que abrirse y aceptar las mareas sociales que le rodean.

Géminis: Éste es probablemente el Ascendente que más despierta los sentidos. La persona que tiene a los Gemelos en el vértice Este de su tema natal, se enfrenta a la vida con gran curiosidad y con cierto espíritu inquisitivo. Para poder disfrutar y saciar su ansia de conocimiento, la naturaleza ha dotado a este individuo de una espectacular capacidad de adaptación. La versatilidad es su más destacada virtud, pero corre el riesgo de querer abarcar más de lo que es capaz de controlar. Aún así, no hay problema que se le ponga por delante, pues siempre conoce a alguien muy capacitado a su alrededor a quien pedir consejo. Géminis en el Ascendente otorga una maravillosa capacidad de comunicación, sin la cual el nativo no podría cotejar constantemente sus ideas y opiniones con las de los demás. Y ésta es la base sobre la que está construida toda su personalidad: necesita de los demás para establecer un marco de referencia que acote de alguna forma su mundo, de lo contrario correría el peligro de perderse en su laberinto de ideas.

Cáncer: Hay una sensibilidad extrema tras el duro caparazón del Cangrejo. Las emociones y los afectos son captadas y amplificadas al grado máximo. Pero la persona con este Ascendente no es dueña de sus respuestas, pues su enorme sensibilidad la hace muy vulnerable y justamente por eso, para protegerse, se crea un duro armazón bajo el que guardar su intimidad. El principal dilema que plantea este Ascendente es saber cómo utilizar o vivir con esta sensibilidad a flor de piel, sin que resulte abrumador. La única vía posible es la de aprender a reconocer y a respetar los sentimientos de los demás. De esta manera la persona con Ascendente Cáncer aprenderá a dosificar y a liberar respetuosamente sus emociones Se dice que el Ascendente Cáncer tiene una necesidad inminente de criar, alimentar o velar por algo. Ya sea la familia, una empresa, o una creencia, el nativo con este Ascendente entregará en sacrificio su propia existencia con el único propósito de impulsar a alguien o algo hasta lo más alto. El éxito conseguido lo tomará como suyo.

Leo: Indudablemente, éste es el Ascendente de las grandes eminencias. Leo en el vértice Este de la carta astral exige del individuo lo mejor de sí mismo. Hay en este caso una profunda necesidad de alcanzar y expresar todo el poder personal existente. La persona que disfrute de esta particularidad astrológica se entregará a la vida desde su corazón pero necesitará sentir el apoyo, el cariño y el aplauso de los demás. Y aunque corre el riesgo de ser un tanto extravagante y exhibicionista, antes se moriría que ser uno más del montón. Necesita sentirse admirado. Sobra decir que este nativo corre el riesgo de pecar de orgullo y que suele esperar demasiado de los demás. Todos sus actos deben ser reconocidos de inmediato, porque en caso contrario adoptará un comportamiento cínico y soberbio. La generosidad solar típica de Leo debe ser puesta en práctica. Dar sin esperar nada a cambio es la vía que más salud y satisfacción puede llevar a las personas de este Ascendente. Nada mejor que ser espectador del disfrute de los benéficos efectos que el amor puro del León emana a su alrededor.

Virgo: La inquieta energía de este signo afecta a sus hijos adoptivos de forma muy estimulante. Quienes tengan este Ascendente sentirán una gran urgencia por delimitar y conocer al detalle su identidad personal. Para ello, no dejarán de utilizar su incansable mente para autocriticarse constantemente, analizarse y compararse con la media nacional. Virgo en el Ascendente impulsa a la persona al perfeccionamiento, pero no de evolución interna, sino más bien de eficiencia práctica, resolutiva o profesional. No es de extrañar que el cuerpo físico, la apariencia y la salud ocupen puestos destacados en su tabla de valores personales. Los nativos que se ven sujetos a este Ascendente tienden a desmenuzar la vida y toda experiencia con el fin de analizarla, para luego poder emitir un acertado juicio acerca de lo que tienen entre manos. Sus valores principales son el orden, la corrección, la exactitud y la utilidad de las cosas. En las relaciones con los demás son grandes discutidores y argumentan desarmando a sus contrarios. Pero, en el fondo, lo que buscan es el amor universal, para así soportar mejor una vida demasiado práctica y materialista.

Libra: La persona con la Balanza como Ascendente tiene muy en cuenta la experiencia, las necesidades y los deseos de los demás. Sabe muy bien lo importante que puede resultar la iniciativa ajena, siempre y cuando no se pierdan de vista los propios intereses. Su gran problema surge en el momento en el que hay que barajar un gran número de puntos de vista diferentes. El juicio de valor, las normas y la responsabilidad ocuparán un primer plano en su rutina cotidiana. Lo que peor lleva este nativo es verse obligado a tomar una determinación, pues, aunque resulte paradójico, su misión en esta vida es aprender a tomar decisiones y a adquirir compromisos. No es de extrañar que la persona que tenga que vivir con este Ascendente encuentre refugio en la filosofía del hedonismo, que se moleste únicamente por hacer más placentera su existencia y que busque constantemente a personas que armonicen con su *modus vivendi*.

Escorpio: El signo del Escorpión atrae hacia los que tienen este Ascendente los trabajos y las luchas más lóbregas de la humanidad. Ésta es quizá la única manera de que el nativo entre en contacto directo con la vida instintiva, que es en definitiva lo que el Escorpión simboliza. Con este Ascendente el individuo está obligado a seguir luchando hasta el final, aunque sus fuerzas flaqueen una y otra vez, hasta que por fin sea capaz de conseguir sus propósitos. Puede que ante los ojos de los demás el camino de las personas con este Ascendente parezca excesivamente oscuro, complicado y tortuoso, y que para llegar a tales metas haya otras vías mucho más claras y productivas. Pero lo que importa en este caso es lo que no se ve, es decir, la transformación interior y la evolución personal que confiere pasar por esas circunstancias. Es importante que con el paso del tiempo la persona con este Ascendente aprenda a ser más constructiva y respetuosa, a no ir abriendo todas las puertas que se crucen en su camino y a detectar el peligro para poder evitarlo anticipadamente.

Sagitario: El Centauro tiene, por un lado, ideales y sentimientos humanos, pero por otro posee una naturaleza muy instintiva. La religión, la filosofía, las culturas remotas y los viajes ocupan constantemente la cabeza del individuo con este Ascendente. Ante él aparece un gran mundo de posibilidades, y por eso se pierde una y otra vez deleitándose en el placer de saborear una realidad nueva, diferente. Pero todo se esfuma cuando le cae el jarro de agua fría que con cierta frecuencia le arroja la realidad. Como noble animal que es, el Centauro necesita cuidados y las condiciones adecuadas para poder disfrutar de su bienestar. No le importa tener que trabajar duro para conseguir satisfacer sus necesidades; lo que realmente le cuesta es integrarse en la sociedad de forma sencilla, sin despertar la curiosidad ajena. La exageración y la extravagancia que confiere este Ascendente provienen del gran esfuerzo que hace el nativo para relacionarse y dar a conocer de forma precisa, concreta y verbalizada sus intereses, puntos de vista y la amplitud de sus ideales.

Capricornio: Con este Ascendente siempre aparece cierto sentimiento de culpa como mar de fondo. El individuo siente mucha urgencia por dirigir de forma constructiva su energía y entusiasmo, que bajo ningún concepto deben disiparse en el ambiente. Por tanto es lógico pensar que la persona con Ascendente Capricornio tienda a planear y a estructurar la vida cautelosamente. Además, tiene la imperiosa necesidad de hacer algo por sí mismo, como si tuviera que demostrarse el potencial de valores que posee. Pero si hay algo que se le escapa a Capricornio es el amor y la ternura. El nativo con este Ascendente en su tema natal, encontrará por medio de las relaciones personales el camino que le permitirá disfrutar de lo mundano, del contacto humano y del mundo natural tal y como es. El aislamiento es sumamente doloroso con este Ascendente, pues con ello alimenta cada vez más su ego personal, se siente muy importante y difícilmente acepta la valía de los demás.

Acuario: Este Ascendente invita al nativo a desapegarse de la realidad para poder contemplarla en su totalidad y, por supuesto, para observarse a sí mismo desempeñando su papel en el marco de la sociedad. Esta visión global da más importancia al grupo y al ambiente que rodea al individuo que a la propia persona. Pero siempre existirá la pregunta, ¿estoy o pertenezco al grupo adecuado? Aún así, el Ascendente Acuario siempre confiere al nativo la sensación de que hay algo más importante, valioso y poderoso que el yo individual. Por eso pondrá toda su energía en favor de la colectividad, ya que asume la causa social como si fuera suya. Pero al dar todo de sí mismo, también espera mucho de los demás; para él, el reconocimiento ajeno es de vital importancia, y la ausencia de éste le hace ensombrecerse. Quién tenga este Ascendente debe tener cuidado con su mente, pues puede complicarse la vida repasando situaciones, desplantes y toda clase de malas interpretaciones o suposiciones.

Piscis: El símbolo de los Peces nos da una idea de cómo es la persona que posee este Ascendente. Uno de estos vertebrados acuáticos se deja llevar por la corriente de la vida y su personalidad e individualidad son tan sólo el rol o el papel que ocupa en el río. Si embargo, el otro pez remonta la corriente con fuerza, tesón y decisión. Su vida va en ello, prefiere perecer antes que doblegar su individualidad ante las circunstancias adversas. Es por ello importante que el nativo que tenga este Ascendente tenga muy en cuenta a ambos peces. Tiene que dejarse llevar y fluir en la marea de la vida sin perder en ningún momento su propio sentido de la individualidad. Por eso se dice que Piscis siempre vive con cierto espíritu de sacrificio, que no es otra cosa que el ilimitado marco que engloba su mundo sentimental. El arte, la música, las terapias y el misticismo son las mejores profesiones para el desarrollo personal de este individuo, inmerso desde que nace en el profundo sentir de la humanidad.

LOS PLANETAS EN EL SIGNO DE VIRGO:

El Sol en Virgo

Simboliza el perfeccionamiento personal, la optimización del trabajo, el orden, la vida práctica. Mente analítica, sistemática y discriminatoria, que necesita una continua y rutinaria actividad para manifestarse de forma sana. Se deben ofrecer los propios valores como servicio hacia los demás. La única vía para integrar adecuadamente la energía individual en el movimiento universal será refinando su persona y tomando conciencia de su posición dentro de la gran maquinaria social.

La Luna en Virgo

Carácter esquivo y seco. Defensa frente al medio, preocupación por la salud y la alimentación. Receptividad muy detallista, concreta y discriminatoria que pasa por alto detalles importantes de la vida. Puede ser causa de cierta insatisfacción afectiva. Naturaleza reservada, humilde y modesta. Vida psíquica y emotiva un tanto estéril y falta de imaginación y fantasía.

Mercurio en Virgo

Se atienden primordialmente los aspectos técnicos del mundo material. Alto sentido crítico, moralidad y perfeccionamiento personal. Inteligencia sistemática, mucha preocupación por lo particular, intensa capacidad de concentración. Elocuencia y facilidad para los idiomas. Se saca mucho partido de todo cuanto el individuo dispone. Se huye de la divagación y de la disipación. Hay cierta timidez y dificultad para percibir las generalidades.

Venus en Virgo

El flujo espontáneo y natural de los afectos es cortado por el análisis y la razón. Exteriorización sentimental fría, aunque simpática y afable. Disposición para ayudar a los necesitados. Incapacidad de comprometerse sentimentalmente con nadie, rechazo directo a la pasión ciega y al abandono feliz. Vida sexual poco natural –tabúes, frigidez, impotencia o desenfreno–. Falta de sensibilidad frente a los placeres y el disfrute de lo bueno de la vida.

Marte en Virgo

Acciones concretas, prácticas, eficiencia gracias al detalle y la precisión operativa. Obsesión por el perfeccionamiento, autocrítica exagerada. Temperamento nervioso e inquieto. Determinación frente a la enfermedad, voluntad para realizar ejercicio físico o para llevar una dieta. Habilidad manual, facilidad para exponer las determinaciones personales.

Júpiter en Virgo

La inserción feliz en la vida se ve cortada por la excesiva cautela propia del signo. Se tiende a buscar el goce de la vida entre las pequeñas minucias y los detalles. Faltan los sentimientos elevados y los ideales universales que conectan al individuo con la eternidad. Prevalecen los ideales prácticos. La generosidad y la bondad se plasman por medio del servicio a los demás. Hay una posible frustración con esta posición dado el escaso desarrollo de la personalidad.

Saturno en Virgo

La tenacidad propia del planeta coopera con la capacidad organizativa del signo. Estrategia metódica a la hora de vivir la vida, jamás se menosprecian los más mínimos detalles. Esta posición da cierta austeridad, se echa de menos un poco más de espíritu. Se suelen asumir cargas excesivas, se peca de exceso de perfeccionamiento en el trabajo. La persona necesita sentirse útil socialmente.

Urano en Virgo

Buena aplicación del poder de decisión ya que está basada en la experiencia práctica. Renovación, innovación y originalidad en los métodos y procedimientos de trabajo, en las rutinas cotidianas, siempre apuntando a una mejoría y a un perfeccionamiento técnico. Escaso interés por lo desconocido. Servicio a la humanidad preparándola para una nueva visión.

Neptuno en Virgo

El individuo se ata a lo concreto: a su trabajo y a la realidad circundante con tal de no perder la sensación de individualidad a la que se aferra con empeño. Las dotes creativas se ven relegadas por las condiciones adversas, que reclaman toda la atención personal. Efectos negativos propios del planeta que inciden sobre la salud.

Plutón en Virgo

La regeneración carece del fértil apoyo lunar propio del signo. El impulso vital y creativo se encuentra retraído en el individuo. El perfeccionamiento y la precisión en los detalles actúan en contra de lo que es el impulso creativo y vital. La naturaleza retenida y pulcra del signo combate de forma directa con la naturaleza del planeta.

VIRGO EN LAS CÚSPIDES DE LAS DOCE CASAS

Primera

Es lo mismo que decir que la persona tiene Ascendente Virgo. (Ver *Ascendentes.*)

Segunda

Los ingresos económicos se deben a pequeños trabajos, relacionados con el servicio. La precisión y el cuidado de los detalles son valores que el individuo considera importantes. Cautela y prudencia con el dinero y los bienes materiales.

Tercera

Se intentan manejar con eficiencia y cuidado los asuntos cotidianos. Espíritu crítico que se refleja en las palabras y los escritos al querer el individuo alcanzar la máxima precisión. Desplazamientos por comercio; pequeñas y constantes deudas.

Cuarta

Naturaleza demasiado autocrítica. Gran deseo de refinamiento y de mejora de uno mismo. Se es servicial con la familia, a la que se ayuda y se apoya. Pequeñas rencillas o discusiones por pequeños detalles con los familiares.

Quinta

La creatividad se expresa de forma práctica a través del bricolaje o la artesanía. Individuo excesivamente quisquilloso frente a las relaciones románticas, que no son muy fructíferas. Se buscan relaciones sentimentales en las que el individuo domine claramente.

Sexta

El individuo destaca en las labores que exigen gran meticulosidad, precisión y atención. Se concede una importancia excesiva a la rutina y a los horarios. Escrupulosidad, miedo a la enfermedad, aprensión.

Séptima

Se puede contraer matrimonio por interés o conveniencia, o bien mostrarse excesivamente cauteloso a la hora de elegir pareja. Posibilidad de soltería. Se buscan relaciones prácticas, que sirvan de algo o que solucionen ciertas deficiencias personales.

Octava

Discusiones y problemas con las herencias. Facilidad para enfrentarse con total desapego con aquellas tareas que despiertan pasiones. Purificando las pasiones más intensas el individuo puede mejorar su salud. Socio o cónyuge que presta gran servicio al individuo.

Novena

La persona se centra tanto en los detalles que no es capaz de ver como en la forma de las cosas. En los asuntos legales y religiosos se pone demasiada atención a la letra pequeña. Mente superior de carácter más científico que filosófico.

Décima

Orgullo profesional que conlleva una actitud implacable en el trabajo. Ocupación subalterna, servicio público. Uno de los dos progenitores resultó demasiado crítico y laborioso e impuso su orden al individuo.

Undécima

El individuo ofrece servicios prácticos a los amigos o a algún tipo de asociación humanitaria. Se tienen en cuenta las ideas de los demás y se ponen en práctica. Esperanzas y proyectos un tanto ridículos. Tanto detalle no permite expandir la mente.

Duodécima

La persona tiende a caer en pensamientos oscuros y en obsesiones. Existe un gran temor a relajarse y a dejarse llevar por las circunstancias. Se tiende a criticar a los demás de forma subconsciente, y los propios actos se juzgan con demasiada severidad.

LIBRA:
LA MAGIA DEL EQUILIBRIO

Todas las personas que hayan nacido entre el 23 de septiembre y el 22 de octubre pertenecen al signo de Libra. Éste es un signo eléctrico, masculino, y por lo tanto activo. Su naturaleza es cardinal, o lo que es lo mismo, sumamente impulsiva y precipitada. Ante el menor estímulo que se le presente, Libra responderá con gran rapidez e intensidad. El elemento al que pertenece el signo de Libra es el Aire, que simboliza la mente, el pensamiento, la relación y la comunicación. En el caso concreto de la Balanza, la combinación de la naturaleza cardinal –que de por sí es increíblemente rápida– con el elemento Aire, es una mezcla sin igual y dota a estos nativos de una incomparable facilidad para anticiparse a los acontecimientos. Por ello son personas que ante los demás aparecen como seres excepcionalmente previsores, y combinan con gran eficiencia el buen gusto y la racionalidad. Nunca se dejan guiar por el ímpetu y la impulsividad, ni tampoco permiten que la generosidad interfiera en sus decisiones.

El planeta que corresponde al signo de Libra es Venus, su regente. Es el planeta del amor y del afecto; simboliza también las relaciones sentimentales, el arte, la belleza, y cómo no, los bienes materiales. En general se podría decir que Venus simboliza todo aquello que los órganos de los sentidos son capaces de percibir, siendo el corazón el principal de éstos y el amor el más elevado de los fenómenos registrables por el ser humano. Es de esperar que las personas nacidas bajo este signo sean especialmente sensibles y armónicas, que deseen rodearse de personas educadas y de objetos agradables, y que tengan un sentido especial para apreciar el arte y el buen gusto.

Naturaleza, simbología y mitología del signo

Ahora, para acercarnos un poco más a la naturaleza y a la simbología de este signo, vamos a poner toda nuestra atención en las condiciones ambientales y los ciclos vitales que se producen durante el período del año que le corresponde. No hay que olvidar que el origen de la Astrología se centra en el hemisferio Norte, entre longitudes tales que se puede disfrutar de diferentes estaciones dentro del mismo año. Así, es obvio que a partir del equinoccio de Libra, se dejan atrás las duras condiciones del verano: calor, escasez de agua, etc., y por tanto hay un claro resurgir de la vida sobre la Tierra. Pero un signo no debe nunca de verse de forma aislada. Al menos, se debe prestar atención al signo que se encuentra en su mismo eje, es decir en oposición. En este caso nos toca tener en cuenta al signo de Aries, que también simboliza, con la entrada de la primavera, el resurgimiento de la vida tras la muerte invernal. Es éste quizá el renacer que más claramente se manifiesta en la naturaleza, ya que no sufre ningún tipo de restricción y la vida se expresa en su más alto grado, deleitándonos con la maravilla multicolor de la diversidad primaveral. El resurgir del otoño –época en la que viene al mundo el nativo de Libra– es por el contrario mucho más triste y melancólico, y como el duro invierno está al llegar –y la expresión vital se encuentra restringida–, es fundamental contar con una buena estrategia para poder resistir a las inclemencias atmosféricas que ya, en esta temporada del año, se dejan sentir. La prudencia, el equilibrio, el control sobre los impulsos instintivos, el sentimentalismo o el altruismo, serán los rasgos psicológicos predominantes en este signo, ya que estarán en concordancia con las exigencias de la naturaleza.

Una vez visto el ambiente físico y las condiciones ambientales que predominaron durante los primeros pasos del nativo de Libra por esta vida, es importante intentar dilucidar los mitos y deseos internos que estas condiciones tan particulares albergan. El nacimiento de Venus –según la mitología romana– o Afrodita –según la griega–, contiene la suficiente simbología para ilustrar el caso. El mito cuenta que Saturno cortó los genitales de su padre, Urano, y los tiró al mar. Y luego ocupó el trono del mundo, reduciendo a su progenitor a la condición de siervo. Venus fue la última hija de Urano, ya que surgió al entrar en contacto el esperma del dios con la espuma del mar. En este caso, se muestra cómo un acto calculado y premeditado, realizado con frialdad y autodominio –simbolizado por Saturno– derrota al altruismo y generosidad de Urano –padre de Saturno–. El hecho de la castración nos hace pensar que la razón se impone sobre los instintos, claramente simbolizados por los genitales del dios. Como contrapunto de tan feo y desagradable acontecimiento, brota de las aguas marinas el más alto exponente de la belleza: Venus. Así, una vez más, el equilibrio se manifiesta como ley universal. Hoy en día, diríamos que no hay acción sin reacción. En la segunda parte del mito se cuenta cómo Venus fue desposada con el horrible Vulcano, herrero e inventor del rayo. Y como la diosa de la belleza y del amor no soportaba a un marido tan poco agraciado, se dedicó a coquetear y disfrutar de la compañía de jóvenes y atractivos dioses. De ahí parte, seguramente, la frivolidad y la galantería de Libra, que a pesar de gozar de un gran temple, se ve arrastrado por todo tipo de placeres, por la belleza y la comodidad.

El hombre Libra

Libra es un verdadero encanto, posee una sonrisa embriagadora –a la que muchas mujeres se hacen adictas–, unos modales correctos, un saber estar inigualable, y unas dotes de persuasión algo peligrosas. Quien se encuentra cerca de un nativo de este signo se siente rodeado por un halo maravilloso del que le costará bastante salir. Pero una vez le conoce a fondo, uno se percata de que no es tan perfecto como a primera vista parece. Lo que Libra pretende a toda costa es guardar el equilibrio, y como no siempre lo consigue –pues es más inestable de lo que muchos creen–, el caballero Libra da un paso para luego retroceder, resultando entonces oportunista y fluctuante.

Su gusto por la paz y la no-violencia hace del hombre Libra una persona flexible, despierta, muy dueña de sus actos y siempre dispuesta a la reconciliación. Es de esperar que eluda en todo momento actitudes tan viriles como la práctica de levantamiento de peso o de otros deportes en los que prevalezca la fuerza física. En general le gustan las actividades en las que se precisa un gran temple y en las que se refleja el buen autodominio que tiene de sí mismo, como el golf, el tenis o el esquí.

Su temperamento es amable e irradia siempre una elegancia y una bondad muy apreciadas y valoradas por los demás. Sólo toma las armas en aquellas afrentas en las que se requieren justicia e imparcialidad. Entonces es capaz de ser muy vigoroso, decidido y eficaz, sorprendiendo a todos con su actitud. Su principal dilema surge cuando tiene que tomar una decisión, sabe cotejar los pros y los contras, pero el problema radica en la relatividad de los resultados según la escala de valores que haya sido empleada.

Como a buen nativo de Aire, pensar se le da de maravilla y rara vez existe alguna posibilidad que haya quedado al margen de sus planteamientos iniciales. No es de extrañar que aquellas personas que dependan de él, tanto en la vida laboral como en la vida familiar, acaben por abandonar al hombre Libra en sus interminables divagaciones. Sin embargo, frente a las situaciones difíciles opera con mucha rapidez, digamos que basta con un fuerte estímulo externo para que su pensamiento vuelva a la realidad y así se convierta de inmediato en un individuo eficiente y muy resolutivo.

El hombre Libra y el amor

Desde muy temprana edad, el hombre Libra se dedicará a perseguir a las mujeres más bellas y distinguidas. Incluso una vez comprometido, su mirada errante no dejará de entretenerse en la exploración de las bellezas que se le pongan a tiro. Y es que adora el arte de la seducción, y para él el amor es la máxima expresión de la belleza que hay en el universo. Pero no bastará con conquistar a este don Juan; la mujer que pretenda ser musa de un Libra deberá saber mantener su imagen fresca y atractiva todos los días de su vida. A pesar de la fama de infiel que tiene, el hombre Libra es un excelente compañero, siempre dispuesto a obsequiar a su pareja con los más exquisitos regalos y a colmarla de placeres. Si se pasan por alto los pequeños deslices de este caballero andante, las relaciones con él pueden ser muy duraderas y dichosas.

En la cama, tiene una finura y una delicadeza sin igual. Le gustan las caricias, los mimos y los roces que hacen emerger la sensibilidad de su compañera a flor de piel. En general, prefiere todo lo que rodea y acompaña al acto sexual, más que éste propiamente dicho. El tiempo no cuenta para él, sin embargo los detalles estéticos y la ambientación musical son de vital importancia. Así que no se debe nunca cometer el error de hacer las cosas a la ligera: el hombre Libra está dispuesto a gozar de la vida, pero nunca a costa de sacrificar la belleza o el amor en el intento.

Aquellas personas de fuerte temperamento que se encuentren con un hombre Libra como compañero, se van a topar con la irritante experiencia de la indecisión. Los nativos de este signo tienden a adoptar un papel femenino dentro de la pareja: basta que su compañera sea más decidida y resolutiva para que ellos deleguen automáticamente toda responsabilidad sobre ella. En estos casos, es preciso aguijonearlos constantemente y andarse sin contemplaciones. Pero no hay que olvidar que responden mejor ante la inteligencia, la elegancia y el buen gusto que frente a la violencia y la intimidación.

El hombre Libra y el trabajo

Por ser tan equilibrado y justo, el hombre Libra no entiende muy bien por qué la jornada laboral es tan larga y se trabaja tantos días a la semana, cuando lo único que se consigue con ello es aumentar el número de parados del país. No quiere decir esto que eluda la responsabilidad y el compromiso, al contrario, es de gran honestidad, franqueza y lealtad. En líneas generales es bastante difícil encontrar a este hijo de Venus desarrollando tareas arduas, áridas y que además supongan un esfuerzo físico considerable. Y esto no significa que no sean capaces de realizar trabajos que requieran potencia física, esto no les importa siempre y cuando conlleve una elegante y distinguida finalidad. Pueden ser escultores de cincel y martillo, marmolistas o incluso transportistas de pianos, pero en ningún caso se les debe pedir un esfuerzo que pueda ser suplido por una máquina pues eso sería matarles.

El nativo de Libra necesita desarrollar a toda costa el gran talante del que dispone, ya sea en el campo de las artes o bien en aquellas ocupaciones intelectuales que requieran buen juicio y un fino equilibrio psicoemocional. Por tanto, estos hombres son estupendos peritos, tesoreros o contables. El comercio no es para el hombre Libra una meta. A pesar de los placeres y el bienestar que le puede otorgar el dinero, para él son tan importantes las ganancias como el fin y la energía que moviliza con su actividad. Por eso, en el caso de dedicarse al comercio, éste suele ser de objetos de arte, música o bien tener alguna relación con el mundo del espectáculo. El hombre Libra siempre intenta incluir en su actividad la cultura, el arte, o simplemente, el asociacionismo y la política.

Como jefe el nativo de Libra tiene una destreza inimaginable; es capaz de desarrollar una actividad imparable de una forma virtuosa y hasta artística, como el director de orquesta que disfruta del concierto que dirige y exhibe una sonrisa que sale desde el fondo de su corazón. Cuando toma decisiones el hombre Libra procura ser lo más imparcial posible, amén de juicioso, y por eso es corriente que busque la opinión de aquellos que forman parte de su equipo de trabajo. Normalmente las soluciones que adopta frente a un problema resultan lúcidas y de un enorme sentido común. Desde luego no es una persona que utilice su cargo para abusar, o que muestre un carácter iracundo frente a sus subalternos, al contrario; Libra necesita un ambiente de trabajo armonioso, unos colaboradores con los que compartir su carga y una lealtad a prueba de bombas, sin los cuales, acabaría por renunciar a su cargo.

El hombre Libra y la salud

Por lo que respecta a la salud de este sensible y delicado ser, hay que decir que en general es un mal sufridor. Necesita estar lleno de vitalidad para poder llevar a cabo su labor diaria. El menor desajuste fisiológico es todo un mundo para él, e intenta hacer partícipes a todos aquellos que le rodean. Por tanto sus enfermedades suelen tener un considerable componente psicosomático, por lo que se requieren grandes dosis de mimos y atenciones para curarlas por completo.

Las afecciones que suele padecer el hombre Libra son de tipo agudo, esto es, su cuerpo responde rápidamente frente a la enfermedad y lo hace de forma enérgica. Muchas veces habrá que tomar medidas para que la respuesta frente al mal no sea tan violenta. Su punto débil son los riñones y las vías urinarias. La enfermedad más típica del hombre Libra es el cólico nefrítico, aunque en muchos casos tan sólo se traduzca en una molestia en la región lumbar de la columna vertebral. Nunca hay que olvidar que un signo del Zodíaco siempre carga con parte de la energía de su opuesto. En este caso Aries nos obliga a prestar atención a la cabeza. Para el hombre Libra, la tensión nerviosa se traduce muchas veces en cefalea. Generalmente todos sus males comienzan con un ligero dolor de cabeza, que actúa a modo de testigo de emergencia y que debe ser tenido en cuenta, pero nunca tratado como causa principal de la enfermedad.

Por su gran sensibilidad, su cuerpo responde muy bien a tratamientos como la homeopatía o los remedios florales de Bach. Además, sus riñones se lo agradecerán pues la farmacología oficial tiende a sobrecargar estos órganos, que han de eliminar las fuertes drogas suministradas. El aire, el agua fresca, practicar la respiración profunda así como la contemplación de bellos paisajes, resultan también un excelente remedio natural para este nativo. La práctica del yoga o del Tai-chi puede resultar muy beneficiosa para la salud del hombre Libra.

La mujer Libra

Es quizá una de las mujeres más finas y coquetas del Zodíaco. Su dulce apariencia, el tono delicado de su voz, y la finura de sus movimientos, son irresistibles para los hombres de cualquier signo. El influjo de Venus proporciona a la nativa de Libra un irresistible encanto y una forma de ser que engatusa a cualquiera. Pero tras esa apariencia de dulce gatita, se esconde una poderosa mente lógica que necesita expresarse de forma rotunda, decidida y que, en definitiva, resulta poco o nada candorosa. Se podría decir que a la mujer Libra no se le da nada mal llevar los pantalones, eso sí, sólo en aquellos asuntos que ella elija.

Dentro de la pareja, sabe bien cuál es su papel y cuál el de su compañero. No estará dispuesta a sacarle las castañas del fuego gratuitamente, por ello se dice que las mujeres Libra son un tanto egoístas dentro del matrimonio. No les importa tener que discutir largas horas para aclarar entuertos, pues de esta manera harán gala de todo su ingenio y de su elegante forma de exponer sus criterios. Pero no son del todo conscientes de lo que pueden generar con ese controlado proceder emocional que, junto al uso indiscriminado que hacen de su coquetería, descoloca totalmente a sus adversarios.

La mujer Libra no es una mujer fácil, y tiene fama de atraer a su mundo sentimental numerosos problemas y contrariedades. Suele disfrazar sus palabras con un toque de dulzura pero sólo para evitar situaciones conflictivas, y por eso en ocasiones se ve presa de la tela de araña que ella misma ha ido tejiendo con tanto esmero. Pero como desea a toda costa conservar el apoyo de los demás, pone en práctica una táctica que mezcla inteligencia y femineidad y que resulta terriblemente seductora; táctica que, además de permitirle salir del paso, hace que su oponente se sienta incluso halagado por ella. Y es que la mujer Libra necesita estar rodeada de amigos, ser admirada y, por encima de todo, sentirse querida.

La mujer Libra y el amor

No cabe duda de que esta hija de Venus está mejor preparada para el amor romántico que para el amor maternal. Con el sexo opuesto se muestra elegantemente provocativa, y sabe hacer uso de su coquetería y de sus dones, enciende y excita el deseo masculino como ninguna otra mujer es capaz de hacer. En su papel de madre será afectuosa y atenderá a sus hijos muy atentamente; éstos no carecerán de mimos, arrullos o ternura y siempre encontrarán una dulce mirada en los ojos de su madre. El hogar de la mujer Libra será muy bello y acogedor, pero también práctico y sencillo. Muy propio para que el amor y el afecto se desarrollen en plena armonía. Pero por buena ama de su casa que esta mujer sea, en su corazón el amor romántico prima sobre todas las cosas.

La pareja y el matrimonio son la base de su existencia. Y aunque es muy capaz de llevar una vida independiente, no entiende la vida si no es compartida con alguien afín. En el caso de quedar soltera, la mujer Libra se volcará en la vida profesional y buscará un buen socio con quien colaborar, enriquecerse y compartir experiencias. Con su pareja es muy respetuosa, y nunca escuchará sus llamadas ni abrirá la correspondencia de su hombre a no ser que ésta lo desee, y jamás pondrá en evidencia a su pareja ante los demás. Sólo le recriminará dos cosas: que descuide la cuenta corriente y que no elogie cada día su belleza.

En el rito amoroso del flirteo y la seducción la nativa de Libra es toda una experta. Eso sí, aunque es perfectamente capaz, es raro que ella dé el primer paso. Adora el juego del cortejo, le encanta que la colmen de atenciones, que le digan bellas palabras de amor y, por supuesto, que el ambiente en el que se desarrolle la acción sea el adecuado. Libra no soporta lo ruidoso o vulgar, espera que su pretendiente tenga un excelente aspecto, y que se muestre amable y agasajador con ella. Para hacer el amor necesita un escenario adecuado: la música, las velas y los ambientes perfumados alimentan sus sentidos y favorecen cualquier encuentro. Además su compañero debe mostrarse dulce y romántico, y ser capaz de hacer del juego preliminar una situación de ensueño.

La mujer Libra y el trabajo

En líneas generales, la mujer Libra necesita tener una ocupación social que la aleje del hogar. Por un lado le encanta disponer de su dinero para emplearlo en los numerosos complementos que necesita. Por otro lado, su mente incansable necesita emplearse y demostrar su valía frente a los demás. No estará dispuesta a que su punto de vista pase inadvertido y sabrá cómo manejárselas para obtener la consideración que ella bien sabe que se merece.

La chica Libra prefiere trabajar en equipo que desarrollar su faceta laboral en solitario. A Libra le encantan las asociaciones y necesita la cooperación de sus compañeros para sentirse realizada. Por ser de Aire, el intelecto de la mujer Libra está muy desarrollado. Es una excelente consejera, porque difícilmente involucra sus emociones cuando debe sopesar una situación o tomar una decisión. Y gracias a su dulzura, su sabiduría es bien aceptada por quienes trabajan con ella.

En su forma de trabajar es impecable. Todo lo hace con buen gusto y se fija mucho en los pequeños detalles, pero sin dejar de ser práctica en ningún momento. Ocupar altos puestos, tener gente a su cargo o cargar con demasiada responsabilidad no son precisamente metas que se haya fijado. La mujer Libra prefiere dedicarse a aquellas facetas profesionales que sean vistosas, artísticas o de investigación y desarrollo, y eludir a toda costa llevar el peso de la producción. El campo de la belleza, de la estética, el comercio con objetos de arte o las revistas del corazón son sus preferidos. Las carreras o estudios que más le van son psicología, todas las ciencias, el derecho, el diseño de moda, la decoración y las bellas artes.

La mujer Libra y la salud

A esta cuidadosa mujer le encanta atender a las necesidades de su cuerpo. La higiene, la alimentación sana y el merecido reposo que se concede –a pesar de los pequeños desajustes en sus horarios– son la base para mantener su salud en perfecto estado. Pero su temperamento nervioso siempre es un riesgo que amenaza con acabar con sus reservas energéticas. Por ello, es importante que al menos una vez por semana se retire al campo, o se dedique a disfrutar de un ambiente lo más sosegado y tranquilo posible.

Al igual que el hombre Libra, los riñones son su punto débil, pero en el caso de la mujer, la insuficiencia renal se tiende a manifestar de dos formas diferentes, que nada tienen que ver con el cólico nefrítico –propio del hombre Libra–. Una es la retención de líquidos, con la consecuente hinchazón del cuerpo, y otra, la mala desintoxicación de la sangre, que conlleva cierta acumulación de toxinas cuyo depósito genera dolores articulares. Es conveniente para la mujer Libra hacer ligeras curas de desintoxicación con regularidad. Para ello es interesante que consulte a un médico naturista, al menos la primera vez. La mujer Libra dispone de un gran sentido común, sabe y comprende a la perfección que prevenir es mejor que curar, y para ello, lo más sabio será optar por terapias suaves que sean respetuosas con su cuerpo y que la ayuden a mantenerse equilibrada.

Otra cosa que la mujer Libra debe evitar es la gula y los alimentos ricos en azúcar, pues tiene cierta tendencia a engordar; pero, desde luego, nunca debe someterse a una dieta de adelgazamiento excesivamente drástica, pues sus nervios y su hígado no se lo perdonarían. Las dietas pobres en sales, las infusiones diuréticas y los alimentos depurativos, le serán de gran ayuda a la hora de cuidar su línea y su salud.

El niño Libra: cómo educarlo amorosamente y descubrir sus talentos

Nos encontramos frente a uno de los niños más sensibles, delicados y vulnerables del Zodíaco. También, por qué no decirlo, puede que sea el más sonriente y agradable de todos. Con el niño Libra hay que ser muy cuidadoso, es como si hubiera venido a este mundo a poner a prueba la sensibilidad de los padres, ya que con su simple presencia, dará la impresión de estar exigiendo su conducta más suave y refinada.

Este niño es muy indeciso y tiene que darle mil vueltas a las cosas antes de poder tomar una decisión, algo que para él es de suma importancia y para los demás es algo trivial o cotidiano. Meterle prisa o chillarle es aniquilar su delicado proceso mental y hacer que tarde aún más en decidirse. Lo único que se puede hacer es mostrarle amorosamente los pros y los contras de cada posible elección pero, y esto es importante, sin entrar en absurdas discusiones con él, ¡pues eso sería el cuento de nunca acabar! Una vez superados los obstáculos, el niño Libra aprende rápido y relaciona todo estupendamente, pero en un principio hay que dejarle a su aire.

El ambiente familiar es algo que le afecta profundamente y más de una vez sus padres tendrán la sensación de que su propio hijo les está recriminando sus malos hábitos, sus imperdonables despreocupaciones y sus incorrecciones. Y es que por su elevada receptividad, este niño necesita un ambiente de paz y sosiego para crecer y desarrollarse sin complejos. Si por casualidad, este niño ha sido testigo o ha vivido una experiencia violenta es importante que se consulte a un psicoterapeuta para que compruebe los daños, dada su extrema sensibilidad. Cuanto antes se traten los síntomas habrá menos probabilidades de que surjan traumas en un futuro.

Por otro lado, es un niño que necesita mucho reposo, y es normal que escoja el sillón que esté frente al televisor para echarse la siesta; pero no se enoje con él, porque con sus zalamerías conseguirá ablandar su corazón. Generalmente siempre se sale con la suya, sabe cómo irritar a los demás, y al final consigue vivir como el auténtico príncipe de la casa.

Sus talentos naturales son las artes —el dibujo, la música, el teatro—, y para desarrollarlas lo único que necesita es el ambiente propicio, y en esa cuestión es donde la acción de los padres puede ser crucial. Por supuesto no hay que forzarle a nada, es más, una simple pregunta mal formulada, que no resulte totalmente imparcial ante las posibles respuestas, le puede hacer sentirse engañado o manipulado. Con el niño Libra hay que ser impecable. Su actitud preferida es la de sabihondo e indiferente, con lo que pretende darse cierta importancia. Intelectualmente es muy capaz y las materias preferidas o para las que muestra mayor facilidad suelen ser las relacionadas con las ciencias y la tecnología.

Como alumno, el pequeño Libra, si el ambiente escolar es el propicio, aprende con rapidez. Eso sí, una vez que asimila ciertos conceptos, practica con gran habilidad el juego de la discusión constante. Además, su maestro debe ser capaz de mostrarse ecuánime con todos sus pupilos o este niño se lo reprochará una y otra vez. Y una cosa está clara, este pequeñuelo acatará bien las reglas siempre y cuando sean coherentes y justas. Pues no olvidemos que necesita que su balanza se encuentre bien equilibrada, en todos los aspectos de su vida.

ASCENDENTES PARA EL SIGNO DE LIBRA

El signo Ascendente es el que se encuentra en el horizonte Este en el momento exacto del nacimiento. Incide, entre otras cosas, en el carácter y en la personalidad, pues determina la forma o el escaparate a través del cual se expresa la esencia personal. También es importante a la hora de definir buena parte de los rasgos físicos del individuo.

Aries: Los que tengan al Carnero por Ascendente deberán enfrentarse a la vida de forma enérgica. Ante todo, lo que realmente cuenta es que el individuo exprese su energía sin tapujos ni limitaciones. De lo contrario, el nativo entrará en un estado de decepción permanente y se sentirá muy frustrado. Quienes tengan su Ascendente sobre el signo de Aries no deben mirar atrás. Y aunque pequen por exceso, y resulten un tanto egocéntricos o dominantes, será mejor eso que refrenarse y correr el peligro de caer en una depresión crónica. Las relaciones personales son sumamente importantes para un Ascendente Aries. Gracias a la interacción con otras personas es posible que el nativo aprenda a regular y a modular su forma de expresarse. Del mismo modo que le gusta ser respetado, intenta respetar a los demás; y como consecuencia de ello, el individuo que posea este Ascendente logrará un sano equilibrio, lo que permitirá que los demás tengan en cuentan sus opiniones.

Tauro: Quien tenga este signo sobre el horizonte Este en un tema natal ha de tomarse la vida con más calma. Las prisas son la lacra del mundo actual, con ellas no se hace nada bien y por tanto nunca se llega a disfrutar. El nativo con Ascendente Tauro está por ello obligado a planificar, estructurar y trabajar de forma sistemática. Ése es el único camino que le puede conducir a los deliciosos placeres terrenales que tanto le gustan. Eso sí, al dejar a un lado el factor tiempo, esta persona corre el riesgo de caer en la desidia y el abandono, no desde el punto de vista laboral –ya que es un trabajador infatigable– pero sí desde el punto de vista productivo, pues no tiene en cuenta las necesidades o prioridades de la sociedad. Es de vital importancia para el nativo con el Toro por Ascendente que aprenda a distinguir cuándo se puede permitir el lujo de centrarse en sí mismo y en su trabajo prescindiendo de todo lo demás, y cuándo tiene que abrirse y aceptar las mareas sociales que le rodean.

Géminis: Éste es probablemente el Ascendente que más despierta los sentidos. La persona que tiene a los Gemelos en el vértice Este de su tema natal, se enfrenta a la vida con gran curiosidad y con cierto espíritu inquisitivo. Para poder disfrutar y saciar su ansia de conocimiento, la naturaleza ha dotado a este individuo de una espectacular capacidad de adaptación. La versatilidad es su más destacada virtud, pero corre el riesgo de querer abarcar más de lo que es capaz de controlar. Aún así, no hay problema que se le ponga por delante, pues siempre conoce a alguien muy capacitado a su alrededor a quien pedir consejo. Géminis en el Ascendente otorga una maravillosa capacidad de comunicación, sin la cual el nativo no podría cotejar constantemente sus ideas y opiniones con las de los demás. Y ésta es la base sobre la que está construida toda su personalidad: necesita de los demás para establecer un marco de referencia que acote de alguna forma su mundo, de lo contrario correría el peligro de perderse en su laberinto de ideas.

Cáncer: Hay una sensibilidad extrema tras el duro caparazón del Cangrejo. Las emociones y los afectos son captadas y amplificadas al grado máximo. Pero la persona con este Ascendente no es dueña de sus respuestas, pues su enorme sensibilidad la hace muy vulnerable y justamente por eso, para protegerse, se crea un duro armazón bajo el que guardar su intimidad. El principal dilema que plantea este Ascendente es saber cómo utilizar o vivir con esta sensibilidad a flor de piel, sin que resulte abrumador. La única vía posible es la de aprender a reconocer y a respetar los sentimientos de los demás. De esta manera la persona con Ascendente Cáncer aprenderá a dosificar y a liberar respetuosamente sus emociones Se dice que el Ascendente Cáncer tiene una necesidad inminente de criar, alimentar o velar por algo. Ya sea la familia, una empresa, o una creencia, el nativo con este Ascendente entregará en sacrificio su propia existencia con el único propósito de impulsar a alguien o algo hasta lo más alto. El éxito conseguido lo tomará como suyo.

Leo: Indudablemente, éste es el Ascendente de las grandes eminencias. Leo en el vértice Este de la carta astral exige del individuo lo mejor de sí mismo. Hay en este caso una profunda necesidad de alcanzar y expresar todo el poder personal existente. La persona que disfrute de esta particularidad astrológica se entregará a la vida desde su corazón pero necesitará sentir el apoyo, el cariño y el aplauso de los demás. Y aunque corre el riesgo de ser un tanto extravagante y exhibicionista, antes se moriría que ser uno más del montón. Necesita sentirse admirado. Sobra decir que este nativo corre el riesgo de pecar de orgullo y que suele esperar demasiado de los demás. Todos sus actos deben ser reconocidos de inmediato, porque en caso contrario adoptará un comportamiento cínico y soberbio. La generosidad solar típica de Leo debe ser puesta en práctica. Dar sin esperar nada a cambio es la vía que más salud y satisfacción puede llevar a las personas de este Ascendente. Nada mejor que ser espectador del disfrute de los benéficos efectos que el amor puro del León emana a su alrededor.

Virgo: La inquieta energía de este signo afecta a sus hijos adoptivos de forma muy estimulante. Quienes tengan este Ascendente sentirán una gran urgencia por delimitar y conocer al detalle su identidad personal. Para ello, no dejarán de utilizar su incansable mente para autocriticarse constantemente, analizarse y compararse con la media nacional. Virgo en el Ascendente impulsa a la persona al perfeccionamiento, pero no de evolución interna, sino más bien de eficiencia práctica, resolutiva o profesional. No es de extrañar que el cuerpo físico, la apariencia y la salud ocupen puestos destacados en su tabla de valores personales. Los nativos que se ven sujetos a este Ascendente tienden a desmenuzar la vida y toda experiencia con el fin de analizarla, para luego poder emitir un acertado juicio acerca de lo que tienen entre manos. Sus valores principales son el orden, la corrección, la exactitud y la utilidad de las cosas. En las relaciones con los demás son grandes discutidores y argumentan desarmando a sus contrarios. Pero, en el fondo, lo que buscan es el amor universal, para así soportar mejor una vida demasiado práctica y materialista.

Libra: La persona con la Balanza como Ascendente tiene muy en cuenta la experiencia, las necesidades y los deseos de los demás. Sabe muy bien lo importante que puede resultar la iniciativa ajena, siempre y cuando no se pierdan de vista los propios intereses. Su gran problema surge en el momento en el que hay que barajar un gran número de puntos de vista diferentes. El juicio de valor, las normas y la responsabilidad ocuparán un primer plano en su rutina cotidiana. Lo que peor lleva este nativo es verse obligado a tomar una determinación, pues, aunque resulte paradójico, su misión en esta vida es aprender a tomar decisiones y a adquirir compromisos. No es de extrañar que la persona que tenga que vivir con este Ascendente encuentre refugio en la filosofía del hedonismo, que se moleste únicamente por hacer más placentera su existencia y que busque constantemente a personas que armonicen con su *modus vivendi*.

Escorpio: El signo del Escorpión atrae hacia los que tienen este Ascendente los trabajos y las luchas más lóbregas de la humanidad. Ésta es quizá la única manera de que el nativo entre en contacto directo con la vida instintiva, que es en definitiva lo que el Escorpión simboliza. Con este Ascendente el individuo está obligado a seguir luchando hasta el final, aunque sus fuerzas flaqueen una y otra vez, hasta que por fin sea capaz de conseguir sus propósitos. Puede que ante los ojos de los demás el camino de las personas con este Ascendente parezca excesivamente oscuro, complicado y tortuoso, y que para llegar a tales metas haya otras vías mucho más claras y productivas. Pero lo que importa en este caso es lo que no se ve, es decir, la transformación interior y la evolución personal que confiere pasar por esas circunstancias. Es importante que con el paso del tiempo la persona con este Ascendente aprenda a ser más constructiva y respetuosa, a no ir abriendo todas las puertas que se crucen en su camino y a detectar el peligro para poder evitarlo anticipadamente.

Sagitario: El Centauro tiene, por un lado, ideales y sentimientos humanos, pero por otro posee una naturaleza muy instintiva. La religión, la filosofía, las culturas remotas y los viajes ocupan constantemente la cabeza del individuo con este Ascendente. Ante él aparece un gran mundo de posibilidades, y por eso se pierde una y otra vez deleitándose en el placer de saborear una realidad nueva, diferente. Pero todo se esfuma cuando le cae el jarro de agua fría que con cierta frecuencia le arroja la realidad. Como noble animal que es, el Centauro necesita cuidados y las condiciones adecuadas para poder disfrutar de su bienestar. No le importa tener que trabajar duro para conseguir satisfacer sus necesidades; lo que realmente le cuesta es integrarse en la sociedad de forma sencilla, sin despertar la curiosidad ajena. La exageración y la extravagancia que confiere este Ascendente provienen del gran esfuerzo que hace el nativo para relacionarse y dar a conocer de forma precisa, concreta y verbalizada sus intereses, puntos de vista y la amplitud de sus ideales.

Capricornio: Con este Ascendente siempre aparece cierto sentimiento de culpa como mar de fondo. El individuo siente mucha urgencia por dirigir de forma constructiva su energía y entusiasmo, que bajo ningún concepto deben disiparse en el ambiente. Por tanto es lógico pensar que la persona con Ascendente Capricornio tienda a planear y a estructurar la vida cautelosamente. Además, tiene la imperiosa necesidad de hacer algo por sí mismo, como si tuviera que demostrarse el potencial de valores que posee. Pero si hay algo que se le escapa a Capricornio es el amor y la ternura. El nativo con este Ascendente en su tema natal, encontrará por medio de las relaciones personales el camino que le permitirá disfrutar de lo mundano, del contacto humano y del mundo natural tal y como es. El aislamiento es sumamente doloroso con este Ascendente, pues con ello alimenta cada vez más su ego personal, se siente muy importante y difícilmente acepta la valía de los demás.

Acuario: Este Ascendente invita al nativo a desapegarse de la realidad para poder contemplarla en su totalidad y, por supuesto, para observarse a sí mismo desempeñando su papel en el marco de la sociedad. Esta visión global da más importancia al grupo y al ambiente que rodea al individuo que a la propia persona. Pero siempre existirá la pregunta, ¿estoy o pertenezco al grupo adecuado? Aún así, el Ascendente Acuario siempre confiere al nativo la sensación de que hay algo más importante, valioso y poderoso que el yo individual. Por eso pondrá toda su energía en favor de la colectividad, ya que asume la causa social como si fuera suya. Pero al dar todo de sí mismo, también espera mucho de los demás; para él, el reconocimiento ajeno es de vital importancia, y la ausencia de éste le hace ensombrecerse. Quién tenga este Ascendente debe tener cuidado con su mente, pues puede complicarse la vida repasando situaciones, desplantes y toda clase de malas interpretaciones o suposiciones.

Piscis: El símbolo de los Peces nos da una idea de cómo es la persona que posee este Ascendente. Uno de estos vertebrados acuáticos se deja llevar por la corriente de la vida y su personalidad e individualidad son tan sólo el rol o el papel que ocupa en el río. Si embargo, el otro pez remonta la corriente con fuerza, tesón y decisión. Su vida va en ello, prefiere perecer antes que doblegar su individualidad ante las circunstancias adversas. Es por ello importante que el nativo que tenga este Ascendente tenga muy en cuenta a ambos peces. Tiene que dejarse llevar y fluir en la marea de la vida sin perder en ningún momento su propio sentido de la individualidad. Por eso se dice que Piscis siempre vive con cierto espíritu de sacrificio, que no es otra cosa que el ilimitado marco que engloba su mundo sentimental. El arte, la música, las terapias y el misticismo son las mejores profesiones para el desarrollo personal de este individuo, inmerso desde que nace en el profundo sentir de la humanidad.

LOS PLANETAS EN EL SIGNO DE LIBRA

El Sol en Libra

Necesidad de analizar y profundizar en la experiencia personal. Compromiso moral, sentido de justicia, equilibrio, rechazo a la agresividad. Gusto por la belleza y el arte. Meticulosidad y formalidad exageradas. Todo esto oculta una necesidad de socializar pero sin asumir ningún riesgo. Aquí la persona debe reconocer los opuestos que hay en el interior de cada una, y aprender a relacionarse con personas de experiencias afines.

La Luna en Libra

Búsqueda o necesidad de relaciones armoniosas con personas afines, porque el bienestar emocional depende de los demás. La sensibilidad está orientada a perseguir fines estéticos. Creatividad artística e intelectual armoniosa, con escasos deseos de profundizar e ir más allá de lo evidente. Hogar agradable y bello, muy dado a reuniones sociales.

Mercurio en Libra

Interés por el comportamiento humano y la psicología. Análisis extremo, valoración de todos y cada uno de los aspectos que entran en juego. Poderosa capacidad de abstracción, observación sumamente objetiva y al margen de toda emoción. Comunicación armoniosa y feliz, búsqueda del equilibrio, rechazo al compromiso

Venus en Libra

Espíritu crítico que opera bajo estímulos estéticos y que relega la sensualidad propia del planeta a un segundo término. Habilidad para entender y armonizar con los sentimientos de los demás. Delicadeza sentimental, matrimonio feliz. Ambición por lo bello, gustos refinados y carácter selectivo. Cierta vanidad y coquetería sentimental.

Marte en Libra

La agresividad aparece con una lucidez inusual que puede ser peligrosa y dañar a esta persona con mucha facilidad. Hay cierta tendencia a cargar con todas las culpas, propias y ajenas. Se está muy pendiente de la acción de los demás se suele tender a aprovecharse del estímulo ajeno.

Júpiter en Libra

En general se toma la vida de forma serena; la felicidad no conlleva demasiado optimismo ni júbilo, y tampoco se cae en la ceguera del orgullo. Éxito en las profesiones ligadas con la estética. Se dispone de altos valores morales en los que la justicia y el equilibrio ético predominan. Interés por las relaciones humanas y la psicología, lo que facilita la vida pública y la diplomacia.

Saturno en Libra

Mente muy racional que se basa en la justicia, el equilibrio y la lucidez mental. Necesidad de integrar los opuestos psicológicos que moran en el individuo –bueno/malo, masculino/femenino, etc.– Problemas matrimoniales, uniones tardías, con personas de muy diferente edad. Posible aislamiento sentimental, soledad. Oportunidad de crecimiento personal a través de las relaciones personales con personas afines.

Urano en Libra

Lucidez y determinación a la hora de tomar una determinación. Urgencia por solucionar los problemas pendientes, pero la contínua búsqueda del equilibrio propia del signo puede producir muchas dudas. Anhelo de libertad en las relaciones íntimas y dentro del matrimonio. Renovación de los valores humanos y del concepto de justicia.

Neptuno en Libra

Búsqueda del equilibrio espiritual, aunque la lucidez mental propia del signo entorpece la fusión del individuo con otras energías. Valores estéticos y artísticos muy adecuados para desarrollar nuevos métodos y nuevas formas que permitan la conexión entre personas intelectualmente afines. Huida de la responsabilidad para refugiarse en mundos de fantasía.

Plutón en Libra

Es necesario regenerar el concepto de responsabilidad. La lógica coarta la expresión natural. Fuerza vital concentrada en una sola dirección, que persigue una meta con ambición. Juicio crítico de los valores establecidos y tradicionales.

LIBRA EN LAS CÚSPIDES DE LAS DOCE CASAS

Primera

Es lo mismo que decir que la persona tiene Ascendente Libra. (Ver *Ascendentes.)*

Segunda.

Preocupación por una distribución justa de los bienes y del dinero. El individuo teme padecer escasez económica y está obsesionado por el ahorro. Forma un tanto extravagante de obtener dinero.

Tercera

Las ideas propias son expresadas con gracia y virtud. Gran capacidad para persuadir a la gente e influir sobre ella. Viajes de lujo y placer. Se tiene muy en cuenta la opinión del cónyuge, o se intenta llegar a un consenso común.

Cuarta

Las relaciones familiares serán muy importantes, le procurarán paz y armonía. Necesidad de establecer una escala de valores que permita al individuo operar en el mundo.

Quinta

Mucha sensibilidad ante estética. Estupendas relaciones con los hijos y la gente joven. Las relaciones sentimentales son serias y buscan la unión estable. Necesidad de asociación para desarrollar las dotes creativas del individuo.

Sexta

Discreción y diplomacia en el trato con los compañeros de trabajo. Exceso de perfección que no debe servir para compararse con los demás. Búsqueda de empleos agradables aunque sean de poca monta. Trabajo en equipo muy favorable y retribuido.

Séptima

A través de las relaciones personales el individuo cultiva sus dotes diplomáticas, el tacto y delicadeza. Necesidad de sentirse incluido en un grupo. Momentos difíciles en la vida matrimonial por establecer una unión poco meditada.

Octava

Necesidad imperiosa de relacionarse íntimamente con otras personas. Beneficios por herencias procedentes de la familia política. Se posee un sexto sentido que permite saber con quién resulta conveniente asociarse y con quién no.

Novena

El nativo posee ideales elevados sobre la justicia y la igualdad. Confianza en la idea de que el genero humano llegue algún día preocuparse por causas nobles. Buenas facultades para la oratoria. Atracción por los viajes de placer a tierras lejanas.

Décima

La persona trabaja mejor si se siente como parte integrante de una estructura social. Facilidad para ser promocionado por quienes ostenten el poder. Carrera brillante, en la que se podrá desarrollar la faceta artística del individuo.

Undécima

Es imprescindible la asociación con amigos para alcanzar las metas personales. Proyectos extravagantes e innovadores, que necesitan participación ajena para que sean viables. El nativo puede fácilmente confundir amistad y amor.

Duodécima

Es importante que el individuo aprenda a amar y a incluir a los otros en su vida sin perder la referencia de sí mismo. Problemas y discusiones en el matrimonio. Pocos enemigos, incluso se puede sorprender uno al descubrir simpatías secretas.

ESCORPIO:
LA FUERZA DEL INSTINTO

Aquellas personas nacidas entre el 24 de octubre y el 22 de noviembre están representadas en la gran rueda del Zodíaco por el Escorpión. El elemento de este signo es el Agua que, como es de suponer, representa la vida emocional y afectiva del ser humano. Los signos de este elemento necesitan un intenso contacto humano para encontrarse a gusto. Existe en ellos una imperiosa necesidad de compartir las inquietudes y el latir de la vida orgánica. Por ello la proximidad, la cercanía y los lazos entre los seres humanos cobran un papel protagonista en sus vidas. No es de extrañar que de tal exceso de contacto humano surjan multitud de problemas por falta de respeto, intimidad y exceso de promiscuidad. La naturaleza de Escorpio es claramente fija. Su función principal consiste en concentrar el flujo de emociones en una relación, es decir, aferrarse con uñas y dientes a un sentir que es claramente compartido y someter dicha emoción a una presión que ponga a ambas partes al límite. Con Escorpio nada es aburrido, su especialidad consiste en hacer sentir fuertes emociones a los demás, con el único fin de compartir y aliviar en parte su intensísimo mundo interior.

El planeta que corresponde a Escorpio como regente es el poderoso Plutón. La altísima densidad de este planeta –5,5 veces superior a la de la Tierra– viene a reflejar una de las particularidades simbolizadas por él: el egocentrismo. No le importan los medios utilizados, lo único que persigue es acaparar la atención de los demás. Plutón también simboliza el poder. Este planeta hace de sus nativos gente muy poderosa. Pero no hay que asustarse de este planeta, al contrario, es nuestra propia fuente de poder personal y figura en la carta astral de todos. Los nacidos bajo el signo del Escorpión lo único que hacen es manifestar abiertamente su energía, sin complejos ni remilgos. Por eso quienes entren en contacto con un Escorpio deben fortalecerse y conectar con su propio poder, de lo contrario su personalidad será barrida y su energía personal arrebatada.

Naturaleza, simbología y mitología del signo

Así como la plenitud de la primavera –coincidente con el signo de Tauro– simboliza la fertilidad y la promesa de la abundancia del próximo verano, la plenitud del otoño –periodo estacional que corresponde al signo de Escorpio– simboliza la desintegración de la materia y la preparación para la muerte invernal que se avecina. Todo lo inservible que hay en la naturaleza: las hojas caídas, la madera seca del pasado verano, los frutos que no han sido comidos y los insectos cuya actividad da término con la presencia de los primeros hielos, pasa a disposición del misterioso y oculto mundo de los hongos. El asombroso poder de estos pequeños seres microscópicos está claramente simbolizado por el «pequeño» Plutón, que al igual que el Escorpión acecha a su víctima sin piedad y para ello se desprende de todo afecto –Venus en exilio–, los microscópicos descomponedores buscan toda materia orgánica que no esté protegida por el mágico halo de la vida. Es bien sabido por todos que coincidiendo con el reinado de Escorpio, aparecen los primeros síntomas de catarro, gripes y constipados. Una vez más el Escorpión nos tantea, pone a prueba nuestro poder personal y lo arraigados que estamos al árbol de la vida.

Poca belleza es la que encierra la energía del Escorpión, su mera imagen en movimiento produce escalofríos. En la literatura infantil y en los cuentos de occidente, siempre se ha ocultado la muerte y la degeneración por considerarse algo horripilante y carente de toda belleza. No es de extrañar que el planeta Venus se encuentre exiliado en este signo.

Por otro lado, el tiempo en que el Sol atraviesa el signo de Escorpio, es el momento de la siembra del cereal, base de la alimentación de los países templados. En estos momentos hay un desafío de vigor y audacia propio de Marte –que en este signo encuentra un segundo domicilio– y una perfecta relación selectiva con el medio –simbolizada por la exaltación de Mercurio en Escorpio–, que permite a la semilla beneficiarse de los nutrientes necesarios para germinar. Aun así, no es un periodo cómodo y está bastante lejos de ser jubiloso. La caída de Júpiter –planeta del disfrute y del optimismo– en Escorpio, es seguramente la causa de la intranquilidad, la incomodidad y la inquietud que manifiestan los nativos más representativos del signo en cuestión.

Si nos remontamos a la antigua mitología, encontramos a Plutón como dios supremo de los infiernos. Uno de los mitos que mejor explican o dejan entrever la simbología de Escorpio es el rapto de Proserpina. Según la leyenda, Plutón era extremadamente feo. Su rostro aterrorizaba a los mortales, que raras veces adoraban o levantaban templos en honor a este dios. Y como no conseguía casarse a consecuencia de su desagradable aspecto, decidió salir en busca de una esposa. Lo que más le atraía eran las diosas de las cosechas, de la fertilidad y del amor, justamente lo que le consideraba inalcanzable –Venus en el exilio–. Haciendo uso de toda su violencia y atrevimiento –Marte y Plutón como planetas regentes de Escorpio– raptó a la hija de Ceres, Proserpina –diosa de la vegetación–, a la que condujo directamente a los infiernos. La diosa de las cosechas pidió ayuda al mismo Júpiter, quien poco pudo hacer –Júpiter en caída en Escorpio–. Tan sólo si Proserpina se mostraba reticente ante Plutón y no probaba bocado de ningún producto de los infiernos, entonces Júpiter podría rescatarla. Pero la labia y el poder de persuasión de Plutón cautivaron a la diosa de la vegetación, y cuando Ceres, su madre, llegó para advertirla, Proserpina ya estaba comiendo de una granada. Con este ejemplo se muestra claramente la supremacía de Mercurio sobre Júpiter –en el caso concreto de Escorpio, el primer planeta se encuentra exaltado mientras que el segundo está en caída.

El hombre Escorpio

Guiado por la fuerza de instinto, este hombre sabe bien que pocos pueden desafiarle y que siempre será capaz de llegar aún más lejos con tal de doblegar a su contrario; al menos en lo que respecta a facetas de su vida tales como la política, el trabajo, el amor, el sexo o el dinero. Exteriormente, el hombre Escorpio suele manifestarse seguro y tranquilo. Nadie pondrá en duda su capacidad de autodominio. Pero como bien se dice, la procesión va por dentro y Escorpio no está dispuesto a cargar él solo con ella. Es el rey de la ilusión, de lo oculto y del hipnotismo. No se sabe muy bien cómo, pero es capaz de transmitir toda su intranquilidad, temor o angustia en un instante. Y parece ser que eso le libera y le hace sentir mejor, o al menos eso cree él.

La energía de este hombre parece inagotable ante los demás. Da la sensación de estar conectado a una central nuclear, ya que incluso es capaz de sacar energía de sus propios residuos. El ave fénix que resurge una y otra vez de sus propias cenizas, nos da una idea del potencial del Escorpio típico. Pero de algo tiene que carecer, y al igual que su fuerza proviene de una fuerte conexión con su vida instintiva, también carece del propósito, del sentido o de la coherencia necesaria. En su vida suele pasar por periodos de suma escasez que afronta de modo espartano sin ningún problema. Y también pasará por otros de suma opulencia, confort y riqueza. Lo normal es que nunca llegue a estar del todo asentado. Ver al hombre Escorpio luchando contra las adversidades de la vida es todo un espectáculo. Lo que a otros hundiría y les dejaría exhaustos, a este hombre le excita y llena de vitalidad. No hay duda de que al final saldrá triunfante, para eso vive, para vencer. Por eso los periodos de calma y paz no están hechos para él. El hombre Escorpio necesita el desafío constante, la incertidumbre y el riesgo como compañeros de viaje. A pesar de rodearse de amigos, familiares e hijos, este hombre es extremadamente independiente. Nada, ni siquiera la sociedad o lo que puedan pensar de él, le detendrá o hará cambiar de parecer. Le gustaría ser visto como un buen ciudadano, padre o esposo, pero siempre irá pisanado fuerte y arrasando con lo que sea con tal de satisfacer sus deseos.

El hombre Escorpio y el amor

Existe una gran ambivalencia en el hombre Escorpio respecto al amor. Hay unos que prefieren avasallar e intimidar a sus presas públicamente, y otros que parece que nunca han roto un plato. Por tanto es muy difícil establecer una norma que determine a primera vista a este hombre. En todo caso, los que muestran una actitud más llamativa y desvergonzada, sí que son reconocidos rápidamente por las mujeres. Y éstos son los culpables de dar tan mala fama a los hijos del Escorpión. A pesar de todo, lo que sí se puede afirmar es que en privado todos muestran una pasión sin límites. Para el hombre Escorpio, el sexo femenino encierra un atractivo misterio que actúa sobre ellos como un imán, y que necesita desvelar a toda costa. Los hay que para investigar tal enigma, buscan a otras mujeres que no sea la suya, y sin ningún reparo, aprovechan la menor ocasión que se les presente para satisfacer sus instintos. Otros, en menor número, prefieren mantener la fidelidad, pero necesitarán hacer de su vida sexual toda una aventura. Indagarán y profundizarán en el mundo del erotismo de forma compulsiva, a veces un tanto desagradable para su pareja. Por otro lado es muy celoso y posesivo, y si intuye un posible desliz de su pareja, se lo echará en cara el resto de sus días.

En las relaciones más estrechas como el matrimonio, el hombre Escorpio tiende a asumir el papel de tirano. Es inevitable que antes o después el poder personal, con sus conocidas e interminables pugnas, eclipse todo su amor. La convivencia con este hombre es difícil. Le gusta llevar las cosas más allá de los límites razonables, poniendo a prueba y comprobando la debilidad del sexo femenino. Si su punto de vista es doloroso o incómodo para su pareja, peor para ella. Él no hará el mínimo esfuerzo para contener aquellos pareceres que pudieran resultar desagradables. Eso sí, cuando este hombre hace un halago o piropea a una mujer lo hace de verdad, como ningún hombre del Zodíaco.

Como padre, el varón de este signo suele ser bastante severo. El respeto a la propiedad y a la autoridad es algo que pronto enseñará a sus hijos. No dará mucha opción a que los pequeños se apoyen en mundos de fantasías o en falsos valores. Desde pequeños enseñará a sus hijos a defenderse por sí mismos; él podrá hacerlo en un principio, pero no siempre. Y por si fuera poco, este hombre no puede evitar comportarse de manera sexista. Con sus hijos varones lo llevará bien –aunque no tendrá la menor duda en educarlos con mano dura–, pero las chicas le desconcertarán muchísimo.

El hombre Escorpio y el trabajo

Lo que está claro es que si este hombre hace algo, lo hace con muchísima pasión. Su concentración rebasa los límites conocidos. Si algo le gusta o tiene un especial interés para él, entonces nada se le pondrá por delante, se comportará de manera obsesiva hasta que quede satisfecho. En su trabajo no escatimará en gastos. Las herramientas, los medios y todo cuanto sea necesario para desarrollar su labor, deberán estar a su entera disposición. Es todo un especialista. Pero carece de constancia. Una vez conquistada la cima, en lugar de colonizarla y establecerse, empezará a tomar conciencia de lo incómodo que puede resultar mantenerse en ella. Sin duda alguna, fijará su atención en otro vertiginoso y aún más temerario ascenso que vislumbre desde allí.

Como se puede apreciar, la estabilidad y la seguridad en el trabajo no son su fuerte. La rutina, la imposibilidad de mejora o tener que soportar una relación de sumisión frente a un superior, es algo que muy difícilmente puede aceptar un hombre Escorpio. Las quejas por su actitud laboral suelen estar al orden del día. Es muy problemático dentro de la empresa, pero cuando están a punto de despedirle se esmera con ahínco y hace el trabajo de todo el equipo en una semana. Sus dotes son reconocidas por todos –él el primero– pero también es sabido que negocia y se vale de ello para hacer lo que quiere.

Las áreas laborales donde mejor desempeña sus facultades son muy diversas. El mundo de la investigación es su fuerte. Policías, investigadores privados, espías o cobradores de morosos son algunas de los tópicos que se ciernen sobre Escorpio. Hoy en día, es muy posible encontrar a hombres de este signo desempeñando una voraz actividad científica, persiguiendo fórmulas o métodos de elaboración, o vacunas para las multinacionales. La medicina también es un campo adecuado para satisfacer la sana morbosidad de Escorpio. Hay muy buenos cirujanos y personal de quirófano que pertenecen a este signo, así como en los servicios de urgencia de los hospitales. Otro trabajo de «investigación» que atrae la atención del Escorpión es el Derecho –sobre todo la criminología– y las sucesiones de bienes y medios de producción, es decir, las herencias. Pero sea cual sea el campo o el terreno en el que este hombre desarrolle su actividad, una cosa está clara, y es que allí donde trabaje un hombre Escorpio se producirá un gran revuelo. Son especialistas en provocar crisis, reformas y cambio drásticos. Se suelen ganar bastante mala fama por ello, y poca gente está capacitada para comprender lo positiva y lo necesaria que puede llegar a ser la energía del Escorpión.

El hombre Escorpio y la salud

Muy pocas serían las personas capaces de llevar la vida del hombre Escorpio sin caer rápidamente enfermas. Aunque le gusten y conozca a la perfección las formas de vida sana, parece que lo tóxico y lo dañino atrae a este hombre como el imán al hierro. Su comportamiento es por lo general bastante compulsivo, y si hay algo que resulta casi imposible para el hombre Escorpio es ser capaz de controlar sus instintos. Es una persona que goza de una sorprendente capacidad para eliminar toxinas y o hace como ningún otro signo.

La parte del cuerpo gobernada por Escorpio son los órganos sexuales. Las enfermedades que se suelen desarrollar en este hombre suelen estar centralizadas en el bajo vientre: próstata, hemorroides, infecciones genitales o urinarias son las enfermedades más comunes, que obviamente no resultan muy peligrosas. La energía del hombre Escorpio parece ilimitada. Da la sensación de sacar fuerzas misteriosas que le hacen renovarse una y otra vez. Sí existe cierto riesgo para este hombre es en lo referente a las enfermedades hereditarias. Se suele dar el caso de que el varón Escorpio cargue con las enfermedades y los miedos familiares. Es lo que los orientales llaman heredar el karma familiar. Para vencer estos «misteriosos males» debe madurar emocionalmente y manifestar el afecto familiar que ha estado acumulando durante años.

La mujer Escorpio

La mujer Escorpio supone un gran misterio para los hombres. Su belleza es profunda y tremendamente atractiva. Pero hay algo en ella que, aunque es difícil de determinar, todos, incluso ella misma, perciben. Es muy posible que ello radique en su innato complejo para no aceptar su condición sexual. No hay que olvidar que Escorpio simboliza en parte la virilidad, y que esto para una mujer de este signo es difícil de encajar. Esta frustración se suele traducir en un sentimiento de rabia y de furia, cuyos efectos, cualquiera que conozca a una mujer Escorpión, habrá percibido en más de una ocasión. Esto no quiere decir que esta mujer carezca de femineidad. El signo de Escorpio es la plenitud del Agua, del magnetismo, del misterio de la vida. Pero para poder contener y acumular tanta esencia femenina, hace falta una actitud muy masculina que sirva de soporte a un contenido muy valioso y que se desea guardar con gran recelo.

Nadie como esta mujer para sacar todo el partido a sus encantos. Puede que le atraigan colores, ropas y otros complementos poco apropiados para su condición sexual. Pero ella ha aprendido desde muy pequeña a que los tópicos de la femineidad causan estragos entre los hombres. Y cuando quiera causar un determinado efecto, sabrá a la perfección cuáles son las prendas y las tonalidades a elegir. Esta mujer sabe y puede controlar sus impulsos al máximo. Logrará engañar a aquellos hombres que se dejen deslumbrar por sus adornados encantos. Pero cuando llegue la hora de la verdad, y ya no haya marcha atrás posible, la mujer Escorpio no dudará en hacer uso de todo su poder dominando plenamente a su hombre.

A esta peculiar dama le gusta vivir la vida sazonada con muchísima pasión. Se suele meter en terrenos peligrosos arrastrada por el afán de penetrar en la vida y así entrar en contacto con los misterios que tejen los entresijos de la humanidad. Muchos hombres quedarán sorprendidos de lo bien que domina su miedo, y la calma con que se maneja ante situaciones en las que ellos mismos ven peligrar su temple personal. Ser testigo de las flaquezas y debilidades del ser humano es algo típico de esta mujer. Sabe cómo salir de dichas experiencias totalmente limpia, o incluso obtener pequeñas porciones de gloria por ello. Sin embargo, la mujer Escorpio es muy celosa a la hora de compartir su energía, experiencia y vida íntima.

En las relaciones personales, el Escorpión femenino adquiere a menudo un aire o posición un tanto snob y distante. Le gusta practicar su personal sistema de castas con los demás. Si considera a alguien valioso o de cierta utilidad, lo adulará al máximo con el único fin de conservar el contacto. Sin embargo, a aquellos que considera vulgares, superficiales y humildes, los desprecia olímpicamente.

La mujer Escorpio y el amor

El amor encierra tanto potencial y energía, que es algo que una mujer Escorpio no podría dejar escapar. Ella gusta del amor sin límites, y poco le importan los cotilleos y los comentarios que se puedan levantar entorno a su comportamiento. Es más, en situaciones difíciles, en amores prohibidos y en general en situaciones excepcionales, esta mujer se entrega con mayor intensidad. Y es que todos los factores que hagan aumentar el apasionamiento de una relación estimularán sus sentidos y su deseo.

En el caso típico de una mujer casada robablemente la mujer Escorpio permitirá que su pareja lleve las riendas de la relación. Contribuirá con su talento a impulsar y a potenciar las habilidades de su hombre para que logre conquistar sus metas. No quiere gente mediocre a su alrededor y aún menos como marido. Sin lugar a dudas, en la vida pública defenderá a capa y a espada a su esposo del alma. Sin embargo, las peleas en privado serán tormentosas, y no sólo no dejará que su hombre se crea superior a ella, sino que no parará hasta que consiga ser adorada por él. En la vida afectiva con una mujer de esta naturaleza, se estará pasando continuamente del amor al odio. De la pelea física al acto amoroso.

La vida sexual para una Escorpio encierra un gran atractivo. Lo más probable es que le fascine todo hombre fuerte, guapo y decidido que se cruce en su camino. Pero es raro que permita que un simple capricho interfiera en su intimidad afectiva alejándola de su pareja. Le bastará con cautivar e hipnotizar a sus víctimas, y si su pareja está presente tendrá que aprender a disfrutar del espectáculo. A esta mujer le gusta jugar con fuego y provocará multitud de escándalos de los que no se la podrá culpar abiertamente. Sabe cubrirse bien las espadas y hasta dónde merece la pena llegar. Pero el morbo que le produce seducir a un hombre es algo que nunca dejará de saborear.

La mujer Escorpio y el trabajo

Hay una cosa muy clara respecto a esta mujer y al dinero: ambos se atraen. La verdad es que apenas le importa la forma de conseguirlo, eso es lo de menos. Lo que prima es que el dinero nunca falte, ni siquiera en los momentos malos. Esta mujer se las bandea estupendamente en el terreno laboral. Sabe bien cómo encauzar su mundo profesional para que su carrera fluya satisfactoriamente. Demostrará que su valía y su capacidad de concentración poco tienen que envidiar a la de ningún hombre. Y además cuenta con un gran encanto femenino que utiliza para embellecer y remarcar su labor ante los ojos de sus superiores.

Por mucho que le gusten los retos que ofrece la vida laboral, esta mujer es muy cuidadosa con su hogar. En cuanto su vida profesional haga tope y se convierta en un mero intercambio de tiempo y dedicación por dinero, entonces, y si la economía familiar lo permite desahogadamente, no dudará en replegar velas y dedicarse a las tareas del hogar y a la crianza de niños.

La mujer Escorpio adora su hogar, que tendrá que estar siempre limpio y reluciente para que ella se encuentre a gusto. Horario y orden han de ser estrictos; es muy amiga de hacer profundas reformas o limpiezas que la permitan conocer en detalle lo que se esconde por los rincones de su hogar. Como madre, es posible que sus actos carezcan de ciertos matices de ternura y de demostraciones afectuosas, pero en todo momento los pequeños percibirán la entrega y la devoción con que esta mujer se entrega. Su gran virtud como madre consiste en descubrir los talentos ocultos tras la dulce apariencia de sus hijos. Se propondrá que el niño desde temprana edad desarrolle habilidades que algún día podrían significar una clara ventaja ante los demás.

En cuanto a sus preferencias laborales, podemos encontrar a esta mujer realizando todo tipo de trabajos. Entre las profesiones que exijan estudios superiores, sus preferidas son sin duda la Medicina y el Derecho. Las ciencias ocultas también llaman poderosamente la atención de esta dama, pues le permiten hacer uso de toda su intuición. Dentro del mundo de la política esta mujer tiene mucho que decir, sobre todo en temas feministas y de discriminación.

La mujer Escorpio y la salud

La vitalidad de esta mujer va más allá de las simples y meras apariencias. Tras una delicada imagen se esconde la más fuerte de las naturalezas. Pero el exceso de vigor es algo que puede ser casi tan dañino y perjudicial como la ausencia de salud. La mujer Escorpio lo sabe y no duda en emplearse a fondo si lo que tiene entre manos realmente merece la pena. Por eso de vez en cuando necesita arremangarse, recogerse el pelo y eliminar hasta la última de las toxinas acumuladas.

Como de lo bueno siempre quiere más, esta mujer, siempre temerosa de poder perder su salud o la de los suyos, es bastante aprensiva. En parte, toda mujer se conoce bastante bien, y en este caso, la nativa de Escorpio se siente muy capaz de generarse a sí misma cualquier tipo de enfermedad. Los traumas infantiles, accidentes u otras malas experiencias se quedan grabados en forma de miedos sobre su cuerpo físico. A no ser que la mente sea fuerte y capaz de vencer los obsesivos pensamientos que se empeñan en revivir una y otra vez aquella desagradable situación, las enfermedades psicosomáticas aparecerán. Por eso, si hay algo que realmente pueda afectar a la fuerte naturaleza de esta mujer, son sus propios miedos, pensamientos u obsesiones.

Al igual que al hombre, la parte del cuerpo asignada a Escorpio es el aparato urogenital. Al ser más complejo en la mujer, cabe esperar que haya más formas de disfunción y anomalías; embarazos extrauterinos, quistes de ovarios, cistitis, infecciones… En el caso de que la infección sea de orina, es importante que tome medidas, pues es más probable que aparezcan complicaciones difíciles de solucionar.

El niño Escorpio: cómo educarlo amorosamente y descubrir sus talentos

Frente a este niño hay que ser impecable. Con su mera presencia, en más de una ocasión, sus padres se sentirán escrutados ¡aunque sólo tenga cinco años! Desde una edad muy temprana, el pequeño Escorpio aprende a manejar el mundo a su gusto. Su mirada penetrante, su poder y atractivo casi hipnótico y, sobretodo, su posición de rey de la casa, son explotados al máximo. Puede que el padre se libre de sus presiones al principio, pero desde luego la madre de este niño va a verse sometida al continuo reto de ser ella misma. Si se deja arrastrar por un hijo Escorpión desde que es bebé, entonces no habrá posible salvación y se encontrará dominada por el poder de este pequeño tirano, que todo lo negocia.

Con su despótica actitud, el niño Escorpio está pidiendo a gritos una sólida estructura familiar, unos firmes valores a los que atenerse y bajo los que formarse. Lo que generalmente ocurre en los hogares de estos niños, es que al someter a prueba el patrón de comportamiento familiar, éste se suele venir abajo. A no ser que haya una persona, padre o madre, de firme convicción, es bastante común que el niño Escorpio desencadene una serie de crisis familiares, de tal forma que haya que dictar nuevas normas de funcionamiento interno. Esta plutónica personita necesita una mano firme y no va a parar hasta encontrarla, lo cual puede causar estragos en un padre al que le cueste compaginar amor y poder. Y una cosa está clara: el niño Escorpio necesita a ambos.

Es curioso ver cómo a este niño nada se le pone por delante. Por ejemplo, la intimidad de los padres es algo que le atrae desde el primer momento; y no descansará hasta desvelar y penetrar en la vida íntima de cada uno por separado. Eso sí, sus progenitores conocerán bien poco de sus vivencias personales y privadas. El niño Escorpio es un hermético, y tan sólo dará a conocer aquellas pequeñas facetas de su vida que él mismo considere oportuno compartir. Le encanta hurgar en el pasado familiar, ahondar en los asuntos más oscuros una y otra vez hasta que por fin los padres le cuentan con pelos y señales todo cuanto ellos saben. Por eso muchas veces se dice que los Escorpio heredan el karma familiar, pues remueven en el pasado que al final se impregnan de él. Aunque quizá sean los más indicados para hacer esto, ya que tienen la capacidad de salir limpiamente de donde muchos otros quedaríamos atrapados.

Los maestros de este niño nunca sabrán si proponerle para una beca, sentarle en el primer sitio de la clase, o por el contrario echar mano de la tradicional vara de avellano. Su mente rápida, investigadora y concentrada responde como pocas a las preguntas del profesor. Aunque también él sabe someter a sus preceptores con cuestiones que le irán arrinconando y poniendo en evidencia ante los demás alumnos. Eso sí, su comportamiento dejará mucho que desear. No se avendrá fácilmente a los horarios, hará novillos con asiduidad y desoirá cualquier tipo de amenazas que caigan sobre él.

El niño Escorpio rebosa vitalidad y ha de estar físicamente activo en todo momento. Su mente también necesita estímulo, un constante interés, de lo contrario se desperdiciará, por no estar adecuadamente dirigida, investigando temas poco adecuados para su edad. Es un niño que madura muy rápidamente, por lo que en esto también hay que refrenarle para que no pase por la infancia a toda prisa. Le encantan las fiestas infantiles, populares, los cuentos de ficción y las historias de miedo e imaginación. Pero hay que asegurarse de que desfoga toda la tensión nerviosa antes de acostarse, o de lo contrario sufrirá pesadillas debido a su gran sensibilidad.

Respecto a la vocación, prácticamente da igual el área profesional a la que se dedique. El niño Escorpio es lo suficientemente maduro como para saber escoger lo que más le gusta. Además sabrá mantenerse firme y rara vez abandonará un reto que él mismo se haya propuesto. Nunca habrá que imponer nada a este muchacho. Es como una fuerza de la naturaleza que se debe guiar y canalizar con determinación, pero cuidadosamente y con mucho cariño.

ASCENDENTES PARA EL SIGNO DE ESCORPIO

El signo Ascendente es el que se encuentra en el horizonte Este en el momento exacto del nacimiento. Incide, entre otras cosas, en el carácter y en la personalidad, pues determina la forma o el escaparate a través del cual se expresa la esencia personal. También es importante a la hora de definir buena parte de los rasgos físicos del individuo.

Aries: Los que tengan al Carnero por Ascendente deberán enfrentarse a la vida de forma enérgica. Ante todo, lo que realmente cuenta es que el individuo exprese su energía sin tapujos ni limitaciones. De lo contrario, el nativo entrará en un estado de decepción permanente y se sentirá muy frustrado. Quienes tengan su Ascendente sobre el signo de Aries no deben mirar atrás. Y aunque pequen por exceso, y resulten un tanto egocéntricos o dominantes, será mejor eso que refrenarse y correr el peligro de caer en una depresión crónica. Las relaciones personales son sumamente importantes para un Ascendente Aries. Gracias a la interacción con otras personas es posible que el nativo aprenda a regular y a modular su forma de expresarse. Del mismo modo que le gusta ser respetado, intenta respetar a los demás; y como consecuencia de ello, el individuo que posea este Ascendente logrará un sano equilibrio, lo que permitirá que los demás tengan en cuenta sus opiniones.

Tauro: Quien tenga este signo sobre el horizonte Este en un tema natal ha de tomarse la vida con más calma. Las prisas son la lacra del mundo actual, con ellas no se hace nada bien y por tanto nunca se llega a disfrutar. El nativo con Ascendente Tauro está por ello obligado a planificar, estructurar y trabajar de forma sistemática. Ése es el único camino que le puede conducir a los deliciosos placeres terrenales que tanto le gustan. Eso sí, al dejar a un lado el factor tiempo, esta persona corre el riesgo de caer en la desidia y el abandono, no desde el punto de vista laboral –ya que es un trabajador infatigable– pero sí desde el punto de vista productivo, pues no tiene en cuenta las necesidades o prioridades de la sociedad. Es de vital importancia para el nativo con el Toro por Ascendente que aprenda a distinguir cuándo se puede permitir el lujo de centrarse en sí mismo y en su trabajo prescindiendo de todo lo demás, y cuándo tiene que abrirse y aceptar las mareas sociales que le rodean.

Géminis: Éste es probablemente el Ascendente que más despierta los sentidos. La persona que tiene a los Gemelos en el vértice Este de su tema natal, se enfrenta a la vida con gran curiosidad y con cierto espíritu inquisitivo. Para poder disfrutar y saciar su ansia de conocimiento, la naturaleza ha dotado a este individuo de una espectacular capacidad de adaptación. La versatilidad es su más destacada virtud, pero corre el riesgo de querer abarcar más de lo que es capaz de controlar. Aún así, no hay problema que se le ponga por delante, pues siempre conoce a alguien muy capacitado a su alrededor a quien pedir consejo. Géminis en el Ascendente otorga una maravillosa capacidad de comunicación, sin la cual el nativo no podría cotejar constantemente sus ideas y opiniones con las de los demás. Y ésta es la base sobre la que está construida toda su personalidad: necesita de los demás para establecer un marco de referencia que acote de alguna forma su mundo, de lo contrario correría el peligro de perderse en su laberinto de ideas.

Cáncer: Hay una sensibilidad extrema tras el duro caparazón del Cangrejo. Las emociones y los afectos son captadas y amplificadas al grado máximo. Pero la persona con este Ascendente no es dueña de sus respuestas, pues su enorme sensibilidad la hace muy vulnerable y justamente por eso, para protegerse, se crea un duro armazón bajo el que guardar su intimidad. El principal dilema que plantea este Ascendente es saber cómo utilizar o vivir con esta sensibilidad a flor de piel, sin que resulte abrumador. La única vía posible es la de aprender a reconocer y a respetar los sentimientos de los demás. De esta manera la persona con Ascendente Cáncer aprenderá a dosificar y a liberar respetuosamente sus emociones Se dice que el Ascendente Cáncer tiene una necesidad inminente de criar, alimentar o velar por algo. Ya sea la familia, una empresa, o una creencia, el nativo con este Ascendente entregará en sacrificio su propia existencia con el único propósito de impulsar a alguien o algo hasta lo más alto. El éxito conseguido lo tomará como suyo.

Leo: Indudablemente, éste es el Ascendente de las grandes eminencias. Leo en el vértice Este de la carta astral exige del individuo lo mejor de sí mismo. Hay en este caso una profunda necesidad de alcanzar y expresar todo el poder personal existente. La persona que disfrute de esta particularidad astrológica se entregará a la vida desde su corazón pero necesitará sentir el apoyo, el cariño y el aplauso de los demás. Y aunque corre el riesgo de ser un tanto extravagante y exhibicionista, antes se moriría que ser uno más del montón. Necesita sentirse admirado. Sobra decir que este nativo corre el riesgo de pecar de orgullo y que suele esperar demasiado de los demás. Todos sus actos deben ser reconocidos de inmediato, porque en caso contrario adoptará un comportamiento cínico y soberbio. La generosidad solar típica de Leo debe ser puesta en práctica. Dar sin esperar nada a cambio es la vía que más salud y satisfacción puede llevar a las personas de este Ascendente. Nada mejor que ser espectador del disfrute de los benéficos efectos que el amor puro del León emana a su alrededor.

Virgo: La inquieta energía de este signo afecta a sus hijos adoptivos de forma muy estimulante. Quienes tengan este Ascendente sentirán una gran urgencia por delimitar y conocer al detalle su identidad personal. Para ello, no dejarán de utilizar su incansable mente para autocriticarse constantemente, analizarse y compararse con la media nacional. Virgo en el Ascendente impulsa a la persona al perfeccionamiento, pero no de evolución interna, sino más bien de eficiencia práctica, resolutiva o profesional. No es de extrañar que el cuerpo físico, la apariencia y la salud ocupen puestos destacados en su tabla de valores personales. Los nativos que se ven sujetos a este Ascendente tienden a desmenuzar la vida y toda experiencia con el fin de analizarla, para luego poder emitir un acertado juicio acerca de lo que tienen entre manos. Sus valores principales son el orden, la corrección, la exactitud y la utilidad de las cosas. En las relaciones con los demás son grandes discutidores y argumentan desarmando a sus contrarios. Pero, en el fondo, lo que buscan es el amor universal, para así soportar mejor una vida demasiado práctica y materialista.

Libra: La persona con la Balanza como Ascendente tiene muy en cuenta la experiencia, las necesidades y los deseos de los demás. Sabe muy bien lo importante que puede resultar la iniciativa ajena, siempre y cuando no se pierdan de vista los propios intereses. Su gran problema surge en el momento en el que hay que barajar un gran número de puntos de vista diferentes. El juicio de valor, las normas y la responsabilidad ocuparán un primer plano en su rutina cotidiana. Lo que peor lleva este nativo es verse obligado a tomar una determinación, pues, aunque resulte paradójico, su misión en esta vida es aprender a tomar decisiones y a adquirir compromisos. No es de extrañar que la persona que tenga que vivir con este Ascendente encuentre refugio en la filosofía del hedonismo, que se moleste únicamente por hacer más placentera su existencia y que busque constantemente a personas que armonicen con su *modus vivendi.*

Escorpio: El signo del Escorpión atrae hacia los que tienen este Ascendente los trabajos y las luchas más lóbregas de la humanidad. Ésta es quizá la única manera de que el nativo entre en contacto directo con la vida instintiva, que es en definitiva lo que el Escorpión simboliza. Con este Ascendente el individuo está obligado a seguir luchando hasta el final, aunque sus fuerzas flaqueen una y otra vez, hasta que por fin sea capaz de conseguir sus propósitos. Puede que ante los ojos de los demás el camino de las personas con este Ascendente parezca excesivamente oscuro, complicado y tortuoso, y que para llegar a tales metas haya otras vías mucho más claras y productivas. Pero lo que importa en este caso es lo que no se ve, es decir, la transformación interior y la evolución personal que confiere pasar por esas circunstancias. Es importante que con el paso del tiempo la persona con este Ascendente aprenda a ser más constructiva y respetuosa, a no ir abriendo todas las puertas que se crucen en su camino y a detectar el peligro para poder evitarlo anticipadamente.

Sagitario: El Centauro tiene, por un lado, ideales y sentimientos humanos, pero por otro posee una naturaleza muy instintiva. La religión, la filosofía, las culturas remotas y los viajes ocupan constantemente la cabeza del individuo con este Ascendente. Ante él aparece un gran mundo de posibilidades, y por eso se pierde una y otra vez deleitándose en el placer de saborear una realidad nueva, diferente. Pero todo se esfuma cuando le cae el jarro de agua fría que con cierta frecuencia le arroja la realidad. Como noble animal que es, el Centauro necesita cuidados y las condiciones adecuadas para poder disfrutar de su bienestar. No le importa tener que trabajar duro para conseguir satisfacer sus necesidades; lo que realmente le cuesta es integrarse en la sociedad de forma sencilla, sin despertar la curiosidad ajena. La exageración y la extravagancia que confiere este Ascendente provienen del gran esfuerzo que hace el nativo para relacionarse y dar a conocer de forma precisa, concreta y verbalizada sus intereses, puntos de vista y la amplitud de sus ideales.

Capricornio: Con este Ascendente siempre aparece cierto sentimiento de culpa como mar de fondo. El individuo siente mucha urgencia por dirigir de forma constructiva su energía y entusiasmo, que bajo ningún concepto deben disiparse en el ambiente. Por tanto es lógico pensar que la persona con Ascendente Capricornio tienda a planear y a estructurar la vida cautelosamente. Además, tiene la imperiosa necesidad de hacer algo por sí mismo, como si tuviera que demostrarse el potencial de valores que posee. Pero si hay algo que se le escapa a Capricornio es el amor y la ternura. El nativo con este Ascendente en su tema natal, encontrará por medio de las relaciones personales el camino que le permitirá disfrutar de lo mundano, del contacto humano y del mundo natural tal y como es. El aislamiento es sumamente doloroso con este Ascendente, pues con ello alimenta cada vez más su ego personal, se siente muy importante y difícilmente acepta la valía de los demás.

Acuario: Este Ascendente invita al nativo a desapegarse de la realidad para poder contemplarla en su totalidad y, por supuesto, para observarse a sí mismo desempeñando su papel en el marco de la sociedad. Esta visión global da más importancia al grupo y al ambiente que rodea al individuo que a la propia persona. Pero siempre existirá la pregunta, ¿estoy o pertenezco al grupo adecuado? Aún así, el Ascendente Acuario siempre confiere al nativo la sensación de que hay algo más importante, valioso y poderoso que el yo individual. Por eso pondrá toda su energía en favor de la colectividad, ya que asume la causa social como si fuera suya. Pero al dar todo de sí mismo, también espera mucho de los demás; para él, el reconocimiento ajeno es de vital importancia, y la ausencia de éste le hace ensombrecerse. Quién tenga este Ascendente debe tener cuidado con su mente, pues puede complicarse la vida repasando situaciones, desplantes y toda clase de malas interpretaciones o suposiciones.

Piscis: El símbolo de los Peces nos da una idea de cómo es la persona que posee este Ascendente. Uno de estos vertebrados acuáticos se deja llevar por la corriente de la vida y su personalidad e individualidad son tan sólo el rol o el papel que ocupa en el río. Si embargo, el otro pez remonta la corriente con fuerza, tesón y decisión. Su vida va en ello, prefiere perecer antes que doblegar su individualidad ante las circunstancias adversas. Es por ello importante que el nativo que tenga este Ascendente tenga muy en cuenta a ambos peces. Tiene que dejarse llevar y fluir en la marea de la vida sin perder en ningún momento su propio sentido de la individualidad. Por eso se dice que Piscis siempre vive con cierto espíritu de sacrificio, que no es otra cosa que el ilimitado marco que engloba su mundo sentimental. El arte, la música, las terapias y el misticismo son las mejores profesiones para el desarrollo personal de este individuo, inmerso desde que nace en el profundo sentir de la humanidad.

LOS PLANETAS EN EL SIGNO DE ESCORPIO

El Sol en Escorpio

Fuerte energía psíquica, agresiva, penetrante. Gusto por el riesgo calculado con el fin de poner a prueba los propios recursos. Audacia, provocación, búsqueda de lo inusitado. Inserción dificultosa en el entorno social. El nativo debe reconocer la oscuridad que rodea a su persona, sus bajos instintos y pasiones con el fin de poder integrarlos, sin rechazar esa parte de si mismo, asumirlos para no arrojarlos sobre los demás.

Luna en Escorpio

Sensibilidad lúcida e intuitiva, percepción precisa de las situaciones y de los estados de ánimo de los demás aprovechándola en beneficio propio. Determinación extrema que necesita pasiones intensas para ser desarrollada, tendencia al erotismo, más que a los afectos y a la dulzura. Carácter brusco y duro, naturaleza que no se deja intimidar. Se toma los asuntos personales muy a pecho; rencores, celos y posesividad afectiva.

Mercurio en Escorpio

Mente intuitiva capaz de penetrar a través de los sentidos y escrutar las motivaciones de los demás. Determinación, disposición de múltiples recursos cuando las emociones comprometen al individuo. Perspicacia y gran capacidad de argumentación; estrategia y mente combativa que opera por vías no manifiestas.

Venus en Escorpio

Los afectos se erotizan, buscan una mayor profundidad e intensidad. Se pierde el calor y el sentimentalismo, y afloran las pasiones turbulentas. El sexo se presenta como una aspiración muy sugestiva que está presente en todo momento. Actitud afectiva de todo o nada, sin encontrar el feliz término medio que permite disfrutar del amor. Se pasa de la pasión a la frialdad y al distanciamiento de modo brusca, incluso sorprendente, que demuestra la incapacidad de una entrega total.

Marte en Escorpio

Potente fuerza vital que opera secretamente entre bastidores y bajo control intelectual. Cóleras dominadas, acumuladas durante largo tiempo que son desatadas lúcidamente en el momento preciso. Rencor y deseos de venganza. Se dispone de una gran valentía para llevar a cabo los más difíciles propósitos. Individuo sometido a una gran tensión emocional, incluso peligrosa, que le puede elevar o hundir en las profundidades.

Júpiter en Escorpio

Este signo, que confía en el ingenio y en la agresividad, no es un buen lugar donde alojar la despreocupación feliz del planeta. La expansión vital se ve forzada por la fuerza del instinto de supervivencia y por una actitud crítica, poco favorable para el disfrute distendido. Interés por el esoterismo y la vida mística. Escasa bondad, ya que el goce de la vida se entiende como la satisfacción de las propias inquietudes y profundas ambiciones.

Saturno en Escorpio

La desconfianza propia del planeta no armoniza con lo intrépido y lo audaz del signo. La sujeción que ejerce Saturno sobre el signo puede ser fuente de frustraciones sexuales, tabúes y complejos. Se asume toda la responsabilidad en las finanzas conjuntas y en los compromisos. Fuerte determinación para acometer los asuntos laborales y sociales, que puede conducir al éxito pero por caminos no muy honestos.

Urano en Escorpio

Intensa fuerza de determinación y decisión, siempre dirigida de forma creativa y con espíritu de conquista. Decisivo a la hora de actuar, se poseen infinidad de recursos y se dispone de gran ingenio. Voluntad de lucha, precisión técnica para el ataque. Deseos de experimentar un cambio profundo que renueve las cargas emocionales hasta ahora acumuladas.

Neptuno en Escorpio

Búsqueda de la experiencia mística a través de las drogas, la sexualidad y el esoterismo. Necesidad de encontrar la naturaleza de los deseos que atraen al ser humano, gran curiosidad. Ausencia de prejuicios.

Plutón en Escorpio

Fuerte regeneración; se manifiestan las energías ocultas por el decoro y el pudor. Generación transformadora que renueva a todos aquellos con los que se entra en contacto. Tendencia a eliminar aquello que no es necesario y carece de utilidad.

ESCORPIO EN LAS CÚSPIDES DE LAS DOCE CASAS

Primera
Es lo mismo que decir que la persona tiene Ascendente Escorpio. (Ver *Ascendentes.*)

Segunda
La aportación de terceras personas a la economía personal es considerable. Se da más importancia a lo estético que a lo económico. Reformas de los medios de producción, misteriosas formas de hacer dinero.

Tercera
Poderosa proyección mental que llega a afectar a las personas sobre las que se pone demasiada atención. Gran curiosidad por la vida secreta de los demás. Desacuerdos con la familia o vecinos próximos.

Cuarta
Envidias y discusiones en el hogar de origen. Fuertes deseos de reformar los patrones familiares. Periodos de introversión y depresión sumamente creativos. Fuerte espíritu de supervivencia, mucha capacidad para renacer de las propias cenizas.

Quinta
Relaciones sentimentales muy apasionadas. Espíritu de conquistador romántico. Vida sexual muy intensa y creativa. El individuo se expresa con gran violencia y prepotencia. Dificultades en las relaciones con los hijos.

Sexta

Empleos subalternos de alto riesgo. Ofrecer servidumbre a los demás es algo que se soporta de mala manera y que despierta bajas pasiones. La represión de los instintos afecta directamente a la salud del individuo.

Séptima

El matrimonio es una unión pasional que fácilmente se ve envuelta en celos, envidias y rencores. Posibilidad de divorcio. Se busca la compañía de personas poderosas con el fin de reconocer el propio poder personal.

Octava

Problemas económicos con el cónyuge o los socios. El individuo se ve envuelto en asuntos legales por herencias o legados. Fuertes deseos de llegar a conocer el funcionamiento interno de todo. Excesivo apasionamiento sexual.

Novena

Atracción por el pensamiento esotérico que encierran las religiones y las culturas de diferentes pueblos. Tendencia a reformar las creencias que se inculcaron en la infancia. El individuo se intenta aprovechar de la credulidad ajena.

Décima

El individuo se enfrenta violentamente a la vida social. Fuerte espíritu de conquista y competitividad por alcanzar un mayor reconocimiento. Vías poco honestas para conseguir los propósitos personales. Problemas por incumplir las normas morales socialmente establecidas.

Undécima

Deseos de dominar al grupo del que se forma parte. Proyectos extremistas que requieren que el fin justifique los medios. El individuo no se engañan con falsas esperanzas, va directamente al grano. Amistades un tanto peligrosas.

Duodécima

La persona abusa de sí misma. Se tiende a alimentar rencores y resentimientos. Buenas facultades para descubrir el talento ajeno y ponerlo en funcionamiento. Se corre el riesgo de contraer enemistades un tanto peligrosas.

SAGITARIO:
VIAJE A LO DESCONOCIDO

El tiempo que transcurre entre el 23 de noviembre y el 21 de diciembre se encuentra bajo el dominio del Centauro. Las personas bajo su influencia están marcadas por el Fuego, elemento al cual pertenece Sagitario. Se suele decir que un elemento determina a grandes rasgos las experiencias y las facetas de la vida a las cuales se apegan los individuos como por instinto. En el caso particular del Fuego, se trata de personas que se quedan con el componente sentimental de toda experiencia, desestimando por tanto lo material o puramente mental. Las intenciones o causas que mueven a mujeres y hombres son lo que más interés puede despertar en el Centauro, ya que en su caso particular, piensa que cualquiera es capaz de encontrar así las claves de su personalidad. La naturaleza de Sagitario es mutable, es decir, inquieta, cambiante, indecisa y voluble. Es la base de todo movimiento, la comparación entre lo que se posee y lo que está más allá; es el presente que quiere unir en la misma proporción el pasado con el futuro. Y concretando un poco más, la mutabilidad unida a la causa del Fuego nos está sugiriendo una dirección concreta, es el propósito puro de la acción, es la flecha del Centauro –símbolo de Sagitario– la que indica cómo y hacia dónde hay que proyectar toda la fuerza del instinto y de la materia. Eso es en definitiva Sagitario, una mente humana guiada principalmente por el sentimiento –la combinación de sentimiento y pensamiento genera altos ideales religiosos o filosóficos–, que gobierna soberanamente el poderoso cuerpo equino, que conoce bien los senderos del camino. La contradicción innata de Sagitario parte justamente de tener claros unos deseos e ideales que muy poco tienen que ver con el gusto del cuerpo. No es de extrañar que los nativos de este signo no sepan muy bien lo que quieren y que por ello sean muy dados a embarcarse en interminables aventuras, cuya causa aparente es tan difusa y lejana que les permite disponer del tiempo y del espacio suficiente para albergar la esperanza de que su mente y su cuerpo algún día se acoplen y formen una unidad.

Naturaleza, simbología y mitología del signo

Si el solsticio de invierno lo asociamos a la muerte anual del Sol, como hacían numerosos pueblos de la antigüedad, en los días de Sagitario éste será el hecho más importante que constatar. Los últimos días en la vida de un rey hacen que inevitablemente se concentre toda la atención en la sucesión del trono. De la noche a la mañana todo el mundo colmará de atenciones y cuidados al heredero. Igual debe sentirse la semilla bajo la tierra. Ahora que afuera sólo hay hielo e inclemencia, lo que antes en Escorpio se percibía como el desafío que hacía despertar toda la violencia del instinto para poder romper con los terrones que aprisionaban la semilla, ahora se vive como la protección de la madre tierra que la alberga y la protege en su seno para que crezca. Si antes se necesitaba violencia para emerger, ahora todo es benévolo, pues lo malo está afuera y por tanto lo que se necesita es precisamente el júbilo de Júpiter –planeta del optimismo, regente de Sagitario– para disfrutar de este privilegio. La vida interior de los seres vivos cobra una mayor relevancia, que prevalecerá mientras dure el invierno. Así surge de forma natural la esperanza del Centauro, que incita a sus hijos a que disfruten con optimismo de lo que disponen, para poder desarrollarse y alcanzar niveles más altos en la escala de la vida. Para ello lo primero que se necesita es una energía de activación, y como ya no se puede contar con la fuerza solar, hace falta algo que surja desde el propio individuo. Por ello Júpiter anima a consumir sin miedo nuestras reservas naturales, pero de una forma armónica. Basta ya de gastos insostenibles que tan sólo conducen al agotamiento –aquí aparece reflejada la caída de Plutón en Sagitario–. Lo que en estos momentos se precisa es invertir nuestras fuerzas con sabiduría innata, por eso la energía de Mercurio se encuentra desterrada en el exilio; la mente agota y es necesario guiarse por la sabiduría tradicional, la intuición, la experiencia de miles y miles de años recogida en el núcleo de la célula –en el ADN más concretamente–. Y el primer paso, lo que realmente Sagitario sugiere, es que transformemos nuestras reservas en energía, en pura vibración que permita que la materia se expanda y con ella el ser vivo.

En la mitología encontramos la historia de Quirón, el primero de los centauros. Según se cuenta, el primer centauro de la antigüedad fue hijo de Saturno, que al ser sorprendido por su esposa en plena relación extraconyugal, se convirtió en caballo y huyó. Del resultado de esto nació Quirón, pero su cuerpo no correspondía al de un hombre sino al de un caballo, lo que refleja la gran fuerza del instinto y de las leyes de la herencia biológica, ante las que ni siquiera un dios como Saturno puede escapar. Volviendo al mito, Filira, madre de Quirón, rogó a los dioses que la libraran de tanto espanto, por lo que el Centauro fue educado por los ellos. Gracias a esto llegó a ser muy sabio y prudente, además de contar con una sabiduría terrenal que provenía del instinto que le confería su cuerpo de animal, y que jamás dios alguno podría alcanzar. Esta sabiduría que escapa a lo mental, que nada tiene que ver con el mundo de las ideas perfectas, queda reflejada en Sagitario con el destierro, con el exilio de Mercurio. Con el tiempo, Quirón llegó a ser el maestro supremo al cual era confiada la educación de los hijos de algunos dioses, convirtiéndose en el padre adoptivo de los hijos divinos, a los cuales iniciaba en todas las artes con la finalidad de que sobresalieran entre los demás, para que fueran los héroes de todos los tiempos. Así los valores superiores mantenían alejados a los malos instintos, a la mentira, a la soberbia, al egoísta interés personal, todos ellos simbolizados por Plutón, que en el caso de Sagitario se encuentra en caída. Júpiter, para gobernar plenamente en los Cielos, expulsó a Plutón con la excusa de que era preciso un dios supremo en los infiernos. Volviendo a la historia del Centauro, sólo falta remarcar el triste final del mismo, cuando una flecha envenenada del propio Hércules llegó a parar por accidente al cuerpo de Quirón. Ni siquiera su ciencia fue lo suficientemente poderosa como para librarle del destino de todo ser vivo. Dos cosas hubo en la vida del Centauro que éste jamás logró superar: una fue lo irónico de su muerte –él, el más sabio de los médicos– y la otra el rechazo de su madre por su monstruosidad. Ambos factores reflejan el dolor que nos provoca el mero hecho de estar vivos. Empezando por ser arrojados y alejados de la bondad del seno materno –al igual que el dolor que proviene del pecado original y la expulsión del paraíso–, y posteriormente por tener que desapegarnos del cuerpo físico con el cual nos hemos identificado plenamente. Es como si la energía de Sagitario nos estuviera obligando a entrar y salir una y otra vez de la experiencia física y material inherente a la propia existencia, con el dolor que ello conlleva, quizá la única manera de contrarrestar el exceso de optimismo y el desprendimiento con que Júpiter estimula a sus hijos. Quirón, el primero de los centauros, nos enseña con su propia experiencia vital, que la sabiduría se haya en vivir como un dios en la Tierra, sin olvidar en ningún momento que el sufrimiento es el precio que hay que pagar por la felicidad y que el dolor físico es la única moneda que realmente vale.

El hombre Sagitario

Es fácil reconocer al hombre Sagitario, ya que hay pocos como él a la hora de manifestar lo que piensan. Es más, el Sagitario típico no llega nunca a analizar de antemano lo que va a decir. Todo cuanto bulle en su interior está en el aire en pocos segundos. Después, cuando el eco de su voz no es apagado por la intervención de los presentes, se da cuenta de que una vez más ha hablado más de la cuenta. Pocas personas hay dispuestas a ser tan honestas y sinceras como él. Y lo bueno es que no tiene el menor inconveniente en echarse atrás y reparar lo desaguisados con interminables explicaciones que dejen claras sus buenas intenciones.

Las características físicas de este hombre son particularmente bellas y atractivas. Su cuerpo rebosa fuerza y belleza natural. Sus gestos, amplios y arrolladores, cautivan por su vigor y dramatismo. Pero a la hora de exhibir sus habilidades se muestran toscos, poco armónicos y bastante ruidosos. El exceso de vitalidad y vigor les exige una gran actividad física y solamente cuando están en plena marcha son realmente efectivos. Generalmente tropiezan y cometen errores garrafales cuando tienen que alternar la atención mental con la actividad física. Y si llegan al extremo de meterse en una acalorada discusión, es normal que a continuación cometan una metedura de pata que despierte la risa incluso de sí mismo. La verdad es que la coordinación no es su fuerte, y además como es inquieto y no sabe estar sin hacer nada, no para de levantar la expectación de los demás.

El peligro, el deporte, la aventura son cosas que no paran de desafiar al Arquero. La excitación y el desafío parecen ser la fórmula en la que la conexión cuerpo y mente llega por fin a acoplarse de forma satisfactoria. Además, el hombre Sagitario necesita estar continuamente levantándose el ánimo a sí mismo, y la auto-demostración de pericia y dominio de su persona es algo que le hace sentir muy bien.

Uno de los problemas del hombre Sagitario es el de tener la continua sensación de que los demás se intentan aprovechar de su bondadosa actitud, pudiendo incluso padecer una paranoica desconfianza ante las propuestas ajenas. En realidad se ha llevado tantos desencantos a lo largo de su vida, que no quiere más decepciones. Y si en casos extremos explota como la dinamita, seguramente lo haga en un momento poco oportuno. Pero por más que se pretenda proteger de la sociedad, este hombre cree realmente en la buena fe, y estará siempre dispuesto a dar una nueva oportunidad a la fraternidad y al amor.

El hombre Sagitario y el amor

Las cosas del amor suelen enredarse un poco cuando este hombre está por medio. Para él la fraternidad y la amistad ya son un milagro, una maravilla más de esta vida. ¿Para qué complicar las cosas e ir más lejos? Y a veces, por evitar mayores entuertos, se genera el caos de los malos entendidos y malas interpretaciones. Menos mal que por lo menos este hombre enseguida salta y deja todo bien claro, o al menos lo intenta desnudando su intimidad sin el menor pudor. Y como tiene suerte, sobre todo en el amor, suele salir airoso y feliz de sus líos.

El coqueteo y los halagos de buen gusto son sin duda de su agrado. Cuando va solo por el mundo, le gusta sentir el sabor de la aventura y flirtear con las mujeres. Pero sus habituales meteduras de pata le pueden llevar a piropear a feministas, mujeres policías o incluso a lesbianas claramente manifiestas a vista de todos, menos a la del hombre Sagitario. Y no es que sea un ligón, sino que le gusta alegrar y subir los ánimos allí donde se encuentra. Cosa que generalmente consigue.

La sinceridad es la base de toda relación afectiva para el Arquero. Él estará dispuesto a no dejar absolutamente nada por desvelar de su intimidad, y espera en todo momento ser plenamente correspondido en dicho sentido. Una sola mentira o verdad mantenida en la reserva, puede ser la causa de una ruptura irreparable. Un engaño no compartido, le dará pie a desplegar una interminable lista de obsesiones e inseguridades que le pueden llevar a tomar una decisión drástica. Diga lo que diga, siempre estará dispuesto a escuchar, a perdonar y a la reconciliarse, aunque para ello es necesario que previamente su pareja haga una concesión como prueba de sus buenas intenciones y de su solícito perdón.

El hombre Sagitario y el trabajo

Su actividad es considerable. Necesita de ella para sentirse vivo. Los cambios de trabajo, de profesión o de lugar de residencia son de lo más corriente en la vida de este hombre. Para poder ejercer su actividad plenamente, sin interferencias ni otras distracciones, necesita sentirse dueño de la situación. El sentimiento de libertad debe ser mantenido a toda costa para el hombre Sagitario, y puede vivir el trabajo como una cadena que le impide ser él mismo. Por eso, aunque resulte un tanto ridículo, el hombre Sagitario debe imponer él mismo parte de sus condicionamientos laborales para por lo menos tener la sensación de estar disfrutando de una asequible libertad condicional.

A parte de esto, el Sagitario típico se adapta bastante bien a la sociedad. En un principio dará bastantes tumbos y se mostrará un tanto rebelde, pero nunca resultará destructivo. Antes o después la vida le sonreirá y le ofrecerá un grato papel que desempeñar, o por lo menos que se ajuste a sus necesidades básicas. En general el hombre Sagitario no es un gran virtuoso. Sus habilidades dejan mucho que desear y, aunque es capaz de hacer auténticas proezas por puro orgullo, en general se suele mostrar un tanto chapucero en su modo de operar. Digamos que su labor no tiene tacha desde la generalidad y la media social, pero personalmente no es precisamente la mejor.

Su gran honestidad y sentido de la justicia, hacen de este trabajador una persona de confianza. Sus jefes pronto se percatarán de ello y le darán responsabilidades que gustarán al hombre Sagitario, aumentando su sentido de importancia. Pero nunca se debe de abusar de él ni aprovecharse de su buena fe, si no se quieren perder los servicios de este animoso trabajador. Su estilo es bueno, el ambiente que genera es genial y aunque puede resultar un tanto distraído o poco eficiente, en general su labor es siempre positiva.

Las profesiones en que más destaca el hombre Sagitario son aquellas en las que se necesaria una buena forma física. Los trabajos al aire libre son gratamente valorado por este hombre, pero prefiere asumir trabajos peligrosos y que requieran un alto grado de pericia antes que tener que soportar toda la carga del trabajo duro. El deporte es una de las facetas que más atrae al Sagitario tipo. Las profesiones liberales también son sus fuertes, así como el comercio con productos extranjeros, al por mayor y de importación. Dentro de los estudios superiores el derecho, la diplomacia y la justicia son sus favoritos. Aunque también hay que señalar el gran atractivo que para este hombre supone la religión, la filosofía y las culturas de pueblos remotos. Por ello el espíritu aventurero, misionero o colonizador siempre marcará la vida profesional del Arquero.

El hombre Sagitario y la salud

Si atendemos un poco al mito de Quirón, el primer centauro, podremos sacar en claro que la salud y la vitalidad es algo inherente a la energía de Sagitario. Médico por excelencia, Quirón no fue capaz de salvarse de una flecha envenenada que sin querer Hércules le clavó. Toda su medicina y saber, que simboliza el poder de la mente y de lo divino, nada pueden hacer contra el mundo físico. La ingenuidad de Sagitario le hace creer que no va a padecer en esta vida los pormenores que a todos tocan. Lleva mal los sinsabores de las incomodidades, el sacrificio y el dolor físico. Un poderoso semental puede verse totalmente paralizado por una espina clavada en una pezuña. Algo parecido le ocurre a Sagitario, se desinfla con el dolor y la enfermedad, carece de espíritu de lucha.

Los procesos que más afectan a Sagitario son aquellos en los que intervienen la inflamación y los estados pletóricos. El hígado representa en cierto sentido la energía de Júpiter, es la fuente de energía rápida del cuerpo, se llena rápidamente de sangre y es capaz de cederlo todo en un instante. Además, cuando el hígado está mal, la melancolía aflora a la superficie, el ánimo cae y por tanto la jovial alegría de Júpiter desaparece. Los trastornos circulatorios suelen ser debidos a ciertos desarreglos provocados por un fallo en la fisiología hepática. Hay tendencia a exigir más energía de la que realmente se necesita y que posteriormente se gasta. Como resultado la masa muscular se hincha, retiene líquidos y el hígado se fatiga.

La parte del cuerpo que corresponde a Sagitario son las caderas, los muslos y las nalgas. Los problemas de ciática no son raros en los Sagitario. El exceso de musculatura y el vigor de la misma es la causa principal del pinzamiento de este nervio. La dislocación de la cadera es aún más grave y no suele ocurrir sin previo aviso. Los Sagitario tienden a hacer movimientos rápidos, de mucha fuerza y sin previo calentamiento. No es raro que ellos mismos estrangulen y perjudiquen con ello las articulaciones de las caderas y de las rodillas.

La mujer Sagitario

Esta mujer pisa fuerte. A primera vista puede parecer o dar la impresión de que sus propósitos son muy claros y que sabe bien cuáles son sus metas. Pero con su comportamiento irreflexivo pronto se delatará a sí misma. Su gusto por el diálogo, que utiliza como válvula de escape de sus intensas emociones, la lleva a soltar todo aquello que la gente reprime. Esta mujer parece ser un gran receptor ambiental que se encarga de repetir lo que todo el mundo piensa, pero que a la vez también calla. Ella no se dará cuenta de su impertinencia, hasta que sus palabras resuenen en el ambiente; entonces suele intentar paliar los desperfectos —cosa que rara vez consigue, ya que el daño ya está hecho— mostrando abiertamente sus buenas intenciones.

Su sinceridad es tal que con ella puede dañar a más de uno. Ni siquiera es capaz de practicar las pequeñas mentirijillas piadosas a la que todos hacen oídos sordos. Es raro que se percate de lo humillante que su actitud puede resultar, sobre todo para aquellos hombres orgullosos de sí mismos y de su labor. Pero a ella será mejor que nada ni nadie la ofenda, ya que en dicho caso sacará toda su cólera y arrasará con todo lo que haya a su alrededor. Para tratar a esta mujer hace falta mucha mano izquierda. Lo que se pretenda de ella será mejor pedirlo con amabilidad y educación; de esta manera y por su gran bondad, no sabrá decir que no. Pero las órdenes directas, despóticas y despiadadas la dañan profundamente y estimulan sus sistemas de defensa más instintivos, por lo que su respuesta puede ser aniquiladora. Ella es libre. Y quien la ponga en evidencia públicamente, sabrá lo que es desatar el poderío de una Centauro desbocada. Su individualidad es muy fuerte y, aunque ella misma puede renunciar a ella de buena gana, cuando se vea presionada sentirá la urgencia de expandirse y arrollar todo cuanto se interponga en su camino. Esta mujer necesita espacio vital y libertad para poder pacer a sus anchas y así practicar y disfrutar de la serenidad y del goce de la vida.

La mujer Sagitario y el amor

No es de extrañar que esta mujer haya optado por vivir su vida de forma solitaria o por lo menos de tener su hogar individual. Los lazos familiares no son algo que mantenga atada a la hija de Júpiter. Puede que en su ir y venir nunca descuide a sus progenitores, pero tampoco pasará con ellos el tiempo suficiente como para llegar a conocerlos en detalle. Si sus padres no lograron atarla, entonces ¿quién será capaz de sujetar semejante individualismo? Sin duda otro individualista amante de la libertad y del desapego. Dejarla a sus anchas es la única manera de mantener una relación estable con una mujer Sagitario. La menor presión, roce o sensación de estar recluida despertará su instinto de rebeldía, muy difícil de apaciguar en ella.

A esta mujer le cuesta enormemente discriminar entre la amistad y el amor. A veces puede tener la sensación de carecer de amigos, ya que para ella la amistad es algo superior, tan elevado y puro que llega a confundirla. Y por otro lado el amor es libre, sin más ataduras ni compromiso que ser leal con sus propios sentimientos. Ambas cosas suelen ser causa de confusión en ella y llegar a entorpecer relaciones potencialmente muy fructíferas. Pero también es capaz de mantener relaciones amistosas muy ricas y enriquecedoras con personas del sexo opuesto, sin el menor peligro de que un día lleguen a algo más.

La mujer Sagitario, lejos de ser fría o calculadora, se toma el amor como la gran aventura de su vida. Incluso en el caso de carecer de pareja estable o de no contraer matrimonio, jamás se convertirá en una solterona seca y malhumorada. El sexo es algo que atrae a esta mujer profundamente, ya que la ayuda a equilibrar y a liberar su cuerpo de las enormes tensiones que su potente musculatura es capaz de albergar. Sabe cómo disfrutar de ello limpiamente, de forma natural y sin más pretensión que la de compartir un buen momento.

La mujer Sagitario y el trabajo

Lejos de querer profundizar e ir más allá de las costumbres sociales, lo que la mujer Sagitario busca a través de su realización profesional lejos del hogar, es una mayor participación social. Las hijas de Sagitario rara vez suelen salirse de lo establecido, aunque su curiosidad las puede llevar a apuntarse a un cursillo o a unas jornadas un tanto excepcionales que hagan poner a su pareja el grito en el cielo. Tras algún que otro devaneo, lo que esta mujer busca con su actividad profesional es incorporar a su vida experiencias de orden social que de otra manera no podría tener. Es quizá poco realista a la hora de desempeñar su papel, por eso le van más los trabajos en los que la novedad, el cambio y la imaginación sean apreciados. La mujer de este signo no suele destacar por tener una mente privilegiada, sin embargo su corazón alberga siempre muy buenas intenciones, su actitud es por lo general bastante positiva.

Por otra parte, la mujer Sagitario es por lo general bastante tradicional, por lo que el trabajo en el hogar es algo que no le preocupa. Con su particular optimismo llena la casa de color y alegría; con los hijos se divierte de veras, ya que se pone rápidamente a su nivel y participa al cien por cien del mundo infantil que la rodea. Para Sagitario el orden siempre será una pequeña esquirla que no deja de inoportunar. Su percepción de la realidad es poco objetiva y realista, lo que le dificulta llevar a cabo una tarea discriminatoria. Si pretende realizar un orden de tipo mental, se cansará, dudará por no saber qué criterios realzar. Pero lo que la salva es siempre su gusto por la estética y el buen gusto. Disfrutar es fundamental para que esta mujer realice bien cualquier tipo de labor. Su espíritu es capaz de sobrepasar cualquier dificultad material, pero lo que le resulta sumamente dificultoso es mantener todos los días una actitud positiva. Quizá la rutina represente el calvario de la mujer Sagitario.

La mujer Sagitario y la salud

En en nativa Sagitario hay dos partes bien diferenciadas: el cuerpo y la mente. El equilibrio y la conexión entre ambas la libran de padecer todo tipo de males. Por separado, tanto el cuerpo como la mente de esta dama funcionan y disponen de gran energía. Pero cuando una de ellas toma el mando olvidándose de la existencia de la otra, aparece la enfermedad. La mente sin el cuerpo rueda alocadamente, y el peligro radica en hacerle caso, creer en dichos pensamientos como si tuvieran cierto peso. Cuando ocurre eso, el cuerpo se tiene que amoldar y forzar la máquina para que siga a la mente. No es de extrañar que los movimientos rápidos de la mujer Sagitario acaben por dañar su fuerte estructura corporal. Las rodillas, las caderas y la parte baja de la espalda son sus puntos débiles. Esta mujer suele padecer ciáticas que le bajan por toda la pierna, dolor en la región lumbar de la espalda, así como en el coxis y el sacro. Se podrían proponer un montón de remedios para aliviar estos síntomas, pero habrá que ir a la raíz del problema para poder zanjarlo sin más. La impulsividad que aparece cuando se conectan mal los instintos, acumulados en la musculatura en forma de tensión, con las incoherentes ideas, hace mucho daño al cuerpo.

La mujer Sagitario necesita sentirse cómoda con su cuerpo. El abandono, la deja-dez o la pereza son cosas que debe superar a toda costa. Ella mejor que nadie cono-ce la fórmula de mente sana en cuerpo sano. Por eso es amiga, aunque no asi-duamente —eso es lo que mejor le vendría, un poco de disciplina física— de practi-car un poco de deporte o actividad física que la ayude a oxigenarse. Los pulmones son otra parte de su cuerpo que tiende a apagarse y a no ser debidamente utiliza-da. Generalmente los movimientos rápidos de esta mujer no dan la menor oportu-nidad al cuerpo para que se oxigene. Por eso cualquier actividad física que se prac-tique con fines terapéuticos, deberá empezar de forma suave, progresiva y con algún ejercicio de relajación mental.

El niño Sagitario: cómo educarlo amorosamente y descubrir sus talentos

Pocos niños son tan entusiastas, alegres y juguetones como los nacidos bajo el signo del Arquero. Desde muy bebés manifiestan un carácter alegre, comunicativo y feliz. La verdad es que disfrutan y parecen valorar la vida desde el primer momen-to. Lo que realmente puede estorbar a la felicidad de este niño es una atmósfera familiar poco grata o negativa. Percibe la alegría del hogar como si fuera un radar especializado exclusivamente en la frecuencia amorosa. Para el niño Sagitario la sen-sación de júbilo y felicidad en los demás es sinónimo de seguridad y estabilidad, de un amplio y confortable panorama que le permita expandirse y crecer sin lími-tes. Cuando crezca, el pequeño Centauro posiblemente se aleje y desentienda al máximo de los asuntos familiares. Seguramente esto es debido a que la infancia de este niño suele ser tan maravillosamente espléndida que sus necesidades y afec-tos familiares quedan satisfechos durante esa etapa de su vida.

La autoridad, la acata bien el infante Sagitario, es lo normal, todos lo hacen, y él no tiene por qué rebelarse. Pero la cosa cambia cuando lo que siente es que la autoridad no se preocupa de guiar sino de coartar su libertad. Cuando el educador se limita a ser rígido sin dejar la menor alternativa, se producirá un gran ajetreo en el pequeño Centauro, que no parará de moverse, chillar y protestar de la forma más enérgica que jamás se haya visto a esas edades. O bien, si le es posible, dará la espalda al adulto y se marchará lejos. Es importante ser lo más razonable y honesto posible con este muchacho. Su sentido de la justicia está muy desarrollado y está dispuesto a mostrar-se razonable siempre y cuando los demás también lo sean.

La curiosidad insaciable de este niño le hace meterse en camisas de once varas en infinitas ocasiones. En ese caso es mejor observarle y dejar que descubra las cosas por sí mismo, pero, hay que tener nervios de acero para no intervenir en momentos tan peligrosos. La confianza es para este niño muy importante. Si se le dice que se confía en él hay que hacerlo de verdad, de lo contrario se sentirá gra-vemente ofendido. Dispone de un sensor especial para detectar la hipocresía en los demás, y en el caso de que este sensor se dispare, la rabia se adueñará de él y sus músculos se tensarán dispuestos a entrar en acción.

La economía es algo que le cuesta entender al hijo del Arquero. Todo cuanto es consumible desaparece de sus manos como por arte de magia. Se puede empezar por enseñarle a no gastar todo el rollo de papel higiénico en un día, o a no desperdiciar tanta pasta de dientes. Pero quizá no sea posible que aprenda la lección si no pasa por situaciones de carencia. Cuando tenga que usar papel de periódico en lugar de la suavidad acostumbrada, entonces sí que será la oportunidad de recordarle y hacerle ver las consecuencias del despilfarro.

La escuela aparece ante el niño Sagitario como una gran fuente de sorpresas. Su inagotable curiosidad y su mente polifacética le llevarán más allá de las normas establecidas, de los horarios e incluso del uniforme. Pero cuando haya pasado los primeros años de escolarización, el niño Sagitario sólo apreciará la pesada estructura social que lo aprisiona y pretende cambiarle. Para este niño es muy recomendable una educación progresista, participativa y moldeable. Y realmente merece la pena buscar el método de enseñanza adecuado para que la peculiar mente de Sagitario se desarrolle de forma equilibrada y sana.

ASCENDENTES PARA EL SIGNO DE SAGITARIO

El signo Ascendente es el que se encuentra en el horizonte Este en el momento exacto del nacimiento. Incide, entre otras cosas, en el carácter y en la personalidad, pues determina la forma o el escaparate a través del cual se expresa la esencia personal. También es importante a la hora de definir parte de los rasgos físicos del individuo.

Aries: Los que tengan al Carnero por Ascendente deberán enfrentarse a la vida de forma enérgica. Ante todo, lo que realmente cuenta es que el individuo exprese su energía sin tapujos ni limitaciones. De lo contrario, el nativo entrará en un estado de decepción permanente y se sentirá muy frustrado. Quienes tengan su Ascendente sobre el signo de Aries no deben mirar atrás. Y aunque pequen por exceso, y resulten un tanto egocéntricos o dominantes, será mejor eso que refrenarse y correr el peligro de caer en una depresión crónica. Las relaciones personales son sumamente importantes para un Ascendente Aries. Gracias a la interacción con otras personas es posible que el nativo aprenda a regular y a modular su forma de expresarse. Del mismo modo que le gusta ser respetado, intenta respetar a los demás; y como consecuencia de ello, el individuo que posea este Ascendente logrará un sano equilibrio, lo que permitirá que los demás tengan en cuentan sus opiniones.

Tauro: Quien tenga este signo sobre el horizonte Este en un tema natal ha de tomarse la vida con más calma. Las prisas son la lacra del mundo actual, con ellas no se hace nada bien y por tanto nunca se llega a disfrutar. El nativo con Ascendente Tauro está por ello obligado a planificar, estructurar y trabajar de forma sistemática. Ése es el único camino que le puede conducir a los deliciosos placeres terrenales que tanto le gustan. Eso sí, al dejar a un lado el factor tiempo, esta persona corre el riesgo de caer en la desidia y el abandono, no desde el punto de vista laboral –ya que es un trabajador infatigable– pero sí desde el punto de vista productivo, pues no tiene en cuenta las necesidades o prioridades de la sociedad. Es de vital importancia para el nativo con el Toro por Ascendente que aprenda a distinguir cuándo se puede permitir el lujo de centrarse en sí mismo y en su trabajo prescindiendo de todo lo demás, y cuándo tiene que abrirse y aceptar las mareas sociales que le rodean.

Géminis: Éste es probablemente el Ascendente que más despierta los sentidos. La persona que tiene a los Gemelos en el vértice Este de su tema natal, se enfrenta a la vida con gran curiosidad y con cierto espíritu inquisitivo. Para poder disfrutar y saciar su ansia de conocimiento, la naturaleza ha dotado a este individuo de una espectacular capacidad de adaptación. La versatilidad es su más destacada virtud, pero corre el riesgo de querer abarcar más de lo que es capaz de controlar. Aún así, no hay problema que se le ponga por delante, pues siempre conoce a alguien muy capacitado a su alrededor a quien pedir consejo. Géminis en el Ascendente otorga una maravillosa capacidad de comunicación, sin la cual el nativo no podría cotejar constantemente sus ideas y opiniones con las de los demás. Y ésta es la base sobre la que está construida toda su personalidad: necesita de los demás para establecer un marco de referencia que acote de alguna forma su mundo, de lo contrario correría el peligro de perderse en su laberinto de ideas.

Cáncer: Hay una sensibilidad extrema tras el duro caparazón del Cangrejo. Las emociones y los afectos son captadas y amplificadas al grado máximo. Pero la persona con este Ascendente no es dueña de sus respuestas, pues su enorme sensibilidad la hace muy vulnerable y justamente por eso, para protegerse, se crea un duro armazón bajo el que guardar su intimidad. El principal dilema que plantea este Ascendente es saber cómo utilizar o vivir con esta sensibilidad a flor de piel, sin que resulte abrumador. La única vía posible es la de aprender a reconocer y a respetar los sentimientos de los demás. De esta manera la persona con Ascendente Cáncer aprenderá a dosificar y a liberar respetuosamente sus emociones Se dice que el Ascendente Cáncer tiene una necesidad inminente de criar, alimentar o velar por algo. Ya sea la familia, una empresa, o una creencia, el nativo con este Ascendente entregará en sacrificio su propia existencia con el único propósito de impulsar a alguien o algo hasta lo más alto. El éxito conseguido lo tomará como suyo.

Leo: Indudablemente, éste es el Ascendente de las grandes eminencias. Leo en el vértice Este de la carta astral exige del individuo lo mejor de sí mismo. Hay en este caso una profunda necesidad de alcanzar y expresar todo el poder personal existente. La persona que disfrute de esta particularidad astrológica se entregará a la vida desde su corazón pero necesitará sentir el apoyo, el cariño y el aplauso de los demás. Y aunque corre el riesgo de ser un tanto extravagante y exhibicionista, antes se moriría que ser uno más del montón. Necesita sentirse admirado. Sobra decir que este nativo corre el riesgo de pecar de orgullo y que suele esperar demasiado de los demás. Todos sus actos deben ser reconocidos de inmediato, porque en caso contrario adoptará un comportamiento cínico y soberbio. La generosidad solar típica de Leo debe ser puesta en práctica. Dar sin esperar nada a cambio es la vía que más salud y satisfacción puede llevar a las personas de este Ascendente. Nada mejor que ser espectador del disfrute de los benéficos efectos que el amor puro del León emana a su alrededor.

Virgo: La inquieta energía de este signo afecta a sus hijos adoptivos de forma muy estimulante. Quienes tengan este Ascendente sentirán una gran urgencia por delimitar y conocer al detalle su identidad personal. Para ello, no dejarán de utilizar su incansable mente para autocriticarse constantemente, analizarse y compararse con la media nacional. Virgo en el Ascendente impulsa a la persona al perfeccionamiento, pero no de evolución interna, sino más bien de eficiencia práctica, resolutiva o profesional. No es de extrañar que el cuerpo físico, la apariencia y la salud ocupen puestos destacados en su tabla de valores personales. Los nativos que se ven sujetos a este Ascendente tienden a desmenuzar la vida y toda experiencia con el fin de analizarla, para luego poder emitir un acertado juicio acerca de lo que tienen entre manos. Sus valores principales son el orden, la corrección, la exactitud y la utilidad de las cosas. En las relaciones con los demás son grandes discutidores y argumentan desarmando a sus contrarios. Pero, en el fondo, lo que buscan es el amor universal, para así soportar mejor una vida demasiado práctica y materialista.

Libra: La persona con la Balanza como Ascendente tiene muy en cuenta la experiencia, las necesidades y los deseos de los demás. Sabe muy bien lo importante que puede resultar la iniciativa ajena, siempre y cuando no se pierdan de vista los propios intereses. Su gran problema surge en el momento en el que hay que barajar un gran número de puntos de vista diferentes. El juicio de valor, las normas y la responsabilidad ocuparán un primer plano en su rutina cotidiana. Lo que peor lleva este nativo es verse obligado a tomar una determinación, pues, aunque resulte paradójico, su misión en esta vida es aprender a tomar decisiones y a adquirir compromisos. No es de extrañar que la persona que tenga que vivir con este Ascendente encuentre refugio en la filosofía del hedonismo, que se moleste únicamente por hacer más placentera su existencia y que busque constantemente a personas que armonicen con su *modus vivendi*.

Escorpio: El signo del Escorpión atrae hacia los que tienen este Ascendente los trabajos y las luchas más lóbregas de la humanidad. Ésta es quizá la única manera de que el nativo entre en contacto directo con la vida instintiva, que es en definitiva lo que el Escorpión simboliza. Con este Ascendente el individuo está obligado a seguir luchando hasta el final, aunque sus fuerzas flaqueen una y otra vez, hasta que por fin sea capaz de conseguir sus propósitos. Puede que ante los ojos de los demás el camino de las personas con este Ascendente parezca excesivamente oscuro, complicado y tortuoso, y que para llegar a tales metas haya otras vías mucho más claras y productivas. Pero lo que importa en este caso es lo que no se ve, es decir, la transformación interior y la evolución personal que confiere pasar por esas circunstancias. Es importante que con el paso del tiempo la persona con este Ascendente aprenda a ser más constructiva y respetuosa, a no ir abriendo todas las puertas que se crucen en su camino y a detectar el peligro para poder evitarlo anticipadamente.

Sagitario: El Centauro tiene, por un lado, ideales y sentimientos humanos, pero por otro posee una naturaleza muy instintiva. La religión, la filosofía, las culturas remotas y los viajes ocupan constantemente la cabeza del individuo con este Ascendente. Ante él aparece un gran mundo de posibilidades, y por eso se pierde una y otra vez deleitándose en el placer de saborear una realidad nueva, diferente. Pero todo se esfuma cuando le cae el jarro de agua fría que con cierta frecuencia le arroja la realidad. Como noble animal que es, el Centauro necesita cuidados y las condiciones adecuadas para poder disfrutar de su bienestar. No le importa tener que trabajar duro para conseguir satisfacer sus necesidades; lo que realmente le cuesta es integrarse en la sociedad de forma sencilla, sin despertar la curiosidad ajena. La exageración y la extravagancia que confiere este Ascendente provienen del gran esfuerzo que hace el nativo para relacionarse y dar a conocer de forma precisa, concreta y verbalizada sus intereses, puntos de vista y la amplitud de sus ideales.

Capricornio: Con este Ascendente siempre aparece cierto sentimiento de culpa como mar de fondo. El individuo siente mucha urgencia por dirigir de forma constructiva su energía y entusiasmo, que bajo ningún concepto deben disiparse en el ambiente. Por tanto es lógico pensar que la persona con Ascendente Capricornio tienda a planear y a estructurar la vida cautelosamente. Además, tiene la imperiosa necesidad de hacer algo por sí mismo, como si tuviera que demostrarse el potencial de valores que posee. Pero si hay algo que se le escapa a Capricornio es el amor y la ternura. El nativo con este Ascendente en su tema natal, encontrará por medio de las relaciones personales el camino que le permitirá disfrutar de lo mundano, del contacto humano y del mundo natural tal y como es. El aislamiento es sumamente doloroso con este Ascendente, pues con ello alimenta cada vez más su ego personal, se siente muy importante y difícilmente acepta la valía de los demás.

Acuario: Este Ascendente invita al nativo a desapegarse de la realidad para poder contemplarla en su totalidad y, por supuesto, para observarse a sí mismo desempeñando su papel en el marco de la sociedad. Esta visión global da más importancia al grupo y al ambiente que rodea al individuo que a la propia persona. Pero siempre existirá la pregunta, ¿estoy o pertenezco al grupo adecuado? Aún así, el Ascendente Acuario siempre confiere al nativo la sensación de que hay algo más importante, valioso y poderoso que el yo individual. Por eso pondrá toda su energía en favor de la colectividad, ya que asume la causa social como si fuera suya. Pero al dar todo de sí mismo, también espera mucho de los demás; para él, el reconocimiento ajeno es de vital importancia, y la ausencia de éste le hace ensombrecerse. Quién tenga este Ascendente debe tener cuidado con su mente, pues puede complicarse la vida repasando situaciones, desplantes y toda clase de malas interpretaciones o suposiciones.

Piscis: El símbolo de los Peces nos da una idea de cómo es la persona que posee este Ascendente. Uno de estos vertebrados acuáticos se deja llevar por la corriente de la vida y su personalidad e individualidad son tan sólo el rol o el papel que ocupa en el río. Si embargo, el otro pez remonta la corriente con fuerza, tesón y decisión. Su vida va en ello, prefiere perecer antes que doblegar su individualidad ante las circunstancias adversas. Es por ello importante que el nativo que tenga este Ascendente tenga muy en cuenta a ambos peces. Tiene que dejarse llevar y fluir en la marea de la vida sin perder en ningún momento su propio sentido de la individualidad. Por eso se dice que Piscis siempre vive con cierto espíritu de sacrificio, que no es otra cosa que el ilimitado marco que engloba su mundo sentimental. El arte, la música, las terapias y el misticismo son las mejores profesiones para el desarrollo personal de este individuo, inmerso desde que nace en el profundo sentir de la humanidad.

LOS PLANETAS EN EL SIGNO DE SAGITARIO

El Sol en Sagitario

Voluntad de adaptación a las nuevas condiciones. Deseo y gusto por los cambios. Temperamento dinámico; entusiasmo gracias al distanciamiento de la vida; ingenuidad optimista y gran honestidad. Gusto por la libertad y la independencia. Aspiración por sentir personalmente la coherencia existente en las aspiraciones humanas, con el fin de poder transmitir honestamente a los demás el gusto por la vida.

La Luna en Sagitario

Percepción somera de la vida afectiva, predisposición a fijarse sólo en lo bondadoso y lo ideal. Falta de realismo, sensibilidad poco intensa y asentada en formas simples, mentalidad un tanto infantil. Cierta atracción por la aventura, los largos viajes y el cambio; curiosidad por traspasar los límites socialmente impuestos, lo que puede ser causa de posteriores remordimientos.

Mercurio en Sagitario

Inteligencia cándida, simplista, casi infantil. Falta de lucidez y de ironía. Gran idealismo y apertura a la hora de exponer abiertamente los propios planteamientos. Incapacidad para profundizar, abstraerse y comprender esquemas elevados. La mente es concreta y está basada en la evidencia material. Tolerancia, respeto y libertad de pensamiento frente a los demás.

Venus en Sagitario

Vida afectiva un tanto elemental, simplista, casi infantil, que se basa en el disfrute de una vida sencilla y desenfadada. Se aprecian los gozos serenos y sanos de la vida. Sentimientos abiertos, claros y honestos; actitud afectiva algo convencional. Búsqueda de camaradería, escaso interés por el erotismo. Bondad y generosidad con las personas queridas. Peligro de cometer infidelidades.

Marte en Sagitario

El individuo se mueve llevado por tendencias idealistas, creencias religiosas o convicciones filosóficas. El conformismo frena el ímpetu propio de Marte, pero éste puede verse exaltado por la defensa de un ideal. Gran candor, falta de discernimiento y ausencia total de astucia a la hora de perseguir los propósitos. Gran necesidad de afirmación, que exige aclarar totalmente las situaciones para poder operar. La determinación se pierde entre las complicaciones.

Júpiter en Sagitario

Gusto por las tradiciones y actitud algo aburguesada. Pleno convencimiento de los propios valores –que suelen ser sólidos pero preestablecidos, no originales– la que hace que el nativo adopte una postura de superioridad frente a los demás. Deseo de llevar a cabo una vida conforme y fiel a ciertos valores morales. Expresividad expansiva, a veces invasora, que es incapaz de escuchar o atender a los demás. Felices experiencias al promulgar la doctrina a la cual se pertenece.

Saturno en Sagitario

La razón campa a sus anchas, buscando la coherencia y la simplicidad. Se buscan metas claras, definidas y generalmente bondadosa o humanitarias. Se da gran importancia a la propia reputación. Puede haber un gran dogmatismo; individuo es incapaz de reconocer otras verdades que no sean la suya. Posición paternalista, autoridad bonachona, pero que se puede convertir en dureza moralista, conservadora e impositiva.

Urano en Sagitario

Inquietud y curiosidad por lo novedoso. Tendencia a asumir soluciones prácticas que sirvan para dominar al entorno. Nuevos conceptos filosóficos, deseos de renovar el pensamiento y la moralidad tradicional o costumbres. Se adoptan otro tipos de culturas o religiones. Viajes inesperados.

Neptuno en Sagitario

Interés por la religión y el misticismo como única manera de poder conectar con el sentimiento universal. Honestidad y franqueza sentimental que busca sintonizar con otros espíritus puros. Se da un paso atrás en la moral y en las costumbres, imprescindible para establecer las bases de una ética para los tiempos venideros.

Plutón en Sagitario

La energía vital emprendedora se apaga para que prospere de forma natural lo establecido. Fuerte voluntad creativa, pero basada en la percepción y en el gusto por el placer. Generación de asentamiento y asimilación de lo acontecido. Mentalidad colonialista, deseos de arraigarse para poder crecer socialmente.

SAGITARIO EN LAS CÚSPIDES DE LAS DOCE CASAS

Primera
Es lo mismo que decir que la persona tiene ascendente Sagitario. (Ver *Ascendentes.)*

Segunda
Suerte en las finanzas. Rara vez falta el dinero. Ingresos por actividad liberal. Apoyo financiero a organizaciones benéficas. Negocios en el extranjero.

Tercera
Se expresa la filosofía personal con gran sencillez y claridad, lo que estimula a otros a hacer lo mismo. Buenas relaciones con los hermanos. Abundancia de ideas que deben de ser expresadas verbalmente.

Cuarta
Se hereda la moral liberal de los padres. Necesidad de ciertos valores filosóficos para que el individuo organice su vida. La persona se mantiene jovial hasta edades muy avanzadas. Familia de origen adinerada.

Quinta
Atracción por las aventuras amorosas, sobre todo durante el transcurso de un viaje o con personas extranjeras. Expresión creativa espectacular y que gira entorno a un tema filosófico o espiritual. Mucho optimismo frente a los hijos, que pueden ser numerosos.

Sexta

La persona es generosa con los demás, a los que entrega desinteresadamente sus servicios. La moralidad y la filosofía personal podrían chocar de pleno con el trabajo originando pequeños contratiempos. Excesivos desplazamientos acabarán por afectar a la salud.

Séptima

La moral y los valores espirituales son de gran importancia a la hora de establecer una unión íntima. El matrimonio resulta ventajoso para el nativo. La conciencia se expande a través de las relaciones personales.

Octava

Intentos para beneficiarse del cónyuge. Las finanzas conjuntas se llevan de forma justa, al igual que las herencias y los legados. Los periodos de desorientación personal son vistos con agrado y buenos ojos.

Novena

Fuertes opiniones filosóficas, creencias más tradicionales de lo que realmente piensa el individuo. Necesidad de enseñar y transmitir lo aprendido por el individuo para poder asimilarlo. La mente lucha por justificar la angustia vital.

Décima

Confianza en los encuentros con el mundo, sobre todo cuando es frente a una autoridad. Se alcanza cierto prestigio en temas relacionados con la religión o la filosofía, también en la educación. Carrera liberal. El individuo es pionero en ciertos aspectos.

Undécima

Sensación muy de estar protegido por algo sobrenatural. Amistades de todo tipo, numerosas y de cierta importancia. Proyectos exagerados. Esperanzas inverosímiles que pueden llegar a cumplirse. Suerte en general.

Duodécima

La soledad es importante, pues orienta al individuo hacia la filosofía y lo pone en contacto con sus valores morales y religiosos. Incapacidad de realizar ciertas aspiraciones, resignación. El nativo encuentra la realización personal dentro de sí mismo.

CAPRICORNIO:
EL ESFUERZO CONSAGRADO

Los nacidos tras el solsticio de invierno, es decir, a partir del 22 de diciembre y hasta el 20 de enero, pertenecen al signo de la Cabra. Capricornio es uno de los tres signos del elemento Tierra. Creen por tanto en el más acérrimo materialismo, o por lo menos a esa faceta de la experiencia se aferran y apegan. En cuanto a la naturaleza del signo, Capricornio es un buen representante de la naturaleza cardinal. Por tanto gusta de la actividad, de tener una meta concreta hacia la que proyectar toda su energía, en resumen, de la acción directa. Si se tienen en cuenta ambos factores, es decir, el elemento Tierra y la naturaleza cardinal, entonces aparece en primer plano el movimiento de la materia con todo lo que ello conlleva. Para empezar, la autoría de dicha acción es algo que concierne muy directamente a Capricornio, para bien −obtención de gloria y prestigio−, o para mal −responsabilidades, metodología y consecuencias−. Para poder llevar a buen fin tanta responsabilidad habrá que contar con sangre fría y con el control sobre la vida instintiva. Para dicho cometido nadie mejor que el planeta de la restricción, el viejo Saturno, regente de Capricornio.

La mala fama que pesa sobre Saturno no se debe a otra cosa que al tremendo esfuerzo que su energía representa. Pero sin el tesón, la constancia, la concentración y la dedicación, pocos logros se pueden conquistar. Con el planeta del anillo aprendemos cómo se deben de hacer las cosas, cómo la estrategia resulta imprescindible si se va a realizar un considerable desplazamiento de energía, y qué necesarios son el compromiso de no abandonar hasta terminar lo que nos hemos propuesto y tener una sabia administración. Todo ello suena muy serio, respetable, importante y, por qué no decirlo, un tanto aburrido. Esto no quiere decir que Capricornio sea un signo poco divertido, su sentido del humor puede ser irónico, corrosivo y muy liberador. Otras cualidades dignas de mención que dicho planeta otorga a sus nativos son la prudencia, la paciencia, la sobriedad y las dotes para la meditación. Haciendo un pequeño examen se podrá comprobar cómo para Capricornio resulta primordial todo lo relacionado con el factor tiempo, y cómo todos sus valores se alcanzan con la madurez personal. Por eso al viejo Saturno se le considera el planeta de la ancianidad.

Naturaleza, simbología y mitología del signo

Cuando el frío viento del norte azota las regiones más meridionales de la zona templada, el Sol se encuentra en Capricornio, debilitado tras la simbólica muerte que le causó el solsticio de invierno. Así, las temperaturas más bajas hacen estragos en la materia viva y nada quedará con vida a no ser que se cuente con una sólida estructura que lo proteja. Esto es el resultado de la estrategia mejorada y acumulada durante cientos de miles de años por los seres vivos. Los árboles desnudos nos muestran sus nudosas heridas mientras se yerguen majestuosos, orgullosos de su energía y hacen gala de la retorcida pero claramente efectiva forma, fruto de su esencia y de las marcas provocadas por el implacable paso del tiempo. La caída de Venus —planeta de la belleza— en Capricornio simboliza esto mismo, es decir, no hay tiempo ni energía para andar adornando y embelleciendo nada. Con el duro invierno, todo lo viejo adquiere una peculiar prestancia. Incluso los cadáveres de los arboles secos o quemados no desentonan en este paisaje de naturaleza muerta. Es el momento en el que la vieja Arpía de la muerte campa a sus anchas. Todo cuanto represente juventud, ternura, sensibilidad o desnudez provocará cierta sensación de angustia —Luna en el exilio—, pues no se sabe a ciencia cierta si será capaz de conservar su joven vida antes de que el invierno llegue a su fin.

Pero también hay algo de verdor. La semilla hija del otoño ahora tendrá que demostrar si ha sido capaz de trasformar sus sustancias de reserva de forma efectiva —una vez más el movimiento preciso, exacto y óptimo de la materia propio de Capricornio será crucial y marcará el destino del individuo—. En caso favorable, la experiencia hará a la planta más fuerte; contará con la ventaja de ser más madura y por lo tanto estará más preparada que las que nazcan con la primavera siguiente, aunque seguramente sus frutos tendrán un sabor más amargo.

El desgarrador mito del dios Saturno servirá de ejemplo para comprender la dura experiencia de Capricornio. Según cuenta la mitología, en el principio de los tiempos Saturno era hijo del Cielo y de la Tierra. Titán era su hermano y el primogénito de la familia, por lo tanto un día heredaría el trono de los dioses. Pero la madre, que sentía predilección por Saturno —exilio de la Luna—, suplicó a Titán que cediera el privilegio de reinar a su hermano. Titán accedió con la condición de que Saturno debería matar a todos sus hijos varones para que el trono volviera a recaer sobre su estirpe. Saturno aceptó y fue engullendo a todos y a cada uno de los hijos varones que tuvo. En esta parte del mito se refleja, por un lado, lo relegados que deben estar los afectos para poder mantener una postura tan despiadada —simbolizado por la caída de Venus— y por otra parte la necesidad de una agresividad concentrada en la autodefensa —perfectamente simbolizada por la exaltación de Marte—. Siguiendo con el mito, ante semejante atrocidad, Cibeles, esposa de Saturno, engaña al dios y esconde a un hijo varón para que sea criado clandestinamente en la isla de Creta —una vez más vemos cómo Capricornio está marcado por la sensiblería materna típica de la Luna en el exilio–. Titán, al enterarse de la traición de su hermano, declara la guerra a Saturno, venciéndolo y condenándolo a prisión. Júpiter, hijo único de Saturno, se aprestó a liberar a su padre del largo cautiverio al que se vio sometido y a luchar contra los titanes, a los que expulsa del Olimpo. Por fin Saturno recupera de nuevo el trono. Pero el oráculo había anunciado que su propio hijo algún día lo destronaría –aquí se puede comprender lo que representa el planeta Saturno en su propio domicilio: el miedo, la ambición y el tremendo peso del destino–. Una vez más Saturno hace gala de lo duro e inflexible que puede llegar a ser –caída y exilio de la afectividad y de la sensibilidad, o lo que es lo mismo, de Venus y la Luna– tendiendo emboscadas al buen Júpiter, que activo y valeroso esquivó todas y cada una de las celadas de su padre. Harto de las miserias de Saturno y del injusto pago con que agradecía haber sido liberado del cautiverio de Titán, Júpiter decidió levantarse en contra de su propio padre, destronarlo y arrojarlo para siempre del Olimpo, después de lo cual Saturno se vio obligado a buscar cobijo entre los mortales.

El hombre Capricornio

El nativo de Capricornio siempre tiene un halo de autoridad a su alrededor. Su postura es tajante, precisa y seria en cualquier ocasión y, por supuesto, siempre exige compromiso por parte de los demás. Con su presencia se tiene la sensación de que algo grave está ocurriendo, y cuando uno descubre que no es así, entonces es cuando aprecia la gran melancolía que emana del hombre Capricornio. Para este gran realista lo que prima es la materia y la realidad tal como él la ve. Es una persona que se quita el sombrero ante la sabiduría acumulada después de siglos de tradición y desea aprender de ella todo cuanto pueda resultarle beneficioso en su camino. Porque el hombre Capricornio sabe lo que quiere, y ha dejado a un lado aquellos sueños de juventud que sólo suponen para él un gasto de energía, tiempo y dinero, y se ha fijado unas metas, ambiciosas, elevadas, pero claramente posibles de conquistar.

El éxito social es algo muy importante para este hombre. Ya sea en su carrera profesional o en cualquier otra disciplina que domine, el hijo de Saturno necesita subir por la escala de la fama y del prestigio con el único fin de alcanzar algún día los laureles de la gloria. El tesón, la concentración, la paciencia y el esfuerzo continuado es algo que se puede leer en su cara con el paso del tiempo. La razón guía todos sus actos, no le gusta sufrir y padecer gratuitamente. Analiza, estudia y se toma su tiempo, pues el método es el único camino que permite avanzar, o al menos eso cree Capricornio. Pero cuando no queda más remedio que luchar abiertamente, despliega toda su fuerza en vencer el obstáculo, en conquistar un objetivo, que una vez alcanzado no se debe dejar escapar. Es un hombre que dedica gran parte de su tiempo a mantener su status, al menos hasta que esté claramente consolidado.

Hay hombres Capricornio tan obstinados que se negarán a participar de la vida social y afectiva de personas más jóvenes que ellos. Sin lugar a dudas, por miedo a verse arrastrados o a descubrir lo que perdieron durante aquellos años de duro y competitivo estudio en los que se consumió su juventud. Y como a Capricornio siempre le queda la sensación de haber dejado algo divertido por experimentar, es posible que cuando haya alcanzado una posición más cómoda y segura en la vida, le entre el gusanillo de lanzar una cana al aire y dedicarse a disfrutar de la vida, a ver qué pasa.

El hombre Capricornio y el amor

El sentimentalismo para el hombre Capricornio es sinónimo de debilidad. Atascarse y consumir su energía en celos, pasiones desaforadas, impulsos, enojos no le merecen la pena. Al igual que el dios Saturno, este hombre hará de tripas corazón y no permitirá que los afectos se interpongan entre él y su destino.

Pero por supuesto que este hombre también puede caer bajo las flechas de Cupido. Cuando el hombre Capricornio se enamora, tras su coraza de hombre duro aparece un corazón cálido y cordial que calienta tanto o más que un fuego en pleno invierno. Sus sentimientos son profundos y sinceros; albergan mucho dolor y sufrimiento. Su naturaleza afectiva es muy íntima: y se recoge tan rápidamente como los cuernos de un caracol. Pero si se tiene paciencia con él, y eso quiere decir confiar en el resultado de toda una vida, el hombre Capricornio sorprenderá en su madurez a todos. Quizá en su juventud no permitió que sus sueños dorados se convirtieran en realidad, y posiblemente deprimió a su mujer en más de una ocasión con su austeridad y sentido del deber. Pero sus sentimientos son ricos, fértiles y muy soñadores. Cuando por fin se deje de quejar por lo desagradable de la vida y el dinero ya no sea lo más importante para él, quizá entonces empiece a valorar lo reconfortante que puede resultar la suave caricia del amor sobre un corazón al que apenas se le ha permitido hablar.

La mujer que gusta a este hombre es por lo general bastante deslumbrante. Y aunque por su naturaleza, el hombre Capricornio suele atraer a mujeres un tanto inseguras, sensibles y dulces, a él le llaman la atención las mujeres con prestancia, clase y elegancia. Para él una dama de categoría siempre será una grata compañía, aunque algunas veces, y en círculos más cultivados, el hombre Capricornio busque a su musa entre los más altos valores intelectuales. La clase social es algo primordial. No se debe de dejar jamás de tener en cuenta si un Capricornio entra en juego. Los matrimonios de conveniencia o de edades muy dispares no son raros para este nativo dado a las bodas o amores tardíos.

El hombre Capricornio y el trabajo

Sin duda alguna, el hombre Capricornio es un trabajador práctico. No es de los que se andan por las ramas, ni pierden el tiempo haciendo conjeturas inútiles. El oficio, la carrera y la vida laboral son algo por lo que este hombre siente un profundo respeto. Para él es sumamente importante la figura del maestro. Es de los que piensan que un oficio se debe aprender trabajando, más que estudiando, porque para él eso es perder el tiempo. La enseñanza directa ahorra muchos suplicios y un montón de tiempo. La economía es lo primero para Capricornio, y la experiencia vale más que cualquier otra cosa a la hora de hablar de trabajo.

Esto no quiere decir que las titulaciones no vayan con el hombre Capricornio. Todo lo contrario, para acceder a altas posiciones hoy en día resulta imprescindible un buen título. El esfuerzo, la paciencia y el compromiso que una carrera supone van muy bien con este hombre, siempre y cuando sepa para qué quiere la titulación. Raro será que un Capricornio estudie simplemente por mera filantropía. La política dentro de la empresa, los altos cargos de dirección y la jerarquía laboral atraen al hombre Capricornio desde su primer día de trabajo. Su facilidad para controlar las emociones, para vislumbrar las intenciones de otros y para mantenerse en todo momento fiel a sí mismo, le dan una notoria ventaja frente a los competidores de otros signos. Puede que se cruce en su camino un intrépido Aries, rápido y feroz. Seguramente al comparar los logros obtenidos a lo largo del año, el hombre Capricornio quede muy por debajo del vital Aries. Sin embargo, si la misma comparación se hace diez años más tarde, entonces lo más probable es que el hombre Aries se haya entretenido en otras aventuras y haya perdido su objetivo por un tiempo. Capricornio para eso es implacable; no es de los que desperdician su vida ni su esfuerzo vanamente y por ello aventajará claramente a su competidor.

Las profesiones que más van con Capricornio son aquellas que requieren un gran esfuerzo. Suelen escoger carreras difíciles, que posteriormente le den una notoria ventaja ante el mercado laboral. La política y la administración son sus fuertes. Son buenos consejeros y diplomáticos. También se les dan muy bien aquellas profesiones en las que la meticulosidad y la precisión primen sobre todo lo demás: científico experimental, relojero, notario.

El hombre Capricornio y la salud

A nadie le gusta la enfermedad y, sin embargo, hay quienes la ven desde una óptica distinta, más positiva y consciente. Para el hombre Capricornio la enfermedad es casi sinónimo de mala suerte. Con todo lo que tiene que hacer, tener que guardar cama o reposo no entra dentro de sus planes. Para él cuidar el cuerpo significa tener que hacer un alto en el camino, y si puede remediarlo, mejor que mejor. Con esta filosofía no es raro que en algunas ocasiones pequeños males se compliquen por no haberles prestado la debida atención. Pero Capricornio no es un signo que tropiece dos veces en la misma piedra. Aprende pronto y sabe que la salud es lo primero.

Uno de los puntos débiles de este signo son los huesos, soporte estructural de todo el cuerpo. Más concretamente, en el caso del hombre Capricornio, suelen ser las rodillas las que achaquen el deterioro más notable. Puede que la causa principalde de todos sus males parta de una excesiva tensión en la musculatura de la espalda, que con el tiempo acabará por adoptar una mala postura. Las rodillas son el engranaje que absorbe todas los defectos en el hombre Capricornio. Por eso, todo lo que se refiera a ejercicios de flexibilidad, estiramiento y relajación muscular, será recibido por el cuerpo de este hombre como si de mano de santo se tratara.

La alimentación es también un tema que afecta seriamente a la salud de Capricornio. La Luna en el exilio denota cierta deficiencia en las funciones regidas por dicho planeta. El aparato digestivo deja mucho que desear en este nativo, cuyo estómago se resiente por el exceso de trabajo, acusando molestas gastritis, úlceras, etc. Además, una mala y poco saludable alimentación, a base de fritos y alimentos precocinados, a la larga acabará por atentar contra sus articulaciones, causándole artrosis, reumatismo y dolores articulares.

Otra enfermedad propia de este signo y más manifiesta en el hombre que en la mujer es el derrame sinovial. Los pequeños traumatismos generan por lo general en el nativo de Capricornio una gran respuesta inflamatoria. El líquido encargado de lubricar las articulaciones –sinovia– se derrama con suma facilidad, complicando notablemente la curación. El frío también afecta mucho a los nativos de este signo, que no logran entrar en calor una vez que éste les ha calado los huesos. Y como Capricornio es increíblemente austero, y no derrocha tiempo ni dinero en prodigarse un mínimo de confort, el crudo invierno supone para él un golpe físico tremendo.

La mujer Capricornio

Por lo general esta dama suele ser extremadamente femenina, coqueta y encantadora. No es raro que los hombres a su lado se sientan un tanto grotescos. Su altiva actitud así lo dejará sentir en más de una ocasión. Aunque también hay momentos solemnes en los que la mujer Capricornio se mostrará distante, gélida y silenciosa. Posturas tan dispares sólo pueden tener un punto en común: una finalidad claramente definida y muy reservada. El mundo social sabe bien cómo tratarlo. La nativa de Capricornio es especialista a la hora de manejar a todos tal y como ella considera oportuno. Sabe ganarse la simpatía del momento. Pero con el tiempo, los que la conocen, poco a poco se irán percatando de lo interesado de su actitud. Esta mujer domina el arte de barrer para adentro sin que apenas se note.

En el circulo social que frecuente, o la clase social a la que pertenezca, la mujer Capricornio siempre llama la atención por la finura de su comportamiento. Da igual que se sea en el barrio más bajo de una de las grandes capitales del planeta, ella destacará y todos cuantos la rodeen así lo verán. Sus modales podrán ser los que sean, buenos o malos, pero lo que está claro es que sabe hacer uso de ellos con una gracia y elegancia fuera de lo común. En general se muestra mucho más firme y segura de sí misma de lo que es en realidad, y a primera vista parece estar dotada de un temperamento equilibrado y de una estabilidad emocional fuera de lo común.

Uno de los rasgos principales del carácter de la Cabra es que suele estar sujeto a profundos cambios de humor. Cuando cae en uno de sus periodos oscuros, lo único que la puede salvar es el tiempo. La tristeza, el pesimismo y la depresión son auténticas drogas para esta mujer, con las que se puede destrozar a sí misma y a los que tiene a su alrededor. Cuando se encuentra en este estado es mejor dejarla, no procurar alegrarla con pequeñas bromas ni otras tretas. Es más, posiblemente las malinterprete y se piense que se están burlando a su costa. Es posible que tal actitud se base en un profundo miedo a relajarse y a aceptar la vida tal y como viene. Pero eso es algo que nadie le puede enseñar, sólo viviendo se puede aprender a disfrutar.

La mujer Capricornio y el amor

En general, a la mujer Capricornio le cuesta relajarse en situaciones románticas. Ocasionalmente puede parecer que es una dama de hierro, pero en su interior fluyen las mareas del deseo y la pasión –aunque lo hagan bajo el más estricto control–. No es de las que se dedican a disfrutar del amor libre y sin compromisos. Le gusta tenerlo todo bien atado, y sólo se entregará una vez que tenga claro cuál es el hombre de sus sueños y además, al más mínimo declive de la economía familiar, el amor quedará relegado a un segundo o tercer puesto en su escala de valores.

La ilusión no es algo que vaya de forma natural con la mujer de enero. La imaginación y fantasías de los demás no dejan de ser para ella puras necesidades de evasión. Ella sin embargo sí que tiene sueños, y además sueños verdaderos, de los que se pueden hacer realidad en un día. Es tan práctica que tirará por tierra todos los desvaríos de su pareja y acabará siendo ella quien lleve el timón de la relación. Y como ella da gran importancia al parentesco, el que se case con una Capricornio debe saber que se casa con toda la familia, y que tendrá que cargar en bastantes ocasiones con los parientes de su mujer.

Como madre sobra decir que esta mujer es impecable. Desde muy temprana edad inculcará en sus hijos el sentido de la economía y del deber, sin por ello dejar de mostrarse cariñosa y sensible. Eso sí, resultará un tanto dura, y sobre todo muy poco compasiva, en aquellos aspectos que ella tiene muy claro que se deben de respetar o aprender. Sin embargo siempre estará dispuesta a escuchar las experiencias de sus pequeños, y sólo en la adolescencia será cuando encuentre ciertas dificultades de comunicación con ellos, debido al acérrimo conservadurismo de Capricornio.

La mujer Capricornio y el trabajo

Como es muy capaz de dejar los afectos en un segundo plano, la mujer de este signo puede resultar una excelente trabajadora. Su forma de ver el mundo es sumamente práctica, metódica y racional. Nunca permite que la sensiblería se inmiscuya o pueda entorpecer la buena marcha de su carrera profesional, lo que puede ocasionarle una serie de pequeños altercados que perjudicarán de algún modo el día a día de su faceta laboral. Las relaciones humanas son importantes y deben de ser tenidas en consideración allá donde uno vaya. Cuando una persona se comporta de forma tan distante, fría y calculadora como lo hace la mujer Capricornio en su medio profesional, sin duda alguna tendrá que soportar las desventajas que dicho rol implica: críticas de los compañeros, chistes a su costa, segregación, distanciamiento… En numerosas ocasiones, a no ser que tenga una buena preparación académica, resulta bastante común que adopte el sabio papel de ama de casa. Bien sabe esta mujer que la mejor economía parte de una buena organización y que es preciso que alguien se encargue de mantener el orden y la disciplina en el hogar, o de lo contrario todo esfuerzo caerá en saco roto. Si por su condición la mujer Capricornio puede acceder a un puesto de trabajo digno, no dudará en desarrollar sus habilidades profesionales y participar en el aporte del sustento económico familiar, pero por ese motivo nunca dejará de velar por mantener las buenas y tradicionales costumbres que forjan la estabilidad del hogar.

Como madre puede resultar un tanto fría y distante. No es que carezca de sensibilidad por los niños, sino que desconfía de la fuerza del cariño. Es más, esta mujer es de las que cree que las formas son necesarias y que hay que dar un ejemplo continuo a los pequeños. Pero dede tener cuidado, pues siempre es importante dar una de cal y otra de arena.

Las áreas profesionales donde esta mujer puede destacar son como para todos los signos muy variadas y nunca pueden determinar nada concreto. Pero sí que se pueden utilizar las profesiones como caricaturas o arquetipos que sintonicen con los nativos de un signo, en este caso Capricornio. La labor científica, fría y metódica, casa bien con esta mujer concienzuda, con gran sangre fría a la hora de hacer un experimento. También la carrera política, los puestos administrativos y/o de secretarias de dirección son un claro reflejo de la ambición material y el gusto por el status que intentan compensar las inseguridades que la vida emocional y afectiva suponen para esta mujer.

La mujer Capricornio y la salud

Si se le permitiera disfrutar un poco más de la vida, la mujer Cabra marcharía bastante mejor en lo tocante a la salud. Con su cenicienta actitud alimenta sin darse cuenta la enfermedad y la tristeza en sí misma. Puede que de esta manera libere sus penas y los sufrimientos provocados por su tediosa labor, pero en general esta mujer suele regodearse en el pesimismo más de la cuenta. La verdad es que uno de los puntos más delicados de su naturaleza radica en la eliminación y la retención. La tendencia a la cristalización y fijación de sustancias sumada a la escasez de sus fluidos corporales dificulta los procesos depurativos. Quizá las depresiones típicas de Capricornio tengan algo que ver con esto y sea a través de la pena y del dolor sentimental la única manera que conozca su cuerpo de liberarse. El reumatismo y los dolores articulares típicos de Capricornio son causados muchas veces por la mala eliminación de toxinas, que se fijan en zonas de poco riego sanguíneo como son las articulaciones.

Las afecciones de la piel también molestan normalmente a la mujer Capricornio. En general de piel seca, padece cierta tendencia a las escamación y los eczemas, y a sufrir de urticaria y todo tipo de picores. Para tratar dichos males es preciso tomar medidas para el mejor funcionamiento de todo el organismo ya que la piel es el escaparate encargado de mostrar cómo marcha el interior; cuidar la alimentación y utilizar alguna crema natural de uso tópico.

El niño Capricornio: cómo educarlo amorosamente y descubrir sus talentos.

El niño Capricornio es de voluntad enérgica y de gustos bien definidos que, en general, mantiene en secreto ante los demás. No es un niño que tienda a expresar sus sentimientos, al contrario, será raro verle coger una pataleta caprichosa. Si quiere mostrar su descontento lo hará claramente, dejará sentir su parecer de forma abierta y natural. Sabe muy bien cómo hacer llegar sus puntos de vista a los mayores, que se sorprenderán de su madurez y voluntad.

El pequeño Capricornio es ordenado y cuidadoso, y en el caso de que tuviese desorganizadas sus cosas y sus juguetes, habría que ver cuál es el orden que reina en el ambiente que le rodea, pero no buscar la causa en su naturaleza. La rutina y los horarios son dos cosas que este niño acata con gran facilidad. Es más, es posible que recrimine a sus padres por no cumplir el horario establecido de comidas o por su poca puntualidad. En general es muy dado a la vida hogareña, su gusto por la familia está bastante arraigado en él, e incluso en edades avanzadas preferirá asistir a reuniones familiares que a citas insustanciales con sus amigos. La verdad es que la pequeña Cabra no es muy dada a compartir su intimidad con los demás. De entre todos sus amigos, sólo habrá uno o dos con los que realmente establezca cierta complicidad y camaradería.

La escuela y los estudios no suelen ser causa de disputas con sus padres. Normalmente se toma el trabajo muy a pecho y, para poder jugar a gusto, el pequeño Capricornio necesita saber que sus deberes están terminados. También en los juegos se muestra abiertamente maduro: enseguida adopta los roles propios de su sexo y su deleite se basa en imitar el comportamiento de los mayores. Pero si hay algo que se puede hacer por este muchacho, es estimular su imaginación. La fantasía es algo que no le va demasiado, no es muy dado a visualizar o a crear mundos más allá de lo cotidiano, pero sí a imaginar sobre el mundo de lo real. Jugar con él es también muy importante, ya que, de lo contrario, sus divertimentos tienden a ser austeros y poco ricos.

Con los amigos, hermanos o compañeros de clase, el niño Capricornio se comporta de forma un tanto dictatorial. Su terca voluntad no deja de emitir sus propósitos sin descanso, al mismo tiempo que se enfrenta contra cualquier postura que se oponga a la suya. Ya desde muy pequeño tiene buenas dotes de mando, que, por lo general, no son mal recibidas por los demás, debido a su buen sentido común. Es posible que los padres de la pequeña Cabra no sepan interpretar bien los informes escolares de su hijo. En ellos se reflejará lo poco dado que es a actuar públicamente, lo tímido de su comportamiento y la inseguridad que muestra ante los demás. Pero lo que quizá no sepan los padres de este niño, es que Capricornio sin una causa lo suficientemente atractiva no muestra el menor síntoma de entusiasmo, y es aparentemente un niño reflexivo y poco demostrativo. Para él, en clase lo importante es el estudio y las notas, y… ¡ya está!

Tener a Capricornio por hijo puede ser una delicia. Es servicial, responsable, colaborador y muy cariñoso, es un niño ejemplar. Quizá haya que alegrarle la existencia con una buena serie de actividades, viajes o aventuras que le inciten a reparar en otras posibilidades o en formas de vida diferentes a la que lleva. Pero lo mejor de todo será ayudarle a construir las bases de su propio mundo, facilitándole el contacto con otros chicos y animándole a participar en actividades grupales, extraescolares, de ocio y al aire libre, pues, de esa forma crecerá más feliz.

ASCENDENTES PARA EL SIGNO DE CAPRICORNIO

El signo Ascendente es el que se encuentra en el horizonte Este en el momento exacto del nacimiento. Incide, entre otras cosas, en el carácter y en la personalidad, pues determina la forma o el escaparate a través del cual se expresa la esencia personal. También es importante a la hora de definir buena parte de los rasgos físicos del individuo.

Aries: Los que tengan al Carnero por Ascendente deberán enfrentarse a la vida de forma enérgica. Ante todo, lo que realmente cuenta es que el individuo exprese su energía sin tapujos ni limitaciones. De lo contrario, el nativo entrará en un estado de decepción permanente y se sentirá muy frustrado. Quienes tengan su Ascendente sobre el signo de Aries no deben mirar atrás. Y aunque pequen por exceso, y resulten un tanto egocéntricos o dominantes, será mejor eso que refrenarse y correr el peligro de caer en una depresión crónica. Las relaciones personales son sumamente importantes para un Ascendente Aries. Gracias a la interacción con otras personas es posible que el nativo aprenda a regular y a modular su forma de expresarse. Del mismo modo que le gusta ser respetado, intenta respetar a los demás; y como consecuencia de ello, el individuo que posea este Ascendente logrará un sano equilibrio, lo que permitirá que los demás tengan en cuentan sus opiniones.

Tauro: Quien tenga este signo sobre el horizonte Este en un tema natal ha de tomarse la vida con más calma. Las prisas son la lacra del mundo actual, con ellas no se hace nada bien y por tanto nunca se llega a disfrutar. El nativo con Ascendente Tauro está por ello obligado a planificar, estructurar y trabajar de forma sistemática. Ése es el único camino que le puede conducir a los deliciosos placeres terrenales que tanto le gustan. Eso sí, al dejar a un lado el factor tiempo, esta persona corre el riesgo de caer en la desidia y el abandono, no desde el punto de vista laboral –ya que es un trabajador infatigable– pero sí desde el punto de vista productivo, pues no tiene en cuenta las necesidades o prioridades de la sociedad. Es de vital importancia para el nativo con el Toro por Ascendente que aprenda a distinguir cuándo se puede permitir el lujo de centrarse en sí mismo y en su trabajo prescindiendo de todo lo demás, y cuándo tiene que abrirse y aceptar las mareas sociales que le rodean.

Géminis: Éste es probablemente el Ascendente que más despierta los sentidos. La persona que tiene a los Gemelos en el vértice Este de su tema natal, se enfrenta a la vida con gran curiosidad y con cierto espíritu inquisitivo. Para poder disfrutar y saciar su ansia de conocimiento, la naturaleza ha dotado a este individuo de una espectacular capacidad de adaptación. La versatilidad es su más destacada virtud, pero corre el riesgo de querer abarcar más de lo que es capaz de controlar. Aún así, no hay problema que se le ponga por delante, pues siempre conoce a alguien muy capacitado a su alrededor a quien pedir consejo. Géminis en el Ascendente otorga una maravillosa capacidad de comunicación, sin la cual el nativo no podría cotejar constantemente sus ideas y opiniones con las de los demás. Y ésta es la base sobre la que está construida toda su personalidad: necesita de los demás para establecer un marco de referencia que acote de alguna forma su mundo, de lo contrario correría el peligro de perderse en su laberinto de ideas.

Cáncer: Hay una sensibilidad extrema tras el duro caparazón del Cangrejo. Las emociones y los afectos son captadas y amplificadas al grado máximo. Pero la persona con este Ascendente no es dueña de sus respuestas, pues su enorme sensibilidad la hace muy vulnerable y justamente por eso, para protegerse, se crea un duro armazón bajo el que guardar su intimidad. El principal dilema que plantea este Ascendente es saber cómo utilizar o vivir con esta sensibilidad a flor de piel, sin que resulte abrumador. La única vía posible es la de aprender a reconocer y a respetar los sentimientos de los demás. De esta manera la persona con Ascendente Cáncer aprenderá a dosificar y a liberar respetuosamente sus emociones Se dice que el Ascendente Cáncer tiene una necesidad inminente de criar, alimentar o velar por algo. Ya sea la familia, una empresa, o una creencia, el nativo con este Ascendente entregará en sacrificio su propia existencia con el único propósito de impulsar a alguien o algo hasta lo más alto. El éxito conseguido lo tomará como suyo.

Leo: Indudablemente, éste es el Ascendente de las grandes eminencias. Leo en el vértice Este de la carta astral exige del individuo lo mejor de sí mismo. Hay en este caso una profunda necesidad de alcanzar y expresar todo el poder personal existente. La persona que disfrute de esta particularidad astrológica se entregará a la vida desde su corazón, pero necesitará sentir el apoyo, el cariño y el aplauso de los demás. Y aunque corre el riesgo de ser un tanto extravagante y exhibicionista, antes se moriría que ser uno más del montón. Necesita sentirse admirado. Sobra decir que este nativo corre el riesgo de pecar de orgullo y que suele esperar demasiado de los demás. Todos sus actos deben ser reconocidos de inmediato, porque en caso contrario adoptará un comportamiento cínico y soberbio. La generosidad solar típica de Leo debe ser puesta en práctica. Dar sin esperar nada a cambio es la vía que más salud y satisfacción puede llevar a las personas de este Ascendente. Nada mejor que ser espectador del disfrute de los benéficos efectos que el amor puro del León emana a su alrededor.

Virgo: La inquieta energía de este signo afecta a sus hijos adoptivos de forma muy estimulante. Quienes tengan este Ascendente sentirán una gran urgencia por delimitar y conocer al detalle su identidad personal. Para ello, no dejarán de utilizar su incansable mente para autocriticarse constantemente, analizarse y compararse con la media nacional. Virgo en el Ascendente impulsa a la persona al perfeccionamiento, pero no de evolución interna, sino más bien de eficiencia práctica, resolutiva o profesional. No es de extrañar que el cuerpo físico, la apariencia y la salud ocupen puestos destacados en su tabla de valores personales. Los nativos que se ven sujetos a este Ascendente tienden a desmenuzar la vida y toda experiencia con el fin de analizarla, para luego poder emitir un acertado juicio acerca de lo que tienen entre manos. Sus valores principales son el orden, la corrección, la exactitud y la utilidad de las cosas. En las relaciones con los demás son grandes discutidores y argumentan desarmando a sus contrarios. Pero, en el fondo, lo que buscan es el amor universal, para así soportar mejor una vida demasiado práctica y materialista.

Libra: La persona con la Balanza como Ascendente tiene muy en cuenta la experiencia, las necesidades y los deseos de los demás. Sabe muy bien lo importante que puede resultar la iniciativa ajena, siempre y cuando no se pierdan de vista los propios intereses. Su gran problema surge en el momento en el que hay que barajar un gran número de puntos de vista diferentes. El juicio de valor, las normas y la responsabilidad ocuparán un primer plano en su rutina cotidiana. Lo que peor lleva este nativo es verse obligado a tomar una determinación, pues, aunque resulte paradójico, su misión en esta vida es aprender a tomar decisiones y a adquirir compromisos. No es de extrañar que la persona que tenga que vivir con este Ascendente encuentre refugio en la filosofía del hedonismo, que se moleste únicamente por hacer más placentera su existencia y que busque constantemente a personas que armonicen con su *modus vivendi.*

Escorpio: El signo del Escorpión atrae hacia los que tienen este Ascendente los trabajos y las luchas más lóbregas de la humanidad. Ésta es quizá la única manera de que el nativo entre en contacto directo con la vida instintiva, que es en definitiva lo que el Escorpión simboliza. Con este Ascendente el individuo está obligado a seguir luchando hasta el final, aunque sus fuerzas flaqueen una y otra vez, hasta que por fin sea capaz de conseguir sus propósitos. Puede que ante los ojos de los demás el camino de las personas con este Ascendente parezca excesivamente oscuro, complicado y tortuoso, y que para llegar a tales metas haya otras vías mucho más claras y productivas. Pero lo que importa en este caso es lo que no se ve, es decir, la transformación interior y la evolución personal que confiere pasar por esas circunstancias. Es importante que con el paso del tiempo la persona con este Ascendente aprenda a ser más constructiva y respetuosa, a no ir abriendo todas las puertas que se crucen en su camino y a detectar el peligro para poder evitarlo anticipadamente.

Sagitario: El Centauro tiene, por un lado, ideales y sentimientos humanos, pero por otro posee una naturaleza muy instintiva. La religión, la filosofía, las culturas remotas y los viajes ocupan constantemente la cabeza del individuo con este Ascendente. Ante él aparece un gran mundo de posibilidades, y por eso se pierde una y otra vez deleitándose en el placer de saborear una realidad nueva, diferente. Pero todo se esfuma cuando le cae el jarro de agua fría que con cierta frecuencia le arroja la realidad. Como noble animal que es, el Centauro necesita cuidados y las condiciones adecuadas para poder disfrutar de su bienestar. No le importa tener que trabajar duro para conseguir satisfacer sus necesidades; lo que realmente le cuesta es integrarse en la sociedad de forma sencilla, sin despertar la curiosidad ajena. La exageración y la extravagancia que confiere este Ascendente provienen del gran esfuerzo que hace el nativo para relacionarse y dar a conocer de forma precisa, concreta y verbalizada sus intereses, puntos de vista y la amplitud de sus ideales.

Capricornio: Con este Ascendente siempre aparece cierto sentimiento de culpa como mar de fondo. El individuo siente mucha urgencia por dirigir de forma constructiva su energía y entusiasmo, que bajo ningún concepto deben disiparse en el ambiente. Por tanto es lógico pensar que la persona con Ascendente Capricornio tienda a planear y a estructurar la vida cautelosamente. Además, tiene la imperiosa necesidad de hacer algo por sí mismo, como si tuviera que demostrarse el potencial de valores que posee. Pero si hay algo que se le escapa a Capricornio es el amor y la ternura. El nativo con este Ascendente en su tema natal, encontrará por medio de las relaciones personales el camino que le permitirá disfrutar de lo mundano, del contacto humano y del mundo natural tal y como es. El aislamiento es sumamente doloroso con este Ascendente, pues con ello alimenta cada vez más su ego personal, se siente muy importante y difícilmente acepta la valía de los demás.

Acuario: Este Ascendente invita al nativo a desapegarse de la realidad para poder contemplarla en su totalidad y, por supuesto, para observarse a sí mismo desempeñando su papel en el marco de la sociedad. Esta visión global da más importancia al grupo y al ambiente que rodea al individuo que a la propia persona. Pero siempre existirá la pregunta, ¿estoy o pertenezco al grupo adecuado? Aún así, el Ascendente Acuario siempre confiere al nativo la sensación de que hay algo más importante, valioso y poderoso que el yo individual. Por eso pondrá toda su energía en favor de la colectividad, ya que asume la causa social como si fuera suya. Pero al dar todo de sí mismo, también espera mucho de los demás; para él, el reconocimiento ajeno es de vital importancia, y la ausencia de éste le hace ensombrecerse. Quién tenga este Ascendente debe tener cuidado con su mente, pues puede complicarse la vida repasando situaciones, desplantes y toda clase de malas interpretaciones o suposiciones.

Piscis: El símbolo de los Peces nos da una idea de cómo es la persona que posee este Ascendente. Uno de estos vertebrados acuáticos se deja llevar por la corriente de la vida y su personalidad e individualidad son tan sólo el rol o el papel que ocupa en el río. Si embargo, el otro pez remonta la corriente con fuerza, tesón y decisión. Su vida va en ello, prefiere perecer antes que doblegar su individualidad ante las circunstancias adversas. Es por ello importante que el nativo que tenga este Ascendente tenga muy en cuenta a ambos peces. Tiene que dejarse llevar y fluir en la marea de la vida sin perder en ningún momento su propio sentido de la individualidad. Por eso se dice que Piscis siempre vive con cierto espíritu de sacrificio, que no es otra cosa que el ilimitado marco que engloba su mundo sentimental. El arte, la música, las terapias y el misticismo son las mejores profesiones para el desarrollo personal de este individuo, inmerso desde que nace en el profundo sentir de la humanidad.

LOS PLANETAS EN EL SIGNO DE CAPRICORNIO

El Sol en Capricornio

Pesimismo cauteloso, desconfianza ante el sentimentalismo, miedo a ponerse en manos de las emociones. Organización mental técnica y racional, rechazo del instinto. Austeridad y estoicismo. Introversión, fuerza de voluntad, sentido del deber. Existe en el individuo una apremiante necesidad de dominar el entorno y de dominarse a sí mismo, con el fin de brillar ante los demás como ejemplo patente de la fuerza de la voluntad humana.

La Luna en Capricornio

Sensibilidad orientada hacia fines prácticos, que en gran parte ignora la dulzura y no tiene tiempo para los afectos. Emocionalmente se está inseguro de los propios valores, por lo que la vida se orienta a perseguir un status y cierta estabilidad material. Esa actitud puede ser motivo de desconsideración hacia los sentimientos de los demás y de cierta insensibilidad ante los problemas humanos.

Mercurio en Capricornio

Inteligencia fría, calculadora, equilibrada y siempre proyectada hacia la aplicación práctica. Potente concentración y organización mental. Pensamiento metódico, paciente y disciplinado. Utilización óptima de la materia, de los recursos y del dinero. Poca o nula receptividad sentimental o afectiva. Preocupación por los detalles y cavilación enfermiza.

Venus en Capricornio

Escaso desarrollo de la vida afectiva y de los contactos humanos. Para compensar se busca alcanzar cierto nivel social y la consecuente riqueza material. Represión emotiva por medio de un freno racional que dificulta la vida sexual. Tenacidad a la hora de seguir a la persona idealizada; pasiones simples y dirigidas a un fin. Notable diferencia de edad con la persona amada.

Marte en Capricornio

La agresividad y la violencia se ven apoyadas por el instinto de supervivencia. Acción organizada, propósitos concretos y calculados para obtener resultados económicos positivos. Ningún tipo de contemplación sentimental o vacilación afectiva a la hora de llevar a cabo los proyectos. Buena disposición para dar y aceptar órdenes.

Júpiter en Capricornio

La expansión del propio individuo se realiza como defensa, más que como una feliz transposición de las limitaciones personales. La generosidad propia del planeta queda limitada por la excesiva prudencia del signo. Detrás de lo que se ofrece a los demás se esconde una fuerte estrategia o un fin interesado. Perfecto uso del poder personal, enfocado siempre a adquirir un mayor status social y económico. Gran fuerza personal que permite al individuo no dispersarse entre la gran masa social.

Saturno en Capricornio

Fría y calculada racionalidad orientada a un sentido práctico. Fuerte ambición, deseos de ejercer la autoridad, necesidad de ser alguien en la vida. Los afectos quedan relegados a un último plano, ya que son considerados como un estorbo a la hora de perseguir sus intereses. Hay una fuerte tendencia a la introversión, al aislamiento como protección de la propia seguridad. Autosuficiencia desde muy temprana edad. Se da gran importancia al nivel social de la familia de origen.

CAPRICORNIO EN LAS CÚSPIDES DE LAS DOCE CASAS

Primera
Es lo mismo que decir que la persona tiene Ascendente Capricornio. (Ver *Ascendentes.*)

Segunda
Uso cauteloso del dinero y de los bienes materiales. Riqueza por acumulación lenta y duradera. Valores conservadores que dan gran importancia a mundo material. Perseverancia para conseguir el éxito por méritos propios.

Tercera
Mente ordenada, paciente, metódica y sistemática. Se es cuidadoso con lo que se dice o se escribe. La expresión está calculada para obtener con ella el mayor impacto posible. Pocos desplazamientos cortos, pero muy significativos.

Cuarta
El individuo carga con el peso del orden y la disciplina en el hogar, ya que su vida reposa sobre una gran necesidad de estabilidad. Se busca la verdadera valía personal. La persona tarda en establecerse y en conectar con su propia valía personal.

Quinta
Disposición muy paternal ante las propias creaciones. Se teme que la expresión personal no sea bien aceptada, lo que resta alegría y cordialidad a la misma. Relaciones amorosas serias, poco numerosas pero de larga duración. Prudencia a la hora de gastar dinero o invertirlo.

Sexta
Disposición seria, comprometida y disciplinada ante el trabajo. Facultades para dirigir y asumir responsabilidades. Las preocupaciones laborales afectan a la salud. La rutina y las exigencias de la vida cotidiana se convierten en algo opresivo y arduo.

Séptima
Individuo cauto y reservado a la hora de hacer asociaciones. Matrimonio serio, que ofrece cierta estabilidad o seguridad al nativo, y que a la larga dará sus frutos. Trabajo en el seno de la familia o en el grupo al que se pertenezca.

Octava
Aprensión y dificultad a la hora de compartir la intimidad. La persona se siente insegura respecto a lo que puede dar a los demás. Temor a dejarse llevar. En cierto modo el compañero o compañera sexual se vive como una carga. Se organiza la vida manejando el dinero de otros.

Novena
Cierto conservadurismo en los patrones morales y filosóficos. La religión o la filosofía se ven como una serie de normas que hay que seguir a pies juntillas. Se quie-

re vivir de forma práctica y utilitaria. Espíritu de justicia y equidad. Falta confianza en la vida; miedo a volar.

Décima

Buenos ejecutivos, organizadores y administradores. Se buscan empleos de responsabilidad que otorguen cierta honorabilidad. Cierta competitividad laboral. Obstáculos y dificultades en la carrera profesional que demoran el éxito social del individuo.

Undécima

Imperiosa necesidad de formar parte de un grupo. Se busca amistad seria con personas experimentadas y a menudo bien situadas. Los proyectos personales se estancan, hay que hacer serios esfuerzos por sacarlos adelante. Popcas ilusiones; visión un tanto pesimista del futuro.

Duodécima

Miedo a sentirse abrumado por emociones profundas, por lo que se busca tener el control de sí mismo en todo momento. Dificultad para participar en los sentimientos compartidos por todos los integrantes de la sociedad. Inseguridad personal, temores que siempre están al acecho.

ACUARIO:
UN SALTO AL FUTURO

Aproximadamente, entre el 20 de enero y el 19 de febrero el Sol atraviesa el signo del Aguador. Éste es el signo de Aire por excelencia, es decir, la mente predomina sobre los instintos y las emociones. La razón gobierna los actos de los nativos de este signo, pero su planeta regente, Urano, resulta tan sumamente ingobernable, que en la mayoría de los casos hace que los acuarianos se comporten de manera excéntrica e inesperada, más allá de lo razonable –por lo menos para los demás–. La exaltación de la mente hace de estos nativos gente de lo más original, amena y entretenida. Les encanta la comunicación, la vida social y los proyectos colectivos, quizá para compensar el individualismo atroz que los domina. Contactar con los demás para establecer claros compromisos, acerca a los hijos de Urano a la realidad y les dota de cierto peso que les impide andar flotando por mundos imaginarios.

La naturaleza de Acuario es fija, es decir conservacionista y pura. La búsqueda de la plenitud es típica de los signos fijos, pero en el caso de Acuario la cosa no resulta tan sencilla, dado que el elemento Aire es el menos estable y de difícil contención. El fervor con que Acuario puede defender un ideal o una filosofía es algo fuera de lo común. Con su pensamiento idealizado sueña con hacer lo imposible, le encantaría perseguir una utopía y hacerla realidad. Pero por el camino, además de la piel, se dejaría muchas otras cosas por las que Acuario siente una gran veneración, como son el respeto, la igualdad y el deseo de compartir. Por orgullo, por demostrar la viabilidad y querer defender la energía simbolizada por el Aguador, el nativo de este signo es capaz de cometer las barbaridades que caracterizan a toda revolución. Y así, en la búsqueda incesante de una nueva forma de vida, más humana, igualitaria y respetuosa con el medio, Acuario cae en su propia trampa, y en vez de avanzar, de evolucionar, retrocede. Y es que cuando lucha, invoca a los legendarios jinetes del Apocalipsis, lo que supone un paso atrás en la historia de la humanidad, digno, además, de un gigante.

El original Urano, único planeta del sistema solar cuyo movimiento de rotación es ortogonal respecto a los de los demás planetas del sistema solar, es el planeta regente del signo de Acuario. Representa a la mente divina, a la creación, al cambio súbito, lo que los antiguos llamarían la generación espontánea. De forma más realista, es el planeta de la inventiva, de la originalidad, de lo imprevisto, de los movimientos sociales y de los grupos que los componen. Este planeta es el responsable de las acciones impredecibles de Acuario. La rapidez con que opera su mente no deja lugar para que el proceso lógico se desenvuelva metódicamente, sino que se guía por una especie de intuición mental, más próxima a la clarividencia que a otra cosa. Pero lo más curioso es que suele darle bastante buen resultado. Lo único malo de este proceso mental es el elevado gasto energético que supone. La mente de este nativo funciona como un acumulador eléctrico, cuya descarga puede vaciar las baterías de la energía vital. Puede tener ideas geniales, pero también sentirse incapaz de desarrollarlas; por eso Acuario necesita trabajar en equipo, pues él solo se pierde entre las múltiples elucubraciones y posibilidades.

Pero el signo de Acuario tiene también por regente al viejo Saturno. En este caso particular, el planeta del anillo se encarga de representar las fuertes estructuras de la sociedad: las jerarquías, la autoridad, el sentido del deber y el implacable paso del tiempo. Para Acuario éstas son las referencias contra las que dirigir su uraniana energía, su fuente de inspiración para, a partir de ello, poder ir más allá. Pero, como más adelante se verá, en la mitología Saturno vence a Urano, siendo este último el que se manifiesta principalmente en la juventud de este nativo, mientras que Saturno se impone en la segunda parte de su vida. Urano incita a la revolución, pero cuando alcanza el poder, se vuelve temeroso y conservador. Pero, es casi imposible que la naturaleza de Urano desaparezca por completo en el nativo de este signo.

Naturaleza, simbología y mitología del signo

La protección contra las duras condiciones del invierno, características de las fechas en que el Sol se encuentra en Acuario en el hemisferio Norte, obliga a todos los seres vivos a crear una serie de formas de resistencia que en mayor o menor grado lo aíslan del medio. Pero tan duras protecciones –por ejemplo las capas que protegen las yemas de los brotes de los árboles– pueden resultar un obstáculo para la planta, impidiéndole emerger de su propio refugio invernal. Por ello, es necesario que cuando la energía solar y por tanto vital sea más débil –Sol en el exilio– los seres vivos desafíen a la vida misma despojándose de sus ataduras, rompiendo los muros de la supuesta prisión que teóricamente les protege del agreste mundo exterior. Haciendo un alarde de grandeza y consumiendo hasta la última de sus fuerza, el ser vivo se pone a prueba, busca enorgullecerse de sí mismo y prepararse para la rápida carrera primaveral. Pero en algunas ocasiones, en las que el organismo no fue capaz de pasar la dura prueba invernal, acaba muriendo. Así que la energía debe de estar perfectamente gobernada, almacenada y dirigida, ya que, en caso de fallar, no habrá una segunda oportunidad.

En el mundo vegetal, con Acuario como telón de fondo, habrá llegado el momento de desafiar al duro invierno y poner todas las esperanzas en la ya cercana primavera. Pasada la Luna de enero, cuando la savia ha permanecido más tiempo en las raíces, hay un nuevo resurgir de la vitalidad, lento, fino, casi sutil pero que, canalizado con la máxima precisión, será capaz de alcanzar hasta la más alta y lejana yema de la planta. ¿A quién no sorprende año tras año la desafiante floración del almendro? Así se manifiesta Acuario: activando, rompiendo, desafiando, pero no apasionadamente −como lo haría el signo de Marte− sino con la máxima concentración, dirección y conciencia, característicos de la plenitud del elemento Aire: la mente. Además, el cambio o la metamorfosis de la planta es tan evidente −pasa de la madera desnuda a la más bella flor− que no puede quedar sin una expresión astrológica. La exaltación de Neptuno en Acuario representa la exaltación del cambio, de la metamorfosis; es el sorprendente paso de la vieja madera retorcida a la flor exuberante y juvenil.

En los antiguos mitos grecorromanos se encuentra la historia de Urano −el Cielo− que resulta bastante instructiva para entender la simbología encerrada en Acuario. Según se cuenta, tras el reinado del caos y de la oscuridad, por fin llegaron la Luz y el Día, que con la ayuda de Eros −el amor− crearon y fertilizaron la Tierra −Gea−. Y esta última, para no estar tan sola, creó a Urano: el Cielo. De la unión de ambos dioses surgieron los Titanes, seis hijos y seis hijas. Pero Urano, que temía el elevado poder de su progenie, los destronó a otros reinos más deprimidos. Por supuesto que Gea no estuvo nada conforme con tan cruel decisión. Es interesante señalar cómo Urano, cuya aparición fue un acto de bondad y generosidad de la propia vida, la Tierra, se vuelve en su contra desconfiando de su propia descendencia. Esto, por un lado, nos hace pensar que Acuario no es capaz de mantener aquello que justamente crea, y por otro cómo se muestra temeroso de la vida instintiva, que reprime, optando por alejarse todo lo posible de sus propios hijos.

Siguiendo con la mitología, Gea ayudó a uno de sus hijos para que pudiera escapar y vengarse por la actitud de su padre. Saturno, el que peor llevó el cautiverio y más rencor guardó a su padre, se armó con una guadaña que le prestó su madre y le cortó los genitales a Urano, que tuvo que huir dejando el trono a disposición de Saturno −Cronos−. Aquí el mito nos muestra cómo el implacable paso del tiempo −simbolizado por Saturno− castra y limita la creación de Urano, que en lugar de preocuparse y atender a sus hijos los alejó de él para poder seguir creando a su antojo −la vida práctica es algo que Acuario admira tanto como la rehuye−. Después de este episodio, Urano, dios del Cielo, maldijo a Saturno para que fuera destronado a su vez por su propio hijo.

El hombre Acuario

En todos y cada uno de los signos del Zodíaco, existen distintos tipos de nativos, unos más elevados que otros. En el caso concreto de Acuario, el individuo superior es posible que viva una de las más decepcionantes de las vivencias. La mente de Acuario es tan poderosa que puede crear mundos virtuales con tal de escapar de la experiencia. Por eso, el nativo de Acuario, al tomar conciencia de sus defectos y debilidades, es capaz de crear una gran parafernalia mental que haga las veces de realidad. De esa manera, corre el peligro de creerse que está realmente viviendo una experiencia terrenal, cuando en realidad se pasea por los caminos preparados por su propia cabeza. Y todo proviene de un miedo atroz a dejarse llevar por la vida tal como es, con sus penas y alegrías. A Acuario no le gusta verse preso de sus emociones, sino que todo lo quiere controlar –al igual que Urano a los Titanes.

Pero el hijo del Aguador no es siempre tan dramático y, de vez en cuando, manda todo al traste y se zambulle de improviso en una experiencia sin posible vuelta atrás. Sabe que ésa es la única manera que él conoce de concentrarse en el aquí y ahora, y sentir las alegrías y sinsabores de la vida. La ayuda fraternal, los desvalidos, las ONG´s, crear una nueva sociedad o forma de vida, son las causas que comúnmente motivan a este místico caballero andante. Pero como el arte de tomar decisiones lo domina a la perfección, lanzarse al agua no tiene ningún mérito para él. El reto para Acuario radica en mantener viva la ilusión necesaria para seguir adelante, así como en perfeccionarse, pues sólo entonces se ve obligado a implicarse de todo corazón. Y sin ninguna duda, ésta es la única manera de que el nativo sienta que su propia realización ayuda a la realización de otros; una forma de actuar, que, además, no está reñida con el fluir de la vida.

Normalmente, el hombre Acuario pasa épocas de su existencia en el más absoluto caos. Las relaciones y las amistades son para él como una droga que le da seguridad y estabilidad. Pero, de la noche a la mañana, este hombre puede dar un giro radical y ocultarse del mundo y, con la intención de buscar la clave de sus propias raíces,; puede pasar periodos de auténtica soledad emocional. Quizá detrás de todo se esconda el desfase en el que el hombre Acuario vive con su tiempo, siempre proyectado en el futuro y siendo por ello un gran incomprendido. Sin embargo hacer de confesor de la humanidad, comprender y tranquilizar a quien se lo pida, es algo a lo que un auténtico acuariano nunca podrá negarse.

El hombre Acuario y el amor

No resulta nada sencillo atrapar al intrépido y libertario hombre Acuario con el lazo del amor. Perder la individualidad es algo que aterroriza este hijo del futuro. Quizá sea el miedo al compromiso definitivo lo que le hace ir de flor en flor, picoteando de cada una de ellas, pero sin mayor implicación. En general su idea del amor se asemeja al amor libre típico de los años 60 y del movimiento *hippy*. Prefiere pensar en la idea de comuna antes que en la rígida estructura familiar, y en caso de formar una familia ésta tendrá muy poco de tradicional.

En las relaciones íntimas, este hombre es un romántico. Le gusta alternar los más antiguos y desfasados cortejos con sus originales e inauditas demostraciones afectivas. No es raro que en la mesilla de noche de este hombre haya un ejemplar del clásico Kamasutra, pero mejorado con sus anotaciones. Pero de lo que no cabe la menor duda es de que los sentimientos de este hombre son sinceros. Si tiene algún sentimiento escondido, le quemará de tal modo, que en el momento más inesperado lo soltará de forma brusca y poco elaborada, quedando muy claro lo que siente por dentro. Y si hay algo que el hombre Acuario espera del amor es ser correspondido. No hay nada que más le hiera que intenten aprovecharse de su filantropía, porque, para él, el amor no es más que una relación personal muy íntima. Si sospecha que una mujer se está aprovechando de él, entonces pobre de ella; Acuario puede ser tan despiadado y frío como el mismo Urano cuando desterró a sus hijos.

Los celos son algo que ni le van ni le vienen. Puede que más de una mujer que tenga a un hombre Acuario por compañero se sienta poco querida justamente por esto. Como en todo lo que busca el Aguador, la confianza y la pureza del amor le preocupan más que lo que es el amor en sí. Cuando un hombre Acuario se enamora, lo primero que hace es devanarse los sesos hasta llegar a comprender lo que realmente está ocurriendo en su interior, pues no está acostumbrado a verse dominado por los sentimientos. Por fin llegará a la conclusión de que hay que vencer el instinto absurdo y egoísta de acaparar la mejor hembra y asegurar la autoría de su descendencia; él no está interesado en bajos instintos ni en profundas pasiones. Lo que a este hombre le importa es el amor más elevado, es decir, aquel que es capaz de hacer más feliz a la persona que se quiere, aunque para ello haya que hacer el esfuerzo de subir un peldaño en la difícil escalera de la evolución personal.

Como padre el señor Acuario resulta excepcional. Sabe cómo pocos cautivar la atención de sus hijos y en todo momento procura ponerse a la altura de éstos. Él recuerda perfectamente su infancia, lo que le gustaba y lo que no, y por ello es un mago capaz de invocar en un instante todo un mundo de ilusiones que entusiasma a los pequeños. Pero corre siempre el grave peligro de la distancia. Cualquier problema acapara por entero su atención, y le cuesta mucho mucho dejar a un lado sus preocupaciones para atender a sus hijos a diario. En este sentido es un gran inconstante.

El hombre Acuario y el trabajo

Responsabilidad, entrega y compromiso son tres postulados que el hombre Acuario abandera. Puede que su gran problema radique en su falta de sentido práctico, pues se suele perder entre las ramas cuando pretende realizar una tarea exhaustiva, profunda y seria. Con él es importante marcar los límites de actuación, subrayar los plazos de entrega y el resto dejarlo en sus manos. En el trabajo es muy independiente, no atiende a razones ajenas, impone su esquema mental y sólo ve lo que encaja con él, descartando el resto de un golpe. No obstante el hombre Acuario es muy crítico consigo mismo, y sabe bien dónde se encuentran sus debilidades. Por eso prefiere trabajar en equipo, dialogar lo más a menudo posible y contrastar la opinión de los demás respecto a lo que hace.

A la hora de hacer vida de empresa, este hombre sufre una serie de contrariedades. Para empezar, lleva muy mal asumir la inamovible estructura que toda empresa representa para sus trabajadores. En más de una ocasión habrá intentado cambiar y reestructurar la empresa de la que forma parte, pero sólo habrá conseguido desencanto y frustración. El sindicalismo y la política le atraen bastante. Luchar por los derechos de los más débiles, también suscita el interés del nativo de Acuario. Únicamente cuando el hombre Acuario ha probado todo y ha llegado a la conclusión de que para cambiar algo ha de hacerse desde el interior, entonces aceptará la jerarquía establecida y se dedicará a ascender en su vida profesional. Una inteligencia fuera de serie y su facilidad para el trato social le facilitan mucho la tarea. El único problema aparece cuando este hombre por fin alcanza cierto grado de poder. El jefe Acuario es duro y a la vez odia tener que hacer uso de su posición. Pero con el tiempo puede acostumbrarse y resultar un jefe muy humano que, aunque algo despistado, se preocupe por el bienestar de sus empleados.

Los trabajos preferidos por el hombre Acuario son de lo más diverso. Hay algunos que encontrarán su vocación en una edad ya bastante madura y se volcarán en su trabajo como si estuvieran empezando de nuevo. Otros podrían realizar tareas cuyo nombre aún no ha sido formalizado debido a lo novedoso de la actividad. En general suelen preferir el campo científico al literario. En caso de ser un hombre de letras, seguro que la política, la psicología, la filosofía y todo lo que tenga que ver con los movimientos de masas cautivarán su atención. En el campo científico el hombre Acuario tiene mucho que decir. Sus ideas poco convencionales son de las que abren brecha y como pionero es ciertamente único. En el terreno práctico, la mecánica, la electricidad y las telecomunicaciones son su fuerte. En los libros antiguos de Astrología, la profesión que siempre se le daba a Acuario era la de inventor, algo que cuadra muy bien con su excéntrica y brillante personalidad.

El hombre Acuario y la salud

Si hay algo de lo que Acuario no puede alardear es de salud. La falta de vitalidad que supone tener el Sol en el exilio provoca cierto estado de melancolía en este individuo. A él le gustaría disponer de una central de energía renovable para poder hacer realidad todos sus sueños –que no son pocos–. Pero la verdad es que esta limitación le obliga a poner los pies sobre la tierra. Hay un antiguo dicho oriental que dice que cuando la energía se hace pequeña se perfecciona al máximo su consumo. Y eso es lo que le pasa justamente a Acuario. Lo curioso es el modo que tiene este hombre de perderse en sí mismo. Es capaz de darle cien mil vueltas a la idea de hacer algo con el mínimo esfuerzo y no darse cuenta de la cantidad de energía nerviosa que ello le supone. Y uno de los puntos más delicados para el signo del Aguador es el sistema nervioso. Por eso es importante que se concentre en lo que tiene entre manos en lugar de andar pensando en cómo lo podría hacer mejor. Además, al final, lo hará mal por no entregarse plenamente a la experiencia. Al hombre

Acuario habría que recordarle que, a veces –no siempre–, lo mejor es enemigo de lo bueno.

Atendiendo a la fisiología típica de este hombre hay que subrayar lo propenso que es –por su comportamiento– a padecer accidentes. Los traumas musculares y óseos son muy propios del nativo Acuario, especialmente en su juventud. Los tobillos son la parte del cuerpo asociada a Acuario, y normalmente acaban por ser la zona corporal más machacada en sus locas aventuras. Por otro lado, la musculatura, y más concretamente la conexión nerviosa de la misma, suele estar también bastante castigada. Los espasmos y calambres son sus molestias típicas.

Es importante a la hora de valorar la salud de Acuario, tener en cuenta que el Sol se encuentra en el exilio. Cierta deficiencia en el corazón, que muchas veces se traduce en un corazón vago, lento, grande o con cierta arritmia, es el causante de la mala circulación periférica que suele padecer. Los pies fríos, los sabañones y las pequeñas varices son algunas de las molestias que suelen aparecer en el cuadro clínico típico de un hombre Acuario.

La mujer Acuario

La mayoría de las mujeres Acuario resultan encantadoras. Poseen además un aire pensativo que las envuelve y que aumenta su belleza. Su especial atractivo resulta muy interesante a la vista de todos, incluso de las demás mujeres. Ciertamente es un ser que parece de otro mundo; se mueve con tal elegancia y distinción que suele fascinar con su presencia. Después de una breve conversación con esta mujer, uno percibe lo tímida, reservada y lo agradable que puede llegar a ser. Pero si se le da pie para que se suelte, pronto arruinará esa maravillosa primera impresión que suele cautivar a más de uno. La verdad es que es inteligente, despierta y una excelente contertulia, pero su gran defecto es que habla demasiado, y de sobra es sabido que por la boca muere el pez. En numerosas ocasiones, ante una simple pregunta que podría responderse con un sí o un no, se remontará a su infancia y después de dar explicaciones de los vericuetos por los que la vida la ha llevado, pasará sin vacilación a contar sus expectativas de futuro.

Su forma de ser es claramente radical. Pasa de un extremo al contrario sin siquiera plantearse lo que ello puede suponer para quienes comparten su vida con ella. Muchas veces ese proceder esconde una lucha constante contra una de de las cosas que más odia: el comportamiento repetitivo. Puede que cambien los contenidos, que lo que un día fue rojo, ahora tenga que ser verde, pero lo que nunca cambiará en esta mujer serán sus acciones tajantes. Radical a más no poder, da igual la escala social a la que pertenezca. Lo que ella piensa es lo mejor, lo más elaborado y lo que se debe hacer por encima de todo.

Esta independiente mujer es muy dada al distanciamiento. Le gusta extenderse y dispersarse a sus anchas, lo que en numerosas ocasiones la hace parecer fría, despiadada y egoísta. Realmente sus sentimientos son fuertemente fraternales, aunque un poco difusos, pues su atención vaga danzando entre las nubes. No resulta cálida, pero sí sumamente honesta consigo misma y con los demás. Normalmente hay que darle una segunda oportunidad cuando intenta expresar lo que esconde su corazón. Y al revés, también recibe con auténtico estupor los afectos.

La mujer Acuario y el amor

Para la mujer Acuario diferenciar entre amistad y amor resulta un tanto dificultoso. Libre, independiente, impulsiva y directa, no vacilará en dar ella el primer paso. Su intuición femenina, unida a su mente paranormal, hace de ella una auténtica maga. Raro será que se equivoque, que dé un paso en falso, pues generalmente se mueve sobre seguro, sobre todo cuando tiene que hacerlo por el peligroso mundo de las emociones.

A veces, quien comparta la vida con esta fémina, puede tener la sensación de que no está realmente de cuerpo presente. Se evade con facilidad y sólo en circunstancias extremas se pone en su sitio al cien por cien. Vive en mundos lejannos, que ella misma se fabrica y eso la debilita en exceso. Pero en lugar de descansar y recargar pilas prefiere buscar algo excitante. La energía sexual es uno de los mejores reconstituyentes que conoce. Le gusta hacer el amor con asiduidad pues le ayuda a restablecer el vínculo amoroso con su pareja. Aunque en su juventud tuviera numerosas experiencias, por lo general, es mujer de un solo hombre. Además de valorar los atributos del físico masculino, lo que realmente enamora a una acuariana es la mente y la inteligencia del hombre que ha elegido. De todas maneras, pase lo que pase, ella será siempre la que imponga las reglas en el difícil juego del amor y de la convivencia.

Son muchos los que aseguran que las mujeres de este signo baten records en las listas de divorcios. La verdad es que es difícil doblegar a la testaruda hija de Urano, que preferirá romper la baraja antes que tener que acatar unas nuevas reglas. Aunque es mejor no comprobar nunca lo dura y despiadada que esta mujer, que tan desapegada y espiritual parecía en un principio, puede llegar a mostrarse a la hora de una separación.

La maternidad es una experiencia muy favorable para una acuariana. Generalmente se pasa media vida ausente en su mundo de ensoñación y elucubración, pero un hijo la ayuda como nada a centrarse en el momento presente. Con los pequeños es amable y comprensiva y se suele ganar su confianza con gran facilidad. Y sobre todo, posee la maravillosa facilidad de saber cómo tranquilizar a los niños, propios y ajenos. Seguramente, conectar con un amor tan puro le enseña a valorar una de las cosas más importantes de esta vida.

La mujer Acuario y el trabajo

El trabajo es una cosa que se suele tomar muy a pecho. A la mujer Acuario la profesión y la carrera le permiten escapar de las murallas del hogar, que tantas veces se alzan ante ella como si fueran las de una prisión. Por más seriedad y distinción que muestre en el trabajo, siempre aparecerá ante los ojos de los demás como una persona despistada, amistosa y olvidadiza. Por lo general aporta muy buenas ideas a todo el mundo –aunque luego ni ella misma se acuerde de haber hablado siquiera del tema–, está bien considerada, no escurre nunca el bulto y es comprometida e incluso escrupulosa a la hora de hacer el trabajo.

Los puestos directivos no están hechos para una Acuario. Resultan demasiado distinguidos y la alejan del ajetreo, que a ella es el ambiente que más le gusta. Pero si tiene que dar órdenes, seguro que lo hará de perlas. Tendrá en cuenta por un lado las necesidades de la empresa, el tiempo y el dinero, y por otra parte nunca se olvidará de valorar las necesidades del personal que tenga a a su cargo. Aunque no es una gran sentimental, trata con gran deferencia a las personas de su equipo, aunque éstas a veces tengan que soportar sus rarezas y excentricidades.

Por lo común, la hija de Urano suele tener un alto coeficiente intelectual que le permite acceder con bastante facilidad a los estudios superiores. Destacará en temas científicos, administrativos de investigación y desarrollo. Le gusta tener su parcela individual donde poder poner en funcionamiento su inteligencia sin límites ni ataduras. Pero, a diferencia del varón del mismo signo, esta mujer vuelve rápidamente al mundo de la realidad donde demuestra tener un enorme sentido práctico.

La mujer Acuario y la salud

El Aguador es un signo de poca energía. Aunque en apariencia, sus nativos de suelen mostrarse de forma llamativa, esto es sólo como el relámpago de la tormenta, el resto del tiempo permanecen bastante apagados. Una de las cosas que la mujer de este signo debe aprender es a dosificar sus fuerzas, o por lo menos a guardar una pequeña reserva para cuando realmente le hagan falta. Para saber cómo andan sus baterías basta sólo con que eche una mirada al espejo. Su atractivo cambia notablemente con su estado energético.

En una etapa más juvenil, los accidentes, debido a su actividad compulsiva serán lo que más afecte a su salud. Las torceduras de tobillos en los bailes son una de las notas características de esta mujer. Más adelante, cuando el paso de los años vaya dejándose notar, habrá que poner especial atención en las piernas. Por una parte, hay que recordar que la circulación sanguínea no anda muy bien con el Sol en este signo. Las varices y sabañones, característicos de una mala circulación periférica, suelen atacar a esta mujer en los primeros estadios de la madurez. Por otro lado, las articulaciones, tobillos y rodillas, suelen dar problemas de bastante difícil solución, pero esto no es más que la parte visible del iceberg, pues también se acumula una gran tensión en la musculatura de la espalda, fruto de la tremenda actividad nerviosa a la que esta mujer se somete a sí misma. Por eso es importante que cada cierto tiempo se abstenga de tomar excitantes, rompa con el ritmo de vida y se permita un respiro. El silencio, la relajación y, mejor aún las terapias de grupo, son algunas de las mejores medicinas para calmar los maltratados nervios de esta acelerada nativa.

El niño Acuario: cómo educarlo amorosamente y descubrir sus talentos

Aunque un poco obstinado e independiente, el niño Acuario desborda sensibilidad y cariño hacia todos sus congéneres. Gracias a ello, en más de una ocasión se libra de una buena reprimenda, ya que su comportamiento es inquieto, poco convencional y, sobretodo, muy investigador. Este pequeño inventor necesita poner a prueba, en el más absoluto de los secretos, todas y cada una de sus insospechadas ocurrencias. Geniales en algunas ocasiones y arrasadoras en otras, sus ideas pondrán en un jaque continuo a sus fatigados padres. Por eso, a veces el muchacho Acuario resulta difícil de manejar.

Por la gran honestidad, sinceridad y pureza de sus sentimientos, el niño Acuario se gana el corazón de sus mayores, a pesar de ponerles de los nervios cada dos por tres. Es un especialista en la inoportunidad y, a causa de su impertinencia, acabará obteniendo de los adultos respuestas rudas que afectarán a su delicada naturaleza. Porque tras la apariencia fuerte y enérgica del niño Acuario, se oculta un delicado mecanismo que necesita muchos cuidados. Regañinas fuertes, aseveraciones descargadas con gravedad, actitudes emocionales o comportamientos poco respetuosos, le le bloquean y afectan profundamente. La tranquilidad y la armonía son cosas que los padres deben inculcar en este muchacho desde pequeño.

Otra faceta importante a tener en cuenta es la del desarrollo intelectual. La mente de este niño es la de un fuera de serie. No para de barajar posibilidades, ideas y proyectos que en su gran mayoría no dejan de ser más que meras elucubraciones. Pero en más de una ocasión sorprenderá a sus padres y maestros con una de sus genialidades. Está bien halagarle, es lo más natural, pero lo realmente importante es que reviva y reconstruya paso a paso el proceso mental que su preciosa cabeza siguió hasta dar con tan brillante solución. La mente de Acuario viaja a la velocidad de la luz por el intrincado mundo de las ideas y en numerosas ocasiones encuentra soluciones por pura intuición. La inspiración divina está muy bien, pero al pequeño acuariano le sobra, y lo que le falta es ser un poco más práctico y concreto. En verdad, este pequeño se entrega con demasiada facilidad a la ensoñación y a una divagación mental que lo aleja del presente, de la vida misma. El deporte es quizá la solución ideal. Por un lado le obliga a canalizar de forma constructiva su espíritu inquieto. Y por otro, su excelente coordinación y psicomotricidad le ofrecen el campo adecuado para esparcirse y obtener el reconocimiento que el niño Acuario espera de los demás.

Este muchacho que se alimenta de sueños, de ilusiones y de esperanzas debe de aprender a vivir y alimentarse del presente, no del futuro. Su facilidad para hacer amigos le lleva a veces a menospreciar lo que tiene. Tiende a preferir la cantidad a la calidad, pues sentirse rodeado de muchos le da cierta seguridad emocional. Y para que realmente disfrute en el futuro de los verdaderos valores de la amistad, habrá que inculcarle de una forma serena sentimientos de lealtad, cordialidad y fidelidad.

ASCENDENTES PARA EL SIGNO DE ACUARIO

El signo Ascendente es el que se encuentra en el horizonte Este en el momento exacto del nacimiento. Incide, entre otras cosas, en el carácter y en la personalidad, pues determina la forma o el escaparate a través del cual se expresa la esencia personal. También es importante a la hora de definir buena parte de los rasgos físicos del individuo.

Aries: Los que tengan al Carnero por Ascendente deberán enfrentarse a la vida de forma enérgica. Ante todo, lo que realmente cuenta es que el individuo exprese su energía sin tapujos ni limitaciones. De lo contrario, el nativo entrará en un estado de decepción permanente y se sentirá muy frustrado. Quienes tengan su Ascendente sobre el signo de Aries no deben mirar atrás. Y aunque pequen por exceso, y resulten un tanto egocéntricos o dominantes, será mejor eso que refrenarse y correr el peligro de caer en una depresión crónica. Las relaciones personales son sumamente importantes para un Ascendente Aries. Gracias a la interacción con otras personas es posible que el nativo aprenda a regular y a modular su forma de expresarse. Del mismo modo que le gusta ser respetado, intenta respetar a los demás; y como consecuencia de ello, el individuo que posea este Ascendente logrará un sano equilibrio, lo que permitirá que los demás tengan en cuentan sus opiniones.

Tauro: Quien tenga este signo sobre el horizonte Este en un tema natal ha de tomarse la vida con más calma. Las prisas son la lacra del mundo actual, con ellas no se hace nada bien y por tanto nunca se llega a disfrutar. El nativo con Ascendente Tauro está por ello obligado a planificar, estructurar y trabajar de forma sistemática. Ése es el único camino que le puede conducir a los deliciosos placeres terrenales que tanto le gustan. Eso sí, al dejar a un lado el factor tiempo, esta persona corre el riesgo de caer en la desidia y el abandono, no desde el punto de vista laboral –ya que es un trabajador infatigable– pero sí desde el punto de vista productivo, pues no tiene en cuenta las necesidades o prioridades de la sociedad. Es de vital importancia para el nativo con el Toro por Ascendente que aprenda a distinguir cuándo se puede permitir el lujo de centrarse en sí mismo y en su trabajo prescindiendo de todo lo demás, y cuándo tiene que abrirse y aceptar las mareas sociales que le rodean.

Géminis: Éste es probablemente el Ascendente que más despierta los sentidos. La persona que tiene a los Gemelos en el vértice Este de su tema natal, se enfrenta a la vida con gran curiosidad y con cierto espíritu inquisitivo. Para poder disfrutar y saciar su ansia de conocimiento, la naturaleza ha dotado a este individuo de una espectacular capacidad de adaptación. La versatilidad es su más destacada virtud, pero corre el riesgo de querer abarcar más de lo que es capaz de controlar. Aún así, no hay problema que se le ponga por delante, pues siempre conoce a alguien muy capacitado a su alrededor a quien pedir consejo. Géminis en el Ascendente otorga una maravillosa capacidad de comunicación, sin la cual el nativo no podría cotejar constantemente sus ideas y opiniones con las de los demás. Y ésta es la base sobre la que está construida toda su personalidad: necesita de los demás para establecer un marco de referencia que acote de alguna forma su mundo, de lo contrario correría el peligro de perderse en su laberinto de ideas.

Cáncer: Hay una sensibilidad extrema tras el duro caparazón del Cangrejo. Las emociones y los afectos son captadas y amplificadas al grado máximo. Pero la persona con este Ascendente no es dueña de sus respuestas, pues su enorme sensibilidad la hace muy vulnerable y justamente por eso, para protegerse, se crea un duro armazón bajo el que guardar su intimidad. El principal dilema que plantea este Ascendente es saber cómo utilizar o vivir con esta sensibilidad a flor de piel, sin que resulte abrumador. La única vía posible es la de aprender a reconocer y a respetar los sentimientos de los demás. De esta manera la persona con Ascendente Cáncer aprenderá a dosificar y a liberar respetuosamente sus emociones Se dice que el Ascendente Cáncer tiene una necesidad inminente de criar, alimentar o velar por algo. Ya sea la familia, una empresa, o una creencia, el nativo con este Ascendente entregará en sacrificio su propia existencia con el único propósito de impulsar a alguien o algo hasta lo más alto. El éxito conseguido lo tomará como suyo.

Leo: Indudablemente, éste es el Ascendente de las grandes eminencias. Leo en el vértice Este de la carta astral exige del individuo lo mejor de sí mismo. Hay en este caso una profunda necesidad de alcanzar y expresar todo el poder personal existente. La persona que disfrute de esta particularidad astrológica se entregará a la vida desde su corazón pero necesitará sentir el apoyo, el cariño y el aplauso de los demás. Y aunque corre el riesgo de ser un tanto extravagante y exhibicionista, antes se moriría que ser uno más del montón. Necesita sentirse admirado. Sobra decir que este nativo corre el riesgo de pecar de orgullo y que suele esperar demasiado de los demás. Todos sus actos deben ser reconocidos de inmediato, porque en caso contrario adoptará un comportamiento cínico y soberbio. La generosidad solar típica de Leo debe ser puesta en práctica. Dar sin esperar nada a cambio es la vía que más salud y satisfacción puede llevar a las personas de este Ascendente. Nada mejor que ser espectador del disfrute de los benéficos efectos que el amor puro del León emana a su alrededor.

Virgo: La inquieta energía de este signo afecta a sus hijos adoptivos de forma muy estimulante. Quienes tengan este Ascendente sentirán una gran urgencia por delimitar y conocer al detalle su identidad personal. Para ello, no dejarán de utilizar su incansable mente para autocriticarse constantemente, analizarse y compararse con la media nacional. Virgo en el Ascendente impulsa a la persona al perfeccionamiento, pero no de evolución interna, sino más bien de eficiencia práctica, resolutiva o profesional. No es de extrañar que el cuerpo físico, la apariencia y la salud ocupen puestos destacados en su tabla de valores personales. Los nativos que se ven sujetos a este Ascendente tienden a desmenuzar la vida y toda experiencia con el fin de analizarla, para luego poder emitir un acertado juicio acerca de lo que tienen entre manos. Sus valores principales son el orden, la corrección, la exactitud y la utilidad de las cosas. En las relaciones con los demás son grandes discutidores y argumentan desarmando a sus contrarios. Pero, en el fondo, lo que buscan es el amor universal, para así soportar mejor una vida demasiado práctica y materialista.

Libra: La persona con la Balanza como Ascendente tiene muy en cuenta la experiencia, las necesidades y los deseos de los demás. Sabe muy bien lo importante que puede resultar la iniciativa ajena, siempre y cuando no se pierdan de vista los propios intereses. Su gran problema surge en el momento en el que hay que barajar un gran número de puntos de vista diferentes. El juicio de valor, las normas y la responsabilidad ocuparán un primer plano en su rutina cotidiana. Lo que peor lleva este nativo es verse obligado a tomar una determinación, pues, aunque resulte paradójico, su misión en esta vida es aprender a tomar decisiones y a adquirir compromisos. No es de extrañar que la persona que tenga que vivir con este Ascendente encuentre refugio en la filosofía del hedonismo, que se moleste únicamente por hacer más placentera su existencia y que busque constantemente a personas que armonicen con su *modus vivendi.*

Escorpio: El signo del Escorpión atrae hacia los que tienen este Ascendente los trabajos y las luchas más lóbregas de la humanidad. Ésta es quizá la única manera de que el nativo entre en contacto directo con la vida instintiva, que es en definitiva lo que el Escorpión simboliza. Con este Ascendente el individuo está obligado a seguir luchando hasta el final, aunque sus fuerzas flaqueen una y otra vez, hasta que por fin sea capaz de conseguir sus propósitos. Puede que ante los ojos de los demás el camino de las personas con este Ascendente parezca excesivamente oscuro, complicado y tortuoso, y que para llegar a tales metas haya otras vías mucho más claras y productivas. Pero lo que importa en este caso es lo que no se ve, es decir, la transformación interior y la evolución personal que confiere pasar por esas circunstancias. Es importante que con el paso del tiempo la persona con este Ascendente aprenda a ser más constructiva y respetuosa, a no ir abriendo todas las puertas que se crucen en su camino y a detectar el peligro para poder evitarlo anticipadamente.

Sagitario: El Centauro tiene, por un lado, ideales y sentimientos humanos, pero por otro posee una naturaleza muy instintiva. La religión, la filosofía, las culturas remotas y los viajes ocupan constantemente la cabeza del individuo con este Ascendente. Ante él aparece un gran mundo de posibilidades, y por eso se pierde una y otra vez deleitándose en el placer de saborear una realidad nueva, diferente. Pero todo se esfuma cuando le cae el jarro de agua fría que con cierta frecuencia le arroja la realidad. Como noble animal que es, el Centauro necesita cuidados y las condiciones adecuadas para poder disfrutar de su bienestar. No le importa tener que trabajar duro para conseguir satisfacer sus necesidades; lo que realmente le cuesta es integrarse en la sociedad de forma sencilla, sin despertar la curiosidad ajena. La exageración y la extravagancia que confiere este Ascendente provienen del gran esfuerzo que hace el nativo para relacionarse y dar a conocer de forma precisa, concreta y verbalizada sus intereses, puntos de vista y la amplitud de sus ideales.

Capricornio: Con este Ascendente siempre aparece cierto sentimiento de culpa como mar de fondo. El individuo siente mucha urgencia por dirigir de forma constructiva su energía y entusiasmo, que bajo ningún concepto deben disiparse en el ambiente. Por tanto es lógico pensar que la persona con Ascendente Capricornio tienda a planear y a estructurar la vida cautelosamente. Además, tiene la imperiosa necesidad de hacer algo por sí mismo, como si tuviera que demostrarse el potencial de valores que posee. Pero si hay algo que se le escapa a Capricornio es el amor y la ternura. El nativo con este Ascendente en su tema natal, encontrará por medio de las relaciones personales el camino que le permitirá disfrutar de lo mundano, del contacto humano y del mundo natural tal y como es. El aislamiento es sumamente doloroso con este Ascendente, pues con ello alimenta cada vez más su ego personal, se siente muy importante y difícilmente acepta la valía de los demás.

Acuario: Este Ascendente invita al nativo a desapegarse de la realidad para poder contemplarla en su totalidad y, por supuesto, para observarse a sí mismo desempeñando su papel en el marco de la sociedad. Esta visión global da más importancia al grupo y al ambiente que rodea al individuo que a la propia persona. Pero siempre existirá la pregunta, ¿estoy o pertenezco al grupo adecuado? Aún así, el Ascendente Acuario siempre confiere al nativo la sensación de que hay algo más importante, valioso y poderoso que el yo individual. Por eso pondrá toda su energía en favor de la colectividad, ya que asume la causa social como si fuera suya. Pero al dar todo de sí mismo, también espera mucho de los demás; para él, el reconocimiento ajeno es de vital importancia, y la ausencia de éste le hace ensombrecerse. Quién tenga este Ascendente debe tener cuidado con su mente, pues puede complicarse la vida repasando situaciones, desplantes y toda clase de malas interpretaciones o suposiciones.

Piscis: El símbolo de los Peces nos da una idea de cómo es la persona que posee este Ascendente. Uno de estos vertebrados acuáticos se deja llevar por la corriente de la vida y su personalidad e individualidad son tan sólo el rol o el papel que ocupa en el río. Si embargo, el otro pez remonta la corriente con fuerza, tesón y decisión. Su vida va en ello, prefiere perecer antes que doblegar su individualidad ante las circunstancias adversas. Es por ello importante que el nativo que tenga este Ascendente tenga muy en cuenta a ambos peces. Tiene que dejarse llevar y fluir en la marea de la vida sin perder en ningún momento su propio sentido de la individualidad. Por eso se dice que Piscis siempre vive con cierto espíritu de sacrificio, que no es otra cosa que el ilimitado marco que engloba su mundo sentimental. El arte, la música, las terapias y el misticismo son las mejores profesiones para el desarrollo personal de este individuo, inmerso desde que nace en el profundo sentir de la humanidad.

LOS PLANETAS EN EL SIGNO DE ACUARIO:

El Sol en Acuario

Apertura de ideas, habilidad diplomática, rapidez mental. Indiferencia ante el orgullo, falta de arrogancia y honor. Gusto por la colectividad, las amistades y la cooperación. Respeto por la libertad y la independencia de los demás. Necesidad de tomar conciencia de la vida en grupo para poder ofrecer su participación de forma adecuada y ayudar a su desarrollo.

La Luna en Acuario

Poco respeto por los valores tradicionales. Sensibilidad abierta, percepción desde múltiples puntos de vista que favorece la comprensión y la adaptabilidad. Familia universal, simpatía por la humanidad. Afectividad un tanto desapegada, desarraigo familiar. Individuo independiente, innovador, inquieto y emocionalmente inestable.

Mercurio en Acuario

Buena disposición para dar soluciones a todo tipo de compromisos. Mente relativista, capaz de renovar las estructuras mentales de los demás. Genialidad, ocurrencia y originalidad que permiten al individuo discurrir en un plano más elevado de lo habitual. Dificultad para hacer llegar a los demás los propios puntos de vista, ya que generalmente resultan incomprensibles a pesar de contener una gran verdad. La amistad es un gran estímulo para la mente y la creatividad.

Venus en Acuario

Atracción por lo novedoso; espíritu curioso y vanguardista. Afectividad superficial, comprensiva y fraternal. Ausencia de celos y posesividad, pues prima el desapego sentimental. Vida sexual única, original y libre de convencionalismos. La falta de pasión tiene como consecuencia una escasa vulnerabilidad emotiva. Dificultad a la hora de soportar ataduras y vínculos sentimentales.

Marte en Acuario

Desaparece el apasionamiento fogoso propio de Marte. La agresividad se cambia por un desarrollo espectacular de los reflejos que dan gran capacidad práctico–técnológica. Habilidad para organizar el trabajo, siempre bajo nuevos y personales puntos de vista. Entusiasmo ante las aventuras reformistas e ideológicas. Gran capacidad para aprender de los propios errores.

Júpiter en Acuario

Valores universales sin distinciones de color, sexo, nivel social o económico. Sentimientos humanitarios algo fríos y distantes, asumidos como causa personal, que dan gran creatividad a la expansión jubilosa y feliz del individuo. Buena posición para ser líder social y para introducir nuevos valores en la sociedad. En caso de estar afligido, gran rebeldía social, pues no se respetan los valores tradicionales, éticos ni morales.

Saturno en Acuario

El rigor del planeta se hace más maleable, porque aparece atenuado y salpicado de chispas creativas arrojadas por la continua búsqueda de nuevas experiencias. Talento para la abstracción mental y para percibir con exactitud las estructuras que dan sustento a la materia y a la sociedad. Gran sentido de responsabilidad humanitaria y de justicia. Esfuerzo mental poco productivo que fija la atención en temas poco prácticos.

Urano en Acuario

Gran intuición mental que traspasa los límites de la ciencia. Decisiones inspiradas que traen nuevas formas de pensamiento aún no desarrolladas. No habrá experiencia válida si no es el resultado de la experiencia personal. Buena capacidad para adaptarse a las necesidades del momento. Deseos de romper con la vida rutinaria y el orden social establecido.

Neptuno en Acuario

Inquietud social, búsqueda de nuevas formas de expresión, tanto creativa como intelectual. Conexión espiritual con las masas a través de las telecomunicaciones y de los ordenadores. Gran soledad sentimental que es atenuada por medio de situaciones virtuales y otras triquiñuelas de la mente.

Plutón en Acuario

La fuerza creativa y el deseo de liberación propio del signo dotan a esta generación de un poderoso potencial regenerador un tanto despiadado. Se eliminan de un plumazo las estructuras que se consideran inservibles para dejar paso a una nueva forma de vida.

ACUARIO EN LAS CÚSPIDES DE LAS DOCE CASAS

Primera
Es lo mismo que decir que la persona tiene Ascendente Acuario. (Ver *Ascendentes.*)

Segunda
Ganancias y pérdidas súbitas de dinero o de bienes materiales e inmuebles. Forma original de ganarse la vida. Se busca la cooperación en las finanzas; ingresos por trabajo en asociaciones, grupos, etc.

Tercera
Ideas progresivas, mente intuitiva muy rápida. Habilidad en la comunicación electrónica por medio de ordenadores y telecomunicaciones. Buenas relaciones con hermanos y vecinos. Persona muy popular en su entorno.

Cuarta
Separación brusca de la familia de origen. Entorno muy original y genuino. Se busca la identidad personal más allá de ambiente familiar, así como compartir la vida íntima con un grupo variopinto de personas.

Quinta
Búsqueda del placer por medio de la intelectualidad. Gusto por las ideas innovadoras que se intentan poner en práctica de forma experimental. En caso de ser mujer, escaso deseo de ser madre.

Sexta
Originalidad y creatividad en el trabajo. Se intenta trabajar en grupo y hacer con los compañeros verdaderas amistades. Cambios repentinos de lugar o incluso de actividad laboral. Se intentan renovar métodos de trabajo, pero aún así éste se realiza de forma sistemática.

Séptima
El individuo procura no estar atado a las relaciones personales. Matrimonio contraído de forma repentina y poco común. Posibilidad de rupturas sentimentales por insatisfacción personal. Cónyuge independiente y un tanto original.

Octava
Necesidad de liberarse del mundo instintivo y de las fuertes emociones. Búsqueda mental que lleva al individuo más allá del mundo de las apariencias. Experiencias psíquicas y telepáticas.

Novena
Fuertes ideales de libertad, igualdad y fraternidad. Independencia a la hora de

establecer los valores morales del individuo. Inspiración repentina, en el transcurso de un viaje o por entrar en contacto con algún extranjero.

Décima

Trabajo colectivo, en grandes corporaciones. Fuertes deseos de reformar esta sociedad. Necesidad de cambio de trabajo o de carrera a lo largo de la vida. Éxito en los inventos y en las ideas originales llevadas a la práctica.

Undécima

Buena disposición frente a la amistad. El individuo cuenta con muchos amigos. Opiniones serias respecto a los ideales que deben de mover a un grupo. Amistades un tanto excéntricas y originales.

Duodécima

Necesidad inconsciente de servir a la humanidad. Se debe de poner el propio conocimiento al servicio de los demás. Posibilidad de ofrecer servicio a grupos sin hacerlo de forma manifiesta. El nativo puede ser traicionado por algún amigo, pues existen enemigos ocultos en el grupo que frecuenta.

PISCIS:
LA ADAPTACIÓN AL CAMBIO

Las personas nacidas entre el 20 de febrero y el 20 de marzo pertenecen al escurridizo mundo de los Peces. Como resulta evidente, éste es un signo cuyo elemento es el Agua y está por tanto íntimamente sujeto al mundo de las emociones, de las sensaciones y a la vida en sí. El Agua como elemento mágico atrae hacia sí experiencias de gran intensidad, que transforman y modifican a las personas, enriqueciéndolas y dotándolas de una sensibilidad sin igual. El mundo de los afectos, sensaciones y emociones funcionan como el motor que impulsa a los nativos de este elemento, y todo lo que hagan estará basado en la vida instintiva más que en la razón. Los nativos de este elemento conceden gran importancia a los lazos de sangre, a la familia y a los amigos de la infancia. Son gente que necesita sentirse dentro de pequeños círculos sociales que a su vez estén fuertemente cohesionados. La naturaleza de Piscis, tal y como aparece en la ilustración del signo, es doble. Hay un pez que nada contra la corriente y otro que se deja arrastrar por ella. La naturaleza mutable radica justamente en el equilibrio entre dos posiciones netamente opuestas. En el caso concreto de Piscis, una de estas posiciones consistiría en dejarse llevar por el mundo de los sentimientos, de las sensaciones y de la sensibilidad, que es la más típica y conocida imagen de Piscis. La otra es la que se opone a dejarse arrastrar, impone con fuerza sus condiciones, modifica las circunstancias e imprime una fuerte presión en el medio que la circunda. La magia que caracteriza el misticismo de Piscis se basa fundamentalmente en compaginar ambas posturas. Dejarse influir por las circunstancias, pero sin dejar de manifestar su propia esencia, y sin apenas interferir en la gran corriente de la vida, es la actuación más adecuada para este signo.

Neptuno es el regente por excelencia de Piscis. Es el planeta del cambio, el que se encarga de integrar el pasado y el futuro en un dinámico presente que se adapte lo mejor posible las necesidades del momento. Por otra parte también representa la sensibilidad extrasensorial, es decir, la que va más allá de los los sentidos. No es de extrañar que experiencias paranormales como los sueños premonitorios, la telepatía y la adivinación estén asociadas a la energía de este planeta. Neptuno representa al gran místico, a aquella persona que a pesar de la larga y dolorosa experiencia de la vida, es capaz de sentir compasión hasta por el más ínfimo de los seres vivos. Eso quiere decir que está capacitado para ponerse en el lugar de todos los seres que forman la gran escalera de la evolución biológica. Pero como hemos visto, deben de coexistir compasión y afirmación personal y, justamente por ello, Neptuno se encarga de asumir su postura receptiva a la vez que se centra en sí mismo y resulta benéfico para los demás. El mundo del arte ayuda claramente a conectar con el sentimiento, el sufrimiento y las necesidades de la sociedad, y al mismo tiempo permite que el artista conecte con su energía personal. La amalgama de ambas experiencias da como resultado la obra de arte, que satisface al sentimiento de la gran masa mientras el ego del artista se reafirma. Este ejemplo de adaptación a unas condiciones o a unas necesidades pertenece a la metamorfosis que nos presenta Neptuno con su energía. Cuando la necesidad nos aprieta ofrecemos lo mejor de nosotros mismos, y cuando esto, por azar, armoniza con el alma colectiva, entonces aparece la magia y la experiencia mística por excelencia.

Naturaleza, simbología y mitología del signo

Durante el duro invierno, la vida ha permanecido al abrigo de estructuras protectoras, carentes de vida, pero que suplen al vientre materno que protege al embrión de las inclemencias de la vida exterior. La Tierra madre ha hecho las veces de gran útero albergando las semillas ya germinadas, la dura corteza de los árboles y las fuertes protecciones de las yemas de los brotes también han cumplido su papel. Las mansas aguas de lagunas y charcas han protegido a sus habitantes frente al arrasador efecto de los hielos. Ahora, tras el primer y desafiante impulso que la energía de Acuario y Urano ha impreso en la vida orgánica, llega el momento de la verdad. Por una parte todos los límites y barreras que separan a los seres vivos deben de ser anulados para por fin unirse en el maravilloso concierto primaveral. Por otra, hay que dar el paso definitivo, hay que atreverse a confiar en la bonanza de las condiciones atmosféricas a la par que se confía en las propias fuerzas. La sensibilidad y la flexibilidad juegan un papel fundamental. El menor indicio de cambio deberá traducirse en una respuesta inmediata por parte de la maquinaria celular que contrarreste y remedie el efecto de la alteración. El desarrollo de la sensibilidad hasta límites tan extremos viene simbolizado por la exaltación de la Luna en Piscis y por la regencia del propio Neptuno. La mente queda paralizada, ya ha cumplido parte de su misión, ahora debe ponerse al servicio de la sensibilidad y así debe verse, por tanto, el exilio de Mercurio y la caída de Urano.

En la antigua mitología grecorromana, Neptuno para los romanos, o Poseidón para los griegos llevó una vida bastante tortuosa. Para empezar, no quedó muy conforme con el reinado de las aguas y las profundidades que su hermano Júpiter le confió. Varias veces intentó conquistar o pelear por obtener más y mejores dominios, postura que Júpiter castigó con el exilio en la Tierra de los mortales y encomendándole tareas como la reconstrucción de diques y murallas. Neptuno simboliza el mundo de los sentimientos y los afectos, de los cuales todos somos en parte víctimas, pues nos empujan a luchar y a perseguir deseos absurdos que en la mayor parte de las ocasiones no son más que fuente de conflictos y problemas. Cuando Neptuno emergía de las aguas a veces causaba gran regocijo, belleza y tranquilidad; sin embargo otras, las más numerosas, su aparición desencadenaba tempestades y violentas tormentas que todo lo asolaban. De la misma manera, cuando nuestros sentimientos afloran pueden ser fuente de regocijo, o por el contrario de dolorosas experiencias. En la historia antigua del mundo mitológico, Neptuno, dios que disuelve y borra los límites, estaba prisionero con sus demás hermanos, víctima de los miedos de su padre, el gran Saturno, dios que simboliza la consolidación personal a base del aislamiento, la constricción y la dureza. La necesidad de expansión simbolizada por Júpiter, condujo a este último a luchar contra su padre, Saturno, al que venció y desterró lejos del Olimpo. La vida de sufrimiento, encarcelamiento y redención que vivió el dios de las aguas nos hace ver y comprender un poco la energía de Piscis. Hay que eliminar los límites que encierran al individuo y le hacen sentirse único e importante, pues no hacen más que alimentar deseos y sentimientos egoístas que, cuando afloran a la superficie –y eso es algo que antes o después va a suceder– le convierten en víctimas de sí mismo. Tras un sinfín de malas experiencias, Neptuno por fin logró casarse con una bella ninfa, con la que tuvo al poderoso Tritón. Además, para celebrar su gran dicha, concedió a los hombres un bello presente creando el más preciado de los animales, el caballo. Neptuno, siempre tan condescendiente y comprensivo, alivió el sufrimiento de los humanos procurándoles el animal de carga por excelencia.

El hombre Piscis

Reconocer a este hombre no es difícil, ya que algo muy especial emana de él. Se toma la vida con tal tranquilidad que da la sensación de que va a vivir para siempre. Lo que ocurre es que el nativo de Piscis conoce a la perfección sus debilidades y no está dispuesto a cometer el grave defecto de andar con prisas, cosa que va muy mal con su naturaleza, y que le provoca un montón de contrariedades, desde afecciones de la salud a trastornos psicológicos. El hombre Piscis siempre tiene a mano un mundo de ensoñación y de fantasía en el que inmiscuirse para olvidarse del aterrador mundo, de la realidad cotidiana y del dolor. Es un soñador, un romántico, al que le gusta creer que el mundo entre otros colores también es rosado, hermoso, fértil y, sobre todo, infinitamente bueno. Por lo menos, de vez en cuando, Piscis necesita verlo desde esa óptica.

No es un ser codicioso ni competitivo. Pero tampoco va a renunciar a las comodidades de la vida y al disfrute de los placeres terrenales. Aunque normalmente prefiera dejarse llevar por la corriente de la vida, glotoneando y revolcándose en el más placentero de los placeres, el hombre Piscis también puede nadar contra corriente, sorprendiendo a todos con una conducta decidida y enérgica. Sin ninguna duda el término medio entre ambas posturas representa el mejor equilibrio posible para Piscis. No dejar en ningún momento de luchar o nadar, pero tampoco dejar de disfrutar del gusto del baño de la vida.

Compadecerse y simpatizar con las debilidades y sufrimientos de los demás es algo que alimenta el espíritu de este hombre. Las causas humanitarias le ayudan a desprenderse de la coraza que le restringe, que genera el sentimiento de individualismo que tan poco va con Piscis. La entrega por otros le hace sentirse útil, da sentido a su vida, y si además le permite mantener su independencia económica, entonces el hombre Piscis habrá encontrado su verdadero camino. Lo peor que el puede ocurrirle a este hombre es sentir que su existencia no ha valido para nada, que no se ha entregado en cuerpo y alma a ninguna de las muchas misiones que el destino le ha ofrecido.

La vida es una gran marea, y nadie como Piscis para detectar la fuerza y el empuje que hay tras ella. La intuición característica de este signo da la oportunidad a sus nativos de aprovechar las buenas y constantes oportunidades que la vida ofrece. El miedo al fracaso y a lo desconocido es algo que se suele interponer entre este nativo y su destino, pero si es capaz de lanzarse a tiempo, entonces irá siempre en lo más alto de la ola y se alejará de las turbulentas corrientes que lo arrastran a los bajíos.

El hombre Piscis y el amor

Decir romántico es decir poco a la hora de hablar de este hombre. Su delicadeza atrae la atención del sexo opuesto, a parte de que jamás hace un comentario sin haber experimentado previamente una situación. Su simpatía le lleva siempre a comprender a los demás, más que a criticarlos, por lo que las relaciones afectivas se ven claramente favorecidas en su caso. Sus formas lentas, tanto en el hablar como en el pensar, envuelven a este hombre en una atmósfera muy atractiva, que hace que parezca que no pertenece a este mundo. Incluso a veces da la sensación de que nada llega a tocarle. Las cosas típicas que escandalizan a los demás, apenas le causan sorpresa, seguramente porque se sabe poner en el lugar de la víctima y siente por ella más pena que rechazo. Por ejemplo los celos son algo que apenas le tocan. Y si le afectan –que será poco probable– nunca lo parecerá, pues es un actor de primera. Su forma de ver el amor es la más pura que podemos encontrar en el Zodíaco. Querer a alguien es desearle lo mejor, y si su pareja ha tenido una experiencia extraconyugal, seguramente se habrá divertido y habrá disfrutado con ello. ¿Por qué habría de enojarse y mostrar un desacuerdo cuando realmente lo daría todo por ella?

Lo que suele pasar con cierta asiduidad es que el hombre Piscis causa más celos a su pareja que ella a él. Su naturaleza sumamente sociable le lleva a entrar en situaciones que pueden sacar de quicio a una amante celosa. Además Piscis se puede quedar colgado recreando su vista en un par de piernas bonitas sin que le importe lo más mínimo lo que los demás piensen de él.

El mundo de la infancia es siempre un maravilloso atractivo para este nativo. Disfrutará de lo lindo llevándose a sus hijos o sobrinos a pasar un día en el campo, pescando o en el parque de atracciones. Sintoniza de inmediato con ellos, se cuelga de la eternidad y se le pasan las horas sin apenas darse cuenta. Su pareja o sus hermanas le acusarán de irresponsable, de no atenerse a los horarios acordados y de malcriar a los niños, pero no podrá pasar mucho tiempo sin que la experiencia se vuelva a repetir.

El hombre Piscis y el trabajo

A los ojos de los demás, el hombre Piscis suele dejar pasar buenas oportunidades que la vida le va poniendo en bandeja. Pero su compleja naturaleza emocional lo justifica todo y habría que estar en su pellejo para comprender y criticar su postura ante la vida. La verdad es que tiene un aire de soñador empedernido y da la sensación de no estar con los pies en la tierra, de alejarse de la realidad constantemente. Pero Piscis sorprende, y es capaz de lanzarse aprovechando la ola más favorable para llegar a lo más alto, o de pasarse esperando toda una vida a que llegue el momento de heredar, o a que le toque la lotería. En la economía no hay nada menos estable que un hombre Piscis.

Como trabajador, necesita sentirse integrado en el estanque adecuado para poder nadar a sus anchas. Es decir, a Piscis no se le debe pedir que haga nada que hiera su sensibilidad, ni que vaya en contra de las leyes básicas de la naturaleza. Así el hombre Piscis, aunque lento y tranquilo, hará bien su trabajo, su entrega será total y no tendrá nunca urgencia por abandonar su puesto. Este hombre no debe retraerse ante los inconvenientes, ni ante las contrariedades del destino. Es importante que luche para mantener un grato ambiente a su alrededor, pues es eso realmente lo que le alimenta y le permite trabajar al cien por cien.

El mundo de las artes es uno de los ideales para el nativo de Piscis. Aunque en este ambiente el respeto por la sensibilidad suele brillar por su ausencia, y esto para Piscis es una cuestión fundamental. Otro campo que también ofrece grandes oportunidades para el hombre Piscis es el de la terapéutica, el de las medicinas alternativas y las técnicas de sanación espiritual. Hoy en día hay grandes vías de fácil acceso a un ámbito en el que el respeto por el ambiente resulta primordial. Además el hombre Piscis siempre esconde grandes misterios en su interior que fácilmente podrían emerger si las condiciones en las que opera son las favorables. La mística, el ocultismo, la psicología y en general todo lo que tenga que ver con el desarrollo espiritual del ser humano, son campos muy fértiles para que el nativo de Piscis pueda ofrecer sus habilidades al resto de la humanidad.

El hombre Piscis y la salud

En el signo de Piscis, al igual que en el de Virgo, la salud cobra una trascendencia muy significativa. Hay en el signo de los Peces cierta tendencia a apagar la energía vital. El Sol de Piscis carece del brío y la fuerza características de otros signos. La energía vital no está bien contenida, la ausencia de barreras tan típica de Piscis hace que la energía vital se tienda a derramar, se vierta hacia el exterior. Y así como Virgo suele padecer fuertes procesos agudos, los achaques de Piscis son de carácter crónico, son las enfermedades largas, e incluso para algunos autores, de carácter kármico.

La vida psíquica sufre claros desajustes en el signo de los Peces. La falta de identidad del yo hace que el individuo se pierda en numerosas ocasiones, lo que supone un constante esfuerzo nervioso. Con Urano y Mercurio, los precursores de la mente y los guardianes de la energía nerviosa, en caída y en el exilio, no es de extrañar que la locura y la pérdida de identidad hagan acto de presencia. Otro tipo de enfermedades mentales como son la catalepsia, el sonambulismo o la epilepsia pueden normalmente aparecer entre los males que en los peores momentos afectan al nativo de Piscis. En las operaciones quirúrgicas, al hombre Piscis le puede costar volver en sí tras la anestesia; la modorra, el letargo, incluso el coma son situaciones que se convierten en una auténtica atracción para los nativos de este signo, cuya vida vegetativa parece ser más fuerte que la consciente.

La mujer Piscis

Pocas mujeres pueden competir con el encanto, la delicadeza y el embrujo de una Piscis. Su atractivo indiscutible no está claramente definido, hay un aire en ella, quizá sea el espíritu que la envuelve, que atrae a los hombres como la miel a las abejas. No hay apenas nada en esta mujer que no sea puramente femenino; jamás compite con los hombres en su terreno, ni trata tampoco de cargarles con tareas femeninas. La sensibilidad es su rasgo más evidente. Hay algo de artista en toda mujer Piscis, o por lo menos hace de su trabajo cotidiano todo un arte. Su calma, su acogedora y tranquila forma de hacer las cosas embebe la atención de cualquiera, por eso en muchas ocasiones es fácil pensar que en el interior de la mujer Piscis se oculta una hechicera de cuentos capaz de convertirnos en cualquier animalejo si ése fuera su deseo.

Tras ese aspecto delicado, suave, femenino y casi desvalido se esconde una increíble fuerza vital capaz de afrontar las pruebas más duras de la vida. No hay que olvidar que la Luna está exaltada en Piscis, y que ésta es la encargada de gobernar las mareas de la vida que tan fuertemente operan en las mujeres. La mujer Piscis es capaz de enfrentarse y cargar con un gran destino, puede convertirse en una madre universal de las que montan comedores populares para los muchachos sin hogar, o en una activista que lucha por causas concretas, perfectamente conquistables y que ponen en un verdadero aprieto a más de un dirigente. Y aún así no perderá jamás su dulce sonrisa, y, por más comidas que elabore, seguirá poniendo siempre la misma delicadeza y el amor que puso el primer día.

Pero también es muy vulnerable, aunque no frágil. La gran pena del mundo la aflige, las injusticias de la vida se escriben en las arrugas de su cara cuando llora. Es el pago por tener un corazón tan grande y compasivo. Quizá todo ello este preparado para que la mujer Piscis aprenda a defenderse de los sentimientos. Normalmente puede caer en pequeños estados de depresión, sobre todo si aún no tiene entre los brazos una causa por la que luchar. Éste puede que sea el momento más delicado y peligroso para esta mujer, que ha de aprender a vencer su timidez y la falta de confianza en sí misma. Pero una vez que se haya lanzado cuesta arriba, entonces más de uno se sorprenderá de lo que es capaz de conseguir.

La mujer Piscis y el amor

La vida afectiva de esta mujer es una auténtica novela típica del realismo ruso. Sobre todo cuando ella es la narradora. Hace del más pequeño asunto todo un episodio, un auténtico capítulo de amor, dudas, sorpresas, sonrisas y lágrimas. Todo lo que tenga que ver con el amor lo vive de forma dramática, intensa o incluso sobrenatural. Recordará al detalle los primeros amores, las primeras experiencias, e incluso tendrá todo anotado en un diario que fácilmente un día podría convertirse en un bestseller. Para conquistar a esta bella flor de marzo hace falta ser un galán, un ser romántico, soñador y detallista. A la mujer Piscis se la enamora con el espíritu, con la bondad y con la verdad. El más ínfimo de los engaños puede ser detectado por esta sensible mujer, lo que la hará sospechar de las intenciones de su pretendiente. Bastará un error para que ella se retire como un caracol que se oculta en su caparazón.

La mujer Piscis, por lo general, prefiere adoptar una postura clásica dentro de la pareja. Que su hombre se ocupe de traer los garbanzos a casa es algo que a esta mujer le va al dedillo. Ella sabrá bien lo que tiene que hacer para que la familia marche sin problemas. En caso de que su hombre se descuide y empiece a haraganear entonces pronto descubrirá algo de su mujer que hasta entonces desconocía por completo. Esta dama es capaz de meter en vereda hasta al más dejado de los hombres. No dudará en arremeter contra su compañero si éste le falla, y entonces lo tratará igual que una madre que no soporta ver la dejadez y el abandono de su hijo adolescente.

Como madre sobra decir que la mujer Piscis es una excelente persona y muy comprometida. Captará hasta la más ligera de las necesidades de su bebé, que es probable que acabe convirtiéndose en un niño mimado. Pero la nativa de Piscis es tan receptiva que también es capaz de mostrarse dura e intransigente si considera que es lo mejor para su muchachito. Ella es excesivamente tolerante por amor, lo cual puede convertirse en problema a la larga, pues sus hijos pueden resultar más consentidos y caprichosos de lo normal. Y es que ella sabe mejor que nadie entender a los niños, y lo que es más importante, comparte con ellos su timidez y la falta de seguridad.

La mujer Piscis y el trabajo

A pesar de las necesidades de la vida actual, la mujer de este signo no se suele interesar demasiado por trabajar fuera de casa. Claro está que hay de todo en la viña del señor, pero ella sabe que la mejor economía en el caso de tener hijos es la de la mujer en casa. La competitiva vida profesional y comercial es algo que no atrae a la mujer de este signo. Es más, en el caso de que trabaje fuera de casa, probablemente le toque a ella cargar con todos los malos humos que se respiran en el ambiente de trabajo. Ella es como una esponja que se empapa de la atmósfera emocional que fluye en el ambiente, cosa que en el trabajo rara vez resulta grata. Por supuesto que el Ascendente hace muchísimo, pero a no ser que se disponga de uno fuerte, la mujer Piscis se encontrará mejor en un ambiente libre de malas vibraciones.

El mundo del arte ofrece a Piscis una gran oportunidad para poder sacar al exterior toda la magia que lleva. Nadie como Piscis para conectar con las necesidades artísticas del momento, para generar una fuerte impresión sentimental en los demás, simplemente permitiéndose expresar su energía. Uno de los puntos importantes para el signo de los Peces es el de dejarse arrastrar por las corrientes de la vida y de la sociedad. Pero lo que resulta necesario es una tarea, una misión que al mismo tiempo permita al nativo centrarse en sí mismo, para no disolverse, y a la vez ofrecer a los demás la oportunidad de conectar con ellos mismos desarrollando su sensibilidad. Un ejemplo claro es el del curandero que a la vez que crece al desarrollar el arte de la curación ofrece a los demás el producto de su arte para que aprendan a curarse. Es vivir para los demás sin que por ello haya que sacrificar nada de uno mismo.

Las profesiones que mejor irán con la mujer de este signo serán sin duda las que tengan que ver con servicios de cara al público, causas humanitarias, misiones, ONG's y aquellas que le permitan sacar a la luz su extrema sensibilidad: actriz, bailarina, pintora, escultora. Un tópico ya en los libros clásicos de Astrología es incluir a la mujer Piscis en profesiones como la enfermería, el cuidado de ancianos y el trabajo en instituciones benéficas. Aunque también se la encasilla en ocupaciones algo turbias y de escasa legalidad, como podrían ser el contrabando e incluso el espionaje.

La mujer Piscis y la salud

Con el signo de los Peces siempre existe alguna muestra de debilidad por parte de sus nativos. En el caso concreto de la mujer de este signo, parece ser el ánimo el punto más delicado que se debe de tratar. No resulta extraño que la mujer Piscis sufra los sinsabores que suelen acarrear el cúmulo de sentimientos que no encuentran la forma de ser liberados. Los estados de melancolía, pena y tristeza pueden ahogar a esta mujer en un mar de lágrimas carente de sentido y significado. La mera existencia crea en ella tal estado de angustia que no es raro que en ocasiones llegue a pensar que en el fondo no está preparada para esta vida. La mejor medicina, que suele ser lo que en el fondo anda pidiendo a gritos, es algo que la ayude a recobrar parte de la confianza perdida, algo que la impulse a reconocer su propia valía y el sentido de su presencia en este mundo.

Expresar la fuerte carga sentimental que el signo de Piscis genera en sus nativas, resulta si duda alguna la mejor terapia posible. Al manifestar y dar forma concreta al mar de sentimientos, éstos se hacen más llevaderos, pierden parte de la desmesurada importancia que se les concede y además ayudan a incrementar el concepto que uno tiene de sí mismo. Por eso el arte y toda vía de expresión personal son importantísimos para el desarrollo sano de Piscis.

Los pies, soporte estructural del cuerpo, simbolizan y concuerdan con la energía de Piscis. Las mujeres de este signo suelen sufrir con el paso del tiempo claras deformaciones en sus pies. Callosidades caprichosas, cambios en la curvatura del arco podal, juanetes y aprisionamiento de los dedos son las molestias más comunes que suelen aparecer con la edad en los pies de la mujer Piscis. Si tenemos en cuenta que según la antigua acupuntura, los pies contienen un resumen de los meridianos de todo el cuerpo, se puede saber cuál es el órgano que está funcionando mal con sólo atender a las partes más afectadas de los pies. Por eso masajearlos, tratarlos con hidroterapia o andar descalza son soluciones que ayudarán claramente a mejorar los desagradables achaques que el paso del tiempo ineludiblemente acarrea en la nativa de Piscis.

El niño Piscis: cómo educarlo amorosamente y descubrir sus talentos

El mundo de la infancia es de vital importancia en el caso de Piscis ya que, por más que este niño crezca, siempre llevará una parte de esta etapa consigo. Para el niño Piscis el mundo de la fantasía y de la imaginación es tan nutritivo como la comida. Por ello siempre necesitará algo que le incite a navegar por dichos mundos. Unos globos colgando del techo, un poco de música o el vaivén de un columpio bastarán para que el niño Piscis conecte con el mundo de los sueños y se pase las horas muertas ensimismado en juegos que en apariencia no son más que un mero pretexto para divagar. Los horarios y las rutinas son algo que por naturaleza no van bien con la energía de Piscis. La verdad es que el niño de este signo es un intuitivo al que le gusta comer cuando realmente tiene hambre, y lo mismo le ocurre con los periodos de descanso, que para él son de lo más anárquicos. No es raro que los niños Piscis enseñen a sus padres lo absurdo que puede ser hacer todo según las manecillas del reloj. Dada la alta sensibilidad del niño de los Peces, es importante que se le dedique bastante atención, o por lo menos que la poca que tenga, le sea dada plenamente, sin otras distracciones. En cuanto a sus estados de largas ausencias, en los que su mente se haya vagando a millones de años luz, también es preciso guardar un gran respeto, y es importante que el niño vuelva por sí mismo de sus experiencias, o de lo contrario puede que algo virtual quede por solucionar, lo que podría suponer para él todo un trauma, ya que difícilmente logrará volver a conectar con dicho estado.

La escuela y los modelos de aprendizaje resultan estúpidamente sencillos y convencionales a la hora de querer encasillar a este hijo del cosmos. La forma de aprender y de manifestar lo aprendido escapa a todas las leyes de la pedagogía en el caso de tratar con un niño Piscis. Es importante no hacer caso de las banales formas estereotipadas de la educación, ya que podrían castrar la rica naturaleza creativa y artística de este niño. Lo importante es dejar que se vaya adaptando a su manera a las rígidas estructuras sociales, pero sin violencias ni traumas. Las chicas suelen destacar por sus buenas dotes para el baile, los chicos sueñan con la ciencia-ficción. El poder de las palabras es algo que teletransporta al niño Piscis desde muy temprana edad. En un principio las letras, la historia o la geografía entrarán mejor en su cabeza que las matemáticas y las ciencias, pero más adelante es importante que haya una nueva aproximación al mundo de la abstracción porque la peculiar mente de Piscis podría fácilmente descubrir los secretos más remotos del universo.

La actitud y el comportamiento que hay que adoptar en presencia de este peculiar niño no son nada fáciles de asumir. En general, el niño Piscis suele exhibir una gran falta de responsabilidad, no acata normalmente las reglas y por ello es posible que suscite en los mayores actitudes bruscas que podrían resultar demoledoras en un futuro para su personalidad. Es difícil para el padre o la madre del niño Piscis llegar a sintonizar con la compasión y la sensibilidad que brotan por todos los poros de su piel. Es una lástima ver cómo por estar prisioneros de una sociedad sumamente materialista en la que hasta el tiempo vale dinero, un padre se puede perder la maravillosa experiencia de conocer los entrañables sueños de un niño que hasta hace muy poco ha estado conectado con los misterios de la vida y del universo. En ocasiones se tacha al niño Piscis de mentiroso, cuando en realidad simplemente está dando un punto de vista de la realidad desde una óptica inimaginable para muchos adultos. Por eso, aunque cueste un poco a sus padres, es aconsejable dedicarle a este pequeño el tiempo suficiente para poder llegar a conocerlo un poco más de cerca, lo que sin duda será un gran placer y al mismo tiempo resultará claramente beneficioso para ambas partes.

ASCENDENTES PARA EL SIGNO DE PISCIS

El signo Ascendente es el que se encuentra en el horizonte Este en el momento exacto del nacimiento. Incide, entre otras cosas, en el carácter y en la personalidad, pues determina la forma o el escaparate a través del cual se expresa la esencia personal. También es importante a la hora de definir buena parte de los rasgos físicos del individuo.

Aries: Los que tengan al Carnero por Ascendente deberán enfrentarse a la vida de forma enérgica. Ante todo, lo que realmente cuenta es que el individuo exprese su energía sin tapujos ni limitaciones. De lo contrario, el nativo entrará en un estado de decepción permanente y se sentirá muy frustrado. Quienes tengan su Ascendente sobre el signo de Aries no deben mirar atrás. Y aunque pequen por exceso, y resulten un tanto egocéntricos o dominantes, será mejor eso que refrenarse y correr el peligro de caer en una depresión crónica. Las relaciones personales son sumamente importantes para un Ascendente Aries. Gracias a la interacción con otras personas es posible que el nativo aprenda a regular y a modular su forma de expresarse. Del mismo modo que le gusta ser respetado, intenta respetar a los demás; y como consecuencia de ello, el individuo que posea este Ascendente logrará un sano equilibrio, lo que permitirá que los demás tengan en cuentan sus opiniones.

Tauro: Quien tenga este signo sobre el horizonte Este en un tema natal ha de tomarse la vida con más calma. Las prisas son la lacra del mundo actual, con ellas no se hace nada bien y por tanto nunca se llega a disfrutar. El nativo con Ascendente Tauro está por ello obligado a planificar, estructurar y trabajar de forma sistemática. Ése es el único camino que le puede conducir a los deliciosos placeres terrenales que tanto le gustan. Eso sí, al dejar a un lado el factor tiempo, esta persona corre el riesgo de caer en la desidia y el abandono, no desde el punto de vista laboral —ya que es un trabajador infatigable— pero sí desde el punto de vista productivo, pues no tiene en cuenta las necesidades o prioridades de la sociedad. Es de vital importancia para el nativo con el Toro por Ascendente que aprenda a distinguir cuándo se puede permitir el lujo de centrarse en sí mismo y en su trabajo prescindiendo de todo lo demás, y cuándo tiene que abrirse y aceptar las mareas sociales que le rodean.

Géminis: Éste es probablemente el Ascendente que más despierta los sentidos. La persona que tiene a los Gemelos en el vértice Este de su tema natal, se enfrenta a la vida con gran curiosidad y con cierto espíritu inquisitivo. Para poder disfrutar y saciar su ansia de conocimiento, la naturaleza ha dotado a este individuo de una espectacular capacidad de adaptación. La versatilidad es su más destacada virtud, pero corre el riesgo de querer abarcar más de lo que es capaz de controlar. Aún así, no hay problema que se le ponga por delante, pues siempre conoce a alguien muy capacitado a su alrededor a quien pedir consejo. Géminis en el Ascendente otorga una maravillosa capacidad de comunicación, sin la cual el nativo no podría cotejar constantemente sus ideas y opiniones con las de los demás. Y ésta es la base sobre la que está construida toda su personalidad: necesita de los demás para establecer un marco de referencia que acote de alguna forma su mundo, de lo contrario correría el peligro de perderse en su laberinto de ideas.

Cáncer: Hay una sensibilidad extrema tras el duro caparazón del Cangrejo. Las emociones y los afectos son captadas y amplificadas al grado máximo. Pero la persona con este Ascendente no es dueña de sus respuestas, pues su enorme sensibilidad la hace muy vulnerable y justamente por eso, para protegerse, se crea un duro armazón bajo el que guardar su intimidad. El principal dilema que plantea este Ascendente es saber cómo utilizar o vivir con esta sensibilidad a flor de piel, sin que resulte abrumador. La única vía posible es la de aprender a reconocer y a respetar los sentimientos de los demás. De esta manera la persona con Ascendente Cáncer aprenderá a dosificar y a liberar respetuosamente sus emociones Se dice que el Ascendente Cáncer tiene una necesidad inminente de criar, alimentar o velar por algo. Ya sea la familia, una empresa, o una creencia, el nativo con este Ascendente entregará en sacrificio su propia existencia con el único propósito de impulsar a alguien o algo hasta lo más alto. El éxito conseguido lo tomará como suyo.

Leo: Indudablemente, éste es el Ascendente de las grandes eminencias. Leo en el vértice Este de la carta astral exige del individuo lo mejor de sí mismo. Hay en este caso una profunda necesidad de alcanzar y expresar todo el poder personal existente. La persona que disfrute de esta particularidad astrológica se entregará a la vida desde su corazón pero necesitará sentir el apoyo, el cariño y el aplauso de los demás. Y aunque corre el riesgo de ser un tanto extravagante y exhibicionista, antes se moriría que ser uno más del montón. Necesita sentirse admirado. Sobra decir que este nativo corre el riesgo de pecar de orgullo y que suele esperar demasiado de los demás. Todos sus actos deben ser reconocidos de inmediato, porque en caso contrario adoptará un comportamiento cínico y soberbio. La generosidad solar típica de Leo debe ser puesta en práctica. Dar sin esperar nada a cambio es la vía que más salud y satisfacción puede llevar a las personas de este Ascendente. Nada mejor que ser espectador del disfrute de los benéficos efectos que el amor puro del León emana a su alrededor.

Virgo: La inquieta energía de este signo afecta a sus hijos adoptivos de forma muy estimulante. Quienes tengan este Ascendente sentirán una gran urgencia por delimitar y conocer al detalle su identidad personal. Para ello, no dejarán de utilizar su incansable mente para autocriticarse constantemente, analizarse y compararse con la media nacional. Virgo en el Ascendente impulsa a la persona al perfeccionamiento, pero no de evolución interna, sino más bien de eficiencia práctica, resolutiva o profesional. No es de extrañar que el cuerpo físico, la apariencia y la salud ocupen puestos destacados en su tabla de valores personales. Los nativos que se ven sujetos a este Ascendente tienden a desmenuzar la vida y toda experiencia con el fin de analizarla, para luego poder emitir un acertado juicio acerca de lo que tienen entre manos. Sus valores principales son el orden, la corrección, la exactitud y la utilidad de las cosas. En las relaciones con los demás son grandes discutidores y argumentan desarmando a sus contrarios. Pero, en el fondo, lo que buscan es el amor universal, para así soportar mejor una vida demasiado práctica y materialista.

Libra: La persona con la Balanza como Ascendente tiene muy en cuenta la experiencia, las necesidades y los deseos de los demás. Sabe muy bien lo importante que puede resultar la iniciativa ajena, siempre y cuando no se pierdan de vista los propios intereses. Su gran problema surge en el momento en el que hay que barajar un gran número de puntos de vista diferentes. El juicio de valor, las normas y la responsabilidad ocuparán un primer plano en su rutina cotidiana. Lo que peor lleva este nativo es verse obligado a tomar una determinación, pues, aunque resulte paradójico, su misión en esta vida es aprender a tomar decisiones y a adquirir compromisos. No es de extrañar que la persona que tenga que vivir con este Ascendente encuentre refugio en la filosofía del hedonismo, que se moleste únicamente por hacer más placentera su existencia y que busque constantemente a personas que armonicen con su *modus vivendi.*

Escorpio: El signo del Escorpión atrae hacia los que tienen este Ascendente los trabajos y las luchas más lóbregas de la humanidad. Ésta es quizá la única manera de que el nativo entre en contacto directo con la vida instintiva, que es en definitiva lo que el Escorpión simboliza. Con este Ascendente el individuo está obligado a seguir luchando hasta el final, aunque sus fuerzas flaqueen una y otra vez, hasta que por fin sea capaz de conseguir sus propósitos. Puede que ante los ojos de los demás el camino de las personas con este Ascendente parezca excesivamente oscuro, complicado y tortuoso, y que para llegar a tales metas haya otras vías mucho más claras y productivas. Pero lo que importa en este caso es lo que no se ve, es decir, la transformación interior y la evolución personal que confiere pasar por esas circunstancias. Es importante que con el paso del tiempo la persona con este Ascendente aprenda a ser más constructiva y respetuosa, a no ir abriendo todas las puertas que se crucen en su camino y a detectar el peligro para poder evitarlo anticipadamente.

Sagitario: El Centauro tiene, por un lado, ideales y sentimientos humanos, pero por otro posee una naturaleza muy instintiva. La religión, la filosofía, las culturas remotas y los viajes ocupan constantemente la cabeza del individuo con este Ascendente. Ante él aparece un gran mundo de posibilidades, y por eso se pierde una y otra vez deleitándose en el placer de saborear una realidad nueva, diferente. Pero todo se esfuma cuando le cae el jarro de agua fría que con cierta frecuencia le arroja la realidad. Como noble animal que es, el Centauro necesita cuidados y las condiciones adecuadas para poder disfrutar de su bienestar. No le importa tener que trabajar duro para conseguir satisfacer sus necesidades; lo que realmente le cuesta es integrarse en la sociedad de forma sencilla, sin despertar la curiosidad ajena. La exageración y la extravagancia que confiere este Ascendente provienen del gran esfuerzo que hace el nativo para relacionarse y dar a conocer de forma precisa, concreta y verbalizada sus intereses, puntos de vista y la amplitud de sus ideales.

Capricornio: Con este Ascendente siempre aparece cierto sentimiento de culpa como mar de fondo. El individuo siente mucha urgencia por dirigir de forma constructiva su energía y entusiasmo, que bajo ningún concepto deben disiparse en el ambiente. Por tanto es lógico pensar que la persona con Ascendente Capricornio tienda a planear y a estructurar la vida cautelosamente. Además, tiene la imperiosa necesidad de hacer algo por sí mismo, como si tuviera que demostrarse el potencial de valores que posee. Pero si hay algo que se le escapa a Capricornio es el amor y la ternura. El nativo con este Ascendente en su tema natal, encontrará por medio de las relaciones personales el camino que le permitirá disfrutar de lo mundano, del contacto humano y del mundo natural tal y como es. El aislamiento es sumamente doloroso con este Ascendente, pues con ello alimenta cada vez más su ego personal, se siente muy importante y difícilmente acepta la valía de los demás.

Acuario: Este Ascendente invita al nativo a desapegarse de la realidad para poder contemplarla en su totalidad y, por supuesto, para observarse a sí mismo desempeñando su papel en el marco de la sociedad. Esta visión global da más importancia al grupo y al ambiente que rodea al individuo que a la propia persona. Pero siempre existirá la pregunta, ¿estoy o pertenezco al grupo adecuado? Aún así, el Ascendente Acuario siempre confiere al nativo la sensación de que hay algo más importante, valioso y poderoso que el yo individual. Por eso pondrá toda su energía en favor de la colectividad, ya que asume la causa social como si fuera suya. Pero al dar todo de sí mismo, también espera mucho de los demás; para él, el reconocimiento ajeno es de vital importancia, y la ausencia de éste le hace ensombrecerse. Quién tenga este Ascendente debe tener cuidado con su mente, pues puede complicarse la vida repasando situaciones, desplantes y toda clase de malas interpretaciones o suposiciones.

Piscis: El símbolo de los Peces nos da una idea de cómo es la persona que posee este Ascendente. Uno de estos vertebrados acuáticos se deja llevar por la corriente de la vida y su personalidad e individualidad son tan sólo el rol o el papel que ocupa en el río. Si embargo, el otro pez remonta la corriente con fuerza, tesón y decisión. Su vida va en ello, prefiere perecer antes que doblegar su individualidad ante las circunstancias adversas. Es por ello importante que el nativo que tenga este

Ascendente tenga muy en cuenta a ambos peces. Tiene que dejarse llevar y fluir en la marea de la vida sin perder en ningún momento su propio sentido de la individualidad. Por eso se dice que Piscis siempre vive con cierto espíritu de sacrificio, que no es otra cosa que el ilimitado marco que engloba su mundo sentimental. El arte, la música, las terapias y el misticismo son las mejores profesiones para el desarrollo personal de este individuo, inmerso desde que nace en el profundo sentir de la humanidad.

LOS PLANETAS EN EL SIGNO DE PISCIS:

El Sol en Piscis

Compasión por los demás, sensibilidad ante las injusticias y el sufrimiento ajeno. Gran sentimentalismo, escaso sentido práctico y poder de decisión. Búsqueda de amparo, temor a la soledad, complacencia en la propia desventura. Necesidad de ofrecerse a los demás en totalidad, con cierto espíritu de sacrificio pero sin perder la referencia de sí mismo. Reencuentro con el subconsciente, rescate de experiencias del pasado, de sueños y premoniciones, incluso de otras vidas.

La Luna en Piscis

Sensibilidad extrema que conduce a la fantasía, a la musicalidad y a la poesía. Facultades extrasensoriales, premoniciones, sueños significativos y capacidad para ser médium. Se absorbe la energía emocional ajenas y resulta difícil distinguir las propias emociones de las de los demás. Vulnerabilidad sentimental, necesidad de un fuerte apoyo que otorgue cierto sentido práctico. Deseos de compartir los miedos, las angustias y las aprensiones.

Mercurio en Piscis

Alto nivel de intuición, se llegan a percibir las ideas o pensamientos ajenos casi con precisión fotográfica. Mente ligada al pasado, al subconsciente y a los recuerdos, que confiere al individuo cierta deficiencia desde el punto de vista práctico. Dificultad para solventar los problemas cotidianos y para tomar decisiones. Alta sensibilidad perceptiva, lo que facilita aprender más por absorción del conocimiento que por un estudio metódico. Gran imaginación y fantasía; perfecta disposición para ponerse en lugar de los demás.

Venus en Piscis

Máximo desarrollo del amor al reposar la afectividad sobre el más puro sentimentalismo. Se busca el amor como el camino hacia la felicidad. La sensibilidad afectiva está muy desarrollada, lo que permite al individuo identificarse y compartir la vida sentimental de los demás sólo con su presencia. Miedo a no ser querido, al rechazo sentimental. Tendencia a amores imaginarios o platónicos; dependencia emocional de los demás.

Marte en Piscis

Incapacidad para llevar a buen fin los propósitos, falta de determinación. Dificultad para concretar y para atenerse a los horarios y cumplir con los plazos establecidos. El resentimiento se acumula y la ira se reprime, lo que genera una gran tensión emocional que suele desembocar, en el mejor de los casos, en el llanto. Actuaciones secretas para evitar las confrontaciones directas.

Júpiter en Piscis

Gran hedonismo. Gusto casi infantil por satisfacer las necesidades más íntimas, deseo de confort. La persona se entrega socialmente con el corazón en la mano, desplegando toda la ternura y el encanto del signo sobre los demás. Es importante aprender a discriminar a las personas, ya que las habrá que quieran aprovecharse de la buena fe. Es además importante distanciarse de las cosas que a uno le molestan, tanto de personas como de cosas o situaciones. Gran talento para la narrativa fantástica e imaginativa.

Saturno en Piscis

Hay cierta dificultad para solventar las necesidades del presente. Se vive ligado al pasado, la imaginación repasa constantemente situaciones vividas. El poder de concentración quiere aferrarse a lo inmediato como un náufrago a un tablón. Fuerte sentimiento de culpa, necesidad de reflexión y arrepentimiento. Dispuesto a trabajar duro por aquellos que son menos afortunados, necesidad de trabajar en temas universales. Es imprescindible dejar de lamentarse de uno mismo, ya que esa actitud destruye la felicidad personal. Dificultad para expresar los propios sentimientos.

Urano en Piscis

Incapacidad para decidir sobre lo inmediato, por lo que el individuo tiende a un comportamiento caótico y desordenado. Visión de la realidad excesivamente relativista, que prácticamente se traduce en una incoherencia de la propia voluntad. Gran curiosidad por el funcionamiento del subconsciente. Mucha intuición para desvelar el conocimiento general de tiempos pasados. Imaginación práctica.

Neptuno en Piscis

Triunfo de la sensibilidad y de la intuición que prevalecerán sobre la gran mente lógica y racional. Gran compasión y respeto por la vida, por el planeta y por el sufrimiento del ser humano. Gran sentimentalismo que ayudará a reforzar los vínculos entre las personas.

Plutón en Piscis

Expresión multiforme de la fuerza creativa y regenerativa de la vida. Regeneración del pasado, sobre todo en el ámbito sentimental; gran dilema entre el progreso y el pasado, miedo a perder la conexión con la madre. Preparación para hacer acopio inconsciente del propio poder personal.

PISCIS EN LAS CÚSPIDES DE LAS DOCE CASAS

Primera

Es lo mismo que decir que la persona tiene Ascendente Piscis. (Ver *Ascendentes.*)

Segunda

Se siente cierta culpabilidad por poseer riqueza. El individuo cree que debería compartir lo que tiene con los demás. Se hace uso de lo que no es de uno, no se distingue bien la propiedad. Ingresos fáciles. Hay que aprender la responsabilidad económica.

Tercera

La imaginación y la fantasía son una fuente de ideas que no para de manar. Dificultad para decantarse por alguna en concreto. La mente se basa en la intuición; se necesita soledad para trabajar.

Cuarta

Tendencia a la búsqueda de una identidad más amplia. Se descuida el hogar, por lo que hay cierta inestabilidad. Secretos y misterios sin aclarar en la familia de origen. No se tiene una conciencia clara de lo que ocurrió en la infancia.

Quinta

Persona muy sentimental en los temas amorosos, pero que puede tener dificultades de carácter romántico. Siente que hay que sacrificar de alguna forma la creatividad personal para ayudar a los demás. El individuo siente que sacrifica lo mejor de sí mismo en beneficio de los hijos.

Sexta

El nativo suele acaparar más trabajo del que realmente puede realizar. El ambiente laboral le afecta profundamente. Enfermedades de origen emocional; infecciones y desajustes nerviosos.

Séptima

Cónyuge o compañero sentimental profundamente benévolo. No se es del todo claro a la hora de relacionarse con los demás. Matrimonio inestable, sujeto a engaños y problemas. Se puede ser muy crítico de forma inconsciente con la pareja.

Octava

Cónyuge generoso, pero que no sabe administrarse. Es importante que el individuo aprenda a cultivar sus propios recursos y a no depender de otros. Las ganancias o pérdidas ejercen un fuerte desequilibrio en el subconsciente. Interés por lo metafísico y lo oculto.

Novena

La espiritualidad ocupa un lugar importante en la vida. Se cree que imitando las formas de grandes iniciados se podrá alcanzar la iluminación. Desconcierto a la hora de escoger el propio camino o al realizar estudios superiores; falta de personalidad. Se tiende a idealizar la figura del maestro.

Décima

Confusión e inseguridad a la hora de escoger una profesión. La espiritualidad supone un problema para la reputación personal. Hay que renunciar a la propia personalidad para asumir una imagen social que sirva a los demás. Ausencia de responsabilidad profesional.

Undécima

Gran simpatía, generosidad y comprensión hacia las amistades. El individuo se puede ver traicionado –sufrir desilusiones e insatisfacciones– porque se entrega sin reservas al grupo. Proyectos y esperanzas poco claros o definidos.

Duodécima

Persona sumamente sensible a la atmósfera que le rodea. Se puede ser víctima del propio inconsciente. La intuición puede guiar muy acertadamente al nativo, pero existe cierta tendencia al escapismo que puede adueñarse. Los periodos de soledad resultan indispensables para la persona.

INTERPRETACIÓN DE UNA CARTA ASTRAL

Una vez que tenemos en nuestras manos el gráfico natal de una persona, obtenido a partir de los datos de la fecha, hora y lugar de nacimiento, y siguiendo la metodología expuesta «Elementos de Astrología I», vamos a estudiarlo con detenimiento.

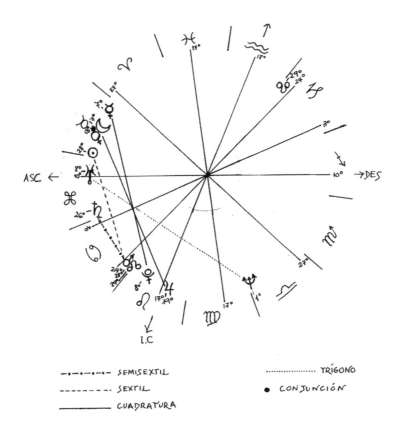

—·—·—·— SEMISEXTIL	··············· TRÍGONO
— — — — —· SEXTIL	● CONJUNCIÓN
——————— CUADRATURA	

Figura 6. *Ejemplo de un tema astral.*

En la carta que nos ocupa, (**figura 6**), la de una mujer, las posiciones de los planetas en los signos y casas son las siguientes:

Planetas

Sol, 28° Tauro; Luna, 17° Tauro
Mercurio, 7° Tauro; Venus, 18° Tauro
Marte, 28° Cáncer; Júpiter, 19° Leo
Saturno, 26° Géminis; Urano 8° Géminis
Neptuno, 1° Libra R; Plutón, 8° Leo
Cabeza del Dragón, 29° Cáncer

Casas

Ascendente, 10° Géminis
II, 3° Cáncer; III, 24° Cáncer
IV, 17° Leo; V, 17° Virgo

VI, 27° Libra; VII, 10° Sagitario
VIII, 3° Capricornio; IX 24° Capricornio
X 17° Acuario; XI 17° Piscis
XII 27° Aries

Lo primero en que vamos a fijarnos es en el reparto de los planetas sobre los distintos elementos. Vemos que en esta carta hay un equilibrio entre los elementos **magnéticos** y los **eléctricos**. Cinco astros están en magnéticos y cinco en eléctricos. Pero se da una desarmonía entre los magnéticos porque hay solamente un planeta en Agua, mientras que hay cuatro en Tierra. Por otra parte, constatamos que los astros que están situados en signos correspondientes a elementos magnéticos son los individuales, aquellos que marcan el tipo de personalidad de mente y de afectos. En este caso el Sol, la Luna, Mercurio, Venus y Marte. Mientras que los astros que podemos llamar sociales y generacionales –o transpersonales– están situados sobre signos eléctricos.

Como los planetas personales se encuentran sobre signos magnéticos que actúan de modo represivo o pasivo, vemos que la persona cuya carta nos sirve de modelo ha aprendido mucho sobre el lado oscuro de la vida a través de sus experiencias personales, y ha sabido encontrar en su interior los recursos necesarios para exteriorizar todo el caudal de sus vivencias y de su historia. La experiencia cotidiana, el manejo de los bienes materiales, los hábitos y condicionamientos del pasado, los miedos, la necesidad de seguridad, etc. han sido transmutados alquímicamente en un elixir curativo que nuestra nativa ha utilizado para ayudar a mucha gente. Tras unos años de vida normal, de ama de casa y madre de varios hijos, esta persona descubrió, asombrada, que tenía grandes dotes de videncia que, después de ciertos titubeos puso al servicio de un público muy escogido, que ha ido aumentando a lo largo de los años, hasta hacer de ella una de las videntes más reputadas.

El énfasis en el elemento Tierra, que ofrecen sus planetas individuales le ha permitido desarrollar un duro trabajo para profundizar en su propio inconsciente y mundo emocional, y poder desempeñar su trabajo con fuerza y eficacia, gracias a ese empuje que le proporciona la Tierra. El tener un solo planeta en Agua, Marte en Cáncer, ha sido un reto que ha tenido que vencer, porque el contacto con el mundo emocional, tanto el personal como el ajeno, se aborda con desconfianza y hasta con miedo. Pero, como ya veremos, los buenos aspectos de Marte con el Sol han permitido que los sentimientos hayan salido a flote.

Siguiendo nuestra metodología, veamos ahora el reparto de los planetas según se encuentren en signos **cardinales, fijos** o **mutables**. También aquí nos encontramos con un desequilibrio notable. Abundan los planetas situados en signos fijos, nada menos que seis entre diez. Entre ellos, el Sol y la Luna. Esa desarmonía nos indica la gran tenacidad, la energía centrípeta que irradia hacia su centro, su poder de concentración y su perseverancia. Los cuatro planetas restantes se reparten por igual en signos cardinales y mutables.

El Sol en Tauro es tremendamente importante en esta carta, por muchos motivos. La energía del Sol siempre debe ser especialmente considerada, pero en este caso, y dado que nada menos que tres astros más se encuentran en este signo, más los aspectos importantes que el Sol hace con la Cabeza del Dragón y con Marte, nos aconseja tener en cuenta su posición con más atención. El Sol es el principio de la individualidad, la energía creadora, y representa el impulso primigenio de ser y actuar, el ego maduro y dotado de inteligencia y voluntad. En un signo fijo de Tierra adquiere un peso específico muy poderoso, aumentando su firmeza y posesividad, su deseo de estabilidad, tanto para sí mismo como para su descendencia. Su misión es alcanzar la maestría en el mundo físico, tanto para sí como para los demás; su tarea es convertir la semilla en planta madura y disfrutar de ello. Sus instrumentos de trabajo son la paciencia y el sentido común. Un fuerte sentido de la lealtad la impulsa a participar en las alegrías y las penas de sus amigos. Celoso y posesivo, sobre todo de los afectos de los que ama, puede pasarse de la raya pensando que el amor de otras personas es de su exclusiva propiedad. No ama el riesgo, ni la especulación ni el azar. Su hedonismo se alía con una falta de agresividad que hace de Tauro un ser pacífico, lento y fiable, amante de la buena vida. Su testarudez es proverbial, su firme voluntad le permite continuar una tarea a lo largo de los años, sin acusar cansancio y desánimo. Este Sol es un talismán para nuestra nativa, ya que se encuentra muy bien aspectado con Marte con un sextil exacto, lo que dinamiza la lentitud de Tauro, le da un toque emocional –al estar Marte en Cáncer–, y equilibra la audacia de Marte con el control maduro del yo, simbolizado por el Sol. El poder de decisión, la iniciativa y una valoración exacta de los riesgos modulan la pesadez de Tauro. Entre otras cosas, debemos también considerar los buenos efectos de esta posición para la salud. Aunque Tauro es un signo de personas muy resistentes y longevas, un buen aspecto, como éste, debe ser tenido en cuenta.

Pasemos ahora a hacer otras consideraciones. No debemos olvidar que el Sol tiene un importante aspecto con la Cabeza del Dragón, o Nodo Norte lunar, que está en Cáncer y en Casa III. Ni tampoco debemos olvidar que la interpretación de una carta es un sistema dinámico, en el que tenemos que integrar muchos factores, pero sin perder de vista el marco referencial que les da sentido. El aspecto de sextil entre el Sol y la Cabeza del Dragón es sumamente beneficioso e importante, sobre todo, teniendo en cuenta que el Sol está en la Casa XII y dentro de un signo intercepto –de lo que hablaremos más adelante–. Este aspecto nos indica que la nativa obtendrá recompensas por sus esfuerzos, alcanzará popularidad y ayuda de la gente, porque sabrá utilizar los recursos que le brinda su cultura y su entorno social, y sabrá armonizarse con ellos. Como, para colmo, el Sol se encuentra en Casa XII, tenemos que concluir que lo que viene a expresar es una tendencia a lo sublime, una fuerte originalidad, una gran amplitud de miras, siempre dispuesto a dejar la rutina de lo cotidiano para volar a las alturas del mundo del espíritu. Pero antes habíamos hablado de un signo intercepto. En efecto, todo el signo de Tauro está como prisionero dentro de la Casa XII, que empieza en Aries y acaba en Géminis. Y no olvidemos que se encuentran en dicho signo, además del Sol, la Luna, Mercurio y Venus. De hecho, la vida de esta mujer no ha sido nada fácil, ha tenido tremendos problemas familiares, económicos y sociales. Ha sido el motor, la columna sustentadora –y sigue siéndolo– de los suyos y de todos sus amigos. Pero esperemos a analizar los demás planetas que se encuentran en el signo de Tauro, antes de intentar comprender el significado de la intercepción.

La Luna, el reverso del Sol, el complemento femenino y subconsciente respecto a la personalidad masculina y racional, se encuentra también en Tauro, y es, por tanto, poderosa. Debemos tener en cuenta que la Luna, en la carta de una mujer, nos indica el tipo de femineidad, el tipo de maternidad que puede desplegar. En este caso, en un signo como Tauro, que manifiesta una total ausencia de valores masculinos, la Luna hace de nuestra nativa una súper mujer, llena de sensibilidad, con gran respeto a los valores tradicionales y familiares, una madre excelente, que responde con prontitud a los estímulos afectivos de sus hijos, que provee atentamente sus necesidades. Una persona plácida, estable, imaginativa, pero siempre dentro de parámetros muy realistas, y siempre muy necesitada de seguridad material, del confort y del placer. Por si fuera poco, la Luna se encuentra en conjunción con **Venus**, regente de Tauro y, por tanto, es muy fuerte y poderosa, a la hora de ejercer su influjo. La afectividad se torna muy cálida, sanamente sensual, con un sentido del tacto muy desarrollado y, además, con unas buenas dotes de organización práctica. El amor hacia el esposo y los hijos se hace exclusivo y posesivo, apoyado en sólidos valores conservadores, con una gran tendencia a la protección. El hecho de estar conjuntas intensifica la afectividad, la dulzura, y enlaza muy sólida y armónicamente los dos aspectos fundamentales de la femineidad –el erotismo y la maternidad–, reforzándolos todavía más la coincidencia de que esta conjunción se dé en Tauro. Pero no podemos dejar de constatar que esta conjunción, tan benéfica, se encuentra en cuadratura con Júpiter, que se encuentra en Casa IV, la de la familia. Así que debemos apuntar el descontento, las crisis de euforia y abatimiento, los problemas económicos, los sacrificios financieros y de todo tipo a que obliga el cuidado de los seres amados.

Otro astro que se encuentra en Tauro es **Mercurio**. Debemos recordar que Mercurio simboliza los procesos mentales, entre otras cosas. En Tauro, confiere un gran sentido práctico, que tiende a operar sobre seguro, que se interesa poco por especulaciones abstractas, que es lento, concentrado y testarudo. También tendremos que tener en cuenta la estrecha cuadratura que tiene con Plutón, situado en Casa III, la Casa de Mercurio por excelencia. Ambos astros se obstaculizan mutuamente. La capacidad intelectiva de Mercurio y el impulso vital de Plutón no llegan a integrarse armónicamente, porque la distancia entre la mente concreta de la Casa III y la sublimidad de la Casa XII es inmensa. En la realidad, esto debemos interpretarlo como las dificultades contra las que ha tenido que luchar esta persona para llevar al mundo social y de la lógica aquellos contenidos inconscientes que descubre, tanto suyos como ajenos, que tan lejos se encuentran de la realidad cotidiana. Posiblemente tuvo dificultades en la escuela, de niña, porque su camino mental no era el establecido por su mundo circundante. Su fuente de inspiración era demasiado amplia para ser contenida y poder ser expresada dentro de los cauces normales. También Mercurio nos recuerda a los hermanos. La posición de Mercurio en Casa XII, que también es la de las grandes pruebas, nos obliga a considerar el hecho doloroso de la pérdida de un hermano.

Volvamos ahora a esta parte fundamental de la carta que es la intercepción de Tauro en Casa XII y de Escorpio en Casa VI. Quizá extrañe al lector que no sigamos un orden más preciso, más rutinario en la interpretación, pero es que cada carta impone su propia metodología. En ésta concretamente, la Casa XII y todos los contenidos que llevamos analizados son extremadamente reveladores del carácter y del destino de nuestra nativa. La intercepción implica siempre un fallo que la persona debe subsanar. En el caso que nos ocupa, la persona en cuestión ha debido desarrollar una gran responsabilidad espiritual, saltando por encima de los valores materiales a que se veía inclinada por los planetas en Tauro, debiendo abrirse a las necesidades de las personas que forman su clientela, renunciando a su tendencia innata a la evasión e incluso al desprecio hacia su pequeñez. Debe sacar del fondo de su corazón de madre la serenidad, la paciencia y la tolerancia, la humildad y el amor que le permitan llevar a cabo su tarea. En ella se juega, no sólo su prestigio profesional, sino el desarrollo de su propia alma.

Tras este análisis que nos parecía importante, continuamos con el orden habitual de interpretación. **Marte** está en Cáncer, en la Casa III, conjunto a la Cabeza del Dragón y en un sextil exacto con el Sol. Ya sabemos que Marte en Cáncer pierde su fuerza pero aumenta la tendencia a los estallidos de cólera y a los rencores prolongados. Pero el control racional que el ego —el Sol— ejerce sobre Marte mantiene intacta la armonía entre la agresividad y la voluntad, dando como resultado una buena adaptación a las relaciones sociales, movilizadas y dinamizadas por está presencia de Marte. La Casa III nos indica que hay abundancia de recursos mentales para transmitir información, voluntad para revolucionar el ambiente familiar. La conjunción con la Cabeza del Dragón debe ser interpretada en este sentido. Algo más fuerte que las propias decisiones arrastra al sujeto a trastornar sus condiciones normales de vida social. Esta tendencia a verse empujada por el destino es, sin embargo, benéfica, tanto por la conjunción, como por el sextil con el Sol, y un semisextil muy impreciso, pero que ahí está, de Marte y Saturno, en Casa I.

Siguiendo el orden de los planetas, nos enfrentaremos ahora a **Júpiter** en Leo, en la Casa IV, en cuadratura con Venus y la Luna, en Tauro y en la Casa XII, como ya hemos visto. Leo calienta a Júpiter, que aumenta su expansividad y su generosidad. Pero también su deseo de ser amado y admirado, deseo fácil de satisfacer porque esta posición de Júpiter aumenta la fascinación personal. Paternalista y bonachón, inspira confianza y entusiasmo y convierte al individuo en un líder aceptado y seguido con afecto. No hay rastros de pesimismo pero sí quizá un exceso de satisfacción personal, muy cercano a la vanidad. La cuadratura con Venus puede ensombrecer el optimismo jupiteriano que se ve asaltado por dudas y tristezas. Las pérdidas económicas ocasionadas por la familia restan brillo a esta posición. Las relaciones matrimoniales o las asociaciones con otras personas pueden traer problemas legales o dificultades de dinero. La cuadratura de Júpiter con la Luna, como ya vimos, trae consigo excesos emocionales y una generosidad exagerada. Otra de las consecuencias de este aspecto es el aumento de peso que, efectivamente, ha padecido nuestra nativa en su madurez. Júpiter y la Luna, influyen en la nutrición, y tanto Tauro como Cáncer están relacionados con la comida. El ambiente familiar es vivido como la base de operaciones de la persona, como su castillo inexpugnable. Hay un cierto orgullo en mantener bien alto el estatus del hogar, a pesar de los pesares. En efecto, sabemos que nuestra nativa ha superado grandes problemas, pero ha sabido mantener unida a su familia y conducirla hacia un bienestar económico y una armonía afectiva considerable. Tanto la Casa IV como el signo de Leo, signo de Fuego, nos muestran cómo nuestra nativa genera fe en sí misma y confianza en la vida, cómo experimenta un sentimiento de protección al sentirse unida a un ideal gracias al calor que aporta el Fuego, vehículo del espíritu.

Por otra parte, el planeta **Saturno** se encuentra en Géminis. Dispositado por Mercurio, Saturno, el astro de la prudencia y la razón, gana en flexibilidad y en capacidad de adaptación, aunque pierde parte de su rigor. Saturno en signo de Aire nos dice cómo nuestra nativa se bloquea en las áreas regidas por este elemento, es decir, en el nivel mental. Su primera necesidad es estabilizar su capacidad de comprensión y después, la más inmediata, establecer una buena relación de comunicación con las demás personas a través de su trabajo diario. Saturno, recordemos, marca las necesidades insaciables, y la misión del Aire es transmitir información y relacionar las mentes. El peso de Saturno en la Casa I, Casa de la personalidad, tiñe de melancolía la vida de la nativa. El peso del rigor racional le impide abandonarse a la búsqueda del placer, al goce simple de la vida, a los valores de Tauro, tan fuertes y numerosos, que deberían impulsar a esta persona. Hay siempre el recuerdo de un deber, de un imperativo categórico que amarga al despreocupado signo de Géminis. Ahora bien, esa opresión que seguramente ha ensombrecido su infancia y su juventud, puede transformarse en una capacidad para el trabajo duro, la seriedad y la ambición, pues da a la vida un propósito firme y deliberado. Recordemos que hay un semisextil, muy débil de Saturno con Marte, lo que permite a nuestra Tauro cargar con fuertes responsabilidades.

En cuanto a los planetas transpersonales –Urano, Neptuno y Plutón– situados los tres en elementos eléctricos, son típicos de una generación inteligente, oportunista, diplomática y hábil, que ha irrumpido en la historia con una voluntad sin límites, revolucionando las costumbres y el enfoque de la vida. Una generación que ha efectuado el gran cambio, pero que difícilmente podrá ser constructiva porque su Plutón en Leo desprecia el peligro, y aunque tiene poder para destruir lo caduco e inservible, y a pesar de las inteligentes y sensibles propuestas de Urano y Neptuno en buen aspecto, no será capaz de llevar a cabo la reforma total del pasado.

En una carta natal, estos tres planetas son relevantes por las Casas ocupadas. **Urano**, en Casa XII, muy cercano al Ascendente, nos señala que la habilidad técnica se dispersa en el infinito, en lo misterioso y lo sublime, perdiendo su capacidad de oportunismo, pero ganando en amplia visión. El poder de decisión sigue caminos imprevistos, abre nuevas vías al pensamiento y a las costumbres, a la manera de enfocar la existencia. Al estar en buen aspecto con **Neptuno** –en la Casa V– estimula los cambios profundos de orientación, aumenta la propia seguridad, la confianza en sus ideas y da la fuerza necesaria para llevarlas a cabo. Proporciona una fuerte audacia mental y concentra la acción en una pasión.

La posición de **Plutón** en la Casa III, en la que se encuentra también la Cabeza del Dragón, hacen de esta Casa otro núcleo importante de la carta. Los contactos con el ambiente son profundos e intensos, existiendo una gran fuerza creativa en el terreno de la comunicación. Por otra parte, ése es el gran reto a que ha de enfrentarse –simbolizado por la Cabeza del Dragón–, que se ve bien apoyado por la conjunción con Marte. Nuestra nativa recibe muchísima ayuda de los astros para cumplir su misión de abrirse paso en medio de la multitud y hacer oír su voz. Esta posición de Plutón también le confiere una gran fortaleza para vencer las calamidades que la han afligido y le permite hacer un análisis agudo de las circunstancias que las han provocado. Capacidades que sabe hacer extensivas a los demás.

En cuanto al **Ascendente,** la nativa entra en la vida a través del signo del intercambio de información, del contacto social y la difusión de las ideas: Géminis, que movilizado por Urano y lastrado por Saturno, hace que la persona esté destinada a ser una gran portavoz de otros niveles o planos de la realidad.

TÉRMINOS USUALES

AFLIGIDO: Se suele decir que un planeta se encuentra afligido cuando recae sobre él un mal aspecto planetario, sobre todo si el planeta con que entra en contacto es Saturno o Marte.

ASCENDENTE: Punto vital de la carta astral que corresponde con el grado exacto del signo zodiacal que se encuentre en el horizonte Este en el momento exacto del nacimiento.

ASPECTO: Cuando las distancias que separan a dos o más planetas estén próximas a 0º, 60º, 90º, 120º o 180º se dice que éstos forman un aspecto planetario.

CABEZA DEL DRAGÓN: Sobrenombre con que se conoce al Nódulo Norte, que no es otra cosa que el punto de corte entre la órbita de la Luna con la eclíptica.

CAÍDA: Posición desfavorable de ciertos planetas cuando se encuentran sobre signos concretos. La energía de dicho planeta estará condenada a decrecer, lo que señalará cierto carencia en el individuo.

CARDINAL: Naturaleza característica de los signos angulares, esto es, Aries, Cáncer, Libra y Capricornio.

CARTA ASTRAL: Mapa astrológico en el que aparecen los doce signos del Zodiaco, los diez planetas y las doce Casas, así como los aspectos planetarios.

CASAS: Divisiones en doce partes de la aarta astral que se hacen una vez establecidos los cuatro puntos cardinales de ésta y por tanto a partir del Ascendente. A cada una de éstas le corresponde una parte de la experiencia vital.

COLA DEL DRAGÓN: Es otra manera de nominar al Nódulo Sur.

CONJUNCIÓN: Se dice cuando dos planetas se superponen en un mismo grado y signo, o cuando la distancia que los separa no es superior a 5º.

CONSTELACIÓN: Agrupación de estrellas cuya única relación es la imagen con la que puede recrearse un observador terrestre.

CORRECCIÓN HORARIA: Ajuste necesario que se debe de hacer para ajustar el momento del nacimiento a la hora solar.

DECANATO: Porción de diez grados de un determinado signo. Según se haya nacido en los primeros, segundos o terceros diez días correspondientes a un signo solar se pertenecerá a uno de estos tres decanatos.

DESCENDENTE: Es el grado exacto del signo zodiacal que se estaba poniendo por el Oeste en el momento exacto del nacimiento. Siempre se guarda una relación de 180º entre éste y el Ascendente.

DISPOSITADO: Término que se suele utilizar para decir que un planeta se encuentra bajo el influjo del planeta regente del signo sobre el que se encuentra.

DOMICILIO: Posición favorable para el planeta que en mayor grado determina la energía de un signo concreto. Al planeta domiciliado en un signo también se le conoce como planeta regente.

ECLÍPTICA: Cinturón de la esfera celeste que se corresponde con la órbita aparente del Sol que se puede apreciar desde la Tierra. Es la franja del firmamento donde se producen los eclipses, de ahí su nombre.

EFEMÉRIDES: Tablas en las que aparecen reflejadas las posiciones planetarias a lo largo del tiempo. Pueden estar realizadas a las doce del mediodía si son diurnas, o a las cero horas en el caso de ser nocturnas.

ESTRELLAS FIJAS: Estrellas de cierta relevancia astrológica y que determinan e influyen en los planetas que se encuentran en conjunción con ellas. Cada signo tiene una serie de estrellas fijas en su interior y cada uno manifiesta un particularidad distinta.

Fijo: Naturaleza característica de los signos: Tauro, Leo, Escorpio y Acuario.

Imun Coeli: Cúspide de la Casa cuatro que representa aquella experiencia sobre la que nos basamos y de la que obtenemos todo nuestro poder.

Intercepto: Se dice de un signo cuando sobre él no hay ninguna cúspide de Casa astrológica. Siempre que un signo está intercepto también lo estará su opuesto, y ambos representan una energía o experiencia sobre la que se deberá hacer especial hincapié.

Medio Cielo: Punto más alto de la carta astral, que coincide con la cúspide de la casa diez. Marca y define en ciento modo nuestras aspiraciones más altas.

Mutable: Naturaleza de los signos: Géminis, Virgo, Sagitario y Piscis.

Nodos: Los Nodos lunares son los dos puntos de corte que quedan determinados por el cruzamiento de la órbita de la Luna con la eclíptica cuando se representan sobre un plano.

Oposición: relación planetaria en que se encuentran dos o más planetas cuando los separa una distancia angular de 180º.

Precesión de los equinoccios: Complejo fenómeno astronómico que marca el desplazamiento del punto vernal o comienzo exacto de la Rueda del Zodíaco para cada año.

Parte de la Fortuna: Punto imaginario de una carta astral que se obtiene de la siguiente operación: Ascendente + Luna - Sol = Parte de la Fortuna, que viene a reflejar la mayor suerte del individuo.

Quirón: Primer centauro de la mitología griega. Planetoide con cierto peso astrológico situado entre las órbitas de Júpiter y Saturno.

Regente: Es lo mismo que decir planeta domiciliado en un signo. Es decir, es el planeta que mejor encaja con un signo concreto y que por tanto determina la energía de éste.

Retrógrado: Movimiento aparente de los planetas que en un momento dado dan la impresión de retroceder en su periplo por el sistema solar. Se debe al movimiento relativo tanto del planeta como de la Tierra. Punto desde el cual se realiza la observación.

Sincronicidad: Relación no causal entre dos fenómenos. Término características de la psicología de Jung.

Tabla de Casas: Conjunto de datos que reflejan tanto el Ascendente como las posiciones de las demás Casas astrológicas. Existe una tabla para cada latitud que se debe aproximar a la del lugar de nacimiento.

Tiempo sideral: Medida del tiempo empleado por la Astronomía de forma tal que nunca varía. Tiene en cuenta al ángulo que se establece con el meridiano y el punto vernal o comienzo del Zodíaco para ese momento.

Tránsito: Se dice que un planeta está transitando una Casa, signo o planeta cuando se superponen una carta astral individual con la carta astral del momento.

Transpersonal: término que normalmente se utiliza para denominar las experiencias que son comunes a toda la sociedad. Los planetas transpersonales, Urano, Neptuno y Plutón, son los encargados de definir las diferencias entre las generaciones.